DIE KELTEN

Tiomnaithe do Cheiltigh na tríúmílaoise

Den Kelten des dritten Jahrtausends gewidmet

MARTIN KUCKENBURG

DIE KELTEN

AUF DEN SPUREN EINES GEHEIMNISVOLLEN VOLKES

*Meiner Frau und geliebten Gefährtin Susanne,
die ich wunderbarerweise
auf den Spuren der Kelten kennenlernte.*

Genehmigte Sonderausgabe
für Reader's Digest Deutschland, Schweiz, Österreich
Verlag Das Beste GmbH Stuttgart, Zürich, Wien

3. durchgesehene und aktualisierte Neuauflage
der bisherigen Ausgabe: „Die Kelten", 2010
© 2019 by wbg (Wissenschaftliche Buchgesellschaft), Darmstadt
Alle Rechte vorbehalten

Lektorat: Karen Schmitt und Birgit Wüller, Stuttgart
Kartographie: Peter Palm, Berlin
Gestaltungskonzept: juhu media, Susanne Dölz, Bad Vilbel
Layout und Satz: DOPPELPUNKT, Stuttgart
und schreiberVIS, Seeheim
Umschlaggestaltung Reader's Digest: Klaus Eitel unter Verwendung von
zwei Abbildungen von akg/Erich Lessing: Darstellung des keltischen
Gottes Cernunnos auf dem Kessel von Gundestrop (oben) und Detail-
ansicht des Goldenen Halsrings aus dem Grab von Vix (unten)

ISBN: 978-3-95619-374-3

Printed in the EU

Besuchen Sie uns im Internet:
readersdigest-verlag.de | readersdigest-verlag.ch | readersdigest-verlag.at

INHALT

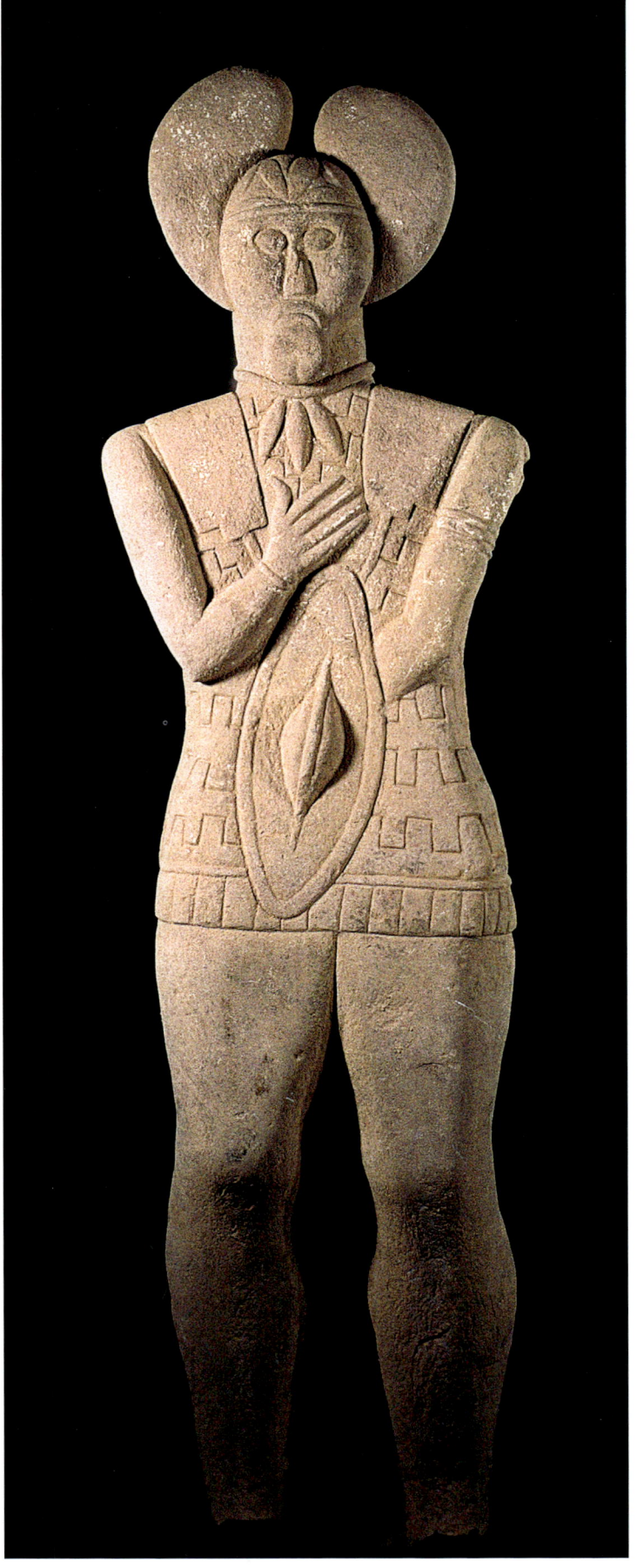

Mitteleuropa – das Ursprungsgebiet der Kelten	6
Die Hallstattzeit – eine Epoche des Umbruchs und der Wandlungen	13
Die ‚Fürstensitze' der späten Hallstattzeit als Siedlungs- und Wirtschaftszentren	28
Die frühkeltischen ‚Fürstengräber' und ihre Prunkbeigaben	42
Die Situlenkunst – ein Schlüssel zum Verständnis der ‚Fürstenkultur' Mitteleuropas	60
Das Ende der ‚Fürstensitze' und der Beginn der Latènekultur	65
Die Geburt der keltischen Kunst	72
Die großen keltischen Wanderungen	80
Die keltische Bewaffnung und Kampfweise	88
Die Oppida – die ältesten Städte Mitteleuropas	94
Die Kelten an der Schwelle zur Hochkultur	110
Die keltische Religion	118
Das Rätsel der Viereckschanzen	134
Der Gallische Krieg und die Unterwerfung der linksrheinischen Kelten	141
Die gallorömische Kultur und das Ende des Festlandkeltentums	151
Kelten mit eigenem Profil – das vorrömische Britannien	156
Britannien und die keltische Religion	169
Unterwerfung und Widerstand – die römische Eroberung Britanniens	176
Keltisches Leben diesseits und jenseits des Hadrianswalls	188
Aus Britannien wird England	196
Die Artus-Legende	202
Irland – die ‚heilige Insel'	210
Meisterwerke christlich-keltischer Kultur	218
Die Kelten heute	224
Literatur	227
Anmerkungen	231
Ortsregister	233
Bildnachweis	236
Dank	238
Über den Autor	239

MITTELEUROPA – DAS URSPRUNGSGEBIET DER KELTEN

Die Kelten und Keltisches sind heute ‚in' wie seit langem nicht mehr. Aufwendig inszenierte irische Tanzrevuen füllen riesige Veranstaltungshallen rund um die Welt, in den Esoterikabteilungen der Buchhandlungen finden sich zahllose Titel über keltische Mystik und Druidentum, irische, schottische und bretonische Musikgruppen gelangen mit zeitgemäß arrangierter keltischer Folklore bis in die Hitparaden, und in mancher deutschen Großstadt finden sich sogar Läden, die ausschließlich auf den Verkauf sog. Celtica spezialisiert sind.

Das in solchen Zusammenhängen präsentierte Keltenbild ist allerdings oftmals recht oberflächlich und nicht frei von Klischees. Die keltische Kultur wird darin vielfach auf einige wenige populäre Symbole wie Dudelsack und Kilt, keltische Harfe und irisches Bier reduziert, zu denen noch einige bis heute bestsellerträchtige Motive aus der keltischen Sagen- und Mythenwelt hinzukommen – allen voran die Erzählungen um den legendären König Artus, seine Tafelrunde auf Camelot und die von Feen und anderen Zauberwesen bevölkerte Insel Avalon (vgl. S. 202 ff.). Alle diese Motive und Symbole haben zweifellos einen realen Bezug zur keltischen Geschichte und Kultur. Und doch ist es wichtig zu wissen, dass kaum eines von ihnen historisch weit über das Mittelalter hinaus zurückreicht – ja, dass ein heute so populäres Markenzeichen des Keltentums wie der erwähnte ‚Schottenrock' erst um 1730, vor nicht einmal 300 Jahren, erfunden wurde. Betrachtet man diesen kurzen Zeitraum vor dem Hintergrund der keltischen Geschichte insgesamt, so handelt es sich um ein ausgesprochen junges – fast möchte man sagen ‚modernes' – Kulturmerkmal.

Auch sonst ist das ‚Inselkeltentum' in Irland, Schottland, Wales und (als kontinentalem Ausläufer) der Bretagne nur der späte historische Nachklang einer weit älteren, festlandkeltischen Kultur, die sich im letzten vorchristlichen Jahrtausend über weite Teile Europas erstreckte. In ihren kontinentalen Kerngebieten wurde sie unmittelbar vor dem Beginn unserer Zeitrechnung von den expansiven und militärisch überlegenen Römern und Germanen zerschlagen und erlosch in der Folge fast vollständig. Nur an der Peripherie ihres Verbreitungsgebietes – am nordwestlichen, ‚atlantischen' Rand Europas – vermochte sie sich in insularer Abgeschiedenheit über die beiden vergangenen Jahrtausende hinweg zu erhalten und bis in unsere Zeit hinein lebendig weiterzuentwickeln.

Eben mit dieser ältesten, festländischen Kultur der Kelten wollen wir uns im ersten Teil des vorliegenden Buches befassen. Sie liegt mehr als 2000 Jahre zurück und hatte ihr Zentrum in Regionen, die man heute kaum mehr mit den Kelten in Verbindung bringen würde. Und doch führen die archäologischen und historischen Quellen genau dorthin, wenn man sich auf die Suche nach den Wurzeln dieses geheimnisvollen Volkes und seiner sagenumwobenen Zivilisation im Altertum begibt. Eine der wichtigsten dieser Regionen war Mitteleuropa, dessen historisches und kulturelles Erbe heute im öffentlichen Bewusstsein vorwiegend mit den Römern und Germanen verknüpft wird.

Das Rätsel der keltischen Ursprünge

Die Suche nach den ‚Wurzeln des Keltentums' ist alt, doch sie folgte lange Zeit hindurch falschen Spuren. Seit dem 18. Jh., als im Zeichen der Romantik auch das Interesse an den Kelten neu erwachte, fahndeten Gelehrte wie

Der Tod des legendären Königs Artus – Gemälde aus dem Jahr 1862 von John Mulcaster Carrick.

Vom Hochgebirge umgeben: der Hallstätter See in Oberösterreich. An seinen Ufern fanden sich ein vorgeschichtlicher Friedhof und ein antikes Salzbergwerk, nach denen die mitteleuropäische Früheisenzeit ‚Hallstattzeit' genannt wird.

Phantasten unterschiedlichster Couleur intensiv nach der Ursprungsheimat der ‚keltischen Rasse und Nation', die man in so unterschiedlichen Regionen wie Irland und Phönizien oder an so mythisch befrachteten Orten wie Stonehenge und Carnac aufspüren zu können glaubte. Doch diese Suche musste von vorn herein in die Irre führen, denn die Kelten stammten nach allem, was wir heute wissen, keineswegs aus einer einzigen ethnischen Wurzel, und sie bildeten erst recht niemals ein politisch homogenes Staatsvolk oder auch nur eine politische Förderation im modernen Sinne. Die Stammesgruppen, die die antiken Historiker unter den Begriffen *Keltoi* (griechisch) bzw. *Celtae* oder *Galli* (römisch) zusammenfassten, gehörten vielmehr ursprünglich wohl ganz unterschiedlichen ethnischen Gruppierungen und Völkerschaften an, die sich auch stets eine gewisse Eigenständigkeit bewahrten und nur ein einziges Mal im Laufe ihrer überlieferten Geschichte – nämlich am Ende des Krieges gegen Caesars Okkupationsarmee – für kurze Zeit als politisch einheitliche Kraft agierten (vgl. S. 145 ff.).

Sie waren freilich schon lange vorher durch eng verwandte Dialekte der indoeuropäischen Sprachfamilie miteinander verbunden und entwickelten in der Zeit zwischen 600 und 50 v. Chr. eine in vielen Zügen gemeinsame materielle und geistige Kultur, zu der möglicherweise auch ein gewisses subjektives Zusammengehörigkeitsgefühl – vielleicht basierend auf der Vorstellung einer gemeinsamen Abstammung – gehörte. Daher interpretiert die Mehrheit der Fachleute den Begriff ‚Kelten' heute auch nicht mehr vorwiegend im ethnischen oder politischen Sinne, sondern macht ihn in erster Linie an bestimmten sprachlichen und kulturellen Eigenarten fest. Aus dieser Sichtweise ergibt sich dann auch automatisch, dass man sich heute die ‚Genese des Keltentums' nicht mehr als den Aufstieg und die Ausbreitung eines einzelnen homogenen Volkes vorstellt, sondern vielmehr als die allmähliche Verbreitung und Anhäufung bestimmter gemeinsamer Sprach- und Kulturelemente unter ursprünglich recht unterschiedlichen Völkerschaften. Sie führte schließlich zu ihrem großräumigen Zusammenwachsen unter dem Dach einer gemeinsamen keltischen Kultur, ohne dass dadurch die jeweils autonome, unterschiedliche Stammesorganisation in Mitleidenschaft gezogen worden wäre (vgl. S. 144).

MITTELEUROPA – DAS URSPRUNGSGEBIET DER KELTEN

Nach den uns vorliegenden Zeugnissen muss Mitteleuropa – also das Gebiet von Tschechien bis nach Mittelfrankreich und von den Alpen bis zur Mittelgebirgszone – eine überaus bedeutsame Rolle in diesem Prozess gespielt haben. Zwar sprechen die meisten griechischen und römischen Autoren der Antike vorwiegend von Gallien – also dem heutigen Frankreich zuzüglich der Beneluxländer und der links des Rheins gelegenen Regionen Südwestdeutschlands – als dem Siedlungsgebiet der Kelten, doch liegt das wohl vor allem daran, dass die antiken Mittelmeervölker dort am häufigsten mit keltischen Gruppen in direkten Kontakt kamen. Aus sprachwissenschaftlichen Studien weiß man jedoch schon seit langem, dass auch im rechtsrheinischen Mitteleuropa viele Berg- und Flussnamen wie z. B. *Rhenus* (Rhein) oder *Danuvius* (Donau), antike Ortsnamen wie *Cambodunum* (Kempten), *Boiodurum* (bei Passau) oder *Sorviodurum* (Straubing) und Stammes- und Personenbezeichnungen keltischen Ursprungs waren oder sind, so dass auch diese Region zweifelsfrei zum antiken Kernland der Kelten gehört haben muss.

Die ältesten historischen Erwähnungen

Interessanterweise deuten überdies gerade die ältesten antiken Erwähnungen der Kelten auf Mitteleuropa als mögliches Ursprungsgebiet dieser Völkerschaften hin. So schrieb der griechische Geograf Hekataios von Milet um 500 v. Chr., die griechische Kolonialstadt Massalia – das heutige Marseille – liege „unterhalb der Keltiké", des Keltenlandes. Mit dieser Angabe dürfte er vermutlich Mittelfrankreich nördlich der Provence gemeint haben, doch nur rund 50 Jahre später – um die Mitte des 5. Jhs. v. Chr. – notierte sein Landsmann Herodot, der ‚Vater der Geschichtsschreibung': „Der Istros [die Donau] entspringt im Keltenlande bei der Stadt Pyrene und fließt durch Europa, indem er es teilt" (Herodot 2,33 und 4,49). Dieser Hinweis auf Kelten im Gebiet der Donauquellen – also offenbar in Süddeutschland – wurde oft in Zweifel gezogen, weil man die „Stadt Pyrene" mit den Pyrenäen in Verbindung brachte und weil Herodot nach dem zitierten Satz etwas rätselhaft fortfuhr: „Die Kelten aber leben jenseits der Säulen des Herakles [antike Bezeichnung für die Meerenge von Gibraltar] und grenzen an die Kynesier an, die unter allen Bewohnern Europas im äußersten Westen wohnen" (Herodot 2,33). Der Prähistoriker Franz Fischer hat jedoch zu Recht darauf hingewiesen, dass Herodot hier möglicherweise Informationen aus zwei ganz unterschiedlichen Quellen miteinander kombinierte und dass er mit der „Stadt Pyrene" durchaus „eine Siedlung im Ursprungsgebiet des Istros" – also der Donau – gemeint haben könnte, über die er „bei einem Besuch der Griechenstädte am Schwarzen Meer", also im Mündungsgebiet dieses Flusses, Kenntnis erhielt.[1] Wir werden auf diesen Punkt an anderer Stelle noch einmal zurückkommen (vgl. S. 36).

Schließlich ist hier auch noch eine aus dem 3. Jh. v. Chr. stammende, aber vermutlich aus älteren Quellen schöpfende Version der Argonautensage des Gelehrten Apollonios von Rhodos von Interesse, in der dieser die hellenischen Seefahrerhelden unter Führung des Jason bei ihrer Heimfahrt nach Griechenland „in den tiefen Flusslauf der Rhône" einlaufen ließ, von wo aus sie „in winterliche Seen trieben, die sich unendlich weit in das Land der Kelten ausbreiten" (Apollonios 4,627–635). Nach den geographischen Gegebenheiten können damit eigentlich nur die Seen des Schweizer Mittellandes und der Bodensee gemeint sein, und es stellt sich die Frage, ob die Griechen diese Route nur vom Hörensagen her kannten oder ob mediterrane Schiffsleute sie möglicherweise auch selbst schon befahren hatten.

Die Schlüsselrolle der Archäologie

Nimmt man diese wenigen und insgesamt eher mageren Zitate zusammen, so wird doch immerhin deutlich, dass die antiken Autoren schon zu Beginn des 5. Jhs. v. Chr. Kelten in Mitteleuropa kannten. Vor allem aber hat die Archäologie, also die Bodendenkmälerforschung, in den

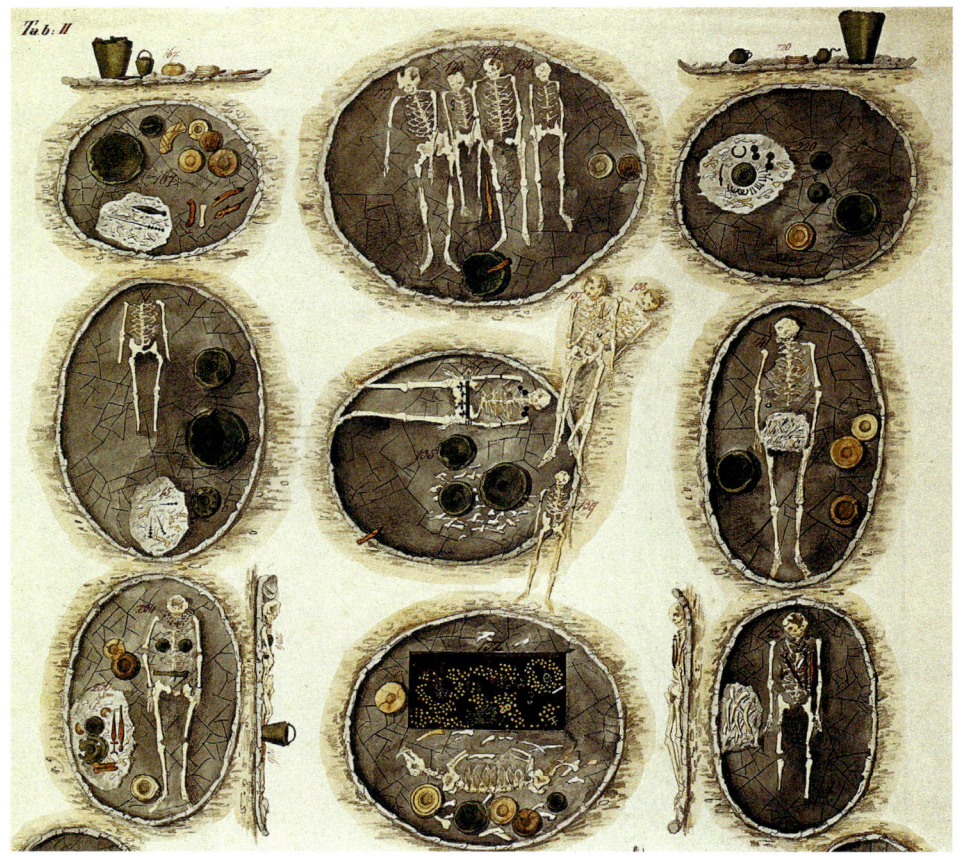

Früheisenzeitliche Gräber aus Hallstatt – in einem prächtigen Aquarell festgehalten von dem zeitgenössischen Zeichner Isidor Engel, einem Freund des Ausgräbers Johann Georg Ramsauer.

letzten 150 Jahren eindrucksvoll gezeigt, welche zentrale Rolle der mitteleuropäische Raum bei der Herausbildung und Ausbreitung der keltischen Kultur offenkundig spielte. Da die Kelten selbst, deren Schriftgebrauch noch stark eingeschränkt war (vgl. S. 114 f.), uns keinerlei historische Aufzeichnungen hinterlassen haben, und da die Berichte der griechischen und römischen Autoren in ihrer Mehrzahl erst aus den letzten beiden Jahrhunderten vor Christi Geburt stammen und zumeist nicht sehr umfassend sind, ist die Archäologie tatsächlich unsere wichtigste – und für die Frühzeit sogar einzige – Erkenntnisquelle über die antiken keltischen Völker. Die Auswertung von Bodenfunden muss hier also weitgehend das Studium von schriftlichen Quellen ersetzen, und doch ist das Ergebnis erstaunlich aufschlussreich, denn die archäologischen Zeugnisse vermitteln – wie wir in diesem Buch sehen werden – ein überraschend umfassendes, vielschichtiges und differenziertes Bild von den Kelten und ihrer Kultur.

Vor allem mit zwei Fundorten in Mitteleuropa ist die keltische Archäologie seit nunmehr 150 Jahren untrennbar verbunden, nämlich mit Hallstatt in Oberösterreich und La Tène in der Schweiz. Nach diesen beiden Ausgrabungsstätten wurden die zwei großen Kulturepochen des antiken Keltentums benannt, und auch uns sollen sie als Ausgangspunkt unserer Reise ins keltische Mitteleuropa des 1. Jts. v. Chr. dienen.

Hallstatt und die Hallstattkultur

Hallstatt ist eine kleine, vom Gebirge umgebene Gemeinde am Hallstätter See im oberösterreichischen Salzkammergut. Der Name des Ortes bedeutet so viel wie ‚Salzstätte‘ (von *hall* = Salz), denn in den Bergen oberhalb des Ortes befindet sich ein ergiebiges Steinsalzlager, das schon seit dem Beginn des 1. Jts. v. Chr. systematisch ausgebeutet wurde. Immer wieder stießen neuzeitliche Bergleute bei dem bis heute andauernden Abbau dieser Lagerstätte auf die bis zu 300 m tief in den Berg reichenden Stollen ihrer prähistorischen Vorgänger, und eingelagert ins Salz des ‚Heidengebirges‘ fanden sich nicht nur abgebrannte Reste vorgeschichtlicher Kienspanfackeln, sondern auch prähistorische Arbeitsgeräte, Tragkörbe aus Leder und Fell und Kleidungsfetzen. 1734 entdeckte man in einem der antiken Stollen sogar die gut konservierte und noch vollständig erhaltene Leiche eines vorgeschichtlichen Bergmannes, der als ‚Mann im Salz‘ Berühmtheit erlangte und seiner ‚heidnischen‘ Herkunft entsprechend umgehend in ungeweihter Erde bestattet wurde.

Noch sehr viel nachhaltiger hat sich der Fundort Hallstatt jedoch aufgrund seines großen prähistorischen Gräberfeldes in die Annalen der Archäologie eingeschrieben. Auf diesem Friedhof wurden nicht nur die antiken ‚Salz-

Ein Tragsack aus Rinderfell, eine Schaufel und ein Spitzhackenschaft aus Ahornholz, abgebrannte Kienspanfackeln und eine Fellmütze (rechts unten) aus dem Salzbergwerk von Hallstatt – dank der konservierenden Wirkung des Salzes blieben sie zweieinhalb Jahrtausende erhalten.

herren‘, die es durch den weiträumigen Handel mit dem ‚weißen Gold‘ zu erheblichem Reichtum gebracht hatten, sondern auch die im Bergwerk beschäftigten Arbeiter und ihre Familien zur letzten Ruhe gebettet. An die tausend Bestattungen legte der Bergmeister des Hallstätter Salzbergwerks, Johann Georg Ramsauer, hier zwischen 1846 und 1863 mit einer für damalige Zeiten bemerkenswerten Sorgfalt frei, und einige hundert weitere wurden später ausgegraben. Insgesamt dürfte der prähistorische Friedhof an die 2000 Gräber umfasst haben, die vom reich mit erlesenen Beigaben ausgestatteten Prunkgrab bis zu eher durchschnittlichen Bestattungen reichten.

Ramsauer allein barg auf dem Hallstätter Friedhof fast 20000 Grabbeigaben, vor allem Ton- und Bronzegefäße, Schmuckstücke und Waffen. Da sich unter ihnen auch eine Reihe von Importobjekten aus Italien befand, dessen archäologische Chronologie damals bereits gut erschlossen war, ließ sich der ganze Friedhof mit einer für Mitteleuropa damals ungewohnten Sicherheit ins 7. und 6. Jh. v. Chr. datieren. Und da die dort aufgefundenen Gegenstände geradezu eine Musterkollektion von Objekttypen bildeten, die man auch von anderen mitteleuropäischen Fundplätzen her kannte, schlug der schwedische Reichsantiquar Hans Hildebrand 1872 vor, die ganze frühe Eisenzeit Mitteleuropas von etwa 750 bis 450 v. Chr. als ‚Hallstattzeit‘ zu bezeichnen. Diese Benennung setzte sich in der Folge rasch durch und ist bis heute gültig geblieben.

Verwendet wird sie für einen weiten geographischen Raum, der von Burgund im Westen bis nach Slowenien

Die geographische Ausdehnung des Ost- und des West-Hallstattkreises im 7. bis 5. Jh. v. Chr. Die Grenze zwischen den beiden regionalen Zonen lässt sich nur schwer exakt festlegen.

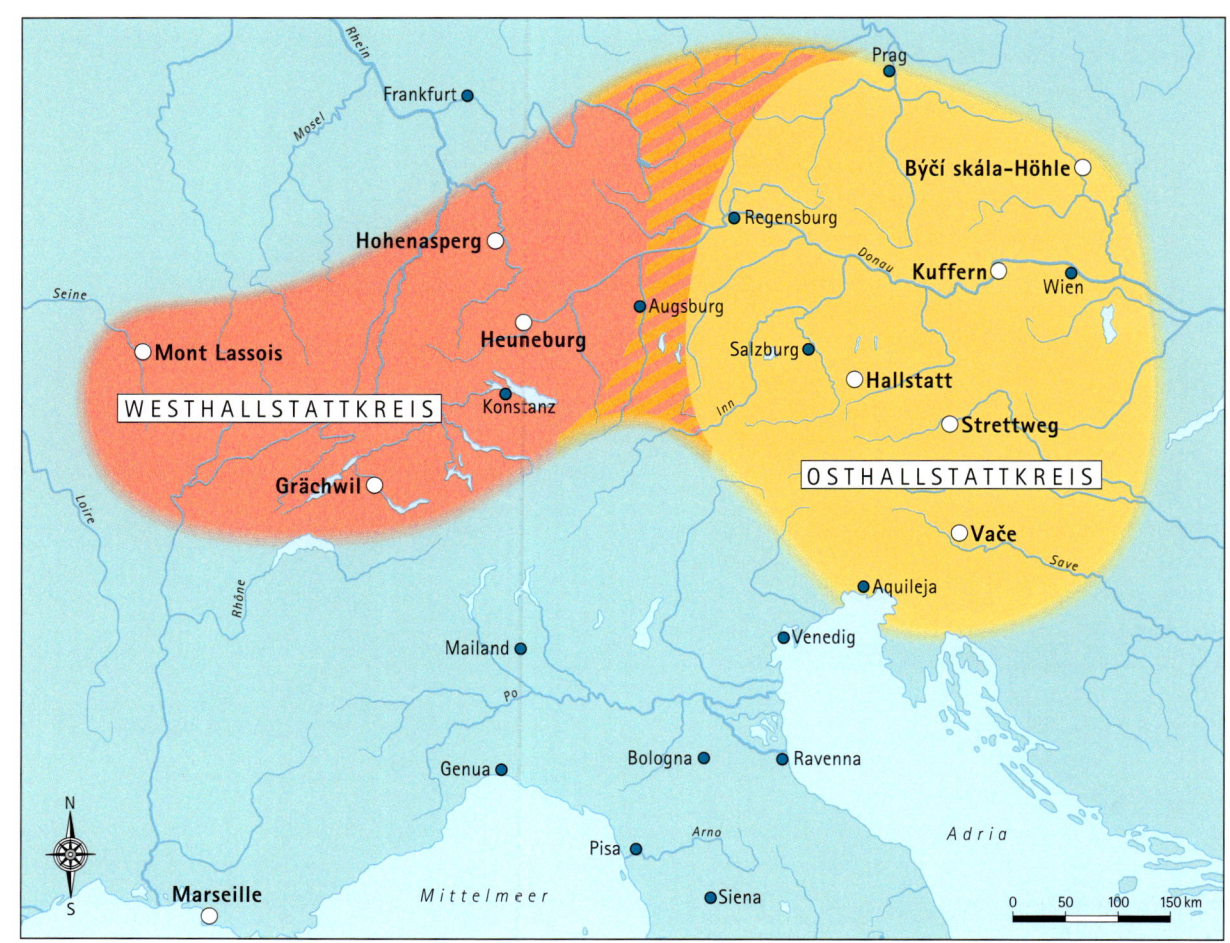

im Osten reicht und in dem die sog. Hallstattkultur blühte. Innerhalb dieser Zone existierte zur fraglichen Zeit ein derart breiter Fundus an Gemeinsamkeiten in der Sachkultur, in den Bestattungssitten und in bestimmten sozialen Erscheinungen, dass die Hallstattkultur sogar als eine „Frühform europäischer Einheit" bezeichnet wurde – so lautete jedenfalls der Titel einer großen Ausstellung in Steyr im Jahr 1980. Freilich gab es vor allem zwischen den östlichen und den westlichen Ausläufern dieser weiträumigen Kultur auch eine Reihe von markanten Unterschieden, weshalb man sie in einen ‚Ost-' und einen ‚Westhallstattkreis' unterteilt hat.

Aus historischen Quellen ist nun bekannt, dass der Balkanraum zu jener Zeit von den Illyriern besiedelt war, weshalb man diese – zusammen mit anderen Völkerschaften – als die Träger der östlichen Hallstattkultur ansieht. Der ‚Westhallstattkreis' mit dem östlichen Frankreich (Burgund), Südwestdeutschland und der Nordschweiz als Kernraum deckt sich hingegen in auffälliger Weise mit jener geographischen Zone, auf die die ersten Erwähnungen der Kelten bei den antiken griechischen Autoren hinzuweisen scheinen (vgl. S. 8). Die meisten Archäologen vermuten daher heute im Westhallstattraum jene Region, in der die Kelten und ihre Kultur sich ursprünglich herausbildeten, und sehen die von etwa 620 bis 450 v. Chr. während ‚späte Hallstattzeit' als jene Periode an, in der dieser Prozess zu einem ersten Abschluss gelangt war. Sofern diese Theorie zutrifft, waren die Träger der jüngeren westlichen Hallstattkultur also tatsächlich bereits frühe Kelten und das westliche Mitteleuropa jene Zone, in der die so wechselhafte Geschichte der keltischen Völkerschaften ihren Ausgang nahm.

La Tène und die Latènekultur

1857 – zur gleichen Zeit, als Georg Ramsauer das große Gräberfeld von Hallstatt ausgrub – entdeckten der Fischer Hans Kopp und der Amateurarchäologe Oberst Friedrich Schwab am Nordufer des Neuenburger Sees in der Schweiz merkwürdige Holzpfähle, die an einer seichten Stelle aus dem Wasser ragten. Es handelte sich dabei, wie man später herausfand, um die Überreste einer Holzbrücke aus dem 3. Jh. v. Chr., und in ihrer Umgebung bargen Kopp, Schwab und spätere Archäologen aus dem Seeschlamm und den benachbarten Ufersedimenten mehr als 2500 Waffen und andere Fundobjekte – unter ihnen 166 Schwerter, 269 Speerspitzen, 27 Holzschilde, über

Die Fundstätte La Tène am Neuenburger See in der Schweiz. Im Jahr 1857 kamen hier und am benachbarten Ufer zwischen Holzpfählen einer keltischen Brücke tausende von Fundobjekten zutage, die für die jüngere vorrömische Eisenzeit in Mitteleuropa namengebend wurden.

MITTELEUROPA – DAS URSPRUNGSGEBIET DER KELTEN

Rekonstruktionszeichnung der Brücke von La Tène mit darauf ausgestellten Waffentrophäen, die später als Opfer im See versenkt wurden. An den Flüssen und Seen des Schweizer Mittellandes sind mehrere solcher keltischen Brückenkonstruktionen des 4. und 3. Jhs. v. Chr. archäologisch nachgewiesen.

390 Fibeln (Gewandspangen) sowie zahlreiche Münzen, Erntegeräte und Holzgefäße. Der Fundreichtum ließ zunächst an die Überreste einer größeren Siedlung, einer Handelsstation oder eines Schlachtfeldes denken, doch heute vermuten die meisten Forscher, dass es sich um einen Opferplatz gehandelt hat, an dem über längere Zeit hinweg Kriegsbeute und andere Güter als Gaben für Wassergottheiten im See versenkt wurden. Zu dieser Annahme würde auch der Fund eines menschlichen Skeletts mit einer Hanfschlinge um den Hals gut passen, der auf eine kultische Strangulation hindeutet, wie sie auch an anderen Fundorten archäologisch belegt ist.

In jedem Fall lieferte die Fundstätte von La Tène ('Untiefe'), wie ihr Ortsname lautet, eine ähnliche Musterkollektion an vorgeschichtlichen Gegenständen wie das Gräberfeld von Hallstatt, nur aus der darauf folgenden prähistorischen Periode – der jüngeren vorrömischen Eisenzeit. Der bereits erwähnte Hans Hildebrand benannte daher 1872 diese ganze Epoche nach dem Schweizer Fundort und ließ auf seine 'Hallstattzeit' die von ca. 450 v. Chr. bis zur Zeitwende während 'Latènezeit' folgen. Diese Epocheneinteilung ist in der mitteleuropäischen Archäologie bis heute gültig geblieben, sie wurde freilich seit Hildebrands Zeiten mehrfach modifiziert und weiter untergliedert.

Die für die Latènezeit charakteristische 'Latènekultur' war aber, wie man aufgrund entsprechender Funde in Italien, Griechenland und Kleinasien sowie an den Schauplätzen des 'Gallischen Krieges' rasch erkannte, nichts anderes als die Kultur der 'klassischen', historischen Kelten, die durch ihre weiträumigen Wanderungen und Plünderungszüge während des 4. und 3. Jhs. v. Chr. zum Schrecken der gesamten griechisch-römischen Welt wurden (vgl. S. 80 ff.) und deren in Gallien beheimatete Stämme Caesar im Jahr 52 v. Chr. unterwarf (vgl. S. 141 ff.). Ihr Verbreitungsgebiet war noch um einiges größer als dasjenige der Hallstattleute und reichte im 3. Jh. v. Chr. vom Atlantik im Westen bis zum Schwarzen Meer, ja bis nach Kleinasien im Osten (vgl. Karte S. 80).

Der Kernraum aber, von dem aus die keltischen Gruppen im 4. Jh. v. Chr. zu ihren großen Wanderungen aufbrachen, lag nach dem Zeugnis der ältesten Latènefunde wiederum in Mitteleuropa. Und hier, im Zentrum des Kontinents, errichteten die Kelten nach der Beendigung ihrer Eroberungszüge im 2. Jh. v. Chr. auch die ersten Oppida – jene von Caesar ausführlich beschriebenen Großsiedlungen, in denen sich lange vor der Ankunft der Römer nördlich der Alpen bereits frühes städtisches Leben entfaltete und in deren Mauern die Kelten während der beiden letzten Jahrhunderte vor der Zeitwende bis an die Schwelle zur Hochkultur gelangten (vgl. S. 110 ff.).

Doch das war nur der Höhepunkt einer jahrhundertelangen kulturellen Entwicklung. Beginnen wir unseren Überblick über dieses eindrucksvolle und geheimnisumwitterte Volk also am Anfang seiner Geschichte – in der Hallstattkultur des 8. bis 5. Jhs. v. Chr., als die Kelten zum ersten Mal in der archäologischen und historischen Überlieferung des vorgeschichtlichen Mitteleuropa auftauchen, um sie von da an bis zur Zeitwende zu prägen.

MITTELEUROPA – DAS URSPRUNGSGEBIET DER KELTEN

DIE HALLSTATTZEIT – EINE EPOCHE DES UMBRUCHS UND DER WANDLUNGEN

Die Hallstattkultur ist eine der interessantesten Kulturen des prähistorischen Mitteleuropa, die Zeit ihrer Blüte eine der ereignisreichsten Epochen unserer Vorgeschichte. Sie begann um 800 v. Chr. mit einer frühen Stufe, die die Archäologen als ‚ältere Hallstattzeit' bezeichnen, und erreichte ihren Höhepunkt in der ‚jüngeren' oder ‚späten Hallstattzeit' zwischen etwa 620 und 450 v. Chr. Diese Unterteilung in eine ältere und eine jüngere Stufe wurde ursprünglich vor allem auf der Basis stilistischer Veränderungen der Keramik und der Metallgegenstände vorgenommen, denn den Pionieren der keltischen Archäologie war schon früh aufgefallen, dass in der älteren Hallstattzeit mit Kerbschnittmustern verzierte Tongefäße, lange Metallschwerter und Nadelschmuck das Fundbild bestimmten (vgl. Abb. S. 16 oben), während in der jüngeren Hallstattstufe mit dem Pinsel bemaltes Tongeschirr, kurze Dolche sowie nach dem Prinzip der Sicherheitsnadel gefertigte Gewandspangen (sog. Fibeln) vorherrschten. Diese zunächst rein ‚typologischen' Veränderungen des Alltagsgutes gingen freilich mit tief greifenden kulturellen und gesellschaftlichen Umwälzungen einher, so dass die Unterscheidung der beiden Perioden auch aus historischer Sicht gerechtfertigt erscheint.

Von der Bronze- zur Eisentechnologie

Tatsächlich waren die 350 Jahre der Hallstattzeit in vielerlei Hinsicht eine Epoche des Umbruchs und der Neugestaltung. Am Anfang stand eine fundamentale Neuerung im technologischen Bereich, nämlich die Übernahme der Eisenmetallurgie. Bis dahin war die aus ungefähr neun Teilen Kupfer und einem Teil Zinn hergestellte Bronze das wichtigste Metall und der – neben organischen und mineralischen Materialien wie Holz, Ton, Tierhäuten und Pflanzenfasern – wichtigste Werkstoff gewesen, weshalb man die Ära bis zum Beginn des 8. Jhs. v. Chr. auch als ‚Spätbronzezeit' bezeichnet. Nun aber lernten die mitteleuropäischen Handwerker die um 1500 v. Chr. in Anatolien entwickelte Eisenverarbeitung kennen, die sich über den Balkanraum und Italien schrittweise bis nach Zentraleuropa ausgebreitet hatte, und so brach mit dem Beginn der Hallstattkultur auch im Raum nördlich der Alpen die ‚Eisenzeit' an.

Der neue Werkstoff machte der Bronze bei der Herstellung verschiedenster Gebrauchsobjekte bald mehr und mehr Konkurrenz, denn er besaß unübersehbare Vorteile. Gut geschmiedete eiserne Waffen und Geräte waren ihren bronzenen Pendants nicht nur an Härte und Robustheit überlegen, sie ließen sich auch wesentlich kostengünstiger produzieren, da Eisenerz sehr viel häufiger und geographisch gleichmäßiger verteilt vorkommt als die Bronzerohstoffe Kupfer und Zinn (vgl. S. 25). Man gewann das eisenhaltige Gestein in der Regel ohne allzu großen Aufwand im Tagebau und verhüttete es in schacht- oder kuppelförmigen Öfen aus Lehm, wobei sich der Metallanteil ab einer Temperatur von etwa 1200 Grad Celsius verflüssigte und als sog. Luppe vom tauben Gestein – der Schlacke – trennte. Das so gewonnene Roheisen musste allerdings nach der Verhüttung noch mehrfach im Feuer ‚ausgeglüht' und durch Hämmern von den nach wie vor darin enthaltenen Schlackeanteilen befreit werden, um seine optimale Härte und Elastizität zu erreichen.

Jahre v. Chr.	Archäologische Epochenbezeichnung	Historische und kulturelle Entwicklung
1250	Urnenfelderzeit	Späte Bronzezeit. Bestattung in Urnengräbern
800/750	Frühe Hallstattzeit	Beginn der Eisenverarbeitung in Mitteleuropa, Bestattung in Grabhügeln
620	Späte Hallstattzeit	„Fürstensitzkultur" in Süddeutschland, Ostfrankreich und der Schweiz. Intensive Südbeziehungen.
475/450	Frühe Latènezeit	Beginn der klassisch-keltischen Kunst und Kultur. Ab 400 große Keltenwanderungen in den Mittelmeerraum.
275	Mittlere Latènezeit	
150	Späte Latènezeit	Um 200 Ende der keltischen Expansion. Danach Beginn der frühstädtischen Oppidakultur.
52/15	Übergang zur gallo- bzw. provinzialrömischen Epoche	Unterwerfung der Festlandkelten durch Rom und die Germanen. Eingliederung Galliens und der Regionen südlich der Donau ins römische Reichsgebiet.

Ein ausgegrabener Hallstatt-Grabhügel in einem Wald bei Böblingen in Württemberg. Der äußere Hügelfuß war von einem Steinkreis begrenzt und die zentrale Grabkammer durch eine Steinpackung vor Grabräubern geschützt.

Die weitere Verarbeitung des in Barrenform gebrachten und überregional verhandelten Eisens zu verschiedensten Gebrauchsobjekten erfolgte dann nicht, wie es bei der Bronze die Regel war, durch Gießen in Stein- oder Lehmformen, sondern durch Aufglühen im Feuer und anschließendes Bearbeiten mit dem Schmiedehammer, bis die gewünschte Endform erreicht war. Dieser anspruchsvolle und neuartige Verarbeitungsprozess erforderte ein hohes Maß an Erfahrung und Wissen, ein technisches Know-how, das sich nicht ohne weiteres von heute auf morgen gewinnen ließ. Daher vollzog sich der Übergang von der Bronze- zur Eisentechnologie auch nicht abrupt, sondern ganz allmählich und schrittweise im Verlauf von ein bis zwei Jahrhunderten, und auch als am Ende der Hallstattzeit schließlich die meisten Waffen und Gerätschaften aus Eisen und nicht mehr aus Bronze gefertigt wurden, blieb das ältere Metall doch nach wie vor zur Herstellung von Schmuckstücken und Zierobjekten und zum Heraustreiben großer Blechgefäße unentbehrlich (vgl. Abb. S. 61). Die Bronze wurde also durch den Siegeszug des Eisens keineswegs völlig aus dem Metallhandwerk verdrängt, sondern vielmehr nach und nach auf einige spezifische Anwendungsbereiche beschränkt.

Neue Bestattungssitten

Als archäologisch markantesten Indikator für den Beginn der neuen Epoche hob die Keltenforschung daher schon im 19. Jh. ein eindeutigeres Merkmal hervor, nämlich eine neue, anders geartete Bestattungsweise. Bis zum 8. Jh. v. Chr. hatte man die Toten überwiegend verbrannt und ihre verkohlten Knochenreste in Tongefäßen und Grabgruben auf zum Teil recht umfangreichen Flachgräberfriedhöfen beigesetzt, weshalb die betreffende Periode auch als ‚Urnenfelderkultur' bezeichnet wird. Mit dem Beginn der Hallstattkultur wurde hingegen die schon einmal während der mittleren Bronzezeit geläufige Sitte wieder aufgenommen, die Toten in einer hölzernen Grabkammer beizusetzen und über dieser einen deutlich sichtbaren Erdhügel (lat. *tumulus*) aufzuschütten, in dem man später noch weitere Verstorbene als sog. Nachbestattungen begraben konnte.

Die Grabhügel der Angehörigen eines Verwandtschaftsverbandes oder der Bewohner einer Siedlung wurden dabei zumeist in dicht beieinander liegenden Gruppen angelegt, so dass man von regelrechten ‚Grabhügelfriedhöfen' spricht. Diese Tumuli-Nekropolen konnten je nach

Mit geometrischen Stempelmustern reich verzierte Schale der älteren Hallstattkultur aus einem Grab von Gomadingen in Baden-Württemberg (7. Jh. v. Chr.).

der Größe des dort bestattenden Sozialverbandes und der Dauer ihrer Belegung nur einige wenige oder aber mehrere Dutzend, ja in seltenen Fällen sogar über hundert Hügel umfassen. Oftmals wurden sie sowohl während der älteren als auch während der jüngeren Hallstattzeit, gelegentlich sogar bis in die nachfolgende Latènezeit hinein benutzt – daraus lässt sich auf eine Siedlungskontinuität der dort bestattenden Hof- oder Dorfgemeinschaften über mehrere Jahrhunderte hinweg schließen.

In den Grabkammern der älteren Hallstattzeit wurde zumeist die Asche der auf dem Scheiterhaufen verbrannten Toten ausgestreut oder in einem Behältnis beigesetzt, was gewiss als Nachklang der Brandbestattungssitte der vorangegangenen Urnenfelderkultur betrachtet werden kann. In der jüngeren Hallstattzeit setzte sich dagegen mehr und mehr die Körperbestattung, das heißt die Beisetzung des unverbrannten und in der Regel wohl vollständig bekleideten Leichnams in den Grabhügeln durch. Über die religiösen Hintergründe des Wechsels zwischen diesen beiden Bestattungsarten, die ja in vielen Kulturen – nicht zuletzt auch unserer eigenen – nebeneinander vorkommen, wissen wir so gut wie nichts. In beiden Fällen wurden die Toten aber, wie es während der meisten vorgeschichtlichen Epochen üblich war, mit mehr oder weniger umfangreichen Grabbeigaben ausgestattet, die vermutlich ihren persönlichen Rang innerhalb der Gesellschaft unterstreichen und ihnen ein standesgemäßes Weiterleben im Jenseits ermöglichen sollten.

Tongeschirr und Schwerter als Grabbeigaben

Während der älteren Hallstattzeit bestanden diese Grabbeigaben in erster Linie aus tönernen Töpfen, Schalen oder Tellern, von denen ein durchschnittliches Grab fünf bis sechs Stück, ein besonders reich ausgestattetes aber durchaus auch mehrere Dutzend enthalten konnte. In einigen dieser Grabgefäße befanden sich offenbar Speisebeigaben, und auch Knochen von Schlachttieren bis hin zu den Überresten ganzer Schweine kamen in manchen Gräbern zutage – hierbei ging es ganz offensichtlich darum, die Toten mit einer Wegzehrung für das Jenseits zu versehen. In einigen Gräbern waren aber offenkundig auch leere Gefäße ineinander gestapelt, so dass die Keramik hier eher einen symbolischen Wert gehabt zu haben scheint. Möglicherweise wollte man durch die

Der Griffteil eines sog. Pilzknaufschwertes der älteren Hallstattzeit (7. Jh. v. Chr.) aus Gomadingen in Baden-Württemberg. Mit Goldeinlagen verziert, gehörte er zu einer besonders prächtigen Waffe. Im Hintergrund Tonschalen mit Kerbschnittornamenten.

Große Halbmondfibel mit reichem Klappergehänge aus einem Grab von Hallstatt (6. Jh. v. Chr.).

Beigabe eines reichen Geschirrsatzes etwa die häusliche Stellung einer Hofbäuerin versinnbildlichen oder die Fähigkeit eines wohlhabenden Gutsherrn unterstreichen, eine umfangreiche Schar von Schutzbefohlenen zu ernähren.

Metallene Beigaben waren in den Hügelgräbern der älteren Hallstattkultur noch vergleichsweise selten und beschränkten sich gewöhnlich auf kleine Nadeln, Armringe oder Schmuckanhänger bei den Frauen und auf Rasiermesser und hin und wieder ein bronzenes Toilettebesteck bei den Männern. Allerdings sind aus dem 8. und 7. Jh. v. Chr. an die 200 Männergräber bekannt, die darüber hinaus große Eisen- oder Bronzeschwerter – die kennzeichnende Waffe der älteren Hallstattzeit – enthielten. Da diesen Schwertgräbern indes eine sehr viel größere Zahl von waffenlosen Bestattungen gegenüberstand und die in ihnen beigesetzten Männer nicht – wie sonst in der älteren Hallstattzeit üblich – verbrannt, sondern körperbestattet wurden, dürfte es sich um gesellschaftlich in irgendeiner Weise hervorgehobene Individuen gehandelt haben, die aber stets noch inmitten ihres Sozialverbandes auf den Grabhügelfriedhöfen beigesetzt wurden.

Einer höher gestellten Bevölkerungsgruppe gehörten sicherlich auch mehrere Dutzend Tote an, die in Böhmen, Bayern und Baden-Württemberg im späten 8. und im 7. Jh. v. Chr. mit einem vierrädrigen Wagen und dem Geschirr für die dazugehörigen Zugpferde bestattet wurden – eine Beigabensitte, die man vermutlich von östlichen Reitervölkern übernommen hatte. In einer Handvoll süddeutscher Gräber des 7. Jhs. v. Chr. fanden sich überdies auch noch vergoldete Waffen und einzelne aus dem Mittelmeerraum importierte Metallgefäße. Es handelte sich hierbei um die frühesten ‚Prunkgräber' der Hallstattzeit, in denen sich zunächst noch zögernd die Herausbildung einer merklich von der übrigen Bevölkerung abgehobenen Elite ankündigte, wie sie dann später in den spektakulär ausgestatteten ‚Fürstengräbern' des 6. und 5. Jhs. v. Chr. überdeutlich greifbar werden sollte (vgl. S. 42 ff.).

Metallgefäße, Schmuck und Dolche

Während der jüngeren Hallstattzeit wurde den Toten fast gar kein Tongeschirr mehr in die Grabhügel mitgegeben – an seine Stelle traten nunmehr aus Metall gefertigte Gefäße einheimischer oder südlicher Herkunft, die allerdings auf eine recht kleine Zahl von wohlhabenden und reichen Bestattungen beschränkt blieben. Auch sonst traten bei den Grabbeigaben nun ganz die Metallobjekte in den Vordergrund: Die Frauen wurden mit umfangreichen Sätzen von Bronzeschmuck bestattet, der aus Haarringen, Nadeln und Fibeln, verschiedenartigen Hals-, Arm- und Beinringen sowie reich verzierten Gürteln bestehen konnte. Er war nicht nur individuell, sondern auch landschaftlich recht unterschiedlich zusammengesetzt und gestaltet, so dass man eine ganze Reihe regionaler frühkeltischer ‚Trachtkreise' voneinander unterscheiden kann.

Bei den Männerbestattungen beschränkte sich der Schmuck, sofern er überhaupt vorhanden war, zumeist auf ein Gürtelblech, einen Arm- oder Halsring und die eine oder andere Fibel, so dass die Männergräber in dieser Hinsicht im Durchschnitt deutlich bescheidener ausgestattet waren als gleichrangige Frauengräber. Etwa jedes zehnte bis zwanzigste Männergrab enthielt über diesen Schmuck hinaus aber auch noch eine oder mehrere Waffen – am häufigsten ein oder zwei eiserne Lanzenspitzen, in mehr als 140 Fällen jedoch auch einen kunstvoll gearbeiteten sog. Antennendolch mit eingerollten Griffenden, der nun als Standessymbol an die Stelle des im 7. Jh. v. Chr. so dominierenden, mit Beginn des 6. Jhs. aber fast völlig aus den Gräbern verschwundenen Hallstattschwertes trat. Außerdem enthielten nun auch eine gewisse Anzahl von wohlhabenden Gräbern in Ostfrankreich und in der Schweiz vierrädrige Wagen mit Pferdegeschirr, wie sie zuvor nur in Süddeutschland und Böhmen üblich gewesen waren – damit war dieser gehobene Bestattungsmodus nunmehr im gesamten Westhallstattkreis gebräuchlich.

Diese geographische Ausbreitung scheint allerdings mit einer zahlenmäßigen Verringerung der Wagen- wie auch der Dolchgräber in den einzelnen Regionen einhergegangen zu sein – manche Archäologen schließen daraus auf eine zunehmende Exklusivität der frühkeltischen Elite bei gleichzeitiger Steigerung ihres gesellschaftlichen Einflusses, auf eine zunehmende Konzentration der Macht und des Reichtums in der späten Hallstattzeit. Tatsächlich kennt man aus dieser Periode rund drei Dutzend Gräber mit einer zuvor nicht gekannten Beigabenpracht – unter anderem goldenen Hals- und Armringen sowie einzigartigen und kostbaren Importgütern –, die von der Herausbildung einer neuartigen Führungsschicht, vielleicht einer Art von ‚Hochadel', in der Zeit zwischen 600 und 450 v. Chr. künden. Diese sog. Fürstengräber bilden eine so eigenständige und von allen übrigen Bestattungen abgehobene Erscheinung, dass wir sie in einem späteren Kapitel gesondert betrachten und erörtern wollen (vgl. S. 42 ff.).

Eine vielfach gegliederte Gesellschaft

Hervorzuheben ist im Übrigen, dass die Bestattung in Grabhügeln selbst möglicherweise schon ein Privileg der Mittel- und Oberschichten der frühkeltischen Bevölkerung war. Zwischen und neben den Tumuli archäologisch gut untersuchter Grabhügelfriedhöfe fanden sich nämlich an mehreren Fundorten einfache Erdgruben mit Brandgräbern, die zumeist nur bescheiden ausgestattet waren und die möglicherweise einer noch nicht näher definierbaren sozialen Unterschicht – eventuell auch Kindern – zugeordnet werden müssen. Die Forschung tappt über den genauen Umfang und die regionale Verbreitung dieser ‚ärmlichen' Bestattungen noch weitgehend im Dunkeln, wie überhaupt das Wissen über die im archäologischen Befund eher unauffällig in Erscheinung tretenden unteren Bevölkerungsschichten bis heute bedauernswert spärlich geblieben ist.

Das beschriebene starke Gefälle im Bestattungswesen mit prunkvoll ausgestatteten Gräbern einerseits, fast beigabenlosen andererseits und einem breiten Spektrum von Abstufungen dazwischen weist aber doch mit einiger Gewissheit auf eine ausgeprägte gesellschaftliche Gliederung und starke soziale Unterschiede bei den Kelten der jüngeren Hallstattzeit hin. Ob diese Unterschiede freilich in erster Linie aus Faktoren wie dem Lebensalter, der familiären Stellung und der persönlichen Lebensleistung der bestatteten Individuen resultierten oder ob sie auf ständischen Privilegien bzw. der Herausbildung echter sozialer Schichten im Sinne historischer Klassengesell-

In der jüngeren Hallstattzeit (6./5. Jh. v. Chr.) traten Dolche an die Stelle des Schwertes als Statussymbol des wohlhabenden, freien Mannes. Der Dolch mit Eisenscheide stammt aus Etting, die eiserne Lanzenspitze (rechts) aus Pfofeld in Bayern.

DIE HALLSTATTZEIT

schaften beruhten, darüber sind die Fachleute bis heute unterschiedlicher Auffassung.

Betrachtet man die Frage ohne ideologische Vorurteile und Scheuklappen, so muss die eine Möglichkeit ja keineswegs die andere ausschließen. Beispielsweise könnte ein relativ verbreitetes Statussymbol wie das Hallstattschwert oder der Antennendolch, vielleicht auch der vierrädrige Wagen mit dazugehörigem Pferdegeschirr, durchaus jedem wohlhabenden Hofbesitzer ab einem gewissen Lebensalter zugestanden haben. Die frühkeltische Gesellschaft mag an ihrer ländlichen und dörflichen Basis sehr wohl im Sinne einer Gerontokratie, einer ‚Herrschaft der älteren Männer', bei denen sich die erwähnten Rangabzeichen zumeist fanden, strukturiert gewesen sein, wie dies ja in vielen vorindustriellen Kulturen der Fall war. Sehr viel exklusivere Standessymbole wie goldene Ringe und kostbare Importgüter, die sich wie erwähnt nur in wenigen ‚Fürstengräbern' fanden (vgl. S. 42 ff.), gingen hingegen mit Sicherheit über das Niveau eines solchen urwüchsigen Agrar- und ‚Altersadels' hinaus und bezeugen die Herausbildung einer Gesellschaft, die in stärkerem Maße als jemals zuvor in der mitteleuropäischen Vorgeschichte vom Reichtum und Einfluss einer kleinen, herrschenden Minderheit bestimmt war.

Anthropologische Erkenntnisse

Abgesehen von solchen soziologischen Aufschlüssen verraten die Gräber der Hallstattzeit aber auch sehr viel Alltäglicheres über die frühen Kelten. So zeigte die anthropologische Untersuchung der in den Grabhügeln aufgefundenen Skelette beispielsweise, dass die damalige Lebenserwartung der Männer (ohne Einbeziehung der früh verstorbenen Kinder) im Durchschnitt zwischen 35 und 40 Jahren, diejenige der Frauen hingegen im Mittel nur bei 30 bis 35 Jahren lag, was gewiss eine Folge der nicht selten tödlich verlaufenden Geburten war. Vergleicht man diese Altersdaten mit den heute in den industrialisierten Ländern üblichen, so erscheinen sie erschreckend niedrig; für vorgeschichtliche Verhältnisse waren sie jedoch durchaus ansehnlich, denn in den Jahrtausenden vor der Eisenzeit erreichten die Menschen oft gerade einmal ein Durchschnittsalter um die 30 Jahre, und selbst manches heutige Entwicklungsland weist ja eine vergleichbar niedrige Lebenserwartung auf. Im Übrigen konnte man in Ausnahmefällen durchaus auch schon während der Hallstattzeit 70 Jahre alt werden, wie einzelne Skelettfunde von Individuen dieses Alters beweisen.

Beeindruckt sind die Anthropologen von der insgesamt recht stattlichen Körpergröße der frühen Kelten, die bei den Frauen im Durchschnitt 1,59 m, bei den Männern im Mittel 1,72 m betrug – noch weit größere Individuen fanden sich mehrfach in besonders reich ausgestatteten Gräbern (vgl. S. 49). Diese Körpermaße liegen deutlich über denen etwa der Bevölkerung im mittelalterlichen Europa, und da nachweislich ein Zusammenhang zwischen dem Körperwachstum und der Qualität der Lebensführung und Ernährung besteht, scheint es um beides bei den frühen Kelten nicht schlecht bestellt gewesen zu sein.

Schmuck als Hinweis auf die Frauenmode

Die Gräber liefern uns mit ihren Schmuckbeigaben auch die nahezu einzigen Hinweise auf die frühkeltischen Bekleidungssitten, da originale Kleidungsstücke, wie sie sich beispielsweise an dänischen Moorleichen oder in einer Reihe von Baumsärgen der nordeuropäischen Bronzezeit vorzüglich erhalten haben, aus der Hallstattkultur bislang kaum bekannt geworden sind. Zwar fanden sich in den großen Salzbergwerken von Hallstatt und Hallein (vgl. S. 9 und 26 f.) einige Ledermokassins, aus Fell gefertigte Mützen und Fetzen anderer Kleidungsstücke – diese waren jedoch zu fragmentarisch, um aus ihnen das ursprüngliche Aussehen der Tracht rekonstruieren zu können. Bilddarstellungen von Menschen liegen aus dem fast ausschließlich auf einen geometrisch-abstrakten Kunststil fixierten Westhallstattraum gleichfalls nicht vor, so dass man sich tatsächlich nur mit Hilfe des Grabschmucks ein ungefähres Bild von den frühkeltischen Bekleidungssitten zu machen vermag.

Linke Seite: Kunstvoll verzierte Glasperlen aus Grabhügeln der hallstattzeitlichen Dolenjska-Gruppe in Slowenien (6./5. Jh. v. Chr.). Die Region Dolenjska (Unterkrain) ist für ihren reichen und prachtvollen Glasschmuck bekannt.

Schmuckringe aus Bernstein und Bernsteinketten aus einem späthallstattzeitlichen Grab am Dürrnberg bei Hallein (um 500 v. Chr.).

DIE HALLSTATTZEIT

Frühkeltische Fibel aus dem späten 5. Jh. v. Chr. vom Dürrnberg bei Hallein. Sie zeigt einen Mann mit Mütze, verziertem Hemd, eng anliegendem Mantel und einer weiten Hose mit Überwurffalten.

❋ „Die Gallier kleiden sich sehr auffällig: Sie tragen gemusterte Hemden in unterschiedlichen Farben und lange Hosen, die sie Braken nennen. Als Überwurf dienen ihnen gestreifte Mäntel, die an der Schulter mit einer Fibel befestigt werden, und zwar im Winter flauschige, im Sommer glatte, die mit einem dichten und buntfarbigen Würfelmuster geschmückt sind" (Diodor 5,30,1, über die Kelten der Latènezeit).

❋ „Sie tragen das Sagum, lassen ihre Haare lang wachsen und ziehen eng anliegende Hosen an; als Untergewand tragen sie langärmelige Hemden, die mit Schlitzen versehen sind und bis zur Scham und zum Gesäß reichen. Ihre Wolle ist rau und langflockig; aus ihr weben sie die flauschigen Sagum-Mäntel, die laenae genannt werden" (Strabon, Geographie 4,4,3, über die Kelten der Latènezeit).

Bei den schmuckreichen Frauengräbern ist dies naturgemäß eher möglich als bei den sehr viel schmuckärmeren Männergräbern. Geht man davon aus, dass die vergleichsweise üppigen Kollektionen von Hals-, Arm- und Beinringen, die für die besser ausgestatteten Frauengräber kennzeichnend sind, am Körper ihrer Trägerinnen zu Lebzeiten auch sichtbar sein sollten, dann müssen diese zumindest zeitweilig eine Oberkörperbekleidung getragen haben, die die Unterarme frei ließ, sowie Kleider oder Röcke, die nicht bis über die Knöchel reichten. Fibeln, die sich häufig im Bereich der Brust oder der Schultern fanden, dienten offenkundig dazu, die noch nicht mit Knöpfen versehenen Kleidungsstücke zu verschließen, und oft aufwendig verzierte Gürtelbleche aus Metall gehörten zu breiten Ledergürteln, mit denen die Röcke befestigt und die Kleider tailliert oder gerafft wurden. Metallene Nadeln im Bereich des Kopfes schließlich dürften entweder zum Feststecken der Frisur oder zur Befestigung von Haarnetzen, Hauben oder Kopftüchern gedient haben, die auf Bilddarstellungen aus dem benachbarten Osthallstattraum häufig zu sehen sind. Als möglichen Haubenbesatz deutet man auch kleine Metallringe und -knöpfe, die sich bisweilen im Kopfbereich der Bestatteten finden.

Trugen die frühkeltischen Männer bereits Hosen?

Vergleichbare Aufschlüsse lassen sich aus den schmuckarmen Gräbern der frühkeltischen Männer leider nicht gewinnen. So ist bis heute noch nicht einmal zweifelsfrei geklärt, ob sie bereits die charakteristischen Hosen trugen, die die an offene Gewänder gewöhnten Griechen und Italiker an den Kelten der Latènezeit so ungewöhnlich fanden, dass man im antiken Rom geradezu zwischen einem ‚togatragenden Gallien' (Gallia togata) in Oberitalien und einem ‚hosentragenden Gallien' (Gallia bracata) in Mitteleuropa unterschied.
Tatsächlich zeigen die hallstattzeitlichen Kunstwerke Oberitaliens und des Südostalpenraums (vgl. S. 50 ff.) ausschließlich mit langen, offenen Gewändern und Umhängen bekleidete Männer, wie auch die erwähnten bronzezeitlichen Baumsärge Nordeuropas in keinem Fall Hosen, sondern bei Männern wie Frauen gleichermaßen rockartige Kleidungsstücke geliefert haben. Die meisten Fachleute gehen dessen ungeachtet davon aus, dass die Männer im westlichen Hallstattkreis spätestens um 500 v. Chr. bereits die sprichwörtlichen ‚keltischen Hosen' trugen, denn aus der nur wenige Jahrzehnte jüngeren Frühlatènezeit (vgl. S. 65 ff.) kennt man eine ganze Anzahl von Menschendarstellungen auf szenischen Bildwerken, Fibeln und figürlichen Plastiken, von denen einige unverkennbar die im antiken Mittelmeerraum so ungewohnten Beinkleider zeigen.

Schnabelschuhe und bunte Kleider

Merkwürdigerweise sind wir ansonsten ausgerechnet über die Schuhmode der frühkeltischen Männer am besten informiert. Aus Goldblechbeschlägen, mit denen die längst vergangenen Schuhe im Grab des bekannten ‚Keltenfürsten von Hochdorf' (vgl. S. 49 ff.) geschmückt waren, ließ sich nämlich erschließen, dass es sich um über die Knöchel reichende Stiefel mit leicht aufgebogener Spitze gehandelt haben muss, wie sie zu dieser Zeit auch bei den Etruskern Mittel- und Norditaliens in Mode waren. Tönerne Leisten für ganz ähnliche Schnabelschuhe wurden auch in einer hallstattzeitlichen Fundstätte bei Sommerein in Niederösterreich gefunden, und da sie auch auf mehreren Bildwerken und figürlichen Fibeln aus dem Ostalpenraum dargestellt sind, dürfte es sich um einen während der Hallstattzeit weiträumig verbreiteten Schuhtypus gehandelt haben.
Zweifelsfrei hat man sich die frühkeltische Bekleidung jedenfalls als sehr gekonnt gearbeitet und überaus farbenfroh vorzustellen. Nach den in einigen Gräbern erhaltenen Gewebsresten war das hallstattzeitliche Textilhandwerk bereits hoch entwickelt und verarbeitete eine ganze Reihe unterschiedlicher Materialien – von Leinen über Wolle und Leder bis hin zu Seide und Goldbrokat, wovon sich in einigen der reichsten Gräber Spuren fan-

DIE HALLSTATTZEIT

Die Brettchenweberei mit Hilfe des handgestützten Webrahmens – hier vorgeführt von einem Mitglied der Tübinger Keltentruppe ‚Carnyx' – diente zur Herstellung von Bändern und Zierborten.

kommen – im Gegensatz zur römischen Zeit etwa, als die Steinbauweise erstmals auch in Teilen Mitteleuropas heimisch wurde. Die ‚Wohnflächen' der hallstattzeitlichen Häuser und ihre einstmaligen Herdstellen, Öfen und anderen häuslichen Einrichtungen fielen vielmehr zumeist der Bodenabtragung oder dem modernen Ackerbau zum Opfer, so dass sich von den frühkeltischen Siedlungen heute in der Regel nur noch die untersten Bereiche von Gruben und anderen Eintiefungen auffinden lassen, die mehrere Meter weit in den Boden reichten.

Bei vielen dieser Gruben handelte es sich um Vorratsspeicher und Erdkeller, die zur Aufbewahrung von Nahrungsmitteln dienten und in denen daher bei der Ausgrabung bisweilen auch noch die Scherben großer Vorratsgefäße oder sogar ganze Geschirrsätze zutage kamen. Man stieß aber auch auf ausgedehntere, rechteckige Eintiefungen von mehreren Quadratmetern Grundfläche, die zur Zeit ihrer Benutzung nachweislich ein hölzernes Dach trugen und daher auch als Grubenhäuser bezeichnet werden. In ihnen fanden sich vereinzelt Spinnwirtel und Webgewichte oder Spuren von Bronzeguss und anderen metallurgischen Tätigkeiten, so dass man sie gerne als Webhütten und handwerkliche Arbeitsräume deutet, die vorwiegend tagsüber während der Arbeitsstunden genutzt wurden.

Häuser aus Holz und Lehm

Die eigentlichen Wohnhäuser und Wirtschaftsgebäude der frühen wie auch der historischen Kelten waren dagegen sehr stabile und gut konstruierte Holzbauten, deren Grundrisse sich vielfach noch anhand der tief in den Boden reichenden ‚Pfostenlöcher' zur Verankerung der senkrechten Stützpfosten erschließen lassen. Die Gebäude reichten nach diesen Bauspuren, die bei den Ausgrabungen als Verfärbungen im Erdreich erkennbar sind, in der Größe von winzigen Hütten über geräumigere Häuser von 5 bis 8 m Länge und 3 bis 4 m Breite bis hin zu 200 m² großen, mehrräumigen und mehrstöckigen Prachtbauten, wie sie an einigen besonders hervorgehobenen Siedlungsplätzen aufgefunden wurden (vgl. S. 34).

Das tragende Gerüst all dieser Bauten bestand gewöhnlich aus einem Rahmenwerk sorgfältig behauener und zimmermannstechnisch gekonnt miteinander verbundener senkrechter, waagrechter und (bei der Dachkonstruktion) diagonaler Holzstämme, in dessen Zwischenräume Wände aus Spaltbohlen oder aus geflochtenen Zweigen eingefügt wurden, die als Schutz und Wärmedämmung einen dicken Lehmverputz erhielten. Diese Bauweise war einfach, praktisch und holzsparend – sie dürfte allerdings zur Folge gehabt haben, dass das Innere der Häuser während der kalten Jahreszeit fast immer unangenehm zugig

den (vgl. S. 43). Die erhalten gebliebenen oder rekonstruierten Gewebereste zeigen eine Vielzahl von farbenfrohen, gestickten oder gewebten geometrischen Mustern in der gleichen reichen Ornamentik, die auch für die frühkeltische Keramik charakteristisch ist (vgl. Abb. S. 15). Vor diesem Hintergrund betrachtet wurzelte die bunte, reich gemusterte Kleidung, für die die Kelten der Latènezeit bei den Griechen und Römern bekannt waren (vgl. Zitate Randspalte S. 20), gewiss schon in der hallstattzeitlichen Mode, und selbst das heutige ‚Schottenkaro' kann sich auf 2500 Jahre alte Vorläufer berufen, wenngleich von einer ungebrochenen Kontinuität natürlich keinesfalls die Rede sein kann.

Die frühkeltischen Siedlungen – lange Zeit unbekannt

Über die frühkeltischen Siedlungen, deren Bewohner auf den beschriebenen Grabhügelfriedhöfen bestattet wurden, war lange Zeit hindurch kaum etwas bekannt. Da ihre Gebäude noch nicht aus Stein, sondern – wie während der gesamten mitteleuropäischen Vorgeschichte – ausschließlich aus Holz und anderen vergänglichen Materialien errichtet waren, sind von ihnen keine Mauerreste und gut erhaltenen Hausfundamente auf uns ge-

Rekonstruktionszeichnung gemusterter Gewebefragmente aus dem ‚Fürstengrab' von Hochdorf in Baden-Württemberg.

DIE HALLSTATTZEIT 21

Blick in ein rekonstruiertes Haus der Eisenzeit mit lehmverstrichenen Fachwerkwänden, offener Herdstelle und einem Webstuhl links an der Wand. Ähnlich wie hier im Historisch-Archäologischen Forschungszentrum von Lejre in Dänemark für das nördliche Europa rekonstruiert, muss man sich auch den ‚Wohnkomfort' bei den mitteleuropäischen Kelten vorstellen. Eigentliche Fenster und Möbel gab es in ihren Häusern noch nicht.

und kühl war. Da überdies auch noch keine Kamine existierten und der Rauch des Herdfeuers durch kleine Dachluken und fensterartige Öffnungen in den Wänden abziehen musste, wird der Innenraum wohl stets etwas stickig und mit rußigem Qualm erfüllt gewesen sein. Von häuslicher Behaglichkeit und gehobenem Wohnkomfort, wie ihn die Mittelmeervölker um diese Zeit bereits zu entwickeln begannen, konnte also bei den Kelten gewiss noch nicht die Rede sein – doch war das selbst in mancher agrarisch geprägten Gesellschaft der Neuzeit nicht wesentlich anders.

Gutshöfe ...

Die unterschiedlichen Typen frühkeltischer Siedlungen und ihr Verhältnis zueinander lassen sich angesichts der erwähnten Forschungslücken leider bis heute noch nicht im Einzelnen rekonstruieren. Dennoch gibt es eine Reihe von zum Teil regional gebundenen Siedlungsformen, die mittlerweile recht gut bekannt und erforscht sind. Zu ihnen gehören die aus dem 8. bis 5. Jh. v. Chr. stammenden ‚Herrenhöfe' Südbayerns, von denen zwischen Lech und Isar mehr als 200 erfasst und knapp 30 näher untersucht sind.

Es handelte sich bei ihnen um annähernd quadratische Gutshöfe, die zumeist 3000 bis 5000 m² groß und rundum von einer Palisade mit zwei bis drei vorgelagerten Gräben eingefasst waren. Einen großen verteidigungstechnischen Wert dürfte diese ‚Befestigung', die im Ernstfall höchstens ein gewisses Annäherungshindernis darstellte, kaum gehabt haben – sie war wohl vor allem eine ideelle und psychologische Grenze, die die Hofbewohner im Sinne des ja auch uns wohl vertrauten Mottos ‚My home is my castle' von der Außenwelt abschirmte und gewiss auch ihren Besitzerstolz über die eigene Hofanlage zum Ausdruck brachte. Die Architektur im Inneren dieser Viereckanlagen war auffallend bescheiden und beschränkte sich zumeist auf zwei bis drei durchschnittliche Holzgebäude der oben beschriebenen Art plus einige kleine Speicherbauten – die verbleibenden freien Flächen wurden wahrscheinlich als Gärten oder Viehweiden genutzt.

Innerhalb ihres Umlandes galten die auf diesen Höfen wohnenden Bauern sicherlich als wohlhabend, doch wirklich reiche Leute dürften sie kaum gewesen sein – das

Fundmaterial aus den ‚Herrenhöfen' nimmt sich vielmehr recht durchschnittlich und ‚provinziell' aus, und auch reiche Prunkbestattungen kennt man aus ihrer Umgebung nur selten. In Frankreich existierten mit den gleichfalls rechteckig umfriedeten *fermes indigènes* (‚einheimischen Gehöften') während der ganzen keltischen Eisenzeit in etwa vergleichbare Anlagen, und der Siedlungstyp erinnert insgesamt ein wenig an die bäuerlichen Betriebe und Landsitze der römischen Kaiserzeit in Gallien und Süddeutschland, die sog. *villae rusticae* (vgl. S. 153).

Dörfer ...

Sehr viel weniger gut bekannt als diese Viereckhöfe, die sich durch ihre umgebenden Gräben markant im Gelände abzeichnen und daher leicht auffinden lassen, sind bislang ‚offene', unbefestigte Hofplätze und Dorfsiedlungen im Flachland. Von ihnen sind in der Regel nur noch diffuse Ansammlungen der erwähnten Siedlungsgruben und Erdkeller erhalten geblieben, und so ist es erst während der letzten 25 Jahre wiederum vornehmlich in Bayern gelungen, einige erstaunlich ausgedehnte hallstatt- und frühlatènezeitliche Talsiedlungen mit noch gut erhaltenen Pfostenlöchern und Hausgrundrissen freizulegen und archäologisch eingehend zu untersuchen.

Bei Kirchheim unweit von München entdeckte man beispielsweise ein frühkeltisches Dorf aus dem 5. Jh. v. Chr., das eine Fläche von mindestens 13 ha einnahm. Allein auf einem genauer untersuchten Areal von 2 ha ließen sich aus dem Gewirr der Pfostenlöcher die Grundrisse von nicht weniger als 50 Häusern unterschiedlicher Größe und Bauart erschließen, die allerdings nicht alle gleichzeitig existiert hatten. Eine ähnlich dichte Besiedlung traf man auch an dem Fundplatz Kinding-Enkering im Altmühltal an, wo Archäologen in den 1990er Jahren ein mehr als 3 ha großes hallstattzeitliches Dorf mit etwa 130 rekonstruierbaren Hausgrundrissen freilegten. Die Siedlung, die den gesamten Talgrund einnahm, bestand offenbar aus Einzelhöfen, die durch Palisadengräbchen voneinander abgetrennt waren und die sich an einen ‚Herrenhof' der eben beschriebenen Art im Zentrum anlehnten.

...und ‚Burgen'

Neben solchen im Flachland gelegenen Dörfern und Gehöften waren während der Hallstattzeit in vielen Regionen auf Bergplateaus oder Hügelspornen errichtete ‚Höhensiedlungen' sehr häufig, was auf ein ausgeprägtes Schutzbedürfnis in einer offenbar recht unruhigen Zeit schließen lässt. Das Spektrum dieser – im Fall ihrer Befestigung auch gern als ‚Burgen' bezeichneten – Höhensiedlungen reichte wie bei den im Tal gelegenen vom isolierten Einzelhof bis zum mehrere Hektar großen Dorf. Nur bei wenigen von ihnen wurde bislang die einstmals besiedelte Fläche gründlich untersucht: Eines der am häufigsten zitierten Beispiele ist ein 2,5 ha großer, von einer Mauer aus Holz und Erde mit vorgelagertem Graben umgebener Weiler aus mehreren Einzelgehöften, den der Archäologe Gerhard Bersu in den zwanziger Jahren des vergangenen Jahrhunderts auf dem Goldberg im Nördlinger Ries ausgrub. Eine der dort freigelegten Hofanlagen war – wie in Kinding – durch doppelte Palisadengräbchen von den anderen abgegrenzt und wird daher als ein typischer ‚Herrenhof' nach südbayerischem Muster interpretiert, den der ‚Dorfälteste' oder ‚Burgherr' bewohnt habe. Allerdings ist die genaue zeitliche Abfolge der insgesamt mehr als 40 auf dem Goldberg freigelegten Bauten bis heute weitgehend ungeklärt, so dass das vermeintliche ‚Häuptlingsgehöft' ohne weiteres auch älter oder jünger sein könnte als die anderen auf dem Plateau nachgewiesenen Höfe.

Ausschließlich im frühkeltischen Westhallstattkreis bildete sich aus dieser Tradition befestigter Höhensiedlungen im 6. Jh. v. Chr. ein gänzlich neuer Typ von großen und offenbar ein weites Umland beherrschenden Burgen heraus – die sog. Fürstensitze der Späthallstattzeit. Diese Siedlungszentren bilden ein ebenso einzigartiges Phänomen wie die zu ihnen gehörigen ‚Fürstengräber' und sollen daher gleichfalls in einem eigenen Kapitel behandelt werden (vgl. S. 28 ff.).

Modell eines mit Palisade und doppeltem Graben umgebenen hallstattzeitlichen ‚Herrenhofs' bei Aiterhofen in Bayern (7./6. Jh. v. Chr.).

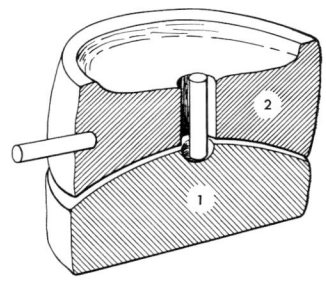

Rekonstruktionszeichnung einer Drehmühle zum Mahlen von Getreide. Solche um eine hölzerne Achse rotierenden Mühlen kamen offenbar erst während der Latènezeit in Gebrauch.

Der Stier galt den Kelten neben seiner Bedeutung als Nutzvieh zugleich auch als Symbol für Kraft und Vitalität, die als göttliche Attribute verstanden wurden. Dieser 10 cm große, späthallstattzeitliche Bronzestier stammt aus der zu kultischen Zwecken genutzten Býčí skála-Höhle in Mähren.

Der frühkeltische Ackerbau

Wie bei diesem immer noch recht lückenhaften Wissen über das frühkeltische Siedlungswesen nicht anders zu erwarten, steckt auch die Erforschung der hallstattzeitlichen Landwirtschaft nach wie vor in ihren Anfängen. Man weiß jedoch aufgrund von Nutzpflanzenfunden in verschiedenen Siedlungsplätzen vor allem in Süddeutschland, dass die frühen Kelten ein halbes Dutzend verschiedener Getreidearten anbauten, unter denen die ökologisch anspruchslose Gerste offenbar die wichtigste war. Sie eignete sich ähnlich wie die gleichfalls angebaute Hirse kaum zum Brotbacken, sondern wurde wohl eher zur Zubereitung von Eintöpfen, Suppen, Brei oder Bier (vgl. S. 52) und vielleicht auch als Viehfutter verwendet. Als Brotgetreide standen vor allem Dinkel und mehrere bei uns heute kaum mehr bekannte frühe Weizenarten wie Emmer und Einkorn zur Verfügung, außerdem in geringerem Maße auch Roggen und Hafer, die während der frühen Eisenzeit in Mitteleuropa zum ersten Mal in Erscheinung treten.

Neben diesen Getreidearten bauten die frühen Kelten auch verschiedene bereits seit der Jungsteinzeit bekannte Hülsenfrüchte wie Erbsen, Linsen und Feldbohnen, Ölfrüchte wie Lein und Leindotter sowie andere Nutzpflanzen wie Flachs (als Faserlieferant für die Gewebeherstellung) und Färberwaid (zum Blaufärben von Textilien) an. Auch die wilde Weinrebe ist vereinzelt in den Siedlungen belegt – ihre Trauben wurden aber vermutlich noch nicht zu Wein gekeltert, sondern als Nahrungsfrüchte verspeist und vielleicht auch für den Verzehr im Winter zu Rosinen getrocknet.

Über die Methoden und Hilfsmittel des frühkeltischen Ackerbaus lässt sich leider bis heute aus Mangel an aussagekräftigem Fundmaterial kaum etwas Sicheres sagen. Aus dem 7. Jh. v. Chr. liegen zwar einige Eisensicheln vor, die belegen, dass man das neue, leistungsfähigere Metall zu dieser Zeit auch bereits für landwirtschaftliche Zwecke nutzte – doch bleibt bisher beispielsweise die Frage offen, ob die frühen Kelten auch schon die besonders ertragsteigernde eiserne Pflugschar kannten, die in der nachfolgenden Latènezeit zu einer deutlichen Ausweitung des ackerbaulich nutzbaren Siedlungsraums vor allem im Bereich der Mittelgebirge führte.

Durch zahlreiche Funde belegt ist hingegen, dass das Ausmahlen des Getreides während der Hallstattzeit offenbar noch auf ‚jungsteinzeitliche Art' erfolgte, nämlich auf rauen, in der Mitte leicht eingetieften Steinplatten (sog. Sattelmühlen), auf denen man die Getreidekörner in lang andauernder, mühevoller Arbeit mit Hilfe eines zweiten, kleineren ‚Läufersteins' zu ziemlich grobem und mit zahlreichen feinen Steinpartikelchen durchsetztem Mehl zerrieb. Erst die Kelten der Latènezeit erleichterten sich diese gewiss den Frauen obliegende Tortur durch die Einführung von zeit- und kräftesparenden Drehmühlen, bei denen ein runder Läuferstein, der millimetergenau auf einem passend dazu geformten Bodenstein auflag, um eine hölzerne Achse gedreht wurde.

Viehhaltung bei Arm und Reich

Zum frühkeltischen Ackerbau trat als zweiter, nicht minder wichtiger Landwirtschaftszweig die Viehzucht hinzu, die vor allem auf der Haltung der bereits mehrere Jahrtausende zuvor domestizierten Nutztierarten Rind, Schwein, Schaf, Ziege, Pferd und Hund beruhte, zu denen als Neuerrungenschaft der Hallstattzeit noch das aus dem Mittelmeerraum importierte Haushuhn hinzukam. Alle diese Nutztierarten waren während der ganzen Vorgeschichte wegen der regelmäßigen winterlichen Nahrungsengpässe deutlich kleinwüchsiger als ihre Wildformen und ihre heutigen Nachfahren – beispielsweise hat man sich die frühkeltischen Rinder ungefähr 30 cm kleiner als die modernen und die hallstattzeitlichen Pferde etwa in der Größenklasse heutiger Ponys vorzustellen. Als wichtigste Fleischlieferanten der frühen Kelten fungierten die Rinder, gefolgt von den Schweinen und den Schafen und Ziegen – allerdings scheinen die Häufigkeitsverhältnisse an den einzelnen Siedlungsplätzen zum Teil durchaus unterschiedlich gewesen zu sein. So liefer-

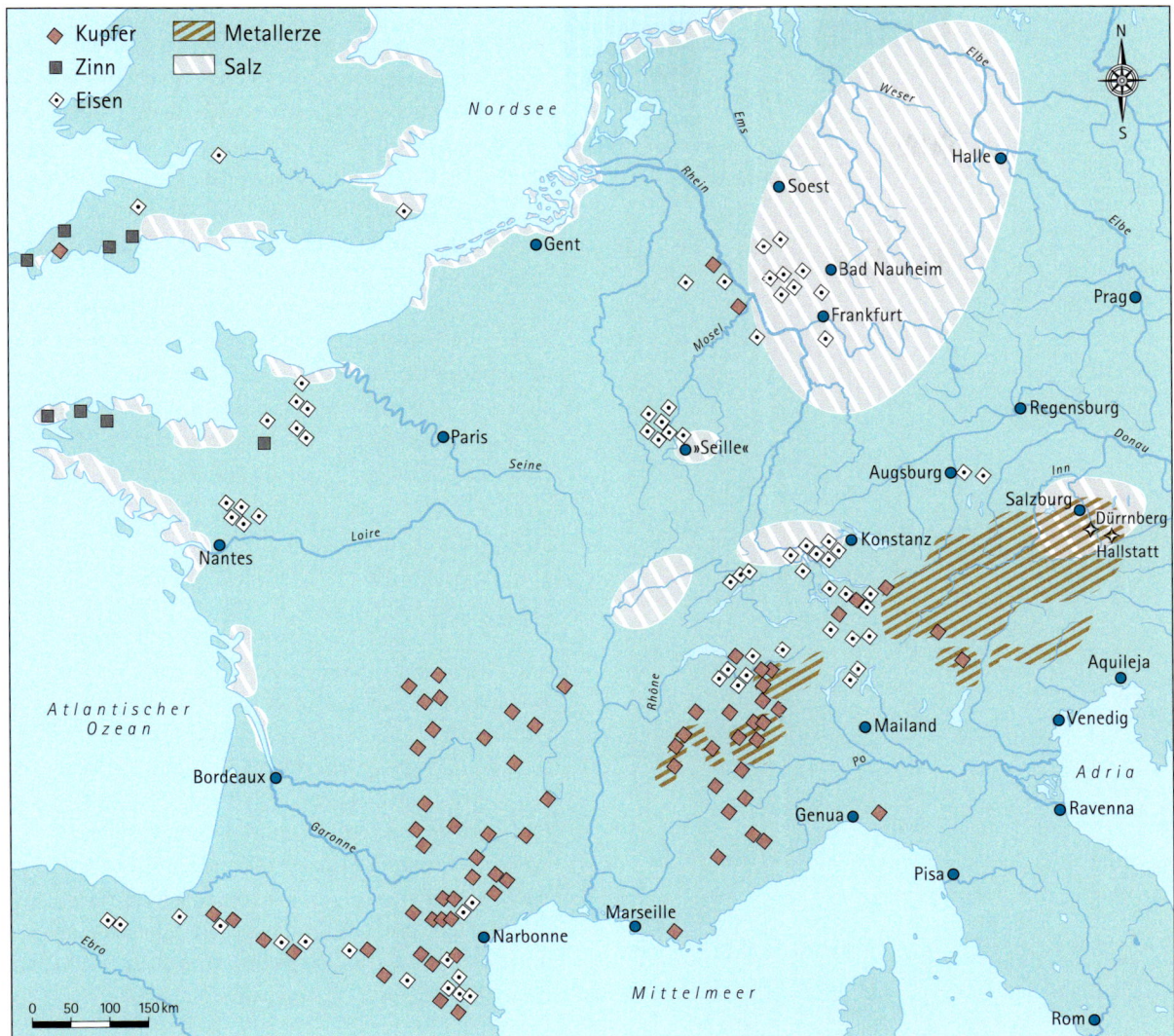

Die Verbreitung von Metallerzlagern und Salzvorkommen auf dem europäischen Festland. Deutlich zeigt sich die räumliche Beschränkung dieser wichtigen mineralischen Rohstoffe.

ten in kleineren ländlichen Siedlungen offenbar die vergleichsweise anspruchslosen Hauswiederkäuer Schaf und Ziege, die nicht umsonst auch als „das Vieh des kleinen Mannes" bezeichnet werden, einen Großteil der in diesem Milieu sicher nicht alltäglichen Fleischnahrung. Demgegenüber traten sie in größeren Siedlungen und im gehobenen sozialen Milieu deutlich hinter den sehr viel anspruchsvolleren Schlachttieren Rind und Schwein zurück, die die keltische Oberschicht anscheinend in großen Herden hielt. Sicherlich spielten diese Arten neben ihrer Funktion als Fleischlieferanten auch eine wichtige Rolle als ‚bewegliches Vermögen' und als kostbare und begehrte Statussymbole. Für die Bewohner der kleineren und weniger wohlhabenden Höfe dürfte der Besitz einiger Kühe und einer Herde von Schafen und Ziegen hingegen vor allem im Hinblick auf die tägliche Versorgung mit Milch und die Gewinnung von Wolle bedeutsam gewesen sein. Daher schlachtete man die Tiere – wie ihre aufgefundenen Knochen zeigen – auch erst in einem fortgeschrittenen Lebensalter, als ihr Fleisch bereits nicht mehr die optimale Qualität und Zartheit besaß. Es war also gewiss nicht immer Feinschmeckerkost, was in einem durchschnittlichen frühkeltischen Haushalt auf dem Speiseplan stand, und doch scheint die Ernährung insgesamt gesichert und das landwirtschaftliche Erzeugungssystem stabil gewesen zu sein – andernfalls wären der stattliche Körperwuchs der Menschen (vgl. S. 19) und die häufig festgestellte Kontinuität der Siedlungen über mehrere Jahrhunderte hinweg (vgl. S. 70) kaum erklärbar.

Selbstversorgung und Güteraustausch

Diese vielen kleinen Siedlungen und Höfe waren in zum Teil beträchtlicher Entfernung voneinander übers Land verstreut, so dass ihre Bewohner in den grundlegenden Bereichen des täglichen Lebens weitgehend autark, also auf Selbstversorgung eingestellt sein mussten. Man

und Händler – die Vorläufer der neuzeitlichen Wandergesellen und ‚Hausierer' – in Frage. Solche mobilen Gewerbetreibenden durchstreiften bereits seit der Bronzezeit die Landschaften Mitteleuropas und boten den Bewohnern der dortigen Siedlungen und Höfe gegen Bezahlung besondere Produkte oder spezielle handwerkliche Dienstleistungen an – ähnlich den fahrenden Messerschleifern und Kesselflickern der Neuzeit. Dieses vorgeschichtliche Wanderhandwerker- und -händlertum dürfte auch in frühkeltischer Zeit ein nicht zu unterschätzender Wirtschafts- und Kulturfaktor gewesen sein, der gewiss nicht nur zur überregionalen Verbreitung von Handwerkstechniken und Stilelementen beitrug, sondern auch zur Weitergabe von Nachrichten und Ideen in einer Welt ohne andere Fernkommunikationsmedien.

Spezialisierte Rohstoffzentren und ‚Gewerbeorte'

Vor allem aber waren die frühkeltischen Siedlungsgemeinschaften auf einen Austausch mit anderen Gruppen angewiesen, wenn es um lebensnotwendige, aber nicht überall verfügbare Rohstoffe wie das Nahrungs- und Konservierungsmittel Salz oder um die Grundbestandteile der Bronzeherstellung, Kupfer und Zinn, ging (vgl. S. 13). Diese mineralischen Bodenschätze kamen damals wie heute nur in einigen wenigen Gebieten Europas in ausreichender Menge und Qualität vor und mussten von den Bewohnern der anderen Regionen zum Teil über weite Entfernungen hinweg eingehandelt werden. Ihr Austausch führte daher schon in der Bronzezeit zur Herausbildung weiträumiger Fernhandelsnetze, über die dann in der Folge auch andere, alltäglichere Produkte ihren Weg in ferne Regionen fanden.

Die Bewohner der Orte und Landschaften, die über diese raren und kostbaren Rohstoffe verfügten, nutzten natürlich die sich daraus ergebende Chance und konzentrierten ihre Kräfte mehr und mehr auf den Abbau und die Verhandlung der so begehrten mineralischen Reichtümer. Auf diese Weise entstanden an verschiedenen Stellen des keltischen Mitteleuropas spezialisierte Zentren der Rohstoffgewinnung und -verarbeitung, in deren Bereich hunderte von Bergleuten, Handwerkern und gewerblichen Hilfskräften lebten und arbeiteten, die ihre Nahrungsmittel vermutlich überwiegend nicht mehr selbst produzierten, sondern von Bauern aus dem Umland eintauschten – ein für vorgeschichtliche Verhältnisse bemerkenswertes Maß an Spezialisierung und Arbeitsteilung.

Das große Salzbergwerk von Hallstatt in Oberösterreich, das vom 12. bis 6. Jh. v. Chr. weite Teile Mitteleuropas mit dem lebenswichtigen Nahrungs- und Konservierungsmittel versorgte, wurde ja bereits erwähnt (vgl. S. 9) – als

Am Dürrnberg bei Hallein im Salzburger Land begann man um 600 v. Chr. mit dem Abbau der Salzlagerstätten. Die dortigen Minen lösten im Laufe weniger Jahrzehnte diejenigen von Hallstatt als Hauptsalzlieferanten Mitteleuropas ab.

produzierte daher auf den einzelnen Höfen nicht nur die Nahrungsmittel, sondern auch die wichtigsten Gebrauchsgüter wie Keramik, Kleider und Textilien, häusliche und landwirtschaftliche Geräte sowie einfachen Schmuck selbst, und dazu war eine zumindest elementare Beherrschung der damals üblichen Kulturtechniken wie Tonverarbeitung, Weberei und Bronzeguss unerlässlich.

Einzelne Güter, die über diesen Grundbedarf hinausgingen, wurden jedoch stets von außen erworben. Da eine geregelte Geldwirtschaft mit standardisierten Münzen in frühkeltischer Zeit noch nicht existierte (vgl. S. 110), geschah dies entweder durch einfachen Tauschhandel oder aber durch Bezahlung in Metall, das als allgemein anerkannter Wertmaßstab eine zentrale Rolle im damaligen Güteraustausch spielte – man spricht daher auch von ‚Metallgeld'. Als Tauschpartner kamen entweder andere Siedlungen und Höfe oder aber wandernde Handwerker

DIE HALLSTATTZEIT

der dortige Steinsalzabbau im 6. Jh. v. Chr. durch Tagwassereinbrüche erschwert und schließlich unmöglich wurde, übernahm die nicht weniger bedeutende und zudem verkehrsgünstiger gelegene Lagerstätte am Dürrnberg bei Hallein unweit von Salzburg die Rolle als führender Salzlieferant Mitteleuropas. Die reichen, mit Importgütern ‚aus aller Herren Länder' ausgestatteten Gräber auf den Friedhöfen dieser beiden Salzmetropolen zeigen eindrucksvoll, wie groß ihr Abnehmerbereich war und wieviel an Wohlstand, ja an Reichtum sich damals mit dem ‚weißen Gold' gewinnen ließ. An diesem Reichtum partizipierten während der folgenden Jahrhunderte in etwas bescheidenerem Ausmaß auch die Siedlungsgemeinschaften im Bereich der mitteleuropäischen Salzquellen etwa im Raum Halle, Bad Nauheim, Heilbronn oder Schwäbisch Hall (vgl. Karte S. 25). Dort wurde das salzhaltige Quellwasser massenhaft in speziellen Siedeöfen und Tongefäßen, den sog. Briquetagen, eingedampft, bis sich regelrechte ‚Salzkuchen' als Niederschlag bildeten, die in ein weites Umland verhandelt wurden.

Eine mindestens ebenso wichtige Rolle spielten mit Sicherheit auch die ostalpinen Gemeinschaften, die sich schon seit der Bronzezeit auf den bergmännischen Abbau der dortigen reichen Kupfererzvorkommen spezialisiert hatten – leider ist über ihre Tätigkeit während der frühkeltischen Zeit bislang nur wenig bekannt. Und selbst das Eisen, das ja wie erwähnt sehr viel häufiger vorkam als Salz und Kupfer und das sich in vielen Regionen Mitteleuropas gewinnen ließ (vgl. S. 13), wurde offenbar teilweise von auf diese Tätigkeit spezialisierten Gemeinschaften abgebaut und verhüttet, wenn es sich um besonders reiche und qualitätvolle Vorkommen handelte – zumindest lassen eine Reihe von Fundplätzen mit umfangreichen Schlackehalden in Süddeutschland das vermuten.

Solche spezialisierten Zentren der Rohstoffgewinnung, die zum Teil möglicherweise nur jahreszeitlich besiedelt waren und wo deshalb wohl oft nur sehr leicht gebaute Häuser oder Hütten errichtet wurden, bereichern unser noch bruchstückhaftes Bild vom frühkeltischen Siedlungswesen und Wirtschaftsleben um eine weitere wichtige Facette. Doch die in dieser Hinsicht bis heute bei weitem ergiebigste und reichste Erkenntnisquelle sind die großen Burgen der Späthallstattzeit, die sog. Fürstensitze, die an der Spitze des frühkeltischen Siedlungswesens standen und denen wir uns im folgenden Kapitel ausführlich zuwenden wollen.

Eine Prozession von Menschen und Tieren umringt eine große, einen Kessel tragende Göttin: Der ca. 50 cm lange ‚Kultwagen von Strettweg' (um 600 v. Chr.) aus einem Hügelgrab in der Steiermark ist eines der eindrucksvollsten Beispiele für die kulturelle und künstlerische Blüte der ostalpinen Völker während der Hallstattzeit.

DIE HALLSTATTZEIT

DIE ‚FÜRSTENSITZE' DER SPÄTEN HALLSTATTZEIT ALS SIEDLUNGS- UND WIRTSCHAFTSZENTREN

Als ‚Fürstensitze' bezeichnet man einen besonderen Typus von überdurchschnittlich großen und mit starken Mauern befestigten Siedlungen aus frühkeltischer Zeit, die zumeist in ausgeprägter Schutzlage – vor allem auf Bergkuppen mit an mehreren Seiten steil abfallenden Hängen – errichtet wurden. Als kennzeichnend für sie gelten neben dem ‚Burgcharakter' südliche Importgüter, besonders hochwertige Keramik aus dem Mittelmeerraum und Großgrabhügel mit reich ausgestatteten Gräbern in der unmittelbaren Umgebung – von Letzteren leitet sich auch die Bezeichnung ‚Fürstensitze' ursprünglich ab.

Im westlichen Hallstattkreis sind bislang rund ein Dutzend Burganlagen mit diesen erstmals 1969 von Wolfgang Kimmig ausführlich beschriebenen Merkmalen bekannt – sie gruppieren sich in lockerer, annähernd gleichmäßiger Verteilung über ein halbmondförmiges, von Ostfrankreich bis nach Nordbayern reichendes Gebiet, das daher auch als ‚frühkeltischer Fürstensitzkreis' bezeichnet wird (vgl. Karte S. 38). Im südöstlich daran anschließenden Südbayern standen hingegen die oben beschriebenen ‚Herrenhöfe' an der Spitze der Siedlungshierarchie, und im balkanwärts gelegenen Osthallstattraum existierten zwar gleichfalls Burgen mit zugehörigen Großgrabhügeln, auf denen sich jedoch keine mediterranen Importgüter fanden und die auch sonst deutlich anders geartete kulturelle Züge trugen. Die ‚Fürstensitze' scheinen also tatsächlich ein besonderes Merkmal der frühen Kelten des Westhallstattkreises gewesen zu sein.

Der Hohenasperg bei Ludwigsburg

Leider ist der Stand der Erforschung dieser Burgen bis heute höchst unterschiedlich und in der Mehrzahl der Fälle immer noch völlig unzureichend. Von den meisten ‚Fürstensitzen' sind nämlich lediglich einzelne Teile der Befestigungen sowie verschwindend kleine Areale der zumeist 3 bis 11 ha großen Innenflächen archäologisch untersucht, und mitunter war nicht einmal das möglich. Einen Extremfall in dieser Hinsicht bildet der Hohenasperg auf dem ‚Langen Feld' unweit von Ludwigsburg. Er war als freistehender, 100 m aus der Ebene aufragender Zeugenberg wie geschaffen für einen ‚Fürstensitz' und dürfte mit an Sicherheit grenzender Wahrscheinlichkeit auch einen solchen getragen haben, wie ein gutes Halbdutzend auf das prunkvollste ausgestatteter frühkeltischer Gräber in seiner unmittelbaren Umgebung vermuten lässt (vgl. S. 43 ff. und 49 ff.). Da der Berg aber gerade aufgrund seiner vorzüglichen topographischen Lage auch im Mittelalter mehrfach überbaut wurde und sein ca. 6 ha großes Gipfelplateau bis heute eine mächtige, als Gefängnis dienende Renaissancefestung trägt, sind die

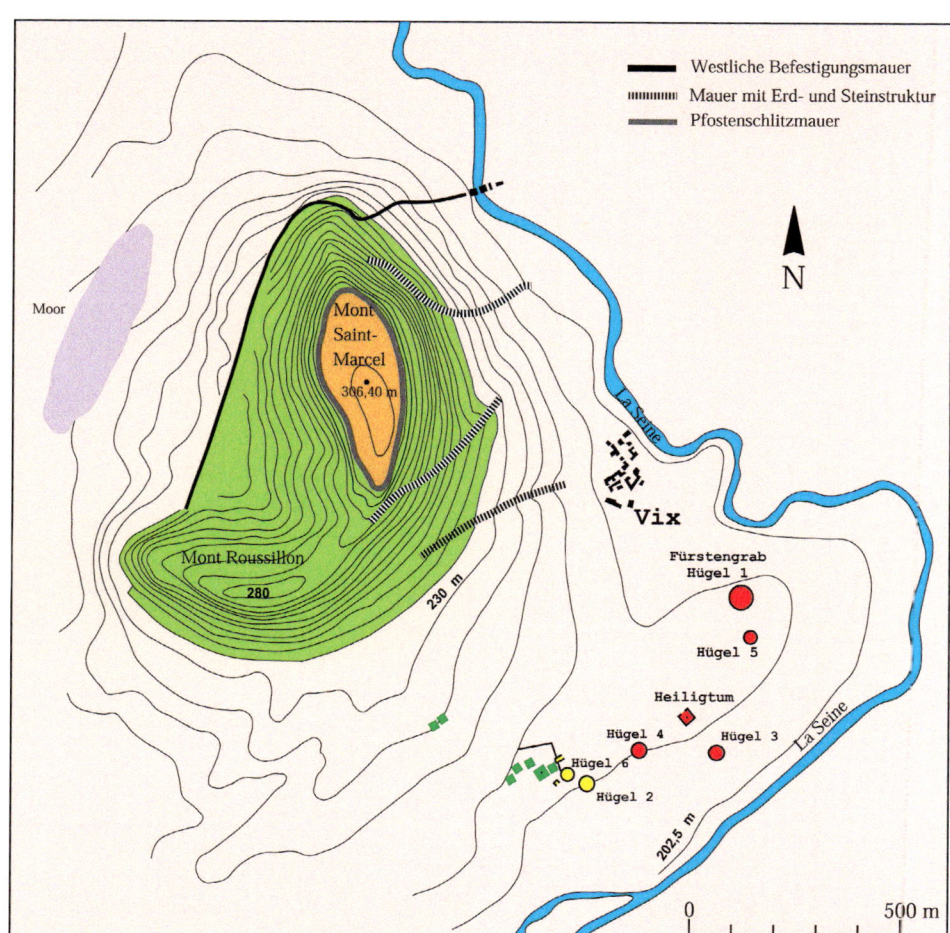

Der Mont Lassois in Burgund mit seinen Befestigungsanlagen und den zugehörigen Gräbern im Bereich der Seineterrassen (unten rechts).

Der Mont Lassois in Burgund mit seinen beiden Gipfelplateaus. Im Vordergrund die junge Seine und die Ortschaft Vix.

frühkeltischen Siedlungsspuren bis auf einige abgespülte Funde an den Berghängen wohl weitgehend vernichtet oder für die Archäologen zumindest bis auf weiteres nicht zugänglich.

Dieser Extremfall ist jedoch glücklicherweise eine Ausnahme, denn bei den meisten ‚Fürstensitzen' ist eine archäologische Untersuchung durchaus möglich und erbringt auch in der Regel äußerst aufschlussreiche Resultate. Dies hat nicht zuletzt ein aufwendiges Forschungsprojekt der Deutschen Forschungsgemeinschaft (DFG) mit dem Titel „Frühe Zentralisierungs- und Urbanisierungsprozesse nördlich der Alpen: Zur Genese und Entwicklung frühkeltischer Fürstensitze" gezeigt, bei dem zwischen 2004 und 2009 ein Halbdutzend dieser Burgen und ihr Umland systematisch unter den verschiedensten Gesichtspunkten untersucht wurden.

Der Mont Lassois in Burgund

Einer der wichtigsten im Rahmen des DFG-Projekts erforschten ‚Fürstensitze' war der Mont Lassois bei Châtillon-sur-Seine in Burgund, bei dem es sich um die am weitesten westlich gelegene Burganlage dieses Typs und zugleich um den bedeutendsten ‚Fürstensitz' Frankreichs handelt. Der Mont Lassois erhebt sich als eindrucksvoller Zeugenberg etwa 100 m über die umgebende Landschaft und über den Oberlauf der Seine, die unmittelbar an seinem östlichen Hangfuß vorüberfließt. Er besitzt ein etwa 9 ha großes, nordsüdlich orientiertes Gipfelplateau – den sog. Mont Saint Marcel –, an das sich im Süden eine ostwestlich gerichtete kleinere Hochfläche, der Mont Roussillon, anschließt. Der Mont Saint Marcel bildete den Kernbereich der frühkeltischen Besiedlung und war während der Hallstattzeit mit einer aus Holz, Erde und Steinen erbauten sog. Pfostenschlitzmauer (vgl. Abb. S. 96) befestigt – weiter im Tal umgab ihn auf 2,7 km Länge auch noch ein wahrscheinlich jüngerer Wall mit einem fast 20 m breiten und mehr als 5 m tiefen Graben.

Wie langjährige Aufsammlungen der ersten beiden Erforscher des Berges, Jean Lagorgette und René Joffroy, in den Vor- und Nachkriegsjahrzehnten ergaben, war der Mont Lassois von der Spätbronzezeit (ca. 1250 v. Chr.) bis zur gallorömischen Epoche immer wieder besiedelt – seine Blüteperiode bildete aber eindeutig die Späthallstattphase zwischen etwa 520 und 480 v. Chr. Buchstäblich hunderttausende von Keramikscherben aus dieser Epoche bargen die beiden Forscher an den Hängen und im talwärtigen Bereich des Mont Saint Marcel – viele dieser Gefäßfragmente trugen farbige Winkelband- und Mäandermuster, die für den Mont Lassois charakteristisch sind und nach der an seinem Fuß gelegenen Ortschaft Vix als ‚Vixien' bezeichnet werden (vgl. Abb. S. 31). Die eigentliche Hochfläche des Berges erwies sich dagegen mit Ausnahme einer dünnen Kulturschicht aus römischer Zeit als weitgehend fundleer, weil das dort abgelagerte Hallstatt-Material offenkundig vom Regen und Wind die Hänge hinuntergespült worden war. Man ging daher bis

DIE ‚FÜRSTENSITZE'

vor kurzem davon aus, dass auch von den dortigen Gebäudegrundrissen und anderen Bebauungsspuren nichts mehr erhalten sei und dass der Mont Lassois als archäologisch ebenso unergiebig gelten müsse wie der Hohenasperg. Hier wurden die Archäologen durch die neuen Forschungen im Rahmen des erwähnten DFG-Projekts aber erfreulicherweise eines Besseren belehrt.

Bereits die komplette Untersuchung der 9 ha großen Hochfläche des Mont Saint Marcel mit Hilfe der geomagnetischen Prospektion – einer Art ‚Bodenradar' auf der Basis der Messung des Erdmagnetismus – erbrachte nämlich seit 2002 gänzlich unerwartete und überraschende Resultate. Auf der ganzen Berghochfläche zeichneten sich im Magnetogramm als dunkle Linien auf dem hellgrauem Felsuntergrund die Palisadengräbchen zahlreicher etwa 55 m × 55 m großer, quadratischer Gehöftanlagen ab, die beiderseits eines Weges entlang der Längsachse des Berges aneinandergereiht waren. Diese Grabenstrukturen ließen sich, obwohl von den Fundschichten wie erwähnt kaum mehr etwas vorhanden war, im Magnetogramm einwandfrei erkennen, weil sie tief in den Felsuntergrund eingeschlagen waren und damit sog. geomagnetische Anomalien darstellten. Gleichfalls als dunkle Verfärbungen zeichneten sich innerhalb der einzelnen Hofanlagen die Pfostengruben durchschnittlich 50 bis 60 m² großer Holzhäuser ab, von denen sich jeweils drei bis vier in lockerer Streuung über die ansonsten unbebauten Hofflächen verteilten. Zwischen diesen Gebäuden verblieb genügend Platz für ausgedehnte Gärten und kleinere Weideflächen, so dass die einzelnen Siedlungseinheiten rein äußerlich den hallstattzeitlichen ‚Herrenhöfen' Süddeutschlands (vgl. S. 23) geähnelt haben könnten. Anders als diese waren die Hofparzellen auf dem Mont Lassois aber in größerer Zahl und erkennbar planvoller Weise zu einem umfangreichen Siedlungskomplex zusammengefügt, der sich möglicherweise auf den terrassierten Hängen des Berges und im Tal noch fortsetzte.

Ein monumentaler ‚Palast'

Außer den bereits genannten Baustrukturen vermochten die Archäologen auf dem geomagnetischen Siedlungsplan des Mont Saint Marcel noch vor dem ersten Spatenstich drei große Speicherbauten sowie einen tief in den Fels eingeschnittenen Schacht – vermutlich eine Zisterne – zu erkennen. Vor allem aber elektrisierte sie ein riesiges, mehrfach unterteiltes Gebäude von etwa 35 m Länge und 22 m Breite, das sich auf dem Magnetogramm klar und deutlich innerhalb einer der Quadratanlagen in der östlichen Hälfte des Berges abzeichnete und dessen Fundamente in den folgenden Jahren vollständig freigelegt wurden (vgl. Abb. links). Seine senkrechten Wandpfosten ruhten in gewaltigen, etwa einen halben Meter breiten Standlöchern, die bis zu 1 m tief in den Felsuntergrund eingeschlagen waren und auf eine Gesamthöhe des Gebäudes von 15 bis 16 m schließen lassen. In seiner zentralen Halle, deren Wände aus lehmverkleidetem Flechtwerk bestanden und nach aufgefundenen Verputzbrocken in Rot- und Gelbtönen bemalt waren, konnten nach Schätzungen der Ausgräber problemlos bis zu 150 Menschen Platz finden.

Architektonisch besonders auffällig war aber die halbkreisförmige Apsis am hinteren Ende des Gebäudes, die als Bauform in der mitteleuropäischen Vorgeschichte sonst völlig unüblich ist. Ihre geographisch nächsten Parallelen finden sich im antiken Südfrankreich, wo rund ein Dutzend freilich sehr viel kleinerer und mit jeweils zwei gegenüberliegenden Apsidenenden ausgestatteter Holz- oder Lehmziegelbauten aus der Zeit zwischen 600 und 450 v. Chr. bekannt ist. Ursprünglich handelte es sich

Luftbild des freigelegten Apsidengebäudes auf dem Mont Lassois.

indes um eine griechische Bauform, die in Hellas zwischen dem 8. und 6. Jh. v. Chr. vorwiegend für Tempelbauten und andere öffentliche Gebäude Verwendung fand. Der Sitz der Ratsversammlung in Olympia, das sog. *Bouleuterion*, bestand während des späten 6. Jhs. v. Chr. beispielsweise aus zwei solchen Apsidenbauten, die mit einer Länge von jeweils etwa 30 m auch in ihrer Dimension der hölzernen Halle auf dem Mont Lassois ähnelten, allerdings aus Stein erbaut waren.

Die Ausgräber zögern angesichts dieser deutlichen mediterranen Parallelen und der für das damalige Mitteleuropa fast atemberaubenden Monumentalität nicht, diese Apsidenhalle als einen keltischen ‚Palast' und als die mögliche Wohnstätte der fürstlichen Oberschicht auf dem Mont Lassois zu bezeichnen – daneben halten sie aber auch eine Funktion des Monumentalbaus als öffentliches Gebäude, beispielsweise als Kulthalle oder als festlicher Bankettsaal, für möglich. In jedem Fall unterstreicht die überraschende Entdeckung dieses Bauwerks auf dem Berg zusammen mit den schon vor Jahrzehnten an seinem Fuß aufgefundenen ‚fürstlichen' Grabstätten (vgl. Abb. S. 28 und S. 45 ff.) die gewaltige Bedeutung des Mont Lassois in der Späthallstattzeit und den hohen Rang, den er als ‚Fürstensitz' besessen haben muss.

Die Heuneburg an der Donau

Nicht weniger eindrucksvolle Ergebnisse lieferten schon vor Jahrzehnten die Forschungen auf der Heuneburg bei Hundersingen in Württemberg, die – wenn man die eigentlichen archäologischen Ausgrabungen zugrunde legt – die bis heute wissenschaftlich am besten untersuchte derartige Burganlage geblieben ist. Über ein Drittel (ca. 40 %) ihrer etwa 3 ha großen befestigten Siedlungsfläche wurden in den 1950er bis 1970er Jahren archäologisch minutiös untersucht und haben bis heute einzigartige Einblicke in die Siedlungs- und Wirtschaftsstruktur eines solchen ‚Fürstensitzes' ermöglicht.

Die Heuneburg liegt dort, wo Herodot um die Mitte des 5. Jhs. v. Chr. die Kelten lokalisierte (vgl. S. 8), nämlich am Oberlauf der Donau, knapp 20 km stromabwärts von Sigmaringen zwischen den Dörfern Hundersingen und Binzwangen. Sie ragt als ein ebener, vergleichsweise regelmäßig geformter Geländesporn mit steilen Flanken aus dem westlichen Donauufer in die Talaue vor – diese Gestalt ist das Ergebnis wiederholter Bemühungen während der Hallstattzeit und des Mittelalters, den von Natur aus sehr viel niedrigeren und rundlicheren Sporn zu befestigen und damit schwerer angreifbar zu machen.

Die natürliche Lage der Heuneburg im Gelände war nämlich verglichen mit derjenigen der meisten anderen ‚Fürstensitze' unter verteidigungstechnischen Gesichtspunkten keineswegs optimal. Zwar überragte der Hügelsporn das unmittelbar östlich gelegene, damals sumpfige Donautal um rund 60 m und besaß daher auf dieser Seite eine relativ gesicherte Schutzlage. Auf der gegenüberliegenden, flussabgewandten Seite fiel er aber vergleichsweise sanft zum umliegenden Gelände hin ab, so dass hier die Ungunst der Natur durch besonders starke Befestigungen ausgeglichen werden musste. Dass die frühkeltischen Burggründer diesen Nachteil in Kauf nahmen und die befestigte Anlage trotzdem gerade an dieser Stelle errichteten, weist darauf hin, dass sie andere, wichtigere Vorteile im Auge hatten. Diese hingen vermutlich mit der verkehrsgünstigen Lage des Heuneburgsporns am Oberlauf der Donau und damit an einer der wichtigsten Achsen des damaligen Handelsnetzes zusammen (vgl. Karte S. 38).

Für Schlagzeilen sorgte die Heuneburg bereits zu Beginn ihrer Ausgrabung in den 1950er Jahren. Die Archäologen Kurt Bittel, Wolfgang Dehn und Wolfgang Kimmig, die die damaligen Untersuchungen leiteten, entdeckten näm-

Scherben qualitätvoller Keramikgefäße mit reicher Bemalung vom Mont Lassois.

Der dreieckige Heuneburgsporn über der oberen Donau (ganz vorne im Bild). Im Hintergrund sind zwei wieder aufgeschüttete Großgrabhügel der Gießübel/Talhau-Nekropole zu erkennen.

Die berühmte Lehmziegelmauer der Heuneburg mit dem vor der Bodenfeuchtigkeit schützenden Kalksteinsockel bei der Ausgrabung. Davor verbrannte Teile ihres hölzernen Wehrgangs.

lich an den Rändern des Hügelsporns nicht nur mehrere Mauerzüge aus der Bronze- und Früheisenzeit, die in traditionell-mitteleuropäischer Technik aus Holz, Bruchgestein und Erde errichtet waren, sondern auch die Fundamente einer für hiesige Verhältnisse völlig ungewöhnlichen Befestigungsmauer. Sie bestand, wie die verblüfften Ausgräber feststellten, aus flachen, rechteckigen Lehmziegeln von durchschnittlich 40 cm × 50 cm Größe, die auf einem 3 m breiten und 50 cm hohen Sockel aus bearbeiteten Kalksteinen mit Lehmmörtel sauber übereinander geschichtet waren. Entlang der Nord- und der Westfront der Burg – also dort, wo sie besonders umfangreicher Sicherungen bedurfte – sprangen aus der Mauerfront mehr als ein Dutzend rechteckiger Türme hervor, die vom Burginneren her zugänglich waren. Aus verbrannten Holzresten ließ sich erschließen, dass das ungewöhnliche Verteidigungswerk einen überdachten hölzernen Wehrgang besessen hatte, einschließlich dessen es mindestens 5 m hoch gewesen sein muss.

Diese aus der Zeit zwischen etwa 600 und 530 v. Chr. stammende Lehmziegelmauer hat die Heuneburg berühmt gemacht und ist gleichsam zu ihrem ‚Markenzeichen' geworden. Wolfgang Dehn wies schon 1956 anhand zahlreicher Vergleichsbeispiele nach, dass sie „nur aus griechischer Bautradition verstanden werden kann"[2] und mithin südlichen Vorbildern nachempfunden gewesen sein muss. Während nämlich bis heute kein zweites derartiges Bauwerk nördlich der Alpen gefunden wurde, war die Lehmziegelbauweise – sogar mit annähernd denselben Ziegelmaßen wie auf der Heuneburg – während der Antike im westlichen Mittelmeerraum von Sizilien bis nach Südfrankreich weit verbreitet. Auf welche Weise die Anregung und das technische Wissen zur Errichtung eines solch komplexen mediterranen Bauwerks aber an die obere Donau gelangten, das ist bis heute ein Rätsel

DIE ‚FÜRSTENSITZE'

geblieben. Nahmen seine ja vermutlich einheimischen Bauherren die Dienste eines griechischen oder phönizischen Architekten und südlicher Vorarbeiter in Anspruch, oder war die Lehmziegelbefestigung das Werk von im Mittelmeerraum geschulten Bauleuten aus Mitteleuropa? Diese Fragen werden seit nunmehr über 50 Jahren diskutiert, ohne dass sich bislang eine eindeutige Antwort darauf gefunden hätte.

Ein stadtartiges Siedlungsviertel in der Hallstattburg

Bei den 1963 begonnenen und bis 1979 fortgeführten Ausgrabungen auf der etwa 3 ha großen Innenfläche des Heuneburgsporns hofften der neue Ausgräber Egon Gersbach und Projektleiter Wolfgang Kimmig zunächst, einen herrschaftlichen Wohnkomplex oder ‚Palast' wie den jüngst auf dem Mont Lassois freigelegten zu finden (vgl. S. 30f.). Doch Gebäude von auffälliger Größe und Geräumigkeit entdeckte man überwiegend in einigen Siedlungsschichten aus der Zeit nach 530 v. Chr., als die so exotische Lehmziegelmauer bereits wieder zerstört und durch traditionelle Holz-Erde-Befestigungen ersetzt worden war. Während dieser jüngeren Siedlungsperioden stand in dem vorwiegend untersuchten Südteil der Burg neben kleineren Holzbauten auch jeweils ein deutlich herausragendes, bis zu 14 m × 25 m großes ‚Herrenhaus', das in der Tat als Wohnsitz einer auf der Heuneburg ansässigen Aristokratie in Frage käme.

In der Zeit der Lehmziegelmauer befanden sich in dem ausgegrabenen Areal hingegen zahlreiche dicht aneinandergebaute Häuser, die dem Erscheinungsbild der Siedlung einen geradezu ‚stadtartigen' Zug verliehen. Die hölzernen Gebäude waren zwischen 4 m × 5 m und 7 m × 12 m groß und standen in dichten, regelmäßigen Reihen an schmalen, rechtwinklig zueinander angelegten Wegen und Gassen, entlang denen Abwassergräbchen verliefen. Reste von Schmelzöfen und Spuren spezieller Entlüftungsanlagen, die sich zusammen mit zerschlagenen Bronzegussformen, Schmelztiegelfragmenten und Bronzeblechresten in einigen der Häuser fanden, legten den Schluss nahe, dass hier vorwiegend Metall verarbeitende Betriebe angesiedelt waren. Es handelte sich nach den Worten des Ausgräbers Gersbach um „das Viertel der Bronzegießer und Buntmetallhandwerker, welches außer den Produktionsstätten offenbar auch die Wohnhäuser der hier Beschäftigten mit umfasste".[3]

Gersbach und Kimmig gingen davon aus, dass es auf dem Burghügel noch weitere, nach Branchen gegliederte ‚Handwerkerviertel' gegeben habe, und Kimmig vermutete auch sonst eine „Aufteilung des Burginneren in bestimmte Wohnquartiere". Der Archäologe sah in dieser sonst während der Antike vorwiegend aus dem Mittelmeerraum und dem Orient bekannten ‚Quartierteilung' und Viertelbildung „einen weiteren Hinweis auf [...] eine im Süden entwickelte Lebensweise"[4] und damit auf die von ihm vermutete ‚Mediterranisierung' der westhallstättischen Gesellschaft (vgl. S. 35f.). In den letzten zwanzig Jahren sind freilich Zweifel daran aufgekommen, ob die-

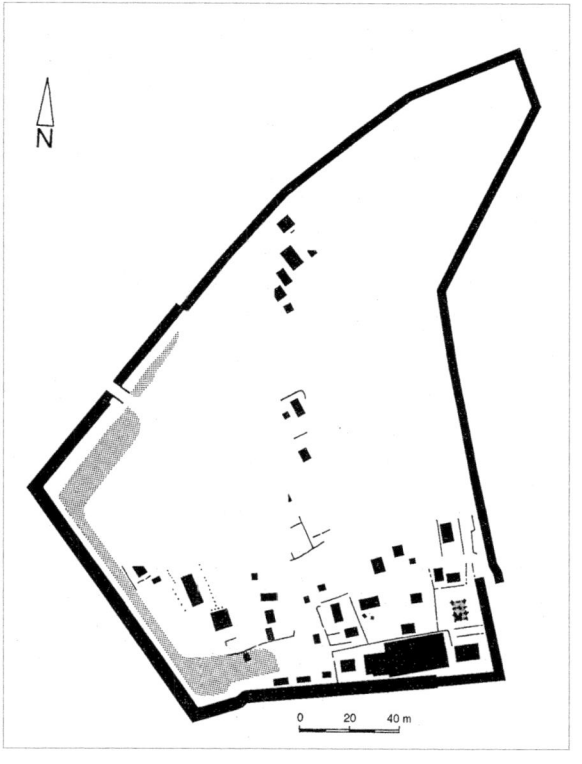

Die Grabungsbefunde zweier Siedlungsperioden der frühkeltischen Heuneburg im Vergleich: links die stadtartig strukturierte Bebauung während der Lehmziegelmauerzeit (ca. 600 bis 530 v. Chr.), rechts die lockerere Bebauungsstruktur mit einem großen ‚Herrenhaus' in der Südostecke nach dem Ende der Lehmziegelmauerburg (ab ca. 530 v. Chr.).

Das ‚Herrenhaus' aus der Zeit nach der Lehmziegelmauer (vgl. Abb. S. 33) im Freilichtmuseum Heuneburg.

se sehr weit reichenden Deutungen und Schlüsse durch die auf der Burg zutage gekommenen Befunde wirklich unterstützt werden.

So konzentrieren sich beispielsweise die in dem südöstlichen ‚Metallhandwerkerviertel' angetroffenen Kupfer- und Bronzefunde ganz überwiegend auf einige wenige Stellen, so dass in diesem Bereich möglicherweise nur eine Handvoll von Metallbetrieben tätig war und etliche der dortigen Häuser anderen Zwecken gedient haben könnten. Noch weniger gesichert sind die Mutmaßungen über weitere, zunftartig gegliederte Gewerbeviertel auf der Burg, denn obwohl im reichen Fundmaterial des Siedlungshügels eine ganze Reihe von Handwerkszweigen wie die Keramikherstellung (vgl. S. 41), die Knochen- und Hornschnitzerei und die Fertigung von Schmuck aus Stein oder fossilem Holz durch Abfallprodukte oder Rohmaterialien vertreten sind, ist so gut wie nichts über die Organisation dieser Handwerke und die genauen Standorte ihrer Werkstätten bekannt.

Eine offene Talsiedlung im Vorland der Burg

Sieht man in dieser Hinsicht also heute manches etwas anders als zur Zeit der großen Ausgrabungen auf der Heuneburg, so hat sich ihre herausragende Rolle als Siedlungszentrum durch neuere Forschungen und Funde auf das Eindrucksvollste bestätigt. Mittlerweile steht nämlich fest, dass zu der ummauerten Burg während der Periode der Lehmziegelmauer eine große ausgedehnte Talsiedlung in ihrem unmittelbaren Vorland gehörte.

Nahezu komplette Hausgrundrisse und andere Spuren dieser ‚Außensiedlung' fanden die Archäologen schon in den 1950er Jahren unter einer Gruppe von Großgrabhügeln etwa 400 m nordwestlich der Heuneburg (vgl. Abb. S. 32 und 35). Nach den freigelegten Bauspuren bestand sie aus teilweise sehr großen, mehrräumigen

und vielleicht auch mehrgeschossigen Holzbauten, die durch Einzäunungen zu Gehöften ähnlich denen auf dem Mont Lassois gruppiert waren. In ihrem Siedlungsschutt kamen zahlreiche Zeugnisse von Metallhandwerk und Weberei, aber auch Wohlstandsgüter wie hochwertige Keramik und einzelne Importobjekte zutage, so dass es sich vermutlich um Gutshöfe einer wohlhabenden Bevölkerungsschicht mit den dazu gehörigen Werkstätten handelte.

Bei Sondiergrabungen 800 m südlich der erwähnten Grabhügel stießen die Archäologen in den 1990er Jahren aber auch dort völlig überraschend auf Spuren von Holzzäunen, Pfostengrundrisse kleiner Häuser sowie mehrere in die Erde eingetiefte Grubenhütten, und auch beim Ausbau des Parkplatzes unmittelbar westlich der Heuneburg im Jahr 2000 kamen umfangreiche Bau- und Siedlungsspuren zutage. Um nachzuprüfen, ob all diese mehrere hundert Meter weit voneinander entfernten Siedlungsflächen möglicherweise zu einer großen, zusammenhängenden Heuneburg-‚Unterstadt' gehörten, legte der Archäologe Siegfried Kurz 2006 im Rahmen des erwähnten DFG-Projekts zwei Grabungsschnitte von über 230 m Länge und 16 m Breite durch das dazwischenliegende Gelände. Er stellte dabei fest, dass tatsächlich der ganze Höhenrücken südwestlich der Heuneburg „einst durchgängig besiedelt war".[5]

Doch auch im Norden endete diese ausgedehnte Unterstadt nicht im Bereich der erwähnten Grabhügel, wie man bis dahin angenommen hatte, sondern setzte sich bis in das etwa 600 m jenseits der Tumuli und 1 km nördlich der Heuneburg gelegene Gebiet fort (vgl. Abb. S. 35). In etwas weiterer Entfernung von der Burg und ihrer Außensiedlung befand sich außerdem noch eine ganze Reihe weiterer Dörfer und Weiler, die vermutlich für die Sicherung ihres Nahrungsbedarfs von Bedeutung waren und von denen aus sie möglicherweise ursprünglich auch begründet wurden.

Nach dem archäologischen Fundmaterial gehörte diese Unterstadt ausschließlich den älteren Burgperioden in der ersten Hälfte des 6. Jhs. v. Chr. an und ging zusammen mit der Lehmziegelmauerburg um 530 v. Chr. in einer großen

Modell der stadtartigen Bebauung in der Südostecke der Heuneburg zur Zeit der Lehmziegelmauer (vgl. Abb. S. 33). Zwischen den eng aneinandergebauten Häusern verliefen schmale Wege und Gassen.

Feuersbrunst unter. Die Bewohner der jüngeren, nun wieder mit traditionellen Holz-Erde-Mauern befestigten Heuneburg bauten sie in der Folgezeit nicht wieder auf, sondern errichteten auf dem früheren Siedlungsgelände die erwähnten vier Großgrabhügel. Gersbach und andere Forscher haben aus diesem bemerkenswerten Umstand den Schluss gezogen, dass die Lehmziegelmauer-Burg vermutlich durch ein kriegerisches Ereignis zerstört wurde und dass „der feste Platz [danach] in fremde Hände überging",[6] was mit einem Machtverlust gegenüber dem etwa um diese Zeit aufblühenden ‚Fürstensitz' auf dem Hohenasperg bei Ludwigsburg (vgl. S. 28 f.) einhergegangen sei.

Ganz so einschneidend wie früher vermutet kann dieser Machtverlust indes nicht gewesen sein, denn bei Ausgrabungen unmittelbar westlich des Heuneburgsporns stießen die Archäologen seit 2004 auch dort auf Spuren einer intensiven Besiedlung, die im Gegensatz zu der weiter talwärts gelegenen während der jüngeren Burgperioden weiterbestand. In diesem sog. Vorburgareal, das durch zum Teil noch heute im Gelände sichtbare Vorwälle und Außengräben aufwendig befestigt war, fanden sich nicht zuletzt die Steinfundamente eines 16 m großen Kammertors mit einer 14 m langen Holzbrücke, das den Zugang von der Außensiedlung zum Burgraum sicherte.

Die erste Stadt in Mitteleuropa?

Die jüngsten Entdeckungen weisen also darauf hin, dass der ummauerte Heuneburgsporn, auf den sich die früheren Untersuchungen fast ausschließlich konzentrierten, nur das Herzstück eines sehr viel ausgedehnteren frühkeltischen Siedlungskomplexes an der oberen Donau war, dessen Grenzen nach wie vor nicht völlig erfasst sind. Nach heutigen Schätzungen könnte er insgesamt etwa 1 km² groß gewesen sein und mehrere tausend Bewohner gehabt haben – auf dem gerade einmal 3 ha großen Burghügel selbst siedelten dagegen vermutlich kaum mehr als tausend Menschen. Die neuen Resultate sind damit auch eine glänzende Bestätigung der Hypothesen Wolfgang Kimmigs, der die Gliederung in eine *arx* (= Burg) und ein *suburbium* (= Unterstadt) bereits 1969 als ein wesentliches Kennzeichen der ‚Fürstensitze' bezeichnet und vorhergesagt hatte, dass sich dieses Merkmal auch noch bei weiteren Burgen dieses Typs finden lassen werde.

Tatsächlich wird eine talwärtige Besiedlung, die in diesem Fall sogar in die Befestigungslinien mit einbezogen war, auch am Mont Lassois vermutet (vgl. S. 29 f.), und auch am Fuß des Glaubergs in Hessen entdeckten die Archäologen ein weitläufiges System von Gräben und Wällen, das sich entweder als ein abgegrenzter heiliger Bezirk oder als Bestandteil einer – niemals fertiggestellten? – ‚Unterstadt' interpretieren lässt (vgl. S. 59). Doch

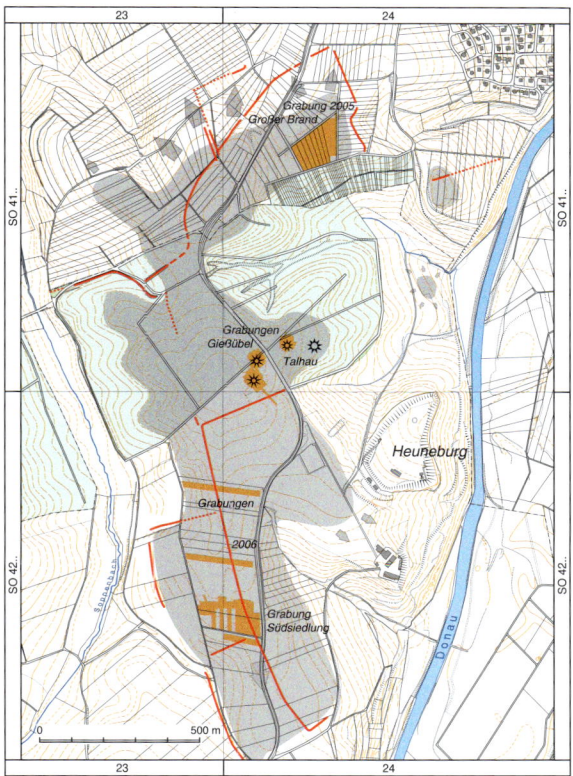

Die Heuneburg mit den bislang nachgewiesenen Siedlungsarealen (grau unterlegt), Grabenanlagen (rot) und zusammenhängenden Grabungsflächen (orange) im westlichen Vorland.

auch im südöstlichen Vorgelände des Hohenaspergs (vgl. S. 28 f.) wurden in den 1930er Jahren zahlreiche Siedlungsgruben mit frühkeltischer Keramik gefunden, die über ein Areal von 700 m streuten. Damit ist die Möglichkeit nicht auszuschließen, dass tatsächlich eine ganze Reihe dieser Hallstattburgen – wie von Kimmig prognostiziert – über ein solches *suburbium* verfügte, und im Bereich der Heuneburg scheint es sehr viel größer und ausgedehnter gewesen zu sein, als dies bis vor kurzem irgend jemand für möglich gehalten hätte.

Kimmig sah in diesem ‚topographischen Dualismus' der ‚Fürstensitze' einen „wenn auch primitive[n] Reflex der mediterranen *polis* mit Burgberg und zugehöriger Unterstadt", wobei nach seinen Worten „der auf der Burg residierende Dynast ein archaisches Herrschaftsprinzip [verkörperte], das während des 7. und 6. Jhs. v. Chr. unter dem Stichwort der Tyrannis für den gesamten Mittelmeerraum tonangebend war".[7] Es war freilich auch während des europäischen Mittelalters eine geläufige Erscheinung, dass eine ummauerte, von weltlichen oder religiösen Herrschern bewohnte Burg zum Ansatzpunkt einer in der Regel unbefestigten ‚Zivil'- oder Wirtschaftssiedlung wurde, deren Bewohner in den Burgherren einerseits Garanten einer gewissen Sicherheit, andererseits Abnehmer und Konsumenten ihrer Wirtschaftsprodukte und Handelsgüter fanden.

Unter kulturgeschichtlichen Gesichtspunkten wichtig ist vor allem, dass aus diesem Nebeneinander von Burg und Unterstadt sowohl in der Antike als auch im Mittelalter

Schwarzfigurige Scherbe von einem etwa 60 cm hohen Weinmischgefäß (sog. Volutenkrater), die in den jüngeren Schichten der Heuneburg gefunden wurde. Die auf dem Bilderfries dargestellte Szene zeigt zum Kampf ausziehende griechische Krieger (nach 520 v. Chr.).

Restaurierte provenzalische Transportamphore für Wein von der Heuneburg.

durch das Zusammenwachsen beider Siedlungsteile oft einheitliche Städte hervorgingen. Wenn zur Heuneburg und vielleicht auch anderen ‚Fürstensitzen' also tatsächlich so ausgedehnte Talsiedlungen gehörten, wie es nach den neueren Forschungen den Anschein hat, dann könnten bereits die frühen Kelten des 6. Jhs. v. Chr. bis an die Schwelle zur Stadtentwicklung gelangt sein, wenn sie diese auch vielleicht noch nicht überschritten. Ein Siedlungskomplex mit 2000 bis 3000 Bewohnern, wie er für die so auffällig dicht bebaute Heuneburg der Lehmziegelmauerzeit mit ihrer Talsiedlung zu vermuten ist (vgl. S. 34 ff.), wäre jedenfalls nach den Maßstäben der damaligen Mittelmeerwelt durchaus ein ansehnliches und ‚stadtverdächtiges' Gebilde gewesen. Und ein Zentrum von dieser Größe und Bedeutung könnte ohne weiteres auch den Griechen in Südfrankreich oder am Schwarzen Meer bekannt gewesen sein, was Herodots Bericht über die Kelten an den Donauquellen und ihre Stadt Pyrene (vgl. S. 8) augenblicklich in ein neues Licht rückt. Der Gedanke, der ‚Vater der Geschichtsschreibung' könne mit dieser Stadt eben die Heuneburg gemeint haben, erscheint vor diesem Hintergrund keineswegs mehr abwegig, und in der Tat halten mittlerweile immer mehr Archäologen diese Möglichkeit für wahrscheinlich. Sollte sie sich als wahr erweisen, dann wäre der ‚Fürstensitz' an der oberen Donau nicht nur eine der frühesten protourbanen Siedlungen Mitteleuropas gewesen, sondern auch der erste in einer historischen Quelle namentlich erwähnte Ort nördlich der Alpen.

Südliche Trinkgenüsse

Solche Überlegungen erscheinen um so plausibler, als es ja offenkundig gewisse Beziehungen zwischen den Bewohnern der mitteleuropäischen Fürstenburgen und den Griechen in Südfrankreich wie auch den Etruskern in Mittel- und Norditalien gab. Sie sind nicht nur durch die eindrucksvolle Lehmziegelmauer der Heuneburg bezeugt, sondern auch durch außergewöhnliche Importgüter – vor allem feines griechisches Geschirr und Weinamphoren aus der Provence –, deren Reste sich regelmäßig auf den ‚Fürstensitzen' finden.

Bei dem importierten Geschirr handelte es sich überwiegend um Weinmischgefäße, Trinkschalen und Kannen, deren orangeroter Gefäßuntergrund mit schwarz glänzend aufgetragenen Szenen aus der hellenischen Sagen- und Alltagswelt geschmückt war. Die nach diesen Bildern als ‚schwarzfigurig' bezeichnete Keramik stellte einen regelrechten Exportschlager der Manufakturen im griechischen Mutterland dar und war im 6. Jh. v. Chr. im Mittelmeerraum weit verbreitet. Dass sie allerdings sogar bis auf die 600 km entfernten ‚Fürstensitze' nördlich der Alpen gelangte, ist ein erstaunlicher Sachverhalt, der nach einer Erklärung verlangt. Dies gilt umso mehr, als ja auf den Burgen wie erwähnt auch die Reste großer Transportgefäße für Wein – sog. Amphoren – gefunden wurden, die nach dem verwendeten glimmerhaltigen Ton mit Sicherheit aus Südfrankreich stammen. Die nachgewiesenen Mengen sind zwar nicht gerade üppig, denn auf der immerhin fast zur Hälfte untersuchten Heuneburg kamen bislang gerade einmal die Scherben von 13 attisch-schwarzfigurigen Tongefäßen sowie rund 120 Bruchstücke von etwa 40 provenzalischen Weinamphoren zutage, während es auf dem Mont Lassois in Burgund mit über 300 Fragmenten griechischen Geschirrs deutlich mehr waren. Dennoch bezeugen diese spärlichen Überreste, dass auf den mitteleuropäischen Fürstenburgen zumindest von Zeit zu Zeit auch südländischer Wein getrunken wurde, der im Gebiet nördlich der Alpen damals noch ein neuartiges Getränk war, denn der Weinanbau wurde hier erst mehr als ein halbes Jahrtausend später – zur Zeit der römischen Besatzung – eingeführt (vgl. S. 153).

Die Funde zeigen damit eindrucksvoll, dass es den auf den Hallstattburgen ansässigen Herrschaften offenbar wichtig war, sich mit Pomp und Prestigeobjekten aus der wohl als überlegen empfundenen Mittelmeerwelt zu umgeben, und dass sie auch über die erforderlichen Mittel zum Import dieser sicherlich ausgesprochen kostspieligen Güter verfügten. Wahrscheinlich wollten die frühkeltischen Burgherren sich selbst, ihren Standesgenossen und Untertanen Reichtum und Weltläufigkeit demonstrieren, indem sie südlichen Wein aus südlichen Gefäßen tranken und vielleicht auch sonst den mediterranen Lebensstil nachahmten – ähnlich, wie sich die Reichen und Mächtigen heute in feines italienisches Tuch kleiden und deutsche oder britische Nobellimousinen fahren. Dieses Geltungsbedürfnis und dieser Hang, den eigenen Reichtum zur Schau zu stellen, scheint ein ausgeprägtes Kennzeichen der frühkeltischen Elite gewesen zu sein, wie wir auch an ihren üppig ausgestatteten Gräbern noch sehen werden (vgl. S. 42 ff.).

Flüsse als natürliche Verkehrsadern

Auf welchen Wegen aber gelangten das griechische Geschirr und der mediterrane Wein so weit nach Norden? Einzelne Importgüter und Luxusobjekte – vor allem wertvolle Metallgefäße – wurden schon seit dem 7. Jh. v. Chr. aus dem griechisch beeinflussten Etrurien und Norditalien über die Alpenpässe hinweg nach Mitteleuropa verhandelt. Die ersten umfangreicheren Lieferungen hellenischer Keramik und südlichen Weins scheinen die mitteleuropäischen ‚Fürstensitze' jedoch erst nach 550 v. Chr. erreicht zu haben – etwa ein halbes Jahrhundert, nachdem Griechen aus Phokaia in Kleinasien um 600 v. Chr. in der Nähe der Rhônemündung die Stadt Massalia (das heutige Marseille) gegründet hatten und von dort aus die südfranzösische Küste mit einem Netz von Tochtersiedlungen überzogen.

Von hier aus stand ihnen das Tor ins Innere Europas weit offen, denn das natürliche Flusssystem Frankreichs zeichnete den Weg Richtung Norden und von dort aus nach Osten und Westen geradezu vor, und schiffbare Flüsse waren damals – wie überhaupt bis zur Erfindung der modernen Verkehrsmittel – die wichtigsten Verkehrswege im Binnenland. Auf ihnen ließen sich schwere Güter und große Warenmengen sehr viel schneller und bequemer auf Booten oder Lastkähnen über weite Entfernungen hinweg transportieren, als dies mit den in damaliger Zeit sonst üblichen Ochsenkarren und Lasttierkolonnen auf oft schlechten Landwegen möglich gewesen wäre. Flussabwärts konnte man sich dabei einfach von der Strömung treiben lassen, während man stromaufwärts mit langen Holzstangen ‚stakte', wie bei heutigen Stocherkähnen der Fall, oder vielleicht auch schon treidelte, also das Boot vom Ufer aus zog. Der antike Fernverkehr fand jedenfalls, wo immer dies die Umstände zuließen, auf dem Wasser statt, und das nahe der Rhônemündung gelegene Massalia bildete einen idealen Ausgangspunkt für Expeditionen per Kahn oder Schiff ins Innere Europas. Über die Saône und den Doubs gelangte man zum Oberrhein und zur oberen Donau, über Saône und Tille zur oberen Seine, „von hier aus zu Schiff nach dem Ozean […] und von dort nach Britannien in weniger als einer Tagesreise", wie der griechische Autor Strabon vermerkte (vgl. Zitat Randspalte).

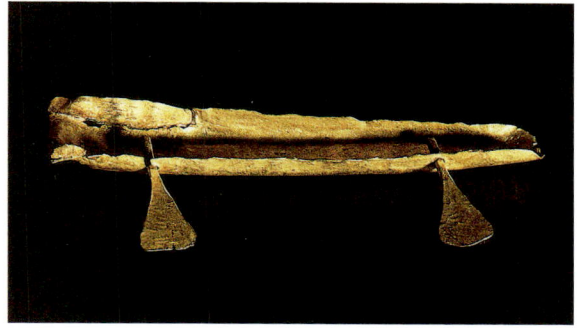

Aus Goldblech gefertigtes, 6,5 cm großes Schiffsmodell mit zwei Rudern aus einem Grab vom Dürrnberg bei Hallein in Österreich (4. Jh. v. Chr.).

Strabon lebte von etwa 63 v. bis 26 n. Chr., doch die Anfänge des von ihm beschriebenen weiträumigen Verkehrsnetzes scheinen bis in die frühkeltische Zeit zurückzureichen. Es fällt jedenfalls auf, dass viele der hallstattzeitlichen ‚Fürstensitze' an den erwähnten großen Flüssen Westmitteleuropas lagen, und zwar vornehmlich an besonders wichtigen Stellen dieser Ströme, die sich beispielsweise als Umschlagplätze vom Land- auf den Wasserweg oder umgekehrt eigneten. Die meisten Prähistoriker vermuten daher, dass diese Siedlungszentren zugleich auch wichtige Knotenpunkte im weiträumigen Verkehrsnetz bildeten und dass die auf ihnen ansässigen Adelsherren einen Großteil ihrer Macht und ihres Reichtums der Kontrolle der zentralen Verkehrsadern verdankten. Wenn diese Annahme tatsächlich zutrifft, dann könnte der Aufstieg zumindest eines Teils der ‚Fürstensitze' durch einen forcierten Ausbau des beschriebenen Verkehrsnetzes während des 6. und 5. Jhs. v. Chr. bedingt gewesen sein, und viele Archäologen vermuten darüber hinaus, dass diese verstärkte Nutzung mit einem gewachsenen Interesse der Griechenstädte in Südfrankreich an Mitteleuropa zusammengehangen haben könnte.

Der Mont Lassois als Umladestation

Solche Überlegungen lassen sich am besten am Beispiel des ‚Fürstensitzes' auf dem Mont Lassois in Burgund verdeutlichen (vgl. S. 29 ff.). Dieser Berg liegt genau dort, wo die rund 50 km weiter südlich entspringende Seine für flache Kähne schiffbar wird, und er verschließt – wie Wolfgang Kimmig einmal zutreffend bemerkte – „wie ein Korken den engen Flaschenhals des oberen Seinetals".[8] Der Ausgräber René Joffroy vermutete hier daher schon 1960 eine wichtige Station des Nord-Süd-Handels, an der mit Ochsenkarren oder Lasttierkolonnen auf dem Landweg von Süden herantransportierte Güter auf Schiffe umgeladen und auf der Seine in nördlicher Richtung weiterbefördert wurden – und ebenso natürlich auch umgekehrt. Vielleicht erhoben die frühkeltischen Burgherren jedes Mal, wenn fremde Händler die Station passieren

„Ganz Gallien ist von Flüssen durchströmt, […] die zum Teil in den Ozean [= Atlantik] münden, zum Teil in unser Meer [= das Mittelmeer]. […] Sie haben einen so geschickten Lauf, dass die Waren leicht aus einem Meer ins andere gebracht werden können, so dass man sie nur kurze Strecken über Land zu schaffen braucht; die längste Strecke des Weges werden sie auf Flüssen hin- und hertransportiert. […] In dieser Hinsicht hat die Rhône ganz besondere Vorzüge, denn […] sie gestattet eine lange Fahrt stromaufwärts mit großen Lastschiffen und nach allen Richtungen, weil die in sie einmündenden Flüsse schiffbar sind und die größten Lasten tragen können" (Strabon, Geographie 4,1,2 und 4,1,14).

'Fürstensitze' und vermutete Handelswege der späten Hallstattzeit um 500 v. Chr. Griechische Weinamphoren und Trinkgefäße waren zu dieser Zeit im hellenisch besiedelten Südfrankreich häufig, kamen nördlich der Alpen hingegen nur im Umkreis der 'Fürstensitze' vor.

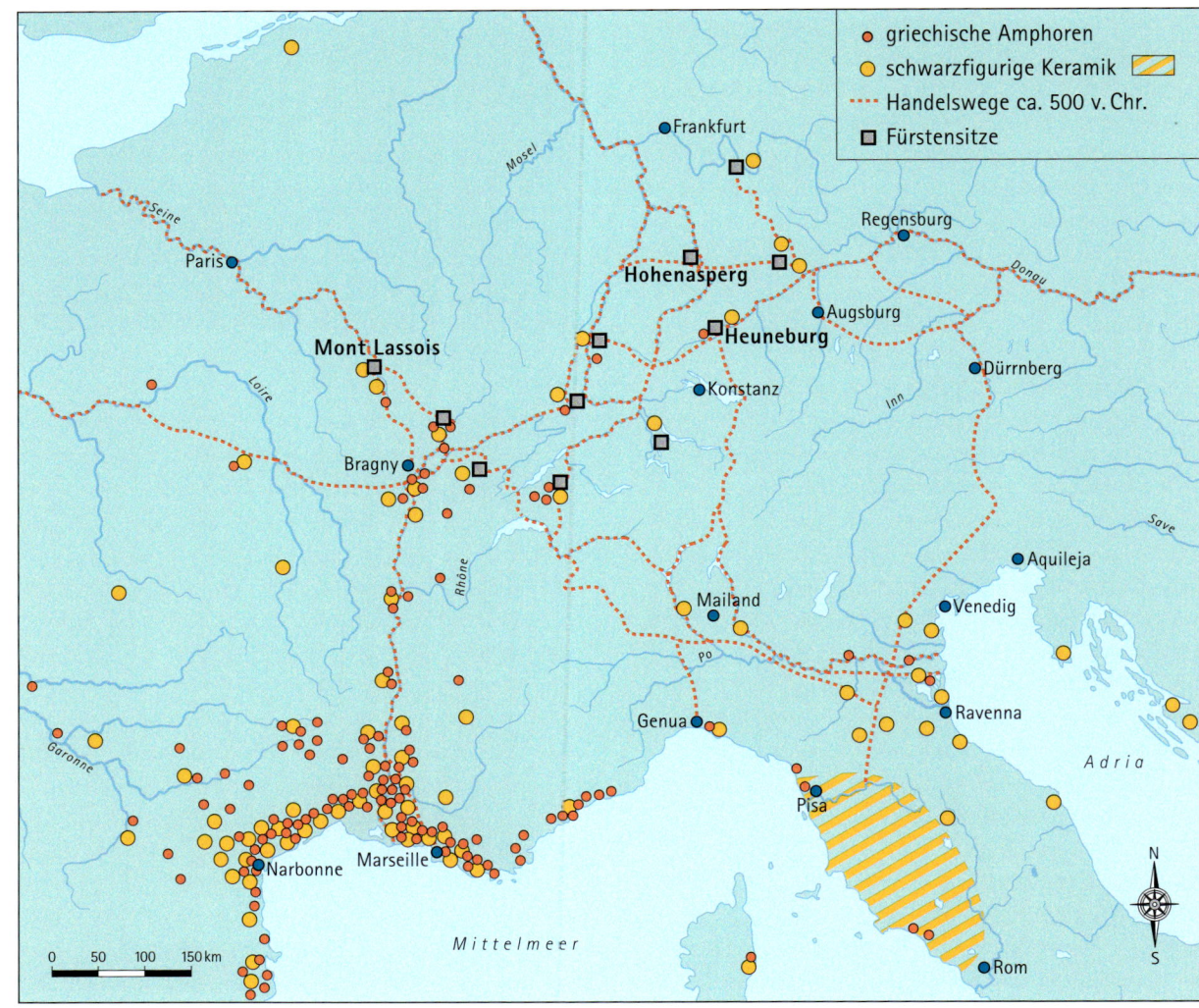

wollten, einen Wegezoll, und möglicherweise stellten sie ihnen gegen eine angemessene Bezahlung auch die für das Umladen und den Aufenthalt erforderlichen Hilfskräfte, Fahrzeuge, Speicherräume und Unterkünfte zur Verfügung. Vielleicht waren sie auch selbst an dem Handel und Verkehr auf dem nördlich des Mont Lassois gelegenen Seineabschnitt beteiligt und betätigten sich dort mit eigenen Kähnen und Bootsbesatzungen als Zwischenhändler. In jedem Fall profitierten derartige Verkehrsknotenpunkte schon in der Antike stets von ihrer Schlüsselposition, und so könnte auch der 'Fürstensitz' auf dem Mont Lassois seinen Aufstieg vor allem seiner einmaligen verkehrsgeographischen Lage verdankt haben. Erstaunlicherweise vollzog sich dieser Aufstieg jedoch erst relativ spät, nämlich gegen Ende des 6. Jhs. v. Chr., als etwa die Heuneburg bereits den Höhepunkt ihrer Entwicklung überschritten hatte. Und auffallenderweise gewannen offenbar genau um die gleiche Zeit auch andere 'Fürstensitze' westlich des Rheins wie Châtillon-sur-Glane und der Mont Vully im schweizerischen Mittelland stark an Bedeutung, ebenso wie eine anscheinend unbefestigte Handelsstation bei Bragny am Zusammenfluss von Saône und Doubs, die eine Fülle von griechischen Importfunden geliefert hat. Eben diese auffällige zeitliche Koinzidenz lässt viele Fachleute vermuten, dass die plötzliche Blüte dieser zumeist an den verkehrswichtigen Flüssen gelegenen Stationen mit einem einschneidenden äußeren Ereignis in Verbindung gestanden haben könnte, nämlich mit einer grundlegenden Umstrukturierung des mediterranen Zinnhandels.

Zinntransport und Handelswege

Zinn war während der gesamten Antike ein unentbehrlicher Rohstoff zur Herstellung von Bronze, der umso begehrter und kostbarer war, als er nur in einigen wenigen Regionen Europas vorkommt. Die Griechenstädte in Südfrankreich deckten ihren Bedarf an dem Metall mit Erz aus Cornwall und vielleicht auch der Bretagne – den sagenhaften nördlichen Zinninseln ('Kassideriden') –, das bis zur Mitte des 6. Jhs. v. Chr. von spanischen Händlern auf dem Seeweg nach Tartessos in Andalusien (Südwestspanien) transportiert und dort von griechischen Händlern übernommen und mit Schiffen in die Region um Massalia gebracht wurde. Der Transport dieses unverzichtbaren metallischen Rohstoffs erfolgte also zunächst komplett auf dem Seeweg, wie Massalia seinen Bedarf an äußeren Gütern auch sonst jahrzehntelang vorwiegend durch Importe übers Mittelmeer gedeckt zu haben scheint. Nur zu den Ligurern in seinem unmittelbaren Hinterland pflegte es darüber hinaus offenbar engere Kontakte, denn sie waren vermutlich als Lieferanten für Nahrungsmittel und landwirtschaftliche Produkte von Bedeutung. Die Kelten in Mitteleuropa hingegen spielten für die Massalioten zu dieser Zeit gewiss noch kaum eine Rolle, und daher dürften die vergleichsweise wenigen griechischen Importgüter, die vor 550 v. Chr. den Raum nördlich der Alpen erreichten, auch nicht durch südliche Händler, sondern durch keltische Abgesandte oder durch einen schrittweisen Etappenhandel dorthin gelangt sein.

Um die Mitte des 6. Jhs. v. Chr. scheint sich die Situation jedoch relativ abrupt verändert zu haben, denn in dieser Zeit kam es zwischen den Griechen Südfrankreichs und den in Nordafrika ansässigen Phönikern zu erbitterten Kämpfen um die Vorherrschaft im westlichen Mittelmeer, die in der Seeschlacht vor Alalia auf Korsika um das Jahr 540 v. Chr. gipfelten. Die Phöniker gingen aus dieser Schlacht gestärkt hervor und sperrten in der Folgezeit die ‚Säulen des Herakles', also die Meerenge von Gibraltar, für griechische Schiffe, so dass Massalia das dringend benötigte britannische Zinn von nun an nicht mehr auf dem Seeweg beziehen konnte. Als Alternative kam nur ein Transport durchs west- und mitteleuropäische Binnenland auf der Loire (von Corbilo/Nantes aus) oder auf der Seine und daran anschließend der Rhône-Saône-Passage in Frage, und so könnte ein eigentlich rein mittelmeerisches Ereignis schlagartig die Bedeutung Zentraleuropas für die Griechen in Südfrankreich erhöht haben.

Die Verhältnisse im Raum nördlich der Alpen und vor allem die Sicherung der dortigen Verkehrswege für den transkontinentalen Zinnhandel ‚von Küste zu Küste' gewannen für sie nun plötzlich existenzielle Bedeutung, und vor diesem Hintergrund dürfte es kein Zufall gewesen sein, dass die griechischen Wein- und Geschirrexporte nach Mitteleuropa in den letzten Jahrzehnten des 6. Jhs. v. Chr. schlagartig zunahmen. Es war eine unmittelbare Folge dieser Entwicklung, dass der Mont Lassois, der einen besonders wichtigen Punkt der Seineroute kontrollierte, und weitere an Schlüsselpositionen des Nord-Süd-Handels gelegene Stationen gerade um diese Zeit so plötzlich aufblühten.

Andere ‚Fürstensitze' wie der Britzgyberg bei Illfurth scheinen hingegen schon Jahrzehnte vor diesen Ereignissen wichtige Siedlungszentren gewesen zu sein, und bei einigen weiteren wie dem Üetliberg in der Schweiz und dem Ipf sowie dem Hohenasperg in Süddeutschland lässt sich überhaupt keine herausragend verkehrsgünstige Lage feststellen. Neben dem sich so rasant entfaltenden Handel mit Massalia dürfte überdies gegen Ende des 6. Jhs. v. Chr. auch der schon länger bestehende Austausch mit Norditalien über die Alpenpässe hinweg immer mehr an Bedeutung gewonnen haben (vgl. S. 70 f.). Die vor allem im Hinblick auf den Mont Lassois und eine Reihe anderer französischer Stationen entwickelte ‚Zinnhandels-Hypothese' lässt sich aus diesen Gründen nicht ohne weiteres auf alle ‚Fürstensitze' Mitteleuropas übertragen – für den Aufstieg und den Reichtum der einzelnen Hallstattburgen könnten vielmehr ganz unterschiedliche Faktoren ausschlaggebend gewesen sein.

Einen besonderen, nur aus sich selbst heraus erklärbaren Fall stellt mit Sicherheit die Heuneburg in Württemberg dar, die das beschriebene nord-südlich orientierte Verkehrsnetz um eine bedeutsame West-Ost-Achse erweiterte. Etwa auf der Höhe dieser Burg wurde nämlich die

Der ‚Fürstensitz' auf dem Mont Lassois profitierte als wichtiger Umschlagplatz des Nord-Süd-Handels von seiner verkehrsgünstigen Lage an der oberen Seine, die ab hier schiffbar war.

DIE ‚FÜRSTENSITZE'

knapp 70 km weiter westlich entspringende Donau für flache Kähne schiffbar, und so dürfte sich dort eine wichtige Umladestation für aus Richtung Schwarzwald über Land herantransportierte Güter befunden haben, die von der Heuneburg aus auf der Donau stromabwärts ins heutige Bayern und Österreich, ja bis auf den Balkan und ans Schwarze Meer weiterbefördert werden konnten. Dieser geographischen Lage entsprechend fanden sich auf dem Burghügel neben dem vorherrschenden südlichen Importgut auch einige aus Südosteuropa stammende Objekte, und bemerkenswerterweise begann die Blütezeit der Heuneburg ja auch bereits um 600 v. Chr., also lange vor dem massiven Einsetzen des Handels mit Massalia. Viele Fachleute spekulieren daher, dass sich hier – im Bereich des großen Siedlungskomplexes an der oberen Donau – die ‚Keimzelle' und das eigentliche Ursprungszentrum der frühkeltischen ‚Fürstensitz'-Kultur befunden haben könnte, von dem aus sie sich dann wenige Jahrzehnte später im Zusammenhang mit den beschriebenen geopolitischen Veränderungen über den ganzen Westhallstattkreis ausbreitete.

Exklusives Importgut, weit gestreute Eigenprodukte

Obgleich die meisten ‚Fürstensitze' also offenkundig Verbindungen mit fernen Regionen – besonders mit der Mittelmeerwelt – unterhielten, scheinen die im Rahmen dieser Kontakte auf die Burgen gelangten Importgüter von dort aus kaum in die kleineren Siedlungen des Umlandes oder gar in Gebiete außerhalb des ‚Fürstensitzkreises' weiter verhandelt worden zu sein. Zumindest sind bislang kaum Funde bekannt geworden, die eine solche überregionale ‚Verteilerfunktion' für die mediterranen Erzeugnisse belegen könnten.

Nicht einmal eine Handvoll attisch-schwarzfiguriger Scherben kamen bislang auf Fundplätzen außerhalb des Westhallstattkreises zutage – die wenigen Ausnahmen stammen vom Kemmelberg in Holland, aus Kadan in Böhmen und aus Weißenthurm-Urmitz am Mittelrhein (vgl. Karte. S. 38). Sie mögen als rare Exotika durch Tauschbeziehungen zwischen den verschiedenen eisenzeitlichen Gruppen so weit nach Norden und Osten gelangt sein – jedoch gewiss nicht im Rahmen regelmäßiger Importe, denn sonst wären weit zahlreichere Belege zu erwarten. Und auch in den gewöhnlichen Siedlungen und Gehöften des Westhallstattkreises fehlt die kostbare Importkeramik bislang.

Erst während der nachfolgenden Frühlatènezeit scheint sie eine etwas weitere Verbreitung gefunden zu haben. So liegen aus zwei nur wenig befestigten Flachlandsiedlungen bei Eberdingen-Hochdorf unweit von Stuttgart und bei Kirchheim-Osterholz im Nördlinger Ries mehr als zwei Dutzend Scherben von griechischem Trinkgeschirr vor, das nun allerdings im zeitgemäßen jüngeren Stil des 5. Jhs. v. Chr. mit roten Figuren auf schwarzem Grund verziert ist. Beide Siedlungen geben sich aber auch durch ihr sonstiges, auffallend hochwertiges Fundmaterial als Wohnstätten einer gehobenen – um nicht zu sagen ‚fürstlichen' – Bevölkerungsschicht zu erkennen und waren daher sicherlich keine gewöhnlichen ländlichen Weiler. Die aus mehreren eingezäunten Hofstellen bestehende Anlage von Hochdorf, in der sechs rotfigurige Scherben der Zeit um 425 v. Chr. zutage kamen, wird vielmehr mit dem nahe gelegenen Grab des ‚Keltenfürsten von Hochdorf' (vgl. S. 49 ff.) in Verbindung gebracht und als möglicher ‚Landsitz' eines seiner Nachfolger angesehen. Die rechteckigen Herrenhöfe am Fuß des Ipf, die insgesamt 25 Scherben von zwei rotfigurigen attischen Trinkschalen und mehrere Bruchstücke griechischer Weinamphoren lieferten, werden einem auf diesem Berg vermuteten frühkeltischen ‚Fürstensitz' zugeordnet. Im Gegensatz zu diesen und einigen weiteren Frühlatène-Siedlungen hat sich bis heute noch auf keinem der ja vergleichsweise gut untersuchten ‚Herrenhöfe' Südbayerns und anderer Regionen (vgl. S. 22 f.) auch nur eine einzige Scherbe bemalter griechischer Keramik gefunden, so dass dieses Luxusgut während der Hallstattzeit tatsächlich auf die ‚fürstliche' Bevölkerungselite und ihre Burgen und Landsitze beschränkt geblieben zu sein scheint.

Dagegen dürften die auf den ‚Fürstensitzen' selbst und in ihren Werkstätten hergestellten Güter durchaus ins

Scherben von rotfiguriger griechischer Keramik aus einem frühkeltischen ‚Herrenhof' bei Kirchheim-Osterholz im Nördlinger Ries (5. Jh. v. Chr.).

Charakteristische Tongefäße aus verschiedenen Siedlungsperioden der Heuneburg. Die jüngeren, schwarzen Gefäße links und rechts außen zählen zu den ersten auf der Töpferscheibe gefertigten Tonwaren nördlich der Alpen.

Umland und auch in weitere Regionen verhandelt worden sein. Wolfgang Kimmig wies in diesem Zusammenhang auf die weite Verbreitung einer für die Heuneburg der Lehmziegelmauerzeit typischen, mit geometrischen Mustern in Rot, Weiß und Grau geschmückten Hochhalskeramik im Raum von der Schwäbischen Alb bis zum Bodensee hin und schloss daraus überzeugend auf eine Keramikmanufaktur im Bereich der Burg, „die nicht nur für den heimischen Bedarf, sondern auch schon für einen größeren Umkreis produzierte".[9] Ähnliche Überlegungen haben andere Forscher angesichts des auf der Burg und in ihrer nördlichen Außensiedlung konzentrierten Metallhandwerks (vgl. S. 34) auch im Hinblick auf dessen Produkte angestellt, ohne dass sich ein solcher Regionalhandel mit gewöhnlichen Alltagsgütern archäologisch ohne weiteres nachweisen ließe. Eine exakte Beweisführung bleibt also letztlich schwierig, und doch gehen die meisten Fachleute davon aus, dass die Heuneburg und die anderen ‚Fürstensitze' auch als Produktions- und Marktzentren für ihr unmittelbares Umland fungierten.

Die frühen Kelten hatten sich mit diesen burgartigen Anlagen also bereits erstaunlich hoch entwickelte und im Einzelfall vielleicht sogar bis an die Schwelle zur Stadtwerdung heranreichende Siedlungszentren geschaffen. Die ‚Fürstensitze' bildeten sicherlich in vielerlei Hinsicht Mittelpunkte der sie umgebenden Landschaften und banden diese in das überregionale Verkehrsnetz ein, sie stellten den Kontakt und Austausch mit fernen Kulturkreisen her und brachten so exotische Dinge wie Wein (vgl. S. 36), Olivenöl oder Haushühner ins Land, die man zuvor nördlich der Alpen noch nicht gekannt hatte – auch wenn diese Luxusimporte letztlich jener schmalen Oberschicht vorbehalten blieben, die den Handel organisierte.

Doch wer waren nun eigentlich diese frühkeltischen ‚Fürsten', die auf den Hallstattburgen oder in ihrem nächsten Umkreis residierten, und was wissen wir über sie, ihre gesellschaftliche Stellung und die Grundlagen ihrer Macht? Hinweise zur Beantwortung dieser Fragen finden sich weniger auf den ‚Fürstenburgen' selbst als vielmehr in den Großgrabhügeln, die man fast stets in ihrer Umgebung errichtete und in denen die frühkeltischen Herren – und wie wir sehen werden auch Damen – nach ihrem Tode mit viel Glanz und Prunk zur letzten Ruhe gebettet wurden. Mit diesen Grabstätten, die schon im 19. Jh. die an Homer angelehnte Bezeichnung ‚Fürstengräber' erhielten, wollen wir uns im folgenden Kapitel eingehend beschäftigen.

DIE ‚FÜRSTENSITZE'

DIE FRÜHKELTISCHEN ‚FÜRSTENGRÄBER' UND IHRE PRUNKBEIGABEN

Die Aufschüttung von Grabhügeln (lat. *tumuli*) über den Gräbern Verstorbener war während der Hallstattzeit wie erwähnt auch bei einem größeren Teil der normalen Bevölkerung üblich (vgl. S. 14 f.). Während die gewöhnlichen Grabhügel jedoch zumeist nur 10 bis 20 m Durchmesser aufwiesen und wenige Meter hoch waren, errichtete man für die ‚fürstliche' Oberschicht Tumuli von sehr viel eindrucksvolleren Ausmaßen. So besaß der älteste Grabhügel im Bereich der Heuneburg, der ‚Hohmichele', beispielsweise eine Höhe von 13,5 m und einen Durchmesser von mehr als 80 m, und der größte frühkeltische Grabhügel Mitteleuropas – der Magdalenenberg bei Villingen im Schwarzwald – war ursprünglich 8 m hoch und maß nicht weniger als 102 m im Durchmesser. Diese Dimensionen lassen bereits erahnen, welcher Arbeitsaufwand für den Bau der Grabmonumente erforderlich war, die man – wie erhalten gebliebene Funde im Magdalenenberg zeigen – allein mit Hilfe einfacher, an einem Ende spatenartig flach zugerichteter Holzstangen (sog. Spathölzer) und großer Weidenkörbe als Transportbehältnisse errichtete. Mit diesen simplen Gerätschaften wurden im Falle des Magdalenenbergs nicht weniger als 33 000 Kubikmeter Erde, Rasensoden und Sandstein aufgeschüttet und verbaut, was nach Schätzungen mehrere Jahre in Anspruch genommen haben dürfte.

Ein solcher Arbeitsaufwand macht deutlich, wie wichtig die in den Hügeln Bestatteten für die frühkeltische Gesellschaft gewesen sein müssen. Vermutlich versicherte sich die Gemeinschaft, indem sie ihren verstorbenen Oberhäuptern ein dauerhaftes und weithin sichtbares Denkmal setzte, ihrer eigenen Ursprünge und Wurzeln, und es gibt Hinweise darauf, dass zumindest einige Großgrabhügel auch Orte regelmäßiger religiöser Zusammenkünfte waren (vgl. S. 46 und 59). Sie könnten für die Menschen der Hallstattzeit daher durchaus eine ähnliche Bedeutung gehabt haben wie die Pyramiden für die alten Ägypter oder die Kathedralen für die Bewohner der mittelalterlichen Städte – wenn sie sich im Vergleich mit diesen auch eher bescheiden ausnehmen.

Stellt man diese mögliche identitätsstiftende Funktion in Rechnung, so müssen die Tumuli keineswegs unbedingt von rechtlosen Arbeitskräften widerwillig und unter Zwang – gewissermaßen ‚unter der Knute' – erbaut worden sein, wie man dies früher zumeist annahm. Sie können vielmehr durchaus auch ein freiwilliges und für selbstverständlich erachtetes Werk ganzer Dorfgemeinschaften, Burgbesatzungen oder Verwandtschaftsverbände für ihre verstorbenen Ahnen gewesen sein, die mit dem Tod möglicherweise halbgöttlichen oder ‚heroischen' Status erlangten. Ähnlich groß angelegte und arbeitsaufwendige Stein- und Erdbauten wurden jedenfalls auch schon von den Menschen der Jungsteinzeit und der Kupferzeit errichtet – man denke nur an die Megalithdenkmäler mit ihren gewaltigen Dimensionen –, ohne dass sich dabei angesichts der für die damalige Zeit zu vermutenden gesellschaftlichen Verhältnisse eine Erbauung unter unmittelbarem Zwang annehmen ließe.

Hauptbestattungen und Nebengräber

Die Archäologen entdeckten in den frühkeltischen Großgrabhügeln neben der stets in der Hügelmitte gelegenen hölzernen Grabkammer des ‚Grabherrn', für den das Monument errichtet wurde, zumeist auch noch eine Reihe weiterer Beisetzungen in den seitlichen und oberen

Der Magdalenenberg bei Villingen im Schwarzwald – mit einem Durchmesser von mehr als 100 m der größte frühkeltische Grabhügel Mitteleuropas.

Bereichen des Hügels. Besonders reich an solchen Nachbestattungen (vgl. S. 14) war der bereits erwähnte Magdalenenberg im Schwarzwald, in dessen Hügelschüttung bei den Ausgrabungen nicht weniger als 126 Nebengräber mit 139 Toten zutage kamen – üblicherweise lag die Zahl der Sekundärbeisetzungen jedoch eher im Bereich von einem oder zwei Dutzend. Sie wurden größtenteils in Holzsärgen oder eigenen kleinen Grabkammern in die Hügelschüttung eingebracht und waren in der Regel nicht besonders üppig mit Beigaben ausgestattet – man vermutet daher, dass es sich bei den Toten um Familienangehörige oder Gefolgsleute des Grabherrn handelte, die ihm auch im Jenseits nahe und zu Diensten sein sollten. In einigen Großgrabhügeln fanden sich freilich auch überdurchschnittlich reiche, ja sogar mit Goldbeigaben und einem Wagen ausgestattete Nebengräber, so dass in diesen Fällen wohl eher an weitere Mitglieder der gesellschaftlichen Elite – möglicherweise Verwandte des in der Zentralkammer Bestatteten – zu denken ist. Auf keinen Fall aber war die Nachbestattung in den ‚Fürstengrabhügeln' die übliche Begräbnisform bei den frühen Kelten, denn dazu ist die Zahl der entsprechenden Gräber viel zu gering. Vielmehr dürfte sich dieser Beisetzungsmodus auf einen ausgewählten, kleinen Personenkreis beschränkt haben, der in irgendeiner engeren Beziehung zu den ‚Grabherren' der großen Tumuli stand und für den die Bestattung in ihrer unmittelbaren Nähe gewiss ein ausgesprochener Vorzug und eine besondere Ehre war.

In den meisten ‚Fürstengrabhügeln' trafen die Ausgräber diese Nachbestattungen in einem weit besseren Erhaltungszustand an als die zentralen Grabkammern, die in der Regel bereits während der Hallstattzeit aufgebrochen und ausgeplündert worden waren. Grabräuber gruben trotz der Strafe und des Fluchs, mit denen ein derartiger Frevel zweifellos bedroht war, bei Nacht und Nebel schmale Schächte in die Riesenhügel und arbeiteten sich durch diese engen Stollen bis zu den Zentralkammern vor, um sie mit äußerster Gründlichkeit leerzuräumen. In der Hügelschüttung des Hohmichele, bei dem dies gleichfalls geschah, entdeckte man während der Ausgrabung in den 1930er Jahren sogar noch Spuren des über 10 m langen und nur 50 cm weiten Raubschachtes – in ihm fanden sich mehr als 400 Glasperlen von einer Kette, die die vermutlich schwer mit Beute beladenen Räuber bei ihrem Rückzug aus dem Hügelinneren offensichtlich zerrissen hatten. Die 3 m × 5 m große hölzerne Zentralkammer des Hügels bot aufgrund dieser Beraubung ein eher enttäuschendes Bild: Außer Haarbüscheln von Rinderfellen, die auf dem Kammerboden gelegen hatten, zum Teil golddurchwirkten Kleidungsfetzen sowie einem eisernen Radreifen und Metallkrusten von einem Wagen war von der ursprünglichen Grabausstattung nichts mehr übrig geblieben. Und das war wie erwähnt kein Einzelfall – ein ähnlich trauriges Bild boten vielmehr auch die ausgeraubten Zentralkammern der meisten anderen ‚Fürstengrabhügel'.

Orientalische Pracht in einem frühkeltischen Grab: der Grafenbühl

Dennoch blieben in einigen Fällen aber genügend Spuren und Überreste erhalten, um sich ein ungefähres Bild vom Prunk und Reichtum der ursprünglichen Grabausstattung machen zu können. Vielleicht das beste Beispiel dafür ist das Zentralgrab des ‚Grafenbühl', eines unmittelbar neben dem Hohenasperg bei Ludwigsburg gelegenen Grabhügels, der in den Jahren 1964/65 von Hartwig Zürn untersucht wurde. Antike Grabräuber hatten zwar auch hier alle kleinteiligen Beigaben mitgenommen, so dass sich außer zwei mit Goldblech belegten Fibeln sowie Henkeln von mehreren Bronzekesseln keinerlei Schmuck oder Metallgefäße mehr fanden. Die größeren Ausstattungsgegenstände mussten die Plünderer aber zerschlagen, um sie durch den engen Raubschacht zwängen zu können, und dabei blieben Bruchstücke dieser Objekte in der Grabkammer liegen.

So entdeckten die Archäologen dort neben Wagenresten noch zwei bronzene Löwenfüße von einem griechischen Stabdreifuß – einem Untersatz zum Aufstellen großer Metallkessel –, vor allem aber verschiedene Verzierungselemente von offenbar aus dem Mittelmeerraum stammenden Holzmöbeln. Ein aus Elfenbein geschnitzter Löwenfuß und beinerne Intarsien gehörten anscheinend ursprünglich zu einer Holztruhe, unterschiedlich geformte Bernsteinplättchen hatten vermutlich eine Liege geschmückt und zwei beinerne Sphingen mit aufgesetz-

Die zentrale Grabkammer des Magdalenenbergs bei der Freilegung. Die dank des feuchten Bodens bestens erhaltene, 5 m × 8 m große Blockbaukonstruktion war aus im Spätjahr 616 v. Chr. gefällten Eichenstämmen gezimmert. Man hatte sie durch eine 3,5 m mächtige Steinpackung – allerdings vergeblich – gegen Grabräuber gesichert.

Die Bronzehydria von Grächwil in der Schweiz, ein um 580 v. Chr. im griechischen Unteritalien gefertigtes Wassergefäß von 57 cm Höhe. Die Figurengruppe auf ihrer Schulter stellt die geflügelte ‚Herrin der Tiere' mit Löwen, Hasen sowie einem Adler dar.

44 DIE FRÜHKELTISCHEN ‚FÜRSTENGRÄBER'

ten Bernsteingesichtern stammten offenkundig von einem weiteren Möbelstück. Nimmt man noch einen orientalischen Spiegel- oder Fächergriff aus geschnitztem Elfenbein sowie feine Goldfäden von Brokatstoff hinzu, mit dem der Tote offensichtlich bekleidet gewesen war, so kann man sich ausmalen, welche Kostbarkeiten das um 500 v. Chr. angelegte Grab geliefert hätte, wäre es nicht ausgeraubt worden.

Auch die meisten anderen ‚Fürstengräber' in der Umgebung der großen Hallstattburgen enthielten mehr oder weniger zahlreiche Importgegenstände aus dem Mittelmeerraum, deren Glanz und Exotik sie zu wahrhaften ‚Prunkgräbern' machte. Letztlich waren es gerade diese einzigartigen, kostbaren und erlesenen Importobjekte, die die ‚fürstlichen' Grablegen – neben der gewaltigen Größe ihrer Tumuli – über die reichen, aber nicht vergleichbar prachtvoll ausgestatteten Oberschichtgräber im übrigen Land hinaushoben. Hartwig Zürn, der Ausgräber des Grafenbühl, zog daraus in den 1960er Jahren den Schluss, dass auf den ‚Fürstensitzen' eine Art von frühkeltischem ‚Hochadel' ansässig gewesen sei, während die Gold führenden, aber nicht mit ähnlich kostbaren Importgütern ausgestatteten Gräber jenseits der großen Zentralsiedlungen vermutlich von einem Landadel „reicher Grundherrn" stammten, der den Herren der ‚Fürstensitze' untergeordnet gewesen sei[10] (vgl. S. 17 ff.).

Eine besondere Rolle unter den Importbeigaben der ‚Fürstengräber' spielten große mediterrane Metallgefäße zum Ansetzen und Mischen von Wein, die bei den frühkeltischen Herren offenkundig äußerst beliebt waren und die ihnen gar nicht prächtig – um nicht zu sagen protzig – genug sein konnten. Eines der eindrucksvollsten Beispiele dafür ist eine fast 60 cm große, aus einer griechischen Werkstatt in Unteritalien stammende Bronzehydria, die 1851 zusammen mit Wagenresten in einem hallstattzeitlichen Großgrabhügel bei Grächwil in der Schweiz entdeckt wurde – ihre besondere Attraktion ist eine aufgesetzte Figurengruppe mit dem in der Antike weithin beliebten Motiv der ‚Herrin der Tiere' (vgl. Abb. links).

Die ‚Fürstin von Vix' und das größte Metallgefäß der Antike

An Bedeutung noch weit übertroffen wird dieser leider nur schlecht dokumentierte Fund aber durch den berühmten, riesigen Volutenkrater, den René Joffroy – der Ausgräber des Mont Lassois (vgl. S. 29 ff.) – 1953 in einem Grab bei Vix am Fuße jenes burgundischen ‚Fürstensitzes' zutage förderte. Das Grab von Vix ist eine der reichsten frühkeltischen Grablegen, die wir kennen, denn es gehört zu den ganz wenigen, die nicht antik beraubt wurden und deren Beigaben daher nahezu vollständig überliefert sind. Es zeichnet sich außerdem durch den besonderen Umstand aus, dass in ihm kein Mann, sondern eine etwa 30 bis 35 Jahre alte Frau bestattet war, wie die Untersuchungen des nur schlecht erhaltenen Skeletts in den 1950er Jahren ergaben.

Sofern diese immer wieder einmal in Zweifel gezogene anthropologische Bestimmung tatsächlich zutrifft, handelte es sich also um ein ‚Fürstinnengrab', das zugleich Zeugnis davon ablegen würde, welch einen hohen sozialen Status auch Frauen in der frühkeltischen Gesellschaft genießen konnten. Fast ein Viertel der 9 m² großen Grabkammerfläche nahm der erwähnte, vermutlich auf der Peloponnes gefertigte Bronzekrater ein. Mit einer Höhe von nicht weniger als 1,64 m, einem Gewicht von über 200 kg und einem Fassungsvermögen von 1100 l ist dieser Kessel zum Mischen von Wein mit Wasser das

Elfenbeinerne Sphinx mit Bernsteingesicht aus dem Fürstengrabhügel ‚Grafenbühl' bei Ludwigsburg in Baden-Württemberg, die ursprünglich wohl ein aus Großgriechenland stammendes Möbelstück schmückte.

Der ‚Fürstin von Vix' wurden neben dem riesigen Krater noch weitere aus dem Süden stammende Gefäße mit ins Grab gegeben – auf dem Foto eine etruskische Schnabelkanne, ein Bronzebecken und eine schwarzfigurige attische Trinkschale.

größte überhaupt aus der Antike bekannte Metallgefäß. Seine gewaltigen Dimensionen, aber auch seine aufwendige Verzierung mit einem Kriegerzug, Medusenköpfen und Löwendarstellungen auf Hals und Henkeln machen ihn zu einem Prunkobjekt ersten Ranges. Vor allem als ein solches dürfte er auch auf den Mont Lassois gekommen sein, und angesichts der Schlüsselstellung dieses Berges im transkontinentalen Zinnhandel (vgl. S. 37 f.) ist es sicherlich keine abwegige Spekulation, wenn viele Fachleute den Krater als ein mögliches ‚diplomatisches Geschenk' massaliotischer Griechen an die auf dem Mont Lassois ansässige ‚Fürstenfamilie' zwecks Verbesserung der wechselseitigen Beziehungen betrachten. Im Vixer Grab wurde er von einem umfangreichen Trinkservice begleitet, das aus einem halbkugeligen silbernen Schöpf- und Spendegefäß – einer sog. Phiale –, zwei attischen Keramikschalen, drei großen Bronzebecken sowie einer etruskischen Schnabelkanne bestand.

Als weitere überragende Beigabe fand sich in der Grabkammer – neben dem obligatorischen Wagen, dessen vier Räder abmontiert und an die Wand gelehnt worden waren – auch ein 480 g schwerer und überaus kunstvoll aus Gold gearbeiteter Halsreif, der gleichfalls aus dem Mittelmeerraum – möglicherweise von der Iberischen Halbinsel – stammte (vgl. Abb. S. 48). Da er im Kopfbereich der Toten lag, wurde er früher fälschlicherweise als Diadem, also als Kopfschmuck, angesehen – wahrscheinlich hatte er aber eine ähnliche Bedeutung wie die weit schlichteren Goldhalsringe in Südwestdeutschland und in der Schweiz (vgl. S. 53 ff.). Daneben gab man der ‚Fürstin von Vix' auch noch einige andere Ringe, Perlen und Fibeln als weitere Schmuckstücke mit ins Grab.

Einen wichtigen Hinweis auf die offenbar beträchtliche kultische Bedeutung der Grabstätte von Vix erbrachten neuere Ausgrabungen, die zwischen 1991 und 1993 nur etwa 200 m südwestlich von ihr in der Nähe einiger kleinerer Grabhügel durchgeführt wurden. Die Archäologen stießen dort auf eine quadratische, durch Gräben abgegrenzte Fläche von 23 m Seitenlänge, die im Nordwesten – zum Mont Lassois hin – einen schmalen Zugang besaß. Die eingefriedete Anlage wies außer einem mit Kalksteinen verfüllten, 1,5 m tiefen Schacht keinerlei Baustrukturen im Inneren auf. Der Graben in ihrem Eingangsbereich enthielt jedoch das 62 cm große Bruchstück der Steinfigur einer sitzenden Frau in einem langen Gewand mit einem Halsring, die die Tote aus dem benachbarten ‚Fürstinnengrab' oder aber eine Göttin darstellen könnte. Nicht weit davon entfernt fand sich zudem ein etwas kleineres Fragment von der Statue eines gleichfalls sitzenden, mit Schwert und Schild ausgerüsteten Mannes, der wie der Frauenfigur der Kopf abgeschlagen worden war. Die beiden Steinplastiken könnten nach den Rekonstruktionen der Ausgräber ursprünglich den Eingang des umfriedeten Bezirks flankiert haben, und da sich in den ihn umgebenden Gräben überdies eine große Menge an Schlachttierknochen mit einem auffälligen Übergewicht von Schädel- und Unterkieferteilen fand, vermuten die Forscher eine „kultische Funktion der Anlage". In ihr sei möglicherweise „an bestimmten Gedenk- oder Feiertagen der Verstorbenen mit Totenmahlen und Opferritualen gedacht" worden,[11] und in der Tat gibt es mittlerweile auch an anderen Orten Hinweise auf einen solchen frühkeltischen Ahnenkult in der Umgebung der Großgrabhügel (vgl. S. 59).

DIE FRÜHKELTISCHEN ‚FÜRSTENGRÄBER'

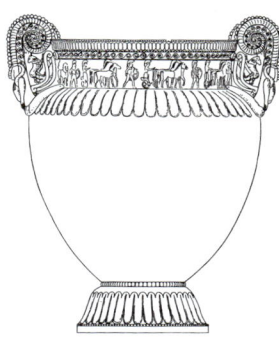

Der um 520 v. Chr. in Griechenland hergestellte, 1,64 m hohe und 1100 Liter Flüssigkeit fassende Bronzekrater aus dem ‚Fürstinnengrab' von Vix in Burgund ist das größte bekannte Metallgefäß aus der Antike.

Eingerollter Volutenhenkel des großen Mischgefäßes von Vix, mit Schlangen- und Löwendarstellungen sowie einem Gorgonenhaupt geschmückt.

DIE FRÜHKELTISCHEN ‚FÜRSTENGRÄBER'

Der goldene Halsring aus dem Grab von Vix besitzt einen geschwungenen Ringkörper, der mit stilisierten Löwentatzen auf den beiden birnenförmigen Kugelenden aufsitzt. Am Übergang befindet sich jeweils ein äußerst filigran gestaltetes Flügelpferdchen (Pegasus).

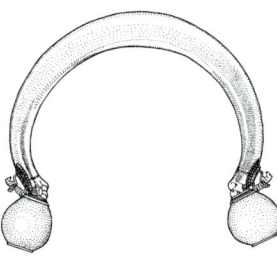

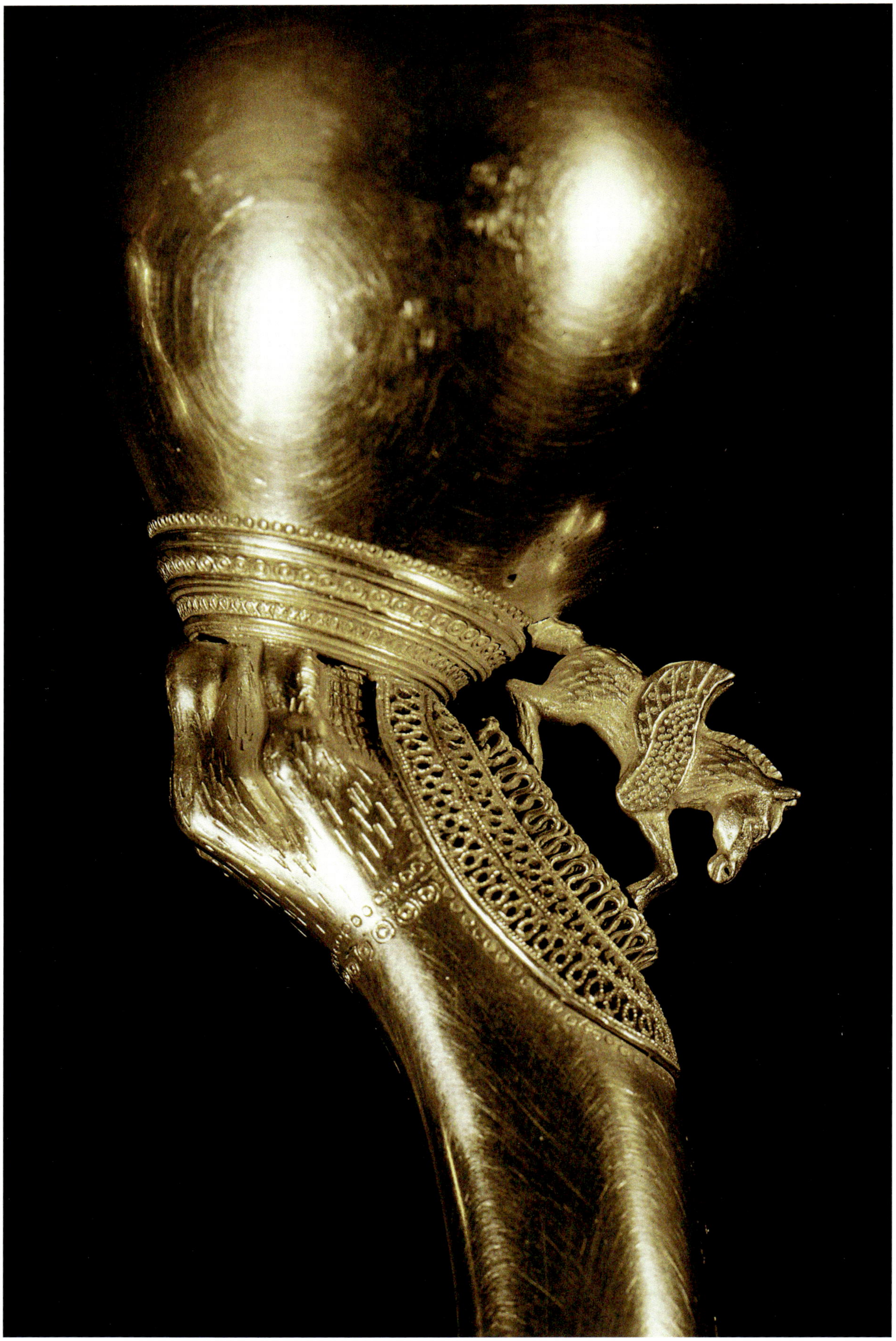

DIE FRÜHKELTISCHEN ‚FÜRSTENGRÄBER'

Das Grab von Hochdorf – Paradebeispiel einer ‚fürstlichen' Bestattung

Den umfassendsten und aufschlussreichsten Einblick in die Beigabenausstattung und den Reichtum eines unberaubten frühkeltischen ‚Fürstengrabes' vermittelt aber bis heute das bekannte Grab von Hochdorf unweit von Ludwigsburg, das 1978/79 unter Leitung von Jörg Biel nach allen Regeln der archäologischen Kunst untersucht wurde. Obwohl seine Entdeckung unter einem im Gelände kaum mehr sichtbaren Grabhügel nun bereits 25 Jahre zurückliegt, liefert es doch immer wieder aufs Neue Denkanstöße und sorgt auch heute noch für Debatten-Zündstoff, wie nicht zuletzt ein heftiger fachinterner Disput über die Deutung seines Beigabenensembles im Jahr 1999 gezeigt hat. Auch wir wollen uns daher im Folgenden etwas ausführlicher mit diesem Paradebeispiel eines hallstattzeitlichen Prunkgrabes beschäftigen und daran exemplarisch auszuloten versuchen, was sich aus diesem Gräbertypus über die frühkeltischen ‚Fürsten' und die von ihnen dominierte Gesellschaft in Erfahrung bringen lässt.

Das um 530 v. Chr. angelegte Grab verdankte seine unberührte Erhaltung bis in unsere Tage vor allem dem Umstand, dass die hölzerne Grabkammer nach der Bestattungszeremonie mit rund 50 Tonnen Bruchgestein überdeckt und zusätzlich noch mit einer zweiten, größeren Holzverschalung wie in einem Tresor gesichert worden war. Die Archäologen vermuteten ursprünglich, dass in dieser Zentralkammer ein Herrscher vom etwa 10 km weit entfernten Hohenasperg bestattet war, jenem ‚Fürstensitz' bei Ludwigsburg, in dessen Nähe auch der Grafenbühl (vgl. S. 43) und zahlreiche weitere Großgrabhügel errichtet wurden. Nachdem aber zwischen 1989 und 1993 wie beschrieben auch bei Hochdorf selbst eine anscheinend sehr wohlhabende Siedlung aus der Frühlatènezeit entdeckt wurde (vgl. S. 41), halten es die Fachleute nunmehr für ebenso gut möglich, dass der Grabherr in einer späthallstattzeitlichen Vorgängersiedlung am Ort seinen Wohnsitz hatte.

Was Jörg Biel und seine Mitarbeiter bei der Freilegung der 4,7 m × 4,7 m großen inneren Grabkammer, die schon im Altertum unter ihrer steinernen Last zusammengebrochen war, vorfanden, übertraf an Pracht und Reichtum alle Erwartungen. Die insgesamt zwölfmonatigen Ausgrabungen ergaben – zusammen mit der nachfolgenden, mehrere Jahre dauernden Rekonstruktion und Restaurierung der Fundobjekte – folgendes Bild von der ‚fürstlichen' Begräbnisstätte (vgl. Abb. S. 50):

Das Skelett des Grabherrn ruhte ausgestreckt auf einer großen Liege aus Bronzeblech, die entlang der westlichen Kammerwand aufgestellt war. Es stammte von einem ungefähr 40 Jahre alten, mit 1,87 m auffallend großen und äußerst kräftig gebauten Mann, der – wie sich aus feinen Haar- und Geweberesten erschließen ließ – auf Tüchern, Dachsfellen und einem Kopfkissen aus geflochtenen Grashalmen zur letzten Ruhe gebettet wurde. Er war mit einer Reihe persönlicher Gegenstände – unter anderem einem Holzkamm, einem Rasiermesser und einem Nagelschneider – sowie mit reichem Schmuck – darunter 600 g Goldschmuck – ausgestattet worden. In der nordwestlichen Kammerecke stand zu seinen Füßen ein stark zerdrückter, mit drei Löwenfiguren verzierter Bronzekessel von 80 cm Höhe und über 1 m Durchmesser, bei dem es sich um ein griechisches Importstück handelte. Auf dem Kammerboden hinter dem Kopf des Toten lag ein über 1,2 m langes eisernes Trinkhorn, das mehr als fünf Liter Flüssigkeit zu fassen vermochte; daneben fanden sich entlang der südlichen Kammerwand die Metallhenkel und -bänder von acht etwas kleineren Trinkhörnern, die aus den Hornscheiden von Auerochsen gefertigt und daher im Boden vergangen waren. Alle neun Trinkgefäße hatten ursprünglich an der Wand gehangen und waren beim Einbruch der Kammerdecke heruntergefallen.

Auf der dem Toten gegenüber liegenden östlichen Kammerseite fanden sich über 1300 Eisenblechteile und Beschläge von einem flachen, vierrädrigen Holzwagen mit Deichsel. Auf dem Wagenkasten war ein reich geschmücktes Zaumzeug und Geschirr für zwei Pferde niedergelegt, außerdem eine Eisenaxt, ein Fleischmesser, ein Eisenspieß und eine Spitze aus Hirschhorn; ferner waren auf dem Wagen neun Bronzeteller und drei größere Bronzebecken mit Henkeln aufgestapelt. Die ganze Grabkammer war, wie Gewebereste erschließen ließen, mit bunt gemusterten Tüchern ausgeschmückt gewesen, und einige der Grabbeigaben hatte man speziell für die Bestattung mit fein verziertem Goldblech verkleidet.

Schon dieser erste, nur skizzenhafte Überblick lässt den gewaltigen Reichtum des Hochdorfer Grabes erkennen, doch erst eine genauere Betrachtung seiner verschiedenartigen Beigaben ermöglicht tiefere Einblicke. In ihren kulturgeschichtlichen, funktionalen und sozialen Zusammenhang gestellt, erlauben es diese Beigaben nämlich, eine ganze Reihe von Rückschlüssen auf die Lebensweise des Bestatteten und seine Stellung in der frühkeltischen Gesellschaft zu ziehen.

Die Beigabenaustattung des Hochdorfer Grabes

Der obligatorische vierrädrige Wagen, um mit ihm zu beginnen, war sicherlich kein reiner Totenwagen, sondern ein bereits zu Lebzeiten des Grabherrn benutztes und – wie praktische Versuche mit einer Nachbildung gezeigt haben – auch gut benutzbares Fahrzeug. Da sich derartige Wagen wie erwähnt in nahezu allen hallstattzeit-

Die Grabkammer von Hochdorf in der musealen Rekonstruktion. Hinter dem auf der Bronzeliege aufgebahrten ‚Fürsten' an der Wand neun Trinkhörner, zu seinen Füßen der große mediterrane Löwenkessel. Links der vierrädrige Wagen mit aufgestapeltem Geschirr und weiteren Grabbeigaben.

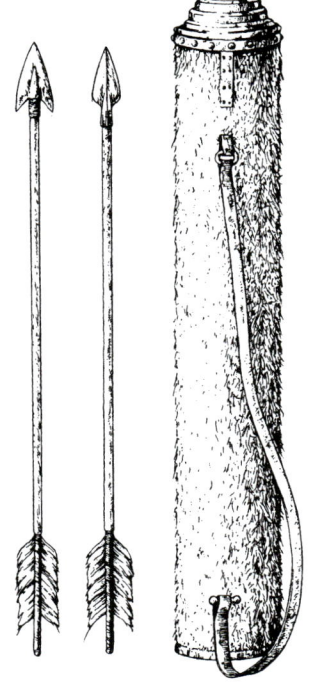

Rekonstruktionszeichnung eines mit Fell überzogenen Holzköchers mit 14 Pfeilen im Inneren, dessen Überreste sich im Hochdorfer Grab fanden.

lichen ‚Fürstengräbern' fanden, liegt der Schluss nahe, dass das Wagenfahren (und möglicherweise auch das damit in engem Zusammenhang stehende Reiten) nicht nur eine persönliche Vorliebe des Mannes von Hochdorf war, sondern zu den kennzeichnenden Tätigkeiten und Merkmalen der sozialen Schicht zählte, der er angehörte. Wagenfahrten bei bestimmten religiösen und festlichen Anlässen hatten auch in vielen anderen antiken Kulturen eine wichtige zeremonielle Bedeutung, beispielsweise im alten Rom. Der Wagen spielte in der Vorstellungswelt der späteren historischen Kelten aber auch im Zusammenhang mit der Fahrt ins Jenseits eine wichtige Rolle. Was auch immer die Motive waren: Der Hallstattadel hatte die Sitte der Wagenbeigabe ins Grab schon mindestens zwei Jahrhunderte zuvor aus dem Osten übernommen (vgl. S. 16), wo sie bei Reitervölkern wie den Skythen und den Kimmeriern schon seit längerem üblich gewesen war.

Um ein Zeugnis ähnlicher ‚standesgemäßer' Tätigkeiten könnte es sich auch bei drei eisernen Angelhaken handeln, die der Tote von Hochdorf in einem Stofftäschchen bei sich trug, sowie bei einem Köcher mit 14 Metallpfeilspitzen, der neben ihm an der Rückenlehne der Bronzeliege hing. Man darf annehmen, dass zu Letzterem ursprünglich auch ein hölzerner Bogen gehörte, von dem freilich nichts erhalten geblieben ist.

Pfeil und Bogen wurden in der Hallstattzeit durchaus auch als Kriegswaffen verwendet, doch dürften die Hochdorfer Pfeile nach allgemeiner Ansicht eher zur Jagd auf Tiere gedient haben. In diesem Zusammenhang könnte der Umstand von Bedeutung sein, dass die Jagd und der Fischfang in vielen Kulturen – nicht zuletzt auch in der Feudalgesellschaft des europäischen Mittelalters – zu den Vorrechten des Adels zählten und teilweise nur von dessen Angehörigen oder mit ihrer Erlaubnis ausgeübt werden durften. Noch heute gehören ja die großen jährlichen Fuchsjagden zu den bekanntesten (und zugleich umstrittensten) Veranstaltungen des englischen Königshauses, und arabische Prinzen widmen sich hingebungsvoll der – von ihrem Ursprung her eng mit der Jagd verbundenen – Falknerei. Vor diesem Hintergrund ist der Gedanke sicherlich nicht ganz abwegig, dass auch der ‚Keltenfürst

DIE FRÜHKELTISCHEN ‚FÜRSTENGRÄBER'

DIE FRÜHKELTISCHEN ‚FÜRSTENGRÄBER'

Das 1,23 m lange, aus Eisen gefertigte und mit Goldbändern geschmückte Trinkhorn des ‚Fürsten' von Hochdorf.

von Hochdorf ausgiebig der Jagd und dem Fischfang gefrönt haben könnte, und zwar mindestens ebenso sehr aus Standesbewusstsein wie aus persönlicher Vorliebe heraus.

Im hallstattzeitlichen Mitteleuropa bislang völlig einzigartig ist die 2,75 m lange Couch aus Bronze und Eisen, auf der der vornehme Tote aufgebahrt war – Beschlagfragmente aus dem Gräfenbühl (vgl. S. 43 ff.) und aus anderen ausgeraubten ‚Fürstengräbern' deuten jedoch darauf hin, dass dort möglicherweise ebenfalls Liegemöbel vorhanden waren. Nach Vermutung der meisten Archäologen dürfte die Hochdorfer ‚Kline' im Hallstattraum selbst gefertigt worden sein, doch geht die Anregung zu einem solchen Möbel zweifellos auf südliche Vorbilder zurück. Im gesamten griechisch geprägten Mittelmeerraum pflegte man nämlich bei festlichen Zusammenkünften im Liegen zu essen und zu trinken, und viele Fachleute nehmen an, dass auch die Hochdorfer Couch ihrem Besitzer zu Lebzeiten für diesen Zweck diente. Sie sehen darin einen Hinweis darauf, dass die griechische Sitte des Symposions – des gemeinsamen festlichen Gelages bei Wein, Unterhaltung, Tanz und Musik – im späteren 6. Jh. v. Chr. auch bereits ihren Weg ins frühkeltische Mitteleuropa gefunden hatte.

Diese Annahme ist freilich keineswegs zwingend, denn die Couch könnte ihrer bei den südlichen Vorbildern und Gegenstücken eher unüblichen Rückenlehne auch ebenso gut als Sitzmöbel verwendet worden sein. Auf den etwa gleich alten Bildwerken der nordital-ostalpinen Situlenkunst (vgl. S. 60 ff.) wird jedenfalls stets im Sitzen gefeiert und getrunken, und auch die historischen Kelten der nachfolgenden Latènezeit nahmen den antiken Berichten zufolge ihre Mahlzeiten aufrecht sitzend ein. Praktische Versuche haben denn auch ergeben, dass ein komfortables Liegen auf der Hochdorfer Kline kaum möglich ist, während sich zwei Personen an ihren beiden Enden sehr bequem mit jeweils einem auf der Sitzfläche aufgelegten Bein und dem Rücken an die Lehne ruhenden Arm gegenübersitzen können.

Wein, Met und Bier

Der große griechische Bronzekessel und die neun Trinkhörner lassen jedenfalls keinen Zweifel daran, dass der Herr von Hochdorf zu Lebzeiten aufwändige Zechgelage zu veranstalten pflegte, und große Weingefäße aus dem Mittelmeerraum gehörten ja wie erwähnt auch zu den herausragenden Beigaben der anderen ‚Fürstengräber' (vgl. S. 45). Dies könnte darauf hindeuten, dass schon bei der hallstättischen Elite jener Hang zur ungezügelten Trunksucht verbreitet war, den die antiken Autoren immer wieder an den Kelten der nachfolgenden Latènezeit hervorhoben (vgl. Zitat Randspalte S. 52).

Der Hochdorfer Kessel, der 500 Liter zu fassen vermochte, war bei der Grablegung freilich zu etwa drei Vierteln mit einheimischem Met – also Honigwein – gefüllt, wie eine dicke Schicht blütenstaubreicher Ablagerungen auf

» „Zumeist schlafen sie auch jetzt noch auf dem Boden; die Mahlzeiten nehmen sie auf einer Streuunterlage sitzend ein" (Strabon, Geographie 4,4,3, über die Kelten der Latènezeit).

» „Die Kelten setzen sich zum Essen auf eine Unterlage von Heu und an hölzerne Tische, die nur wenig den Boden überragen" (Poseidonios, Historien, über die Kelten der Latènezeit; zit. n. Athenaios 4,36,1).

Eine frühkeltische ‚Tafelrunde'?

Aus dem großen Löwenkessel wurden vermutlich mit Hilfe einer kleinen Goldschale, die in seinem Inneren lag, die neun in der Grabkammer aufgefundenen Trinkhörner befüllt. Das größte und prächtigste von ihnen hing wie erwähnt hinter dem Kopf des Toten an der Kammerwand und dürfte daher ihm gehört haben – die acht etwas kleineren waren offenbar für Trinkgenossen oder Gäste bestimmt, die ihm im Rang nicht ganz gleichkamen. Interessant ist nun, dass sich in der Grabkammer ja auch genau neun Bronzeteller fanden, die zum Verzehr fester Speisen gedient hatten, wie zahlreiche Schnittspuren auf ihrer Oberfläche beweisen. Daraus lässt sich mit einiger Wahrscheinlichkeit schließen, dass der Grabherr zu seinen Lebzeiten eine ‚Tafelrunde' von acht Personen um sich zu versammeln pflegte, die er mit Speis' und Trank bewirtete und deren Oberhaupt er offenbar war. Die Beigabe des Ess- und Trinkgeschirrs ins Grab sollte es ihm vermutlich ermöglichen, diese Runde auch im Jenseits fortzusetzen.

Nun sind derartige Tafelrunden ja aus der Antike und dem Mittelalter wohl bekannt – am berühmtesten ist sicherlich der Kreis edler ‚Ritter', den der legendäre König Artus der Sage zufolge um 500 n. Chr. an seinem Hof in Britannien unterhielt. In den meisten historisch verbürgten Fällen war diese Einrichtung offenbar untrennbar mit dem sog. Gefolgschaftswesen verbunden, das in vielen frühen Adelsgesellschaften eine wichtige Rolle spielte. Es bestand im Kern darin, dass ein wohlhabender und einflussreicher Adelsherr eine Anzahl zumeist jüngerer Männer um sich scharte, die ihm in Krieg und Frieden dienten und zu unbedingter Treue verpflichtet waren. Dem Gefolgsherrn oblag als Gegenleistung die Pflicht, ihr materielles Wohlergehen zu sichern und sich ihnen gegenüber durch Geschenke, durch die Überlassung von Beutegut und vor allem durch die regelmäßige Veranstaltung von Festen großzügig zu zeigen.

Vereinzelte Relikte eines solchen Gefolgschaftswesens lassen sich sicherlich auch noch in unserer heutigen Gesellschaft finden – in der Antike und im Mittelalter war es jedoch ein grundlegender Bestandteil der gesellschaftlichen Ordnung und wurde vielfach durch Treuegelübde besiegelt, die die Gefolgsgenossen bis zum Tod oder sogar darüber hinaus banden. Auch bei den historischen Kelten der Latènezeit ist es durch Caesar und andere antike Autoren vielfach bezeugt, so dass der Gedanke sicherlich nicht abwegig ist, bei der ‚Tafelrunde', die der Herr von Hochdorf um sich versammelte, könne es sich gleichfalls um den Kern einer solchen Gefolgschaft gehandelt haben. Und vielleicht gehörten jene engen Gefolgsgenossen, die zu Lebzeiten mit dem ‚Fürsten' gemeinsam zechten und tafelten, nach ihrem Tod ja zum selbstverständlichen Kreis derer, die in seiner

seinem Boden zeigte. Die frühkeltischen Herren in Mitteleuropa scheinen den eigentlich stilgerechteren, aber aufgrund des weiten Transportwegs sicherlich enorm kostspieligen Südwein also zumindest teilweise durch leichter zugängliche einheimische Getränke ersetzt zu haben, worauf ja auch die relativ geringen Fundmengen von Weinamphoren auf den ‚Fürstensitzen' hindeuten (vgl. S. 36).

Auch der Met war aber alles andere als ein Alltagsgetränk, das sich jedermann leisten konnte. Die breite Masse der Bevölkerung dürfte sich vielmehr an Getreidebier berauscht haben, das wesentlich billiger herzustellen war und das sich bei den latènezeitlichen Kelten nach etwas jüngeren Berichten größter Beliebtheit erfreute – in der Siedlung von Hochdorf selbst wurden die Überreste einer mutmaßlichen ‚Bierbrauerei' mit reichlich verkohlter Spelzgerste ausgegraben. Der Met hingegen war wegen der großen Honigmengen, die man für seine Herstellung benötigte, gewiss ein ausgesprochen edles Gebräu, das nur der Oberschicht bei besonderen Anlässen zur Verfügung gestanden haben dürfte.

Der zum Ansetzen des Hochdorfer Mets verwendete Honig wurde beispielsweise, wie eine genaue Untersuchung der im Löwenkessel erhaltenen Pollenreste ergab, in einem Umkreis von bis zu 30 km um die Begräbnisstätte herum gesammelt. Dieser Umstand zeigt, dass der Verstorbene – oder jedenfalls die Gemeinschaft, die ihn bestattete –, über Wirtschaftsgüter aus einer beträchtlichen Entfernung verfügte, und in die gleiche Richtung deuten auch Fichtennadeln, die in den Dachsfellen des Hochdorfer Grabes gefunden wurden: Sie müssen von mehr als 70 km entfernten Standorten stammen, da nach den Pollenanalysen im ganzen mittleren Neckarraum zu jener Zeit kein Nadelwald existierte. Ganz nebenbei erhalten wir durch diese auf den ersten Blick so unscheinbaren Anhaltspunkte also auch einen Hinweis darauf, wie groß ungefähr der wirtschaftliche ‚Aktionsradius' der Hochdorfer Gemeinschaft gewesen sein könnte, der freilich nicht mit einem ‚Machtbereich' im politischen Sinn verwechselt werden darf.

※ „Den Weingenuss lieben sie über alle Maßen und gießen den von den Kaufleuten eingeführten Wein unvermischt in sich hinein. Aus Gier sprechen sie dem Trank dabei so übermäßig zu, dass sie berauscht einschlafen oder in Raserei verfallen" (Diodor 5,26,3, über die Kelten der Latènezeit).

※ „Das Getränk der Reicheren ist Wein, der aus Italien und aus dem Land der Massalioten importiert wird. [...] Bei den etwas Geringeren trinkt man Weizenbier, das mit Honig versetzt ist; beim gewöhnlichen Volk wird dieses Bier pur getrunken. Man nennt es Korma" (Poseidonios über die Kelten der Latènezeit, zit. n. Athenaios 4,36,4).

※ „Wenn mehrere gemeinsam essen, sitzen sie im Kreis, der Mächtigste wie der Anführer eines Chors in der Mitte [...], neben ihm der Gastgeber, dann auf beiden Seiten der Reihe nach und schmausen die anderen nach der Würde ihres Ranges. Die Speerträger aber stehen hinter ihnen, sitzen am gegenüberliegenden Ende im Kreis und schmausen wie ihre Herren. Die Diener reichen die Getränke in Gefäßen aus Bronze, und wieder andere aus Ruten geflochtene Körbchen herum. [...] die Kelten der Latènezeit" (Poseidonios über die Kelten der Latènezeit, zit. n. Athenaios, 4,36,3–4).

entweder aus Ton oder aus Silber. Gleiches gilt für die Schüsseln, in denen sie die Speisen auftragen; andere besitzen [...]" (Poseidonios über die Kelten der Latènezeit, zit. n. Athenaios, 4,36,3–4).

DIE FRÜHKELTISCHEN ‚FÜRSTENGRÄBER'

Schlachtung der fürs Mahl bestimmten Tiere mitwirkte – nehme Tote zu seinen Lebzeiten persönlich an der Schlachtung der fürs Mahl bestimmten Tiere mitwirkte, kein Zufall sein, sondern vermuten, dass der vornehme anderen ‚Fürstengräbern', gefunden haben. Dies dürfte dass sich vergleichbare Äxte und Fleischmesser auch in von Hochdorf diese Gerätschaften mit ins Grab gab, und von besonderem Interesse, dass man dem ‚Keltenfürsten' In unserem Zusammenhang ist nun aber der Umstand zerlegt.

tet und schließlich mit dem Messer in einzelne Stücke erstochen, anschließend mit der Hirschhornspitze enthäu- dabei zunächst mit der Axt betäubt, dann mit dem Spieß Kochen oder Braten vorbereiten ließ. Die Tiere wurden Nutzvieh oder erjagtes Wild routiniert töten und zum komplettes, mehrteiliges Schlachtbesteck, mit dem sich diesem zunächst etwas rätselhaften Ensemble um ein mittlerweile herausgefunden hat, handelte es sich bei dige langschmale Spitze aus Hirschgeweih. Wie man ges Eisenmesser, ein eiserner Spieß sowie eine merkwür- auch noch eine schwere eiserne Axt, ein über 30 cm lan- Kasten des vierrädrigen Wagens wie erwähnt spielte. Neben dem Speisegeschirr fanden sich auf dem beigesetzte Mann innerhalb seiner ‚Tafelrunde' offenbar weiteren Hinweis auf die besondere Rolle, die der dort doch enthielt das Hochdorfer Grab zumindest noch einen Spekulationen, die sich nur schwer beweisen lassen, und Man gerät hier naturgemäß rasch in den Bereich von seinem Grabhügel – beigesetzt wurden?

unmittelbaren Nähe – nämlich als Nachbestattungen in

oder diese zumindest als ‚Bankettpräsident' überwachte, und dass ihm dies auch im Jenseits ermöglicht werden sollte. Das aber ist eine weitere Bestätigung seiner füh- renden Stellung, denn in der Antike oblag es beim fest- lichen Mahl stets dem Haushaltsvorstand, dem *pater familias*, das Fleisch feierlich zu zerlegen und nach Rang an die Anwesenden zu verteilen – ein Brauch, dessen später Nachhall noch in unseren heutigen Grillgewohn- heiten zu beobachten ist.

Priesterhäuptling, Dorfältester oder König?

Der Prähistoriker Dirk Krausse, der das Hochdorfer Trink- und Speiseservice im Rahmen seiner Doktorarbeit einge- hend studiert hat, ging freilich noch einen Schritt weiter und äußerte die Vermutung, die erwähnten Schlacht- geräte seien möglicherweise „nicht nur bei profanen Viehschlachtungen, sondern auch bei rituellen (Tier-) Opfern" verwendet worden. „Axt/Beil und Messer" waren

▨ „Diese ‚Soldurier' [...] genießen alle An- nehmlichkeiten des Lebens mit den Männern zusammen, denen sie sich als Freunde geweiht haben; kommt jedoch einer von ihnen gewalt- sam zu Tode, so teilen sie auch dieses Schicksal mit ihm oder nehmen sich nach dem Tod seines Freundes zu sterben geweigert hätte" (Caesar, Bell. Gall. 3,22,2–3, über die Kelten zur Zeit des Gallischen Krieges).

▨ „Für das Gefolgschaftswesen legten die Gallier den größten Eifer an den Tag, weil unter ihnen der am meisten gefürchtet und mächtig war, der die meisten Diener und Gefolgsleute um sich scharte." (Polybios, Historien 2,17,12, über die Kelten der La- tènezeit).

Die Verbreitung von Dolchen und Goldhalsreifen während der späten Hallstattzeit. Die Antennendolche waren ein Statussymbol, das in relativ vielen Männergräbern vor- kam und daher wohl für eine breitere Oberschicht kennzeich- nend war, während die Goldhals- reifen auf wenige herausgehobene Bestattungen beschränkt blieben und somit wohl die Elite der frühkeltischen Gesellschaft aus- zeichneten.

53

DIE FRÜHKELTISCHEN ‚FÜRSTENGRÄBER'

nämlich, wie er hervorhebt, „während der gesamten griechischen, etruskischen und römischen Antike nicht nur profane Metzgerwerkzeuge, sondern die wichtigsten *instrumenta sacra* [lat.: heilige Instrumente] und herausragende Insignien religiöser Würdenträger". Krausse sieht daher auch in den Hochdorfer Schlachtgeräten „Beigaben, die der Grabausstattung eine über die Profanität hinausgehende Qualität" verleihen, ja sogar einen Hinweis darauf, „dass es sich bei dem Bestatteten um einen religiösen Würdenträger", beispielsweise einen „Priesterhäuptling" oder einen „Sakralkönig" gehandelt haben könne.[12]

Diese sehr weit gehenden Schlüsse sind freilich nicht ohne Widerspruch geblieben, und in der Tat sind sie ebenso spekulativ und unsicher wie das meiste, was in der Fachliteratur über die gesellschaftliche Stellung und Funktion des Herrn von Hochdorf und seiner Standesgenossen zu lesen ist. Es nimmt daher kaum Wunder, dass die Bandbreite der Auffassungen beträchtlich ist und die entscheidenden Fragen bis heute umstritten – und damit letztlich offen – bleiben. Waren die ‚Hallstattfürsten' tatsächlich, wie Krausse und viele andere Fachleute annehmen, mächtige Stammeshäuptlinge oder gar Kleinkönige, die ein gesellschaftlich anerkanntes und legitimiertes Herrscheramt ausübten, oder handelte es sich bei ihnen nur um besonders wohlhabende und einflussreiche Angehörige einer breiteren und im Grundsatz gleichberechtigten Adelsschicht? Fiel ihnen allein schon aufgrund ihrer Abstammung die uneingeschränkte Macht innerhalb eines festgelegten Gebietes zu, wie es bei dynastischen Herrschern mit einem angestammten Territorium der Fall ist, oder übten sie einen eher informellen Einfluss auf der Basis eines Netzes von persönlichen Beziehungen und Abhängigkeiten aus, das sie selbst geknüpft hatten und das sie immer wieder erneuern mussten? In welcher Größenordnung und mit welcher Reichweite hat man sich schließlich ihre Macht bzw. ihren Einfluss zu denken? Gliederte sich der westliche Hallstattkreis wirklich, wie Wolfgang Kimmig in den 1960er Jahren vermutete, in eine Anzahl größerer „adliger Territorien", deren geographisches Bild „nur mit einer entsprechenden Karte deutscher Kleinfürstentümer aus der Zeit nach dem Dreißigjährigen Krieg zu vergleichen wäre"?[13] Oder waren die angeblich so mächtigen Territorialherren „in Wirklichkeit nichts anderes als die Oberhäupter von relativ kleinen Verwandtschaftsverbänden", die „in sie investierten Hoheitsrechte somit vermutlich eher lokal bzw. kleinräumig, denn regional oder gar überregional ausübten", wie der nachdrücklichste Kritiker des ‚Fürstenmodells', Manfred K. H. Eggert, 1991 schrieb?[14]

Wenn die zuletzt genannte Auffassung angesichts des Reichtums der ‚Fürstengräber' und des Bauauwandes etwa der Heuneburg-Lehmziegelmauer auch ziemlich überraschend und unwahrscheinlich anmutet – definitiv widerlegen lässt sie sich ebenso wenig, wie ein hieb- und stichfester Beweis des traditionellen ‚Herrschermodells' möglich ist. Die Forschung stößt vielmehr gerade in solchen grundsätzlichen Fragen immer wieder schmerzhaft

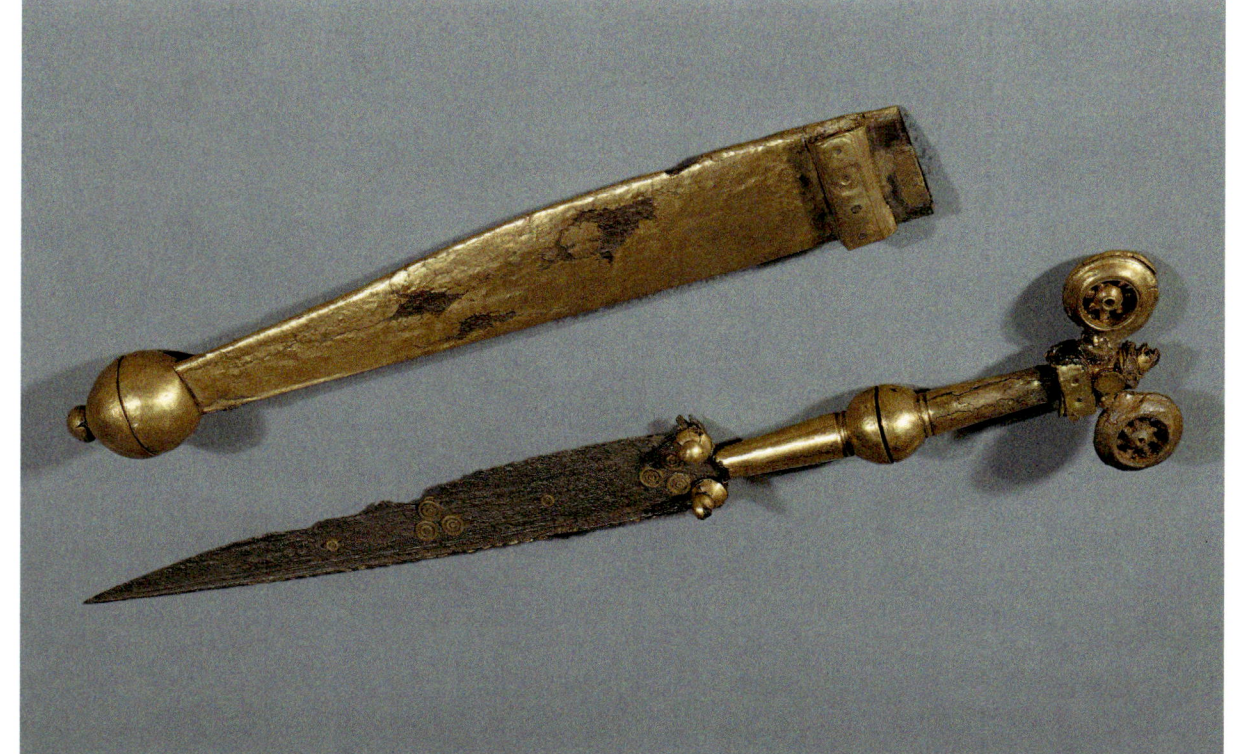

Eiserner Dolch aus einem Grab von Hallstatt; der Griff – hier mit radförmig ausgestalteten Griffenden – und die Scheide sind mit Goldblech überzogen.

„In der Nähe stehen Herde, in denen das Feuer brennt und auf denen sich Kessel und Bratspieße mit großen Fleischstücken befinden. Die tapferen Männer zeichnen sie mit den besten Fleischstücken aus" (Diodor 5,28,4, über die Kelten der Latènezeit).

Mit kunstvoll herausgetriebenen Ornamenten verzierter Halsreif aus Goldblech von Uttendorf in Österreich.

▶▶ „Den Bart scheren einige ganz ab, andere lassen ihn mittellang wachsen. Die Adeligen rasieren sich die Wangen glatt, den Schnurrbart aber lassen sie lang hängen, so dass er ihren Mund bedeckt. Beim Essen geraten ihnen deshalb die Haare in die Speisen, und wenn sie trinken, fließt das Getränk gleichsam wie durch ein Sieb" (Diodor 5,28,3, über die Kelten der Latènezeit).

an die Grenzen, die einer ausschließlich auf der Auswertung von Bodenfunden beruhenden Rekonstruktion der Vergangenheit leider gesetzt sind. Wir werden später noch sehen, wie ungleich besser und verlässlicher sich das archäologische Material interpretieren lässt, wenn man daneben auch noch auf – und sei es noch so knappe und tendenziöse – schriftliche, historische Quellen zurückgreifen kann.

Eine repräsentationsbewusste Elite

Einige wichtige Einblicke in die Eigenarten der frühkeltischen ‚Fürstenkultur' haben wir bei der Beschäftigung mit dem Hochdorfer Grab aber doch gewonnen. Wir haben gesehen, dass die dort aufgefundenen und auf den ersten Blick so verwirrend unterschiedlichen Beigaben doch allesamt eines gemeinsam hatten: Sie spielten of-

Rekonstruierter Hut aus Birkenrinde mit feinen Punzverzierungen aus dem Grab von Hochdorf.

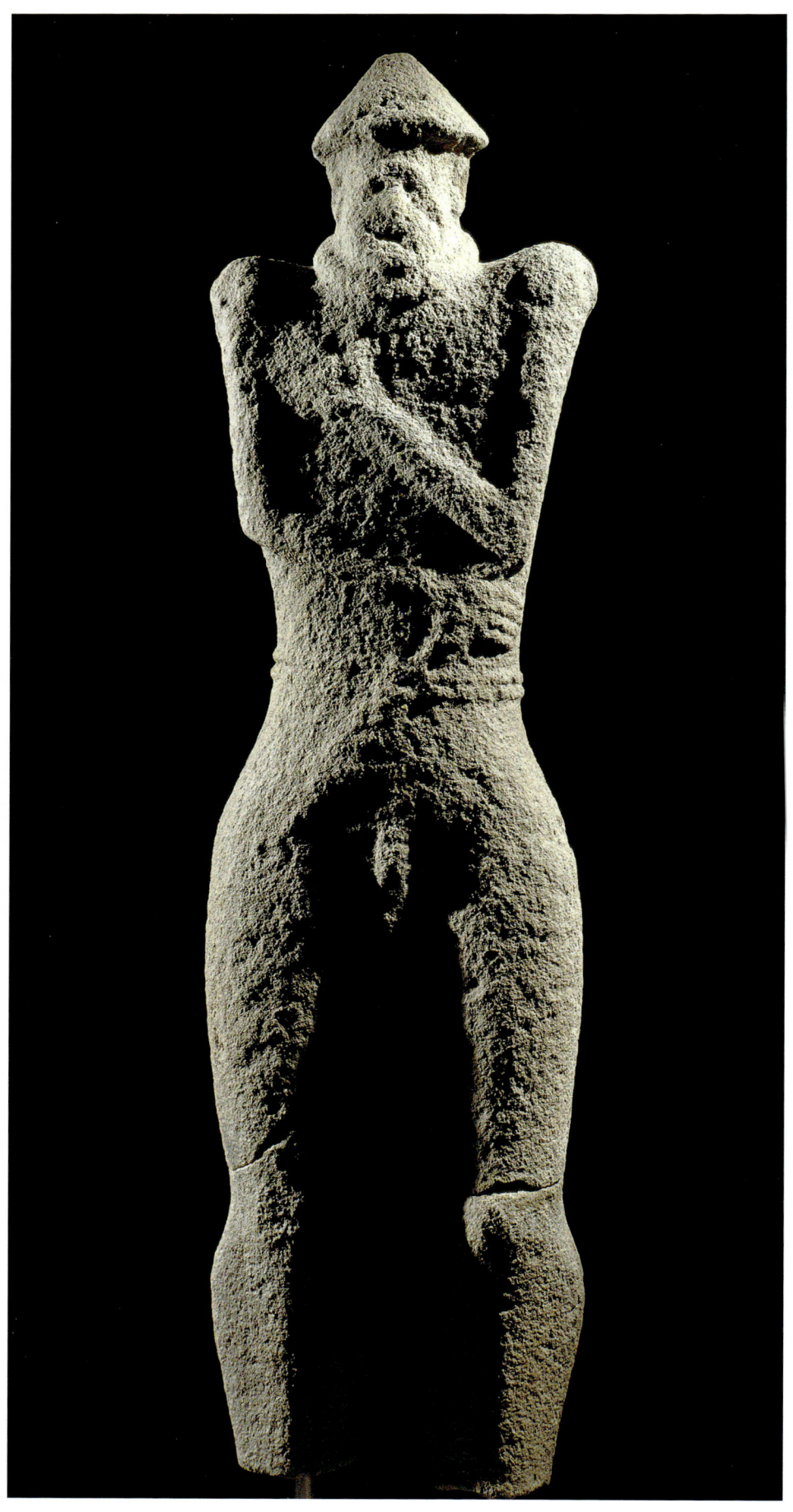

fenkundig eine wichtige zeremonielle und symbolische Rolle im Leben des Grabherrn, unterstrichen seinen ‚fürstlichen' Rang und dienten als Insignien seiner Macht und seines sozialen Status – ganz ähnlich wie Thron und Zepter, Purpurmantel und Krone bei den Herrschern des Mittelalters. Und da auch die anderen bekannten ‚Fürstengräber' in ihrem Umfang und ihrer genauen Zusammensetzung zwar variierende, in einigen wichtigen Grundzügen wie der Beigabe eines vierrädrigen Wagens und kostbarer Möbelstücke, großer Mischgefäße und mehr oder weniger umfangreicher Trink- und Speiseservices doch einander sehr ähnliche (und sich letztlich immer wiederholende) Beigabenensembles geliefert haben, kann man den Schluss ziehen, dass die in ihnen Bestatteten einer sehr ‚repräsentationsbewussten' Elite angehörten, die größten Wert auf statuserhaltende Symbolik und ‚höfisches' Zeremoniell legte – ähnlich wie die antiken Aristokraten im Mittelmeerraum und der Hochadel im europäischen Mittelalter. Diese offenbar weitgehend ‚standardisierte' Herrschaftssymbolik und Machtpräsentation passt aber eher zu einer im weitesten Sinne politisch fundierten, nicht primär auf ökonomischem Reichtum basierenden Elite.

Darüber hinaus lässt sich auch noch feststellen, dass die ‚Fürstengräber' mit der alleinigen Beigabe eines Dolches und manchmal auch noch Pfeil und Bogen oder einer Lanze nur auffallend wenige Waffen enthielten, die anscheinend auch nicht vorrangig zur Kriegführung bestimmt waren (vgl. S. 50). Aus diesem Umstand kann man – vor allem im Vergleich mit den unverkennbaren Kriegergräbern des Osthallstattkreises und der nachfolgenden Frühlatènezeit (vgl. S. 88) – vorsichtig schließen, dass die westhallstättischen ‚Fürsten' wohl nicht in erster Linie militärische Führer gewesen sein dürften.

Die Sandsteinstele von Hirschlanden

Ein wichtiger Bestandteil der beschriebenen Herrschaftssymbolik waren, wie die ‚Fürstengräber' eindeutig zeigen, zur Trachtausstattung gehörende Standessymbole wie der aus Goldblech getriebene Halsreif oder der metallene Antennendolch, wobei Letzterer sich auch in zahlreichen wohlhabenden Gräbern weit abseits der großen ‚Fürstenburgen' gefunden hat (vgl. S. 19 und Karte S. 53). Bei dem Toten von Hochdorf kam zu dieser ‚adeligen

Sandsteinstele eines frühkeltischen Adeligen mit seinen Standesattributen Hut, Goldhalsreif und Gürtel mit Antennendolch. Die 1,5 m große Plastik lag am Rande eines hallstattzeitlichen Grabhügels aus dem späten 6. Jh. v. Chr. bei Hirschlanden in Württemberg.

DIE FRÜHKELTISCHEN ‚FÜRSTENGRÄBER'

Grundausstattung' als Überraschungsfund noch ein flacher, konischer Hut aus Birkenrinde hinzu, wie er in vergleichbarer Erhaltung aus keinem anderen Hallstattgrab bekannt ist – Birkenrindenreste, die sehr wahrscheinlich von einer ähnlichen Kopfbedeckung stammen, entdeckte man aber auch am Schädel eines Toten in einem weiteren Grabhügel im Umland des Hohenaspergs (Stuttgart-Bad Cannstatt Grab 2).

Das lebensechte, anschauliche Bildnis eines frühkeltischen Adeligen mit allen diesen Würdezeichen hat eine 1,5 m große Sandsteinstele geliefert, die 1962 am Rande eines Tumulus bei Hirschlanden in Württemberg gefunden wurde. Die Männerfigur, die aus dem späten 6. Jh. v. Chr. stammt und vermutlich den Grabherrn darstellen sollte, stand ursprünglich wohl auf der Spitze des Hügels, und ähnliche Grabstelen sind auch von einer Reihe weiterer Grabhügel in Süddeutschland her bekannt. Während bei den anderen Stücken jedoch der menschliche Körper und das menschliche Gesicht nur grob angedeutet wurden, haben die frühkeltischen Bildhauer den ‚Herrn von Hirschlanden' – wohl in Anlehnung an italische Vorbilder – sehr sorgfältig als lebensechte, standbildartige Vollplastik ausgestaltet. Er ist nackt mit erigiertem Penis und trägt ein kegelförmiges Hütchen wie der Hochdorfer Tote, außerdem Halsring, Gürtel und Antennendolch, wie sie als Beigaben in nahezu allen ‚Fürstengräbern' gefunden wurden. Die Kombination dieser Ausstattungsobjekte scheint demnach tatsächlich so etwas wie der ‚Ornat' der damals herrschenden Elite im westlichen Hallstattraum gewesen zu sein.

Die Kriegerstatue vom Glauberg

Etwas über hundert Jahre später hatte sich die Mode völlig verändert, wie eine lebensgroße Statue zeigt, die Archäologen unter Leitung von Fritz-Rudolf Herrmann 1996 am Glauberg in Hessen entdeckten. Dieses Bergplateau 32 km nordöstlich von Frankfurt am Main weist ausgedehnte eisenzeitliche Befestigungsanlagen auf und wird daher schon länger als möglicher frühkeltischer ‚Fürstensitz' in Betracht gezogen. An seinem südlichen Hang lag ein weitgehend eingeebneter und nur noch im Luftbild erkennbarer Großgrabhügel, neben dem sich die erwähnte, 230 kg schwere und bis auf die abgebrochenen Füße vollständige Sandsteinfigur nebst mehr als hundert

Sandsteinstatue eines keltischen Kriegers aus dem späten 5. Jh. v. Chr. vom Glauberg in Hessen. Das 1,86 m große Standbild, das sich neben einem Großgrabhügel der Frühlatènezeit fand, zeigt einen mit mehrteiligem Lederpanzer bekleideten und mit Schild und Schwert bewaffneten Mann, der eine Kappe mit ‚Mistelblattkrone' und einen Halsreif mit drei Zierknospen trägt.

DIE FRÜHKELTISCHEN ‚FÜRSTENGRÄBER'

Verzierter Goldhalsreif aus Grab 1 vom Glauberg, mit seinen drei großen Zierknospen dem Halsring der Männerstatue auffallend ähnlich. In die Palmetten zwischen den Zierknospen sind stilisierte Vögel einbeschrieben, in den seitlichen Zwickeln liegen zwei menschliche Figuren.

Bruchstücken von mindestens drei weiteren Statuen fand. Das ausgezeichnet erhaltene Männerstandbild, das international für Schlagzeilen sorgte und im Mittelpunkt einer viel beachteten Ausstellung stand, ist 1,86 m groß und ähnelt in seiner Machart, besonders dem von italischen Vorbildern übernommenen Gestus der auf die Brust gelegten Hand, der Stele von Hirschlanden. Abgesehen von seiner größeren Detailtreue ist aber auch die Ausstattung des dargestellten Mannes eine völlig andere. Meißelten die keltischen Kunsthandwerker den Hirschlandener Adeligen bis auf seine Würdezeichen vollständig nackt aus dem Stein, so trägt der Herr vom Glauberg am Oberkörper einen mehrteiligen Panzer, den man sich wohl aus Leder oder Leinen gefertigt zu denken hat (vgl. S. 91). Mit seiner linken Hand hält er einen Ovalschild mit Mittelrippe vor den Körper, und oberhalb der rechten Hüfte trägt er ein – von vorne her nicht sichtbares – Schwert. Hatten wir den Herrn von Hirschlanden also gleichsam in ‚Zivil' vor uns, so handelt es sich bei dem Glauberger unverkennbar um einen wohl ausgerüsteten Krieger. Als Schmuck und gewiss auch als Standesabzeichen trägt er mehrere Arm- und Fingerringe, vor allem aber einen Halsring, der sich durch drei knospenförmige Zieransätze deutlich von denjenigen der hallstattzeitlichen ‚Fürsten' unterscheidet. Sein Gesicht mit den großen, starrenden Augen ist stark stilisiert wiedergegeben – dennoch vermag man umrisshaft einen Kinn- und einen Schnurrbart zu erkennen, der nach den Beschreibungen antiker Autoren seit dieser Zeit gleichsam das ‚Nationalsymbol' der keltischen Männer bildete (vgl. Zitat Randspalte S. 55). Obgleich bislang kein konkreter Nachweis dafür gefunden werden konnte, dürfte die Statue nach Ansicht von Fachleuten ursprünglich farbig bemalt gewesen sein.

Wohl am auffälligsten an dem Männerstandbild ist jedoch seine Kopfbedeckung. Statt eines konischen Hütchens nach Hirschlandener und Hochdorfer Art trägt der Dargestellte nämlich eine eng anliegende, mit einem Blattmuster verzierte Kappe, der auf beiden Seiten merkwürdige blattförmige Auswüchse angefügt sind. Die Kopfbedeckung erinnert damit ein wenig an Micky-Maus-Ohren, doch ist sie dem Archäologen von vielen anderen frühkeltischen Bildwerken her wohl bekannt: Es handelt sich um eine sog. Mistelblattkrone, ein charakteristisches Motiv der frühen Latènekunst (vgl. S. 72), aus dem sich auch bereits ersehen lässt, dass die Statue ins späte 5. Jh. v. Chr. gehört und damit etwas über ein Jahrhundert jünger ist als diejenige von Hirschlanden.

Denselben Zeitansatz ergaben auch die beiden Gräber, die in dem zugehörigen Großgrabhügel zutage kamen. Das ältere von ihnen – vermutlich die Hauptbestattung – ist besonders interessant, denn es enthielt Beigaben, die den Ausstattungsobjekten der Stele bis in die Einzelheiten hinein gleichen. So war der dort beigesetzte Tote außer mit einer Bronzeschnabelkanne (vgl. S. 69), drei eisernen Lanzenspitzen und Pfeil und Bogen auch noch wie das Standbild mit Schild und Schwert ausgestattet worden, und er trug gleichfalls goldene Arm- und Fingerringe. Vor allem aber lag in seinem Halsbereich ein 175 g schwerer, überaus kunstvoll verzierter Goldhalsring mit den gleichen drei auffälligen Knospenansätzen, die auch den Halsreif des Männerstandbildes kennzeichnen. Der Ausgräber Herrmann schließt aus alldem, dass die unmittelbar neben dem Grabhügel aufgefundenen Statuen „recht getreue Abbilder der Herrscherpersönlichkeiten ihrer Zeit in voller Rüstung und mit ihren Machtsymbolen" waren, und dass sie vermutlich dem „Ahnenkult" in einem direkt neben dem Grabhügel gelegenen „heiligen Bezirk" dienten.[15]

Südlich dieses Tumulus erstrecken sich nämlich, wie man erst bei seiner Ausgrabung entdeckte, bis in etwa tausend Meter Entfernung weitläufige Graben- und Wallsysteme, unter denen eine 350 m lange und auf beiden Seiten von tiefen Gräben gesäumte ‚Prozessionsstraße' von besonderer Bedeutung ist, die in keltischer Zeit schnurgerade auf den Totenhügel zulief und in einen ihn umgebenden Kreisgraben einmündete (vgl. Abb. rechts). Sie machte den Tumulus, wie Herrmann schreibt, zu einem wahrhaft „monumentalen, [...] landschaftsbeherrschenden Grabmal, das sich über hunderte von Metern [...] erstreckte".[16] Unmittelbar neben dem Grabhügel fanden sich überdies einige auffällige Pfostenstellungen sowie Spuren eines kleinen Holzbaus, vor allem aber eine annähernd quadratische, 11 m × 12 m große Einfriedung, die an diejenige von Vix zu Füßen des Mont Lassois erinnert (vgl. S. 46). Herrmann vermutet angesichts dieser vielfältigen Geländebefunde, dass hier vor 2500 Jahren „ein großes frühkeltisches Zentralheiligtum" – ein sog. *Heroon* – lag,[17] in dem die aufgefundenen Statuen als kultische Standbilder aufgestellt waren – ähnlich, wie man das auch für die Viereckanlage von Vix annimmt. Nicht völlig auszuschließen ist freilich auch die Möglichkeit, dass der Grabhügel und die ihn umgebenden Grabensysteme zu einer größeren befestigten ‚Unterstadt' nach Art der Heuneburg-Talsiedlung gehörten (vgl. S. 34 f.). In jedem Fall machen die beschriebenen Befunde deutlich, wie stark der ganze Komplex, obgleich er zeitlich bereits in die beginnende Latènezeit gehörte, noch von den Traditionen der späthallstattzeitlichen ‚Fürstengräber' und ‚Fürstensitze' geprägt war.

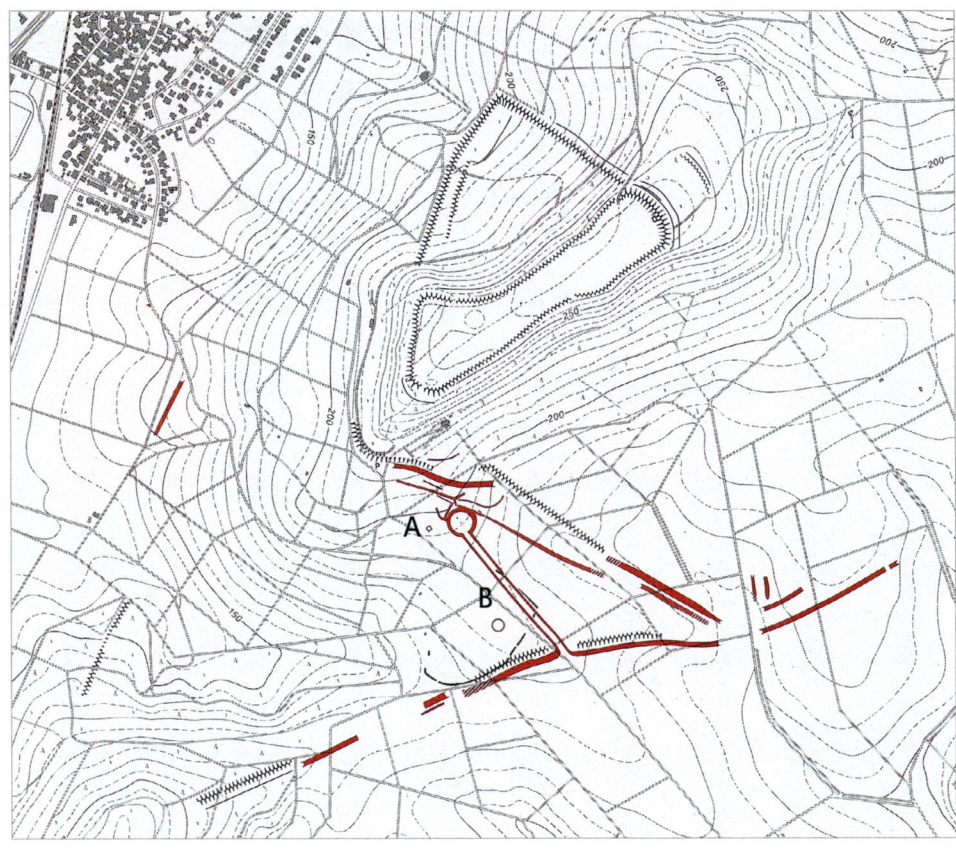

Übersichtsplan des Glaubergs in Hessen mit seinen Befestigungsanlagen und den weitläufigen Graben- und Wallsystemen im Vorfeld (schwarz: im Gelände erhalten; rot: ausgegraben/geophysikalisch prospektiert). Auf den ‚Fürstengrabhügel' (A), bei dem sich die Kriegerstatue fand, lief eine 350 m lange ‚Prozessionsstraße' (B) zu, die in weitere Wall- und Grabenwerke einmündete.

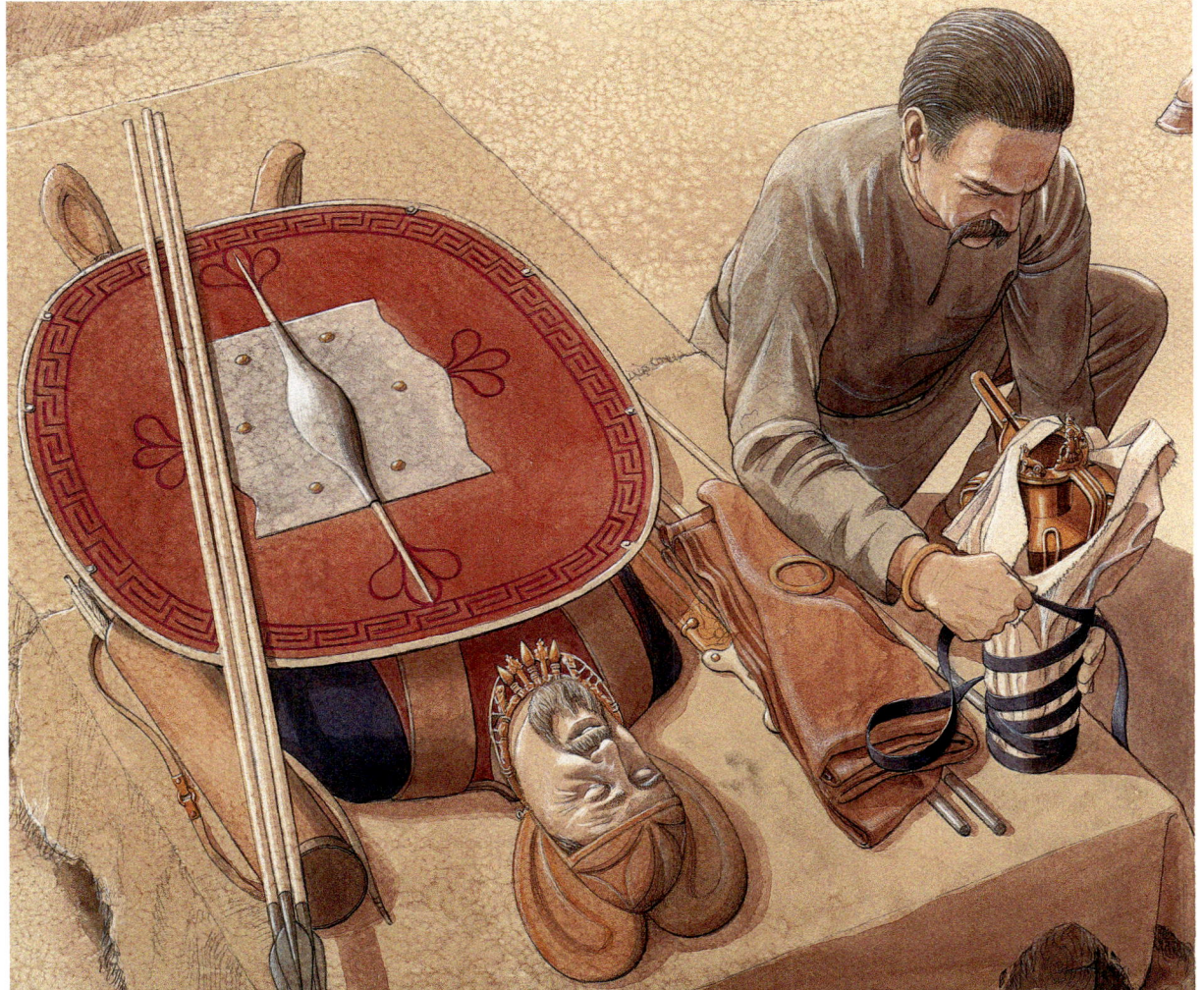

Die feierliche Bestattungszeremonie des ‚Fürsten vom Glauberg'. Aquarell von Flemming Bau.

DIE SITULENKUNST – EIN SCHLÜSSEL ZUM VERSTÄNDNIS DER ‚FÜRSTENKULTUR' MITTELEUROPAS

Alles bisher über die frühkeltische Elite Gesagte hat die Forschung ausschließlich aus den ‚toten' archäologischen Quellen erschlossen. Erfreulicherweise gibt es aber auch eine Reihe von bildlichen Darstellungen, die die eisenzeitlichen Herren und ihre Statussymbole im Leben – gewissermaßen ‚in Aktion' – zeigen. Zwei derartige Bilddung bringen. Aufschluss über sie – und über manches andere Ausstattungselement des Hochdorfer Grabes – gewinnt man vielmehr, wenn man den Blick auf eine andere Gruppe von Kunsterzeugnissen richtet, die etwa zur selben Zeit im Gebiet der Süd- und Ostalpen verfertigt wurden.

Eine erzählerische Bildtradition

Dort – in Oberitalien, Slowenien, Tirol und Niederösterreich – war es im 6. bis 4. Jh. v. Chr. üblich, Eimer aus Bronzeblech (sog. Situlen), aber auch andere Metallobjekte wie Gürtelbleche oder Dolchscheiden mit gravierten oder plastisch herausgetriebenen Bilderfriesen und szenischen Darstellungen zu verzieren. Diese Art der ‚erzählenden' Dekoration bedeutete eine grundlegende Abkehr von den Ziertraditionen der europäischen Urnenfelderkultur, die rein ornamental gewesen waren. Sie resultierte mit Sicherheit aus der Berührung der Menschen dieser Region mit griechisch-orientalischen, vor allem aber mit den in Oberitalien vorherrschenden etruskischen Kultureinflüssen. Die Etrusker stießen nämlich in der zweiten Hälfte des 6. Jhs. v. Chr. aus Mittelitalien in den Raum nördlich des Apennins vor und gründeten in der Poebene eigene Städte, wodurch sie zu unmittelbaren Nachbarn der dort ansässigen Veneter wurden. Dementsprechend finden sich auf vielen Werken der Situlenkunst auch typisch etruskische Motive wie geflügelte Löwen, Sphingen und andere ‚orientalisierende' Fabelwesen sowie unverkennbar mittelmeerische Zierformen wie Pflanzenranken, Knospen und Palmetten. Die meisten der auf den verzierten Eimern dargestellten Bilderfolgen und Szenen dürften jedoch, wie die Fachleute übereinstimmend meinen, nicht aus dem mediterranen Kulturbereich entlehnt worden sein, sondern einen authentischen Einblick in die Lebens-und Vorstellungswelt der südostalpinen Völker geben. Der Süden lieferte also, wie es der Prähistoriker Wolfgang Lucke schon 1939 formulierte, gleichsam nur „das äußere ‚Gewand', die Sprache der Erzählung"[18] – ihr Inhalt dagegen war einheimisch geprägt.

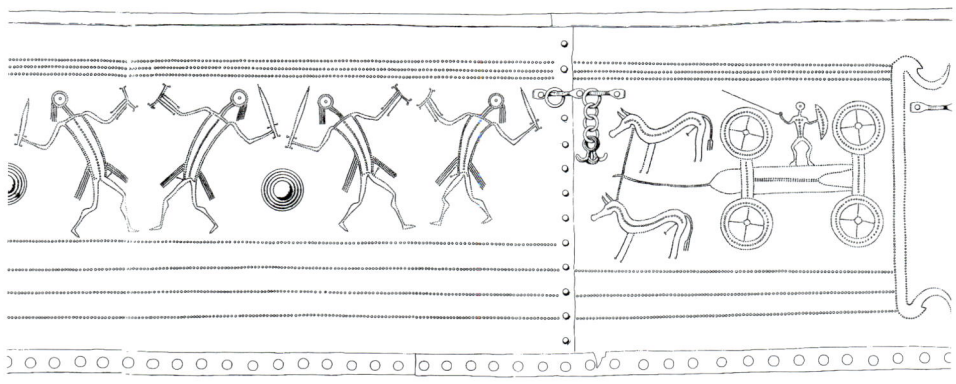

Eingepunzte Darstellungen von Schwerttänzern (links) und einer Fahrt mit dem vierrädrigen Wagen (rechts) auf der Rückenlehne der Bronzeliege von Hochdorf.

darstellungen fanden sich beispielsweise auf der Rückenlehne des Bronzesofas, auf dem der Tote im Grab von Hochdorf ruhte (vgl. S. 51). Zwischen Perlbuckelreihen und großen Ringbuckeln sind auf diesem Möbel zwei verschiedene Bildmotive insgesamt fünf Mal in symmetrischer Anordnung eingepunzt: Zum einen die Darstellung eines vierrädrigen Wagens ähnlich dem im Grab aufgefundenen, der von zwei Hengsten an einem Doppeljoch gezogen und von einem auf dem Wagenkasten stehenden Mann mit einem Schild und einem Pferdestachel oder einer Lanze gelenkt wird; zum anderen das Motiv zweier sich gegenüberstehender Männer mit lang herabhängenden Haaren, erigiertem Penis und einer Art von ‚Fransenrock', die mit einem Schwert in der einen und einem hantelförmigen Gegenstand in der anderen Hand miteinander zu tanzen oder zu kämpfen scheinen.

Zeigt die Wagendarstellung ganz offentlich die Fahrt mit einem der Prunkgefährte, die für die ‚Fürstengräber' so typisch sind, so lässt sich die Schwerttänzerszene nicht unmittelbar mit den Beigaben des Hochdorfer Grabes oder einer anderen ‚fürstlichen' Bestattung in Verbin-

Rechte Seite: Verzierter Bronzeeimer (Situla) aus einem Hallstattgrab in Vace, Slowenien (um 500 v. Chr.). Der obere Zierstreifen zeigt den Aufmarsch von Reitern zum sog. Situlenfest, der mittlere das Fest selbst mit geselligem Trinken, Faustkampf (hier nicht sichtbar) und Panflötenspiel. Ein Tierfries schließt die Komposition unten ab.

DIE SITULENKUNST

Das Würzen oder Aromatisieren von Wein beim Situlenfest – Detail auf der Situla von Vače.

Nun handelte es sich bei diesen Völkern allerdings zum überwiegenden Teil nicht um Kelten, sondern um Veneter, Illyrier und andere zum östlichen Hallstattkreis gehörende Völkerschaften (vgl. S. 10) – im frühkeltischen Westhallstattraum sind die erwähnten Darstellungen auf der Hochdorfer Kline bislang die einzigen mit der Situlenkunst verwandten Bildzeugnisse geblieben. Dennoch vermag diese Kunsttradition auch viele der dortigen archäologischen Zeugnisse verständlicher zu machen, denn zwischen den früheisenzeitlichen Kulturen nördlich und südlich der Alpen existierte bei allen Unterschieden doch auch ein breiter Fundus an Gemeinsamkeiten. Zu diesen gehörte offenbar auch die wichtige Rolle, die Zusammenkünfte festlicher und zeremonieller Art im Gefüge der Gesellschaft spielten, und eine solche feierliche Veranstaltung – das sog. Situlenfest – steht daher auch thematisch im Mittelpunkt der namengebenden Kunstgattung. Wir wissen über die Hintergründe und den Anlass dieses Festes so gut wie nichts, doch seine bildliche Schilderung auf den verzierten Eimern nimmt sich wie eine ‚gezeichnete Gebrauchsanweisung' zu den im Grab von Hochdorf und anderen ‚Fürstengräbern' aufgefundenen Gegenständen aus.

Das ‚Situlenfest'

Dargestellt werden zunächst Aufzüge von Kriegern in voller Bewaffnung oder von ‚zivil' gekleideten Menschen zu Fuß, zu Pferd oder in Wagen, die teilweise lebende oder tote Tiere und verschiedenartige Gegenstände – vor allem Gefäße – mit sich führen. Diese Aufzüge bilden offenbar den ‚Aufmarsch zum Situlenfest', wobei die mitgeführten Tiere – wie in einem Fall dargestellte Bratspieße sowie Stapel von Feuerholz erkennen lassen – anscheinend zur Schlachtung und Opferung oder zum

Kampfszene auf einem im Situlenstil verzierten bronzenen Gürtelblech aus Magdalenska Gora in Slowenien (5. Jh. v. Chr.). Die beiden nackten Kämpfer tragen hantelartige Geräte in ihren Händen; der Helm in der Mitte stellt wohl den Siegespreis dar.

„Die Kelten veranstalten bei ihren Gastmählern zuweilen Zweikämpfe. Sie versammeln sich mit ihren Waffen, führen Scheinkämpfe auf und ringen miteinander" (Poseidonios über die Kelten der Latènezeit; zit. n. Athenaios 4,40).

Verzehr bestimmt sind. Einige Fachleute haben daher die Vermutung geäußert, es handele sich möglicherweise um die Vorbereitungen zu einem großen Bestattungsfest, wie Homer es in der Ilias aus Anlass der Beisetzung des Patroklos schildert. Andere Forscher schlossen aus dem Aufmarsch der auffällig unterschiedlich gekleideten und bewaffneten Kriegergruppen hingegen, hier seien offensichtlich Zusammenkünfte verschiedener Stammesverbände ähnlich den großen griechischen und italischen Bundesfesten dargestellt. Derartige Vermutungen müssen aber reine Spekulation bleiben, denn über solche Hintergrundfragen ist wie erwähnt kaum ein abschließendes Urteil möglich.

Sehr vielgestaltig und bunt ist dann die Darstellung des ‚Situlenfestes' selbst. Auf einem Eimer sieht man etwa, wie vornehm gekleidete Männer kleine Körnchen von Weingewürz oder Räucherwerk in einen großen Kessel streuen, aus dem offenbar intensive Gerüche aufsteigen, so dass sie sich an die Nase greifen (vgl. Abb. S. 62 oben). Auf Sesseln sitzende Zecher, die durch Zipfelmützen oder einen flachen Hut und durch Würdezeichen wie Fächer oder vogelköpfige Stäbe als Angehörige der Oberschicht ausgewiesen sind, werden von Frauen mit Kopftuch oder von kahlköpfigen Dienern aus Schöpfgefäßen mit Getränken bedient. Andere vornehme Männer spielen allein oder zu zweit auf der Panflöte oder auf der Leier (vgl. S. 117), wobei zwischen ihnen platzierte Siegespreise andeuten, dass es sich um einen musikalischen Wettstreit handelt (interessanterweise sitzen die Musiker dabei in einem Fall auf einer Couch, die der Hochdorfer Kline recht ähnlich sieht). Nackte Faustkämpfer mit Gürtel und hantelartigen Geräten in den Händen stehen sich in Kampfstellung gegenüber, zwischen ihnen befindet sich ein Helm oder ein Metallgefäß als Siegespreis – dieses Motiv erinnert natürlich unwillkürlich an die ‚Schwertkämpfer' auf der Hochdorfer Kline (vgl. S. 60). Einige Situlen zeigen schließlich Männer in leichten, zweirädrigen Wagen, die heftig die Zugpferde antreiben und sich gespannt nach den nachfolgenden Fahrzeugen umschauen – offenkundig handelt es sich also um Teilnehmer eines Wagenrennens (vgl. Abb. S. 64).

Neben diesen sich vielfach wiederholenden ‚Festmotiven' kommen in der Situlenkunst vereinzelt auch Jagdszenen vor, und auf einigen Werken ist ein *Symplegma* – eine Beischlafszene zwischen Mann und Frau – dargestellt. Da die betreffenden Gefäße auch jeweils eine Pflugszene

Linke Seite: Gelageszene auf einer Situla aus Kuffern in Niederösterreich (5. Jh. v. Chr.). Der vornehme Zecher in langem Gewand und mit breitkrempigem Hut ruht in einer Art Lehnstuhl, während ein kahlköpfiger Diener ihm aus einer Situla Getränk nachschöpft. Rechts ein mit Menschenfiguren verziertes Gestell, an dem weitere Situlen hängen.

DIE SITULENKUNST

Darstellung eines Wagenrennens auf der Situla von Kuffern. Im Gegensatz zu der älteren Wagenszene auf der Hochdorfer Liege (vgl. Abb. S. 60) handelt es sich hier nicht mehr um schwere vierrädrige Wagen, sondern um die leichteren zweirädrigen Streitwagen der Latènezeit.

zeigen, hat man diese beiden zuletzt genannten Motive recht plausibel mit Fruchtbarkeitsritualen in Verbindung gebracht.

Ein Musterbeispiel herrschaftlicher Kunst

Die erwähnten Szenen und Motive tauchen in wechselnden Kombinationen über 200 Jahre hinweg immer wieder auf den technisch und stilistisch sehr unterschiedlich gestalteten Situlen auf – es handelte sich also offenbar um einen festen Kanon an Feierlichkeiten, Wettkämpfen und Zerstreuungen, die für die hallstattzeitliche Oberschicht eines weiten Raums charakteristisch waren. Denn dass diese Szenen nicht dem Leben des gewöhnlichen Volkes entstammen, sondern dem der vornehmen Elite an der Spitze der Gesellschaft, daran besteht keinerlei Zweifel. Ganz unverhohlen breiten die Situlen ein ‚verklärtes Herrenleben' vor den Augen des Betrachters aus und preisen eine ideale herrschaftliche Welt – es handelt sich also geradezu um ein Musterbeispiel von elitärer ‚Herrschaftskunst'. Alle sog. niederen Tätigkeiten werden von Frauen oder von Dienern ausgeführt, während sich die hohen Herren ganz der standesgemäßen Zecherei, dem musikalischen und sportlichen Wettbewerb und der Zerstreuung hingeben – dem ‚Situlenfest' eben. Und obwohl die beim Umtrunk verwendeten Gefäße, die Sitzmöbel und die Kopfbedeckungen der vornehmen Zecher sowie die auf den Eimern dargestellten Wagen sich in ihrer Machart erheblich von jenen unterscheiden, die wir aus den frühkeltischen ‚Fürstengräbern' Mitteleuropas kennen, erinnert der thematische Kanon von feierlicher Tierschlachtung, Getränkezubereitung in metallenen Prunkgefäßen, gemeinschaftlichem Umtrunk, sportlichem Wettkampf und zeremonieller Wagenfahrt doch sehr deutlich an das Beigabenrepertoire und die beiden Bildmotive aus dem Grab von Hochdorf. Es könnte also durchaus sein, dass sich auch die Zusammenkünfte des Hochdorfer ‚Fürsten' mit seiner Tafelrunde in einem ähnlichen Rahmen abspielten, wie er auf den südostalpinen Ziereimern so lebendig geschildert ist, und nicht viel anders mag auch das ‚höfische' Zeremoniell auf der Heuneburg, dem Mont Lassois und den anderen frühkeltischen ‚Fürstensitzen' ausgesehen haben.

DAS ENDE DER ‚FÜRSTENSITZE' UND DER BEGINN DER LATÈNEKULTUR

Gegen die Mitte des 5. Jhs. v. Chr. waren die Tage dieser glanzvollen Fürstenburgen jedoch gezählt: Die Heuneburg ging in einer gewaltigen Feuersbrunst unter, und auch die Siedlung auf dem Mont Lassois wurde aufgegeben oder scheint zumindest stark an Umfang und Bedeutung verloren zu haben. Auch die Belegung der zu diesen beiden Machtzentren gehörenden Großgrabhügel brach unvermittelt ab, während im Bereich anderer ‚Fürstensitze' wie des Hohenaspergs in Württemberg oder des Üetlibergs in der Schweiz noch einige Jahrzehnte lang ‚fürstliche' Begräbnisse stattfanden. Am hessischen Glauberg wurde um diese Zeit ja sogar noch ein gewaltiges Grabmonument völlig neu aufgeschüttet (vgl. S. 57 ff.) – doch trugen diese Bestattungen, wie wir am Beispiel des Glaubergs gesehen haben, nun bereits die Zeichen einer neuen Ära: Die hallstättische Kultur und Gesellschaft war noch vor der Mitte des 5. Jhs. v. Chr. offenbar recht rasch und unwiederbringlich zerbrochen.

Über die Gründe für diesen plötzlichen Niedergang einer doch scheinbar in voller Blüte stehenden Kultur ist in der Fachwelt viel gerätselt worden. Eine Revolution unterdrückter Bevölkerungsschichten – beispielsweise der Bauern – wurde als Ursache ebenso in Betracht gezogen wie kriegerische Auseinandersetzungen zwischen den verschiedenen Regionalzentren und ‚Herrscherhäusern'. Einige Fachleute wiesen auch auf den bemerkenswerten Umstand hin, dass nur wenige Jahrzehnte vor dem Ende der Hallstattfürsten in Athen die Tyrannen gestürzt wurden und in Rom die Könige fielen. Doch bleiben alle diese Erklärungsansätze etwas vordergründig und beruhen letztlich auch nur auf Hypothesen und Vermutungen – mit den möglichen tieferen Ursachen des Niedergangs werden wir uns später noch einmal beschäftigen (vgl. S. 82 f.).

Eine tief greifende Zäsur

Was auch immer die Gründe für den Zusammenbruch waren: Es handelte sich in jedem Fall um eine tief greifende Zäsur, die zugleich den Beginn der Latènezeit markierte – jener Epoche der klassischen, ‚historischen' Kelten (vgl. S. 12), über die uns neben den archäologischen Zeugnissen nun auch mehr oder minder ausführliche Berichte griechischer und römischer Autoren vorliegen. Diese neue Kulturepoche brachte einen markanten Neubeginn in nahezu allen Bereichen der materiellen Ausstattung, des Siedlungswesens, der Religion und Kunst, der seinen Ausdruck nicht zuletzt auch in einer andersartigen, nunmehr überwiegend auf der Töpferscheibe gefertigten Keramik fand. Und dieser Neubeginn manifestierte sich interessanterweise zum ersten Mal in Regionen, die bis dahin eher am Rande der großen Früheisenzeitzentren Mitteleuropas gelegen hatten.

Innerhalb eines Zeitraums von möglicherweise nur einer Generation wurden die reichsten Gräber im Raum nördlich der Alpen plötzlich nicht mehr an der Donau, am Neckar und an der oberen Seine angelegt, sondern wesentlich weiter nördlich an der Marne und am mittleren Rhein (einschließlich der benachbarten Mittelgebirge) sowie in geringerer Anzahl auch in Westböhmen und am Dürrnberg im Salzburger Land. Alle diese Regionen waren während des 6. Jhs. v. Chr. schon Teil des hallstättischen Kulturraums gewesen, hatten allerdings nicht zu seinem am höchsten entwickelten Kernbereich – dem ostfranzösisch-südwestdeutschen ‚Fürstensitzkreis' (vgl. S. 28) –, sondern eher zur nachgeordneten Peripherie gezählt. Nun hingegen wurden sie zu den wichtigsten kulturellen Impulsgebern und – zumindest im Grabbrauch – zu den neuen Wohlstandszentren des frühkeltischen Mitteleuropa: Es war eine klare Verschiebung der kulturellen und wohl auch der ‚politischen' Achse innerhalb der nordalpinen Eisenzeitwelt, die einer Erklärung bedarf.

Bei den meisten der frühlatènezeitlichen Prunkgräber, die etwa zwischen 475 und 350 v. Chr. angelegt wurden, handelte es sich in Fortführung der späthallstättischen Gebräuche um Körpergräber, in denen der unverbrannte Leichnam beigesetzt wurde (vgl. S. 15) – lediglich im böhmischen Frühlatènekreis und in der sog. mittelfranzösischen Gruppe zwischen Burgund und Bourges war die Brandbestattung vorherrschend. Sehr viel größere regionale Unterschiede existierten hingegen im Grabbau: Während die Beisetzung der Toten in der ‚Marnekultur' – wie man die östlich von Paris in der Champagne gelegene Frühlatèneprovinz auch nennt – vorwiegend in einfachen Erdgräbern auf zum Teil ausgedehnten Flachgräberfriedhöfen erfolgte, wurden die Verstorbenen an

„Nicht nur die Frauen, sondern auch die Männer bedienen sich des Goldes zum Schmuck. Um die Handgelenke und Arme tragen sie Reifen und um den Hals dicke Ketten aus massivem Gold, dazu noch kostbare Fingerringe und sogar goldene Brustpanzer" (Diodor 5,27,3).

„Neben Treuherzigkeit und Jähzorn herrschen bei ihnen in hohem Maße Unbesonnenheit, Prahlsucht und Eitelkeit. Diese finden ihren Ausdruck im Goldschmuck, den sie in Form des Torques um den Hals und in Gestalt von Ringen um Arm und Handgelenke tragen, sowie in der gefärbten und goldbestickten Kleidung von Amtspersonen" (Strabon, Geographie 4,4,5).

Goldener Halsring mit stilisierten Pflanzenranken und drei goldene Armringe aus einem frühlatènezeitlichen ‚Fürstinnengrab' von Waldalgesheim im Rheinland (um 325 v. Chr.). Der charakteristische ‚Rankenstil' dieser Schmuckstücke wurde namengebend für eine ganze Epoche der frühkeltischen Kunst.

Rechte Seite: Teile der Grabausstattung der ‚Fürstin von Reinheim' im Saarland (um 370 v. Chr.). Hinter dem goldenen Ringschmuck liegt eine Kette aus Bernsteinperlen, in der Bronzeschale befinden sich ein Glasarmring und zwei goldene Scheibenfibeln. Die durchbrochenen breiten Goldbänder links sind Beschläge von Trinkhörnern.

Rhein, Saar und Mosel – im Bereich der ‚jüngeren Hunsrück-Eifel-Kultur' – nach alter Hallstattsitte unter Grabhügeln bestattet. Im 4. Jh. v. Chr. setzte sich die Flachgräbersitte allmählich im ganzen frühkeltischen Kulturraum durch, und im 3. Jh. ging man in den meisten Regionen zur Brandbestattung über. Aus den beiden letzten vorchristlichen Jahrhunderten sind in den meisten Gebieten rechts des Rheins dann fast gar keine Gräber mit Beigaben mehr bekannt – stattdessen häufen sich nun die menschlichen Knochen in Siedlungen und Heiligtümern, was der Forschung nicht wenige Fragen und Rätsel aufgibt (vgl. S. 123 f.). Über den Wandel in den religiösen und Jenseitsvorstellungen, der sich hinter diesen Veränderungen im Grabbrauch gewiss verbirgt, wissen wir leider so gut wie nichts.

Ein neuer Typus von ‚Fürstengräbern'

Die reichsten unter den frühlatènezeitlichen Gräbern enthielten, ähnlich wie ihre späthallstättischen Vorgänger, umfangreiche Beigabenensembles aus kostbarem Goldschmuck, importiertem südlichem Metallgeschirr, ins Grab mitgegebenen Wagen sowie weiteren Rangabzeichen und Statusobjekten. Dieses Beigabenspektrum, das in seiner Kombination und in seinem Umfang regional recht unterschiedlich ausgeprägt war, weist auf eine teilweise Weiterführung des ‚fürstlichen' Bestattungsrituals der Späthallstattzeit hin, das ja gleichfalls von den Motiven des feierlichen Trinkgelages und der zeremoniellen Wagenfahrt sowie der Zurschaustellung ständischer Insignien geprägt war (vgl. S. 56). Man spricht daher auch im Falle der frühlatènezeitlichen Prunkgräber von ‚Fürstengräbern'. Gleichzeitig sind aber auch eine Fülle von Unterschieden im Typus, in der Herkunft und Qualität der ins Grab mitgegebenen Objekte zu erkennen, die den Epochenwechsel unübersehbar machen.

So sind die oft aus massivem Gold gefertigten Schmuckstücke – vor allem Arm- und Halsringe (sog. *Torques*), Gürtelbleche und Gewandspangen (vgl. Zitate Randspalte S. 65) –, die sich besonders zahlreich und prächtig in einer Reihe von ‚fürstlichen' Frauengräbern wie beispielsweise Reinheim im Saarland oder Waldalgesheim im Rheinland fanden, in einem gänzlich neuen, mit der hallstättischen Zierweise deutlich kontrastierenden Kunststil verziert, auf den wir noch ausführlicher zurückkommen werden (vgl. S. 72 ff.). Bei den Wagen, die fast ausschließlich aus Männergräbern vorliegen, handelte es sich nicht mehr um die schweren, vierrädrigen Zeremonialgefährte der Hallstattzeit, sondern um sehr viel kleinere und leichtere, nur auf zwei Rädern laufende Reise- und Kampfwagen (vgl. S. 90), die in der Marnekultur besonders zahlreich vertreten sind. Unter den übrigen männlichen Standesinsignien traten – gleichfalls mit einem Schwer-

punkt in der Champagne – die schon am Glauberg kennen gelernten Kriegswaffen Schwert, Lanze und Schild an die Stelle des früheren, vorwiegend repräsentativen Hallstattdolches (vgl. S. 17). Und wenn einem Frühlatèneherrn darüber hinaus auch einmal eine Kopfbedeckung mit ins Grab gegeben wurde, dann war es kein ‚ziviles' Birkenrindenhütchen wie in Hochdorf (vgl. S. 55 ff.), sondern ein massiver und oftmals auch recht prunkvoll ausgestalteter Metallhelm (vgl. Abb. S. 92).

Das aus dem Süden importierte Metallgeschirr schließlich, das vor allem in mittelrheinischen Gräbern wie Weiskirchen oder Rodenbach in der Pfalz vergleichsweise üppig vertreten war (vgl. Karte S. 70), stammte nun nicht mehr wie während der Hallstattzeit aus Massalia oder anderen griechischen Kolonien in Südfrankreich, sondern fast ausschließlich aus dem etruskisch geprägten Ober- und Mittelitalien sowie aus dem Tessin. Diese veränderte Herkunft spiegelte sich auch in einer Reihe von neuen, bis dahin nördlich der Alpen kaum bekannten Gefäßformen. So sind in den frühlatènezeitlichen ‚Fürstengräbern' etruskische Bronzekannen mit über 50 Exemplaren bei weitem am häufigsten vertreten, die nach ihrem charakteristischen schnabelförmigen Ausguss auch als ‚Schnabelkannen' bezeichnet werden. An ihrer Seite fanden sich mehrfach flache etruskische Bronzebecken sowie große Weinmischkessel, sog. *Stamnoi*. Außerdem kamen namentlich in den Gräbern des Moselgebietes zahlreiche unverzierte Situlen (Bronzeblecheimer) aus dem Tessin und in den Gräbern der Marnekultur eine Anzahl von italischen Bratspießen zutage. Doch auch Trinkhörner aus einheimischer Fertigung, die mit kunstvoll verzierten Goldblechbeschlägen in dem neu entwickelten ‚Latènestil' geschmückt waren (vgl. Abb. S. 67), gehörten zum Trinkservice der frühlatènezeitlichen Elite und liefern einen weiteren Beleg für die Fortführung späthallstättischer Traditionen (vgl. S. 59).

Breite Aristokratie statt weniger Dynasten?

Alles in allem belegen die beschriebenen Grabbeigaben damit eine ganz ähnliche Standessymbolik, wie sie auch in den ‚fürstlichen' Beigabenensembles der späten Hallstattzeit zum Ausdruck kommt (vgl. S. 56), und doch haben die Fachleute zu Recht darauf hingewiesen, dass die frühlatènezeitlichen Prunkgräber nicht ganz die Qualität ihrer Vorgänger erreichen. Im Vergleich mit den glanzvollsten hallstättischen ‚Fürstengräbern' erscheinen sie vielmehr etwas ‚uniform' und deutlich weniger vielfältig und ‚individuell' ausgestattet: Einmalige Prunkstücke wie der Krater von Vix oder der Löwenkessel von Hochdorf fehlen, und ebenso Beigaben, die sich mit der Hochdorfer Kline oder den orientalischen Möbeln aus dem Grafenbühl messen könnten (vgl. S. 45 ff.). Die herausragendsten Einzelobjekte aus einem frühlatènezeitlichen Prunkgrab sind demgegenüber ein etruskischer Stabdreifuß und ein großer Bronzestamnos aus einem Grabhügel unweit von Bad Dürkheim (vgl. Abb. links), die – bei aller erlesenen Qualität – in der Späthallstattzeit sicherlich nicht dazu ausgereicht hätten, der betreffenden Frauenbestattung die Bedeutung eines ‚Fürstengrabes ersten Ranges' zu verleihen.

Viele Archäologen nehmen deshalb an, dass es in den so plötzlich neu erblühten Frühlatèneprovinzen am Rhein und in der Champagne keine vergleichbar machtvollen ‚Dynastenfamilien' und zentralisierten Herrschaftsmittelpunkte mehr gab, wie man sie im 6. Jh. v. Chr. auf der Heuneburg, dem Mont Lassois oder dem Hohenasperg vermutet (vgl. S. 54). Vielmehr habe hier möglicherweise – so die Hypothese – eine zahlenstärkere und breiter gefächerte Aristokratie die Macht innegehabt, die vielleicht dem vermuteten ‚Regionaladel zweiten Ranges' während der Späthallstattzeit (vgl. S. 45) vergleichbar war. Zu dieser Annahme würde auch der Umstand passen, dass im Mittelrheingebiet und an der Marne bislang noch keine größeren Siedlungszentren aus der Frühlatènezeit nachgewiesen werden konnten, die sich in ihrem Umfang und in der Qualität ihres Fundmaterials mit den späthallstättischen ‚Fürstensitzen' messen könnten. Allerdings gibt es in den linksrheinischen Mittelgebirgen durchaus eine ganze Anzahl von eisenzeitlichen Burgen und Befestigungsanlagen wie den Ringwall von Preist, den ‚Hunnenring' von Otzenhausen oder die ‚Heidenmauer' bei Bad Dürkheim, die als solche zu den Prunkgräbern gehörige ‚Herren-' oder Adelssitze in Betracht kämen – sie sind aber leider bis heute nur unzureichend archäologisch untersucht.

Rohstofflagerstätten und ein neues Handelsnetz

Als Grundlage des Reichtums der neuen Adelsschicht vermutet man in Anbetracht der ja nicht eben herausragenden landwirtschaftlichen Nutzbarkeit von Regionen wie der Eifel oder dem Hunsrück schon seit längerem die Ausbeutung regionaler Rohstoffvorkommen. Das Mittelrheingebiet verfügt über qualitätvolle Rot- und Spateisenerze, deren Lage und Streuung sich auffällig mit der Verteilung der dortigen Prunkgräber deckt, und in der Gegend um Bad Dürkheim existieren reiche Salzvorkommen – in der älteren Forschung war daher geradezu von den ‚Eisen- und Salzherren' der Frühlatènezeit die Rede. Völlig offensichtlich ist diese Bindung an lokale Mineralvorkommen im Falle des Dürrnbergs bei Hallein im Bundesland Salzburg, der im 5. Jh. v. Chr. die Nachfolge Hallstatts als Salzversorger großer Teile Mitteleuropas übernahm (vgl. S. 27) – auf dieser Basis entstand dort

Ein 70 cm hoher etruskischer Kesselständer (sog. Stabdreifuß) mit Löwenfüßen und ein 40 cm großer etruskischer Weinmischkessel (Stamnos) aus einem Frühlatènegrab bei Bad Dürkheim in der Pfalz (spätes 5. Jh. v. Chr.).

Die Verbreitung zweirädriger Streitwagen und importierter etruskischer Schnabelkannen in den reichsten Gräbern des 5. und 4. Jhs. v. Chr. markiert den frühlatènezeitlichen ‚Fürstengräberkreis', der sich gegenüber demjenigen der Hallstattzeit geographisch wesentlich verschob (vgl. Karte S. 53). Diese Verschiebung hing mit einer Verlagerung der Fernhandelsachsen zwischen Mitteleuropa und dem Mittelmeerraum zusammen, deren Ausgangspunkt seit etwa 475 v. Chr. nicht mehr Südfrankreich, sondern Norditalien war. Die Verbreitung der frühkeltischen Maskenfibeln zeigt jedoch, dass das Kerngebiet der Frühlatènekultur wesentlich über den Kreis der ‚Fürstengräber' hinausreichte.

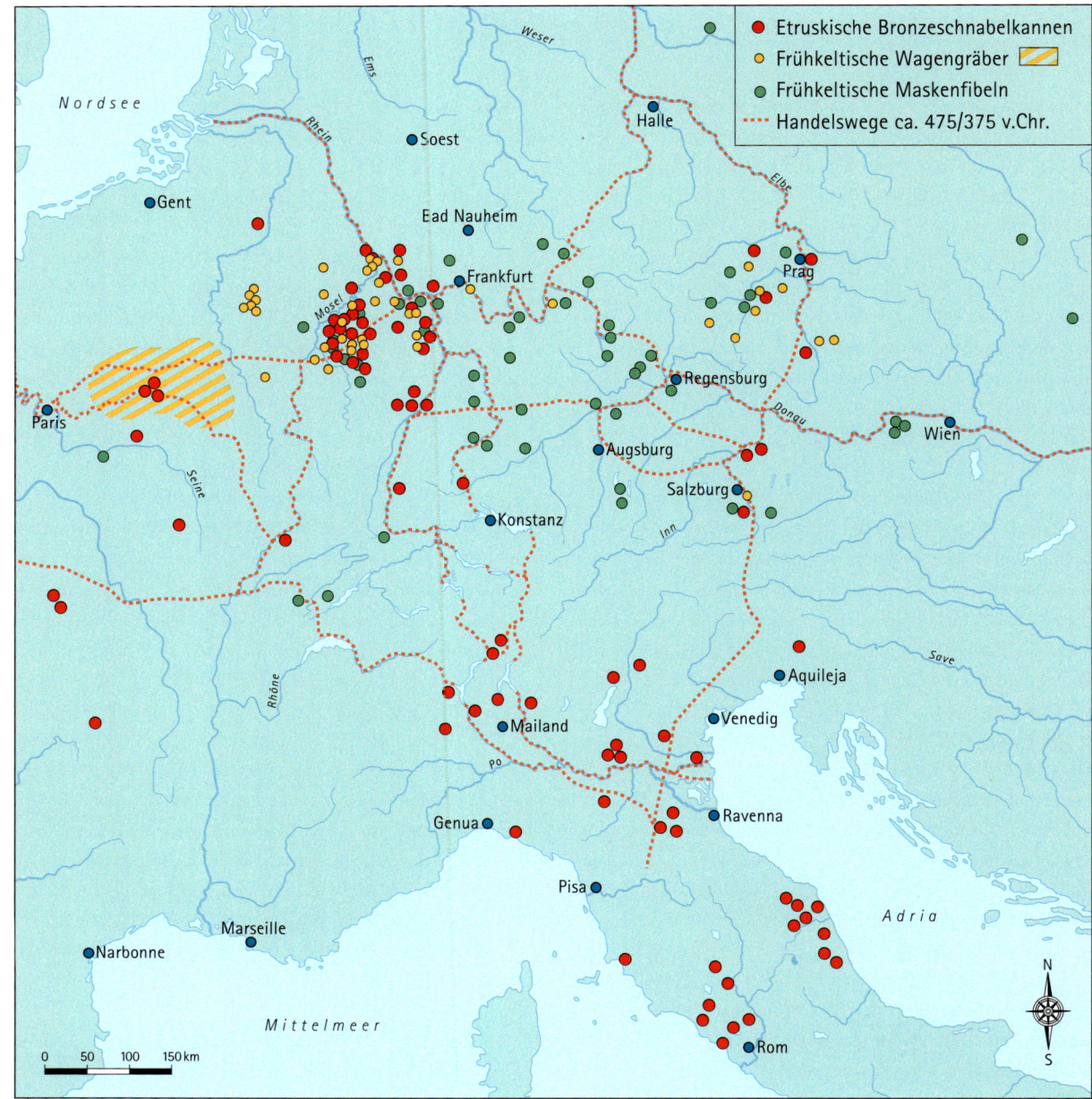

eine eigene kleine, aber blühende Frühlatèneprovinz mit vermutlich hunderten von wohlhabend bis reich ausgestatteten Gräbern. Doch neben solchen lokalen und regionalen Besonderheiten trug zweifellos auch eine großräumige Verlagerung der Fernhandelswege in Europa – vergleichbar der so folgenreichen Verlegung der ‚Zinnstraße' im 6. Jh. v. Chr. (vgl. S. 38 f.) – zur Entstehung und Blüte der neuen Kultur- und Wohlstandszentren bei.

Wie wir gesehen haben, wurde ein großer Teil des Fernverkehrs und Handels zwischen dem Mittelmeerraum und Mitteleuropa bis etwa 500 v. Chr. von Massalia ausgehend über die Rhône-Saône-Passage abgewickelt. Dieser bedeutenden Handelsachse verdankten viele der großen Hallstattzentren ihren Aufstieg und von ihr waren und blieben sie anscheinend auch maßgeblich abhängig (vgl. S. 37 ff.). Mit dem Ausgreifen der mittelitalischen Etrusker in die Poebene während des 6. Jhs. v. Chr. (vgl. S. 60) rückte indessen auch dieses hoch entwickelte Volk ein ganzes Stück weit näher an Mitteleuropa heran und gewann überdies die Kontrolle über viele der Alpenpässe, die schon seit jeher die wichtigsten Verbindungswege über die Gebirgskette hinweg gewesen waren. Diese räumliche Annäherung führte dazu, dass sich seit etwa 520 v. Chr. mehr und mehr etruskische Güter unter die südlichen Importe in Mitteleuropa (vgl. S. 37 f.) mischten – gegenüber den aus Massalia stammenden griechischen Einfuhren blieben sie jedoch zunächst noch in der Minderzahl.

Das änderte sich relativ abrupt zu Beginn des 5. Jhs. v. Chr., als Massalia aus bislang ungeklärten Gründen in eine schwere wirtschaftliche Krise geriet und in der Folge seinen Handel rhôneaufwärts mit Mitteleuropa fast gänzlich einstellte. Da fast zeitgleich das Interesse der Etrusker am Raum nördlich der Alpen erheblich anwuchs, weil sie nach mehreren verlorenen Schlachten gegen die unteritalischen Griechen ihre frühere Seeherrschaft im Tyrrhenischen Meer weitgehend eingebüßt hatten, entwickelten sich diese Italiker nunmehr sehr rasch zu den wichtigsten Handelspartnern der frühen Kelten in Mitteleuropa. Als günstigste Verkehrswege jenseits der Alpen boten sich dabei der Rhein und der Neckar sowie Marne, Aisne und Loire an (vgl. Karte links), die zu den so bedeutsamen Zinnabbaugebieten in Cornwall und in der Bretagne führten (vgl. S. 25 f.). Die alte Rhône-Saône-Route einschließlich der an sie angebundenen Verteilerwege und Umschlagplätze geriet hingegen quasi über Nacht ins Abseits und verlor innerhalb weniger Jahre fast völlig ihre einstige Bedeutung.

Das Resultat dieser geopolitischen Veränderungen war eine nahezu vollständige Neugestaltung des Fernhandelsnetzes in Europa. Den Ausgangspunkt des mediterranen Nordhandels bildete nun nicht mehr das griechische Massalia, sondern das etruskische Nord- und Mittelitalien, dessen große Gewerbe- und Handelszentren wie Felsina (Bologna), Vulci, Adria und Spina einen gewaltigen Bedarf an Zinn und anderen Rohstoffen hatten, für die sie im Austausch attraktive und auch jenseits der Alpen begehrte Exportgüter wie das beschriebene Bronzegeschirr anzubieten vermochten.

Betrachtet man die Umwälzungen des 5. Jhs. v. Chr. in Mitteleuropa vor diesem Hintergrund, dann wird der plötzliche Niedergang der auf den Handel mit Massalia orientierten Späthallstattzentren ebenso verständlich wie der gleichzeitige Aufstieg der Frühlatèneprovinzen an Mittelrhein und Marne mit ihren Prunkgräbern voller etruskischer Importe. Einmal mehr scheinen durch Ereignisse und Machtverschiebungen im Mittelmeerraum auch die Karten in Mitteleuropa neu gemischt worden zu sein.

Nebeneinander unterschiedlicher Kulturprovinzen?

Freilich spielten anscheinend auch einige der späthallstättischen ‚Fürstensitze', die in dem neu geknüpften Handelsnetz nach wie vor eine verkehrsgünstige Lage besaßen, in der Frühlatènezeit weiterhin eine wichtige Rolle – so etwa der Üetliberg bei Zürich, vor allem aber der Hohenasperg bei Ludwigsburg, aus dessen Grabhügel ‚Kleinaspergle' das bislang einzige frühlatènezeitliche Fürstengrab Südwestdeutschlands stammt. Im weiteren Umkreis des Hohenaspergs blühte bis nach 425 v. Chr. auch noch die schon erwähnte reiche Siedlung von Hochdorf, die neben anderen hochwertigen Funden auch mehrere Scherben griechisch-rotfiguriger Importkeramik geliefert hat (vgl. S. 41). Dieser Umstand zeigt, dass es in Einzelfällen durchaus eine kulturelle Kontinuität zwischen alten und neuen Zentren auch über die Epochengrenze hinweg gab – nicht wenige Archäologen vermuten sogar, dass der für die Latènekultur charakteristische neue Kunststil ursprünglich auf den späthallstättischen Fürstensitzen experimentell vorbereitet und ‚erfunden' wurde, bevor er ein oder zwei Jahrzehnte später dann an Rhein, Marne und Mosel zur vollen Blüte kam (vgl. S. 72 ff.).

Andere Prähistoriker sind hingegen davon überzeugt, dass sich die neue Kunst und Kultur völlig unabhängig von der alten, ja in scharfer Konkurrenz und Abgrenzung zu ihr in den erwähnten linksrheinischen Regionen herausbildete und dass die alten Hallstattprovinzen Süddeutschlands noch jahrzehntelang in konservativer Erstarrung an den überkommenen Traditionen festhielten, als am Mittelrhein und an der Marne schon längst die neue Zeit begonnen hatte. Ja, in der älteren Forschung nahm man sogar an, die vermuteten linksrheinischen Begründer der Latènekultur seien die ersten Kelten überhaupt gewesen und mit ihrer Durchsetzung gegen die – lange Zeit für nichtkeltisch gehaltenen – Hallstattleute sei Mitteleuropa überhaupt erst keltisch geworden. Diese ältere Theorie ist freilich heute kaum mehr haltbar, und auch die vermutete lange räumlich-zeitliche Koexistenz zwischen ‚konservativen' Hallstattprovinzen und ‚progressiven' Frühlatèneprovinzen erscheint im Lichte des archäologischen Materials eher fraglich.

Auch aus dem Umfeld der alten, gegen die Mitte des 5. Jhs. v. Chr. untergegangenen Hallstattzentren wie der Heuneburg und des Mont Lassois sind nämlich durchaus eine beträchtliche Anzahl von Frühlatènefunden bekannt (vgl. Karte links), die darauf hinweisen, dass ein solches zeitlich-räumliches Nebeneinander – wenn es denn überhaupt bestand – nur von sehr kurzer Dauer gewesen sein kann, bevor die Frühlatènekultur auch in den alten Hallstattprovinzen endgültig Fuß fasste. Überdies sind aus Süddeutschland – wie auch aus dem ganzen übrigen Mitteleuropa – zahllose während der Hallstattzeit begründete Siedlungen und Friedhöfe bekannt, die ohne irgendeinen erkennbaren Bruch über die Epochengrenze hinweg bis weit in die Latènezeit weiterbestanden (vgl. S. 15). Der Beginn der neuen Ära kann demnach nicht mit größeren ethnischen Verschiebungen oder gar einem Bevölkerungswechsel einhergegangen sein; es handelte sich vielmehr um eine in erster Linie kulturelle Umwälzung, die allerdings mit markanten Machtverschiebungen und Umstrukturierungen innerhalb der gesellschaftlichen Führungsschicht und mit einer Verlagerung der kulturellen Einfluss- und Wirkungszentren verbunden war.

DIE GEBURT DER KELTISCHEN KUNST

Detail einer frühkeltischen Steinsäule aus Pfalzfeld im Rheinland (um 400 v. Chr.). An ihrem obeliskartigen Schaft sind auf allen vier Seiten von geometrischen Mustern umgebene Menschenköpfe mit ‚Blattkrone' herausgearbeitet.

Ihren vielleicht markantesten Ausdruck fand diese Umwälzung in der Herausbildung eines neuen Kunststils, der einen radikalen Bruch mit allem bis dahin nördlich der Alpen Üblichen bedeutete. Dieser sog. Latènestil lässt sich daher auch nicht allein aus den Kunst- und Ziertraditionen Mitteleuropas erklären – er erhielt vielmehr wichtige Impulse durch die Kontakte der frühen Kelten mit den Griechen, Etruskern und Italikern, die bereits im 6. Jh. v. Chr. einsetzten und sich im 5. Jh. v. Chr. nochmals intensivierten (vgl. S. 36 f. und 70 f.). Hatten diese Verbindungen während der Periode der ‚Hallstattfürsten' vor allem zur Übernahme südlicher Trinksitten und Statussymbole durch die herrschende Elite geführt, so waren sie am Beginn der Latènezeit mit ausschlaggebend für einen radikalen Wandel im Stilempfinden der Kelten und eine entsprechende Umgestaltung ihrer gesamten Sachkultur und besonders ihrer künstlerischen Erzeugnisse. Entsprechend ihrem eigenständigen und kreativen Charakter übernahmen die Kelten die mittelmeerischen Vorbilder aber nicht einfach unverändert, sondern gestalteten sie in vielfältiger Weise um und passten sie ihren eigenen Bedürfnissen und Empfindungen an, so dass als Ergebnis ein völlig neuer, einzigartiger Kunststil entstand, der mit den ursprünglichen Vorbildern kaum mehr etwas gemein hatte.

Die keltische Großplastik

Die Anfänge dieses kreativen Prozesses haben wir ja bereits mit den Stelen von Hirschlanden und vom Glauberg (vgl. S. 56 ff.) kennen gelernt, die als Typus und in ihrer Oberkörpergestaltung – besonders den vor die Brust gelegten Armen – unverkennbar südlichen Vorbildern nachempfunden waren, jedoch mit keltischen Trachtbestandteilen, Standesabzeichen und Waffen ausgestattet wurden. Schon deutlich eigenständigere Merkmale zeigen eine janusköpfige – also doppelgesichtige – Stele aus Holzgerlingen in Württemberg und eine am oberen Ende abgebrochene Steinsäule aus Pfalzfeld im Rheinland, auf der zwischen S-Spiralen vier Gesichter im Halbrelief herausgemeißelt sind, die denjenigen der Kriegerstatuen vom Glauberg (vgl. Abb. S. 57) stark ähneln. Auch sie tragen die bereits auf S. 58 erwähnte eigentümliche ‚Mistelblattkrone', die gleichfalls auf der Stele von Holzgerlingen und auf einem weiteren, nur fragmentarisch erhaltenen Steinkopf aus Heidelberg dargestellt ist. Bei ihr könnte es sich um ein Statussymbol oder möglicherweise sogar um ein göttliches Attribut gehandelt haben, das allerdings noch während des 4. Jhs. v. Chr. wieder aus der Latènekunst verschwand.

Die figürliche, menschengestaltige Großplastik bildete also im Gegensatz zu früheren Vermutungen durchaus einen bedeutenden Zweig der frühkeltischen Kunst, und sie knüpfte gleichermaßen an die einheimische Tradition der hallstättischen Grabstelen wie an italische Vorbilder an. Die ersten keltischen Steinplastiken entstanden dabei, wie der Herr von Hirschlanden und die beiden Sitzfiguren aus dem Heiligtum von Vix (vgl. S. 46) zeigen, bereits gegen Ende der Hallstattzeit um etwa 500 v. Chr., bevor diese Kunstgattung in der Frühlatènezeit dann eine regelrechte Blüte erlebte. Aus der ‚Wanderungsperiode' des 4. und 3. Jhs. v. Chr., als die Kelten weiträumig in Europa umherzogen (vgl. S. 80 ff.), kennen wir hingegen kaum noch keltische Großplastiken, während sie aus den beiden letzten Jahrhunderten v. Chr. durchaus wieder bekannt sind. Zu den freilich nicht gerade zahlreichen Beispielen gehören ein steinerner Männerkopf aus Msecké Zehrovice in Tschechien und Bruchstücke eines geschnitzten hölzernen Tierfrieses aus Fellbach-Schmiden in Baden-Württemberg (vgl. Abb. S. 137). In galloromischer bzw. provinzialrömischer Zeit erlebte die keltische Großplastik schließlich noch einmal eine ausgesprochene Blüteperiode mit zahlreichen steinernen Götterbildern und Reliefdarstellungen (vgl. S. 128), die ohne die Einbindung in die römische ‚Denkmälerkultur' sicherlich nicht in dieser Vielzahl entstanden wären, durch sie aber auch erheblich geprägt und überformt wurden.

Ein Kosmos von Fabelwesen und Dämonen

Die gegenständliche Darstellung des menschlichen Körpers und Gesichts, aber auch von Tieren und Pflanzen war deshalb ein so bedeutsamer Einschnitt in der Kulturgeschichte der Kelten, weil die Kunsthandwerker der Hallstattzeit noch einer fast ausschließlich geometrisch-ornamentalen Ziertradition verhaftet gewesen waren und die bildliche Darstellung von Mensch und Tier auch zuvor in der mitteleuropäischen Vorgeschichte nur wenig Raum eingenommen hatte. Mit der ‚latènezeitlichen Revolution' aber brach eine wahre Flut von Figuren und Bildern über die keltische Kunst herein, so als sei eine vorher verschlossene Tür plötzlich geöffnet worden. Die Vermutung liegt daher nahe, dass in dieser Zeit nicht nur grundlegende gesellschaftliche und soziale, sondern auch tief greifende geistige und religiöse Umwälzungen stattfanden, die wir freilich nicht näher benennen können. Die eben beschriebenen Steinplastiken waren nur eines der Produkte dieser plötzlichen Vorliebe für Figuren und Bilder – ihren stärksten Niederschlag fand sie in der überreichen figürlichen Ausgestaltung und Verzierung von Gegenständen des täglichen Lebens, also in der Kleinkunst.
Um die Mitte des 5. Jhs. v. Chr. wurde es in den Ursprungszentren des neuen Kunststils üblich, Fibeln, Hals- und Armringe, Gürtelhaken und Metallgefäße mit menschlichen oder tierischen Figuren und Reliefs, merkwürdig maskenhaft wirkenden Fratzen und absonderlichen Fabelwesen zu schmücken, die in einem auffälligen Gegensatz zu dem eher nüchternen und disziplinierten, geometrisch-linearen Zierstil der vorangegangenen Hallstattzeit standen. Es ist, als habe man plötzlich Angst vor einer allzu großen Schlichtheit und ‚Nacktheit' dieser Schmuck- und Gebrauchsobjekte bekommen und deshalb begonnen, sie mitunter bis in den letzten Winkel mit naturalistischen oder grotesk verfremdeten Bildern und Figuren, mit künstlerischen Projektionen aus der realen ebenso wie aus einer irrealen, übernatürlichen und wohl als bedrohlich empfundenen Welt anzufüllen. Möglicherweise tat man das nicht zuletzt deshalb, um durch die Darstellung von Göttern, Geistern und Dämonen, um die

Steinerner Männerkopf aus Msecké Zehrovice in Böhmen (3. bis 1. Jh. v. Chr.). Der stark stilisierte Kopf zeigt mit dem zurückgekämmten Haar, dem spiraligen Schnauzbart und einem Halsring *(Torques)* mehrere der Merkmale, die die antiken Autoren als Charakteristika der keltischen Männer beschrieben.

DIE GEBURT DER KELTISCHEN KUNST

Gesichter aus dem keltischen Universum: Kobolde, Menschen und Dämonen auf frühkeltischen Kleinkunstwerken.

Links: Gesicht auf einer Maskenfibel aus Parsberg in Bayern (5. Jh. v. Chr.).

Rechts: Attasche mit Silenskopf an einer Schnabelkanne aus dem frühlatènezeitlichen ‚Fürstengrabhügel' Kleinaspergle in Württemberg (um 430 v. Chr.). Das von frühkeltischen Kunsthandwerkern geschaffene Gesicht besitzt noch starke Ähnlichkeit mit den etruskischen Vorbildern (vgl. Abb. unten), jedoch ist eine gewisse Stilisierung und Zerlegung in ornamentale Elemente bereits deutlich erkennbar.

Kopf eines bärtigen und pferdeohrigen Silens (Satyrs) auf der Attasche eines etruskischen Bronzestamnos aus Altrier in Luxemburg. Die Etrusker verzierten die Henkelansätze ihrer Trinkgefäße gerne mit den Köpfen dieser Mischwesen aus dem Umfeld des Weingottes Dionysos.

es sich offenkundig zum Teil handelt, latent drohendes Unheil vorbeugend abzuwehren und in der Art eines Talismans Schutz dagegen zu erlangen (sog. apotropäische, d. h. Übel abwehrende Funktion). In jedem Fall aber dürfte ein untrennbarer Bezug dieser künstlerischen Werke zur keltischen Religion und Geisteswelt bestanden haben, auf den wir noch einmal zurückkommen werden (vgl. S. 74).

Südliche Vorbilder und ihre phantastische Abwandlung

Bei einigen der frühlatènezeitlichen Bildmotive – etwa Greifen, Widdern oder Silenen – sind wiederum die südlichen und östlichen Vorbilder unübersehbar. So verzierten beispielsweise die Etrusker, deren Trinkgeschirr sich in den ‚Fürstengräbern' dieser Zeit so häufig findet, die Henkelansätze (Attaschen) ihrer Metallgefäße gern mit dem Kopf eines bärtigen und pferdeohrigen Silens, und die Kelten übernahmen dieses Motiv, als sie die importierten etruskischen Gefäße zunehmend durch selbst gefertigte Imitate zu ersetzen begannen. Eine frühkeltische Schnabelkanne aus dem württembergischen Kleinaspergle besitzt daher als Attasche einen Silenskopf, der noch beträchtliche Ähnlichkeit mit ebensolchen Köpfen

an etruskischen Importgefäßen aufweist, und in den späthallstattzeitlichen Schichten der Heuneburg (vgl. S. 31 ff.) wurde sogar eine Gussform zur Herstellung solcher imitierter etruskischer Silensattaschen gefunden. Aus solchen Belegen geht hervor, dass die ‚künstlerische Revolution' am Beginn der Latènezeit ursprünglich mit der noch ziemlich getreuen Nachahmung oder vielleicht sogar dem Abguss südlicher Importobjekte durch einheimische Kunsthandwerker begonnen haben muss, die vermutlich im Dienste der an solchen Luxuserzeugnissen vorwiegend interessierten frühkeltischen ‚Fürstenschicht'

Links: Kopf mit vogelgeschmücktem Helm auf einem Halsring aus dem ‚Fürstinnengrab' von Reinheim im Saarland (370 v. Chr.).

Rechts: Bronzebeschlag mit bärtigem Männergesicht von einer hölzernen Röhrenkanne vom Dürrnberg bei Hallein (4. Jh. v. Chr.).

standen. Sehr bald lösten sich diese handwerklichen Spezialisten aber mehr und mehr von den mediterranen Vorbildern und verliehen den von ihnen geschaffenen Kunstwerken ganz eigene, unverwechselbare Züge.

Einer dieser Züge war vor allem während des 5. und frühen 4. Jhs. v. Chr. die Verwandlung des menschlichen Gesichts – das in der Latènekunst stets eine viel größere Rolle spielte als der menschliche Körper im Ganzen – in bizarre Masken, groteske oder bedrohliche Fratzen. Wie Wesen aus einer anderen Welt starren den Betrachter diese glotzäugigen, monströsen und bisweilen wie aufgeblasen wirkenden Gesichter von Maskenfibeln, Gürtelhaken oder Schnabelkannen herab an, und übernatürliche, jenseitige Wesen sollten sie ja vermutlich auch darstellen. Nicht minder skurril wirken auch viele der Tiere, die diesen Kleinkunst-Kosmos bevölkern und die oftmals kaum mehr zu identifizieren sind: Da gibt es Mischwesen aus Raubtier und Pferd, menschenköpfige Fabeltiere, und über den Rand einer Schnabelkanne vom Dürrnberg kriecht ein Vierfüßler, der wie eine Mischung aus Ameisenbär und Rüsseltier aussieht (vgl. Abb. S. 77). Mit den ursprünglichen Vorbildern aus der griechisch-etruskischen Kunst, die selbst bei der Darstellung mythischer Themen und Motive in ihrem Stil stets vergleichsweise naturalistisch blieb, hatten diese phantastischen Ausgeburten und Kompositionen nur noch wenig zu tun.

Symbolfiguren statt Bilderzählungen

Und noch in einer anderen Hinsicht unterschied sich die keltische Kunst grundlegend von der des Mittelmeerraums, durch die sie anfänglich so stark beeinflusst worden war: Im Gegensatz etwa zu den Griechen, die auf ihren bemalten Keramikgefäßen gerne ganze Szenenfolgen aus der Mythologie und dem Alltagsleben abbildeten, beschränkten sich die Kelten fast durchweg auf die Darstellung einzelner Figuren außerhalb eines komplexeren szenischen Zusammenhangs. Die emblemartige Zusammenstellung zweier Tiere, die Platzierung eines Gesichts zwischen Fabelwesen oder das Motiv eines von Ungeheuern bedrohten Menschen waren in dieser Hinsicht schon das höchste der Gefühle – darüber hinaus wurden keinerlei Handlungsabläufe abgebildet. Im Gegensatz zu den Mittelmeervölkern und etwa auch den Schöpfern der ostalpinen Situlenkunst (vgl. S. 60 ff.) ging es den keltischen Kunsthandwerkern also nicht darum, mit ihren Bildern und Darstellungen ganze Geschichten zu erzählen, sondern vielmehr symbolhaft Vorstellungen und Bedeutungsinhalten Ausdruck zu verleihen, die den Betrachtern und Benutzern der keltischen Kleinkunstwerke sicherlich geläufig waren und die sie mit den dargestellten Motiven verbanden. Die ganz wenigen keltischen Kunstobjekte, die abweichend von dieser Regel doch umfassendere sze-

Geglätteter Abdruck aus einer tönernen Gussform zur Herstellung eines ‚pseudo-etruskischen' Silenskopfes von der Heuneburg in Württemberg. Offenbar formten die Handwerker dieses frühkeltischen ‚Fürstensitzes' bereits selbstständig südliche Ziermotive nach.

DIE GEBURT DER KELTISCHEN KUNST

Von frühkeltischen Handwerkern um 400 v. Chr. gefertigte Schnabelkanne aus einem Grab vom Dürrnberg bei Hallein in Österreich. Mit ihrer meisterhaft gearbeiteten figürlichen Verzierung gehört sie zu den schönsten Erzeugnissen des frühkeltischen Kunsthandwerks.

DIE GEBURT DER KELTISCHEN KUNST

nische Darstellungen enthalten, stammen – wie eine verzierte Schwertscheide aus Hallstatt (vgl. Abb. S. 88) oder der berühmte Kessel von Gundestrup (vgl. S. 130 ff.) – aus der Kontaktzone mit Kulturen, die über eine ausgeprägte szenische Bildtradition verfügten, und nehmen insofern eine Sonderstellung ein.

Eine überwuchernde Ornamentik

Möglicherweise das herausragendste Charakteristikum der Latènekunst war aber eine ausufernde, reiche und in ihrer gestalterischen Dynamik gegenüber der Hallstattzeit geradezu revolutionär veränderte Ornamentik. Waren die Ziermuster damals, so weit wir sie von der Keramik (vgl. Abb. S. 15), von Metallobjekten (vgl. Abb. S. 16) und Textilien (vgl. Abb. S. 21) her kennen, vorwiegend auf eckig-winkligen Grundformen wie Rechtecken, Dreiecken, Mäandern, Winkelbändern oder Zickzackmustern und auf dem Prinzip der linearen Reihung aufgebaut, so trat mit dem Beginn der Latènezeit ein ungleich expressiverer, kraftvollerer und ungezügelterer Zierstil an die Stelle dieser wohl geordneten, „polychromen Teppichmuster"[19]. Er baute auf rundlichen und kurvig-spiraligen Grundformen wie dem Kreisbogen, dem Wirbel und der Pflanzenranke auf, so dass Metallgefäße, Gürtelbleche und Ringe nunmehr mit aufwendigen Kompositionen aus Kreis- und Bogenmustern oder mit einem alles überwuchernden und schier undurchdringlichen Ranken- und Blattwerkdickicht bedeckt waren (vgl. Abb. S. 92).

Die vegetabilen Ornamente stammten dabei – ähnlich wie die figürlichen Motive – großenteils aus dem Mittelmeerraum, und besonders an dem reichen Material aus den ‚Fürstengräbern' westlich des Rheins lässt sich ausgezeichnet studieren, wie die frühkeltischen Kunsthandwerker aus griechischen und etruskischen Palmetten, Lotosblüten und Spiralranken im Laufe der Zeit ein ganz eigenes, sehr viel stärker stilisiertes und völlig neu durchkomponiertes pflanzliches Dekor schufen. Im östlichen Frühlatèneraum arbeitete man im Vergleich dazu stärker mit abstrakten Ornamenten wie Kreisbögen und Halbbögen, in die auch einheimische Traditionen mit einflossen – doch war auch hier der Bruch mit der sehr viel ‚statischeren' Hallstatt-Ornamentik radikal und grundlegend.

In beiden Stilkreisen wurden viele der Frühlatène-Kompositionen unverkennbar mit dem Zirkel konstruiert, der in Griechenland und Etrurien schon Jahrhunderte zuvor bekannt und in Gebrauch gewesen war. Die keltischen Kunsthandwerker führten die von dort übernommene Zirkelornamentik freilich zu einer bis dahin nicht gekannten, einzigartigen Komplexität und Raffinesse. Durch die überaus variationsreiche und vielfältige Kombination unterschiedlichster Zirkelmotive im Stil heutiger Mandalas (vgl. Abb. S. 78) schufen sie ganze ‚Ornamentteppiche' von beeindruckender Komplexität und Schönheit, wie sie nach dem Urteil von Fachleuten in der griechisch-etruskischen Kunst unbekannt sind.

Interessanterweise scheint diese frühkeltische Zirkelornamentik in noch sehr einfacher Form bereits auf den ‚Fürstensitzen' der Hallstattzeit ausgeübt worden zu sein, denn auf der Heuneburg und in einem ihrer Grabhügel fanden sich Schmuckstücke aus Knochen sowie eine Lanzenspitze, die unter Zuhilfenahme des Zirkels mit Kreisen und Bogenmustern verziert worden waren. Zwar stammen diese bislang einzigartigen Funde ausschließlich aus den jüngeren Burgperioden und damit aus einer Zeit, in der andernorts möglicherweise schon die ersten Latènegräber angelegt wurden (vgl. S. 71). Dennoch könnten sie darauf hinweisen, dass auch die großen Hallstattzentren ungeachtet ihres späteren Niedergangs eine gewisse Rolle bei der ‚experimentellen Vorbereitung' des neuen Kunststils spielten – waren doch dort die für ein solches künstlerisch-technisches Experimentieren erforderlichen Spe-

Die Vierfüßler auf dem Rand der Dürrnberger Kanne erinnern mit ihrem rüsselartigen Fortsatz auf den ersten Blick an Ameisenbären. Wahrscheinlich handelt es sich jedoch um Raubtiere, aus deren Maul noch der Schwanz eines soeben verschlungenen Beutetieres heraushängt.

Blüten-Palmettenfriese auf einer Caeretaner Hydria (oben), auf einem keltischen Trinkhornbeschlag von Eigenbilzen in Belgien (Mitte) und von der „Schale" von Schwarzenbach (unten, um 400 v. Chr.).

Ornamental verzierte Bronzescheibe (sog. Phalere) aus einem Wagengrab bei Somme-Bionne, Dép. Marne, in Frankreich (5. Jh. v. Chr.). Daneben die dem Ornament zugrunde liegende Zirkelkonstruktion.

zialisten vermutlich am zahlreichsten versammelt (vgl. S. 33 f. und 40 f.).

Rätsel im Blattwerkdickicht

Noch zusätzlich verkompliziert und ‚verrätselt' wurden die frühlatènezeitlichen Ornamentteppiche durch eine eigentümliche Gestaltungsweise, bei der sich die einzelnen Formen und Motive oft nach Art eines Vexierbildes unterschiedlich lesen lassen, so dass sich je nach Sichtweise ein komplementäres Bild ergibt. Die keltische Ornamentik erhebt auf diese Weise, wie es Wolfgang Kimmig formulierte, „das Undurchschaubare, das Irrationale zum Grundzug ihrer Konzeption", und „das Ergebnis ist ein kunstvoller, nur schwer zu durchstreifender Irrgarten, aus dem man nicht leicht den Weg ins Freie findet".[20]

In diesem „Irrgarten der Ornamente"[21] wurden schließlich zu allem Überfluss auch noch menschliche Gesichter, Masken oder Tiersilhouetten versteckt, die man zum Teil so stark stilisierte und abstrahierte, dass der Betrachter sich fragt, ob er tatsächlich eine Figur oder doch nur eine reine Zierform vor sich hat. Diese ornamentale Auflösung von Figuren und Zergliederung optischer Einheiten in dekorative Einzelelemente ist ein weiterer charakteristischer Grundzug der keltischen Kunst, der zu einer gewollten Vieldeutigkeit ihrer Darstellungen und Motive führt. Er fand seinen Niederschlag nicht nur in den beschriebenen Rätselbildern der älteren Latènezeit, sondern auch in Schwertscheiden des 3. Jhs. v. Chr., auf denen ehemals naturalistische Greifendarstellungen zu kaum mehr identifizierbaren ‚Heilszeichen' stilisiert wurden, und in den keltischen Münzen des 2. und 1. Jhs. v. Chr., deren nachgeahmte griechische Münzbilder zu immer abstrakteren Ornamenten zerflossen (vgl. S. 110 f.).

DIE GEBURT DER KELTISCHEN KUNST

Stilistischer Wandel

Diese überreiche und expressive Ornamentik ist in erster Linie gemeint, wenn vom charakteristischen ‚Latènestil' die Rede ist, und sie verleiht auch der nicht figürlichen Kunst der Kelten ein einzigartiges und unverwechselbares Gepräge. Nach der beschriebenen Phase des ‚Frühen Stils' im 5. und 4. Jh. v. Chr. durchlief sie noch mehrere Entwicklungsphasen und trat im späteren 4. und frühen 3. Jh. v. Chr. – der Zeit des sog. Waldalgesheimstils (vgl. Abb. S. 66) – immer mehr gegenüber der Figuralkunst in den Vordergrund. Seit dem 3. Jh. v. Chr. verzierten besonders die östlichen Kelten auch ihre Schwertscheiden und Schwerter häufig mit Ziermustern, die einen Höhepunkt des keltischen Kunstschaffens während dieser Periode darstellen (sog. Schwertstil). Etwa zur gleichen Zeit kamen überall im keltischen Kulturraum Objekte mit betont plastischem und als Relief herausgearbeitetem Dekor in Mode (sog. Plastischer Stil), bevor im 2. und 1. Jh. v. Chr. auch wieder Menschen- und Tierdarstellungen häufiger wurden. Verglichen mit der figürlichen Kunst des ‚Frühen Stils' zeichnen sich diese späteren Bildwerke aber durch einen größeren Naturalismus und eine weniger starke Verfremdung aus.

Goldener Fingerring aus einem frühlatènezeitlichen ‚Fürstengrab' bei Rodenbach in der Pfalz (5. Jh. v. Chr.) mit ornamental aufgelösten Gesichtern. Diese Zergliederung figürlicher Formen in dekorative Einzelelemnete findet sich häufig in der frühkeltischen Kunst.

Eine vieldeutige Kunsttradition

Will man ein kurzes Resumee der skizzierten Merkmale ziehen, so war die antike keltische Kunst – im auffälligen Gegensatz zu derjenigen des Mittelmeerraums, von der sie so viele Anregungen empfing – nicht ‚offen' und klar gestaltet, sondern vieldeutig, verrätselt und von manchmal geradezu Unheil verheißender Jenseitigkeit. Betrachtet man sie als Spiegelbild der Menschen, die sie schufen, so weist sie darauf hin, dass den antiken Kelten ein sorglos-diesseitiges Lebensgefühl offenbar ebenso fremd war wie ein vordergründig-rationalistisches Denken. Alles in ihrer Kunst ist vielmehr mehrdeutig – gleichsam doppelgesichtig – und stellt die Verlässlichkeit der alltäglichen Wahrnehmung in Frage, und bei aller Schönheit der Kompositionen wird doch auch überall das Eindringen dunkler, jenseitiger Mächte in die Lebenswelt der Menschen gezeigt und thematisiert. Das alles spricht dafür, dass das Weltbild dieses antiken Volkes auch ausgedehnte Bereiche jenseits der wahrnehmbaren Realität einschloss, und dass die Kelten das Diesseits eng mit diesen jenseitigen Welten verschränkt und verbunden sahen. Auf diesen Umstand und die daraus folgende Tatsache, dass ein großer Teil ihres Lebens und Denkens offenbar um die Auseinandersetzung mit den Wesen und Mächten jener ‚anderen Welten' kreiste, werden wir bei der Beschäftigung mit der keltischen Religion noch einmal ausführlicher zurückkommen (vgl. S. 130).

Ornamentale Verzierungen von Schwertscheiden im sog. Schwertstil, wie sie während des 3. und 2. Jhs. v. Chr. besonders im ostkeltischen Kulturraum weit verbreitet waren.

DIE GEBURT DER KELTISCHEN KUNST

DIE GROSSEN KELTISCHEN WANDERUNGEN

Bereits kurze Zeit nach der Herausbildung des beschriebenen Kunst- und Zierstils begann sich die Latènekultur von ihren Ursprungszentren her über weite Teile Europas auszubreiten. Gegen Ende des 4. Jhs. v. Chr. waren fast ganz Frankreich sowie große Teile Englands und Irlands von ihr geprägt, und auch die in Südfrankreich ansässigen Ligurer und die auf der Iberischen Halbinsel beheimateten Iberer übernahmen viele keltische Sprach- und Kulturelemente, so dass sich dort in der Forschung als ‚kelto-ligurisch' bzw. ‚kelto-iberisch' bezeichnete Mischkulturen herausbildeten.

Über diese Ausbreitung in westlicher Richtung liegen uns leider keinerlei historische Berichte vor, so dass sich auch kaum zuverlässig erschließen lässt, ob sie durch eine regelrechte Einwanderung keltischer Gruppen in die betreffenden Regionen zustande kam oder ob die dort ansässigen Bevölkerungen den neuen Latènestil von sich aus übernahmen. Es lässt sich nur vermuten, dass beide Faktoren eine Rolle spielten, die aber gewiss von Region zu Region unterschiedlich groß war, und dass der weiträumige Güteraustausch und möglicherweise auch der Einfluss wandernder Handwerker (vgl. S. 26) das ihre zur Ausbreitung und Durchsetzung des neuen Latènestils beitrugen. Linguistische Studien haben zudem gezeigt, dass beim Auftauchen der ersten Schriftzeugnisse vielerorts in dem beschriebenen Raum keltische Dialekte gesprochen wurden, so dass es zumindest längerfristig zu einer auch sprachlichen ‚Keltisierung' Westeuropas kam.

Von ihrem Entstehungszentrum in Mitteleuropa breitete sich die Latènekultur während des 4. Jhs. v. Chr. über ganz Frankreich bis auf die Britischen Inseln und weit in den Donauraum hinein aus. Keltische Stämme besetzten außerdem große Teile Oberitaliens und unternahmen von hier aus Raubzüge nach Mittelitalien, donaukeltische Gruppen breiteten sich im 3. Jh. v. Chr. bis ans Schwarze Meer aus, fielen in Griechenland ein und setzten nach Kleinasien über (Pfeile). Die dortigen griechischen Städte wurden im späten 4. Jh. v. Chr. Teil hellenistischer Reiche.

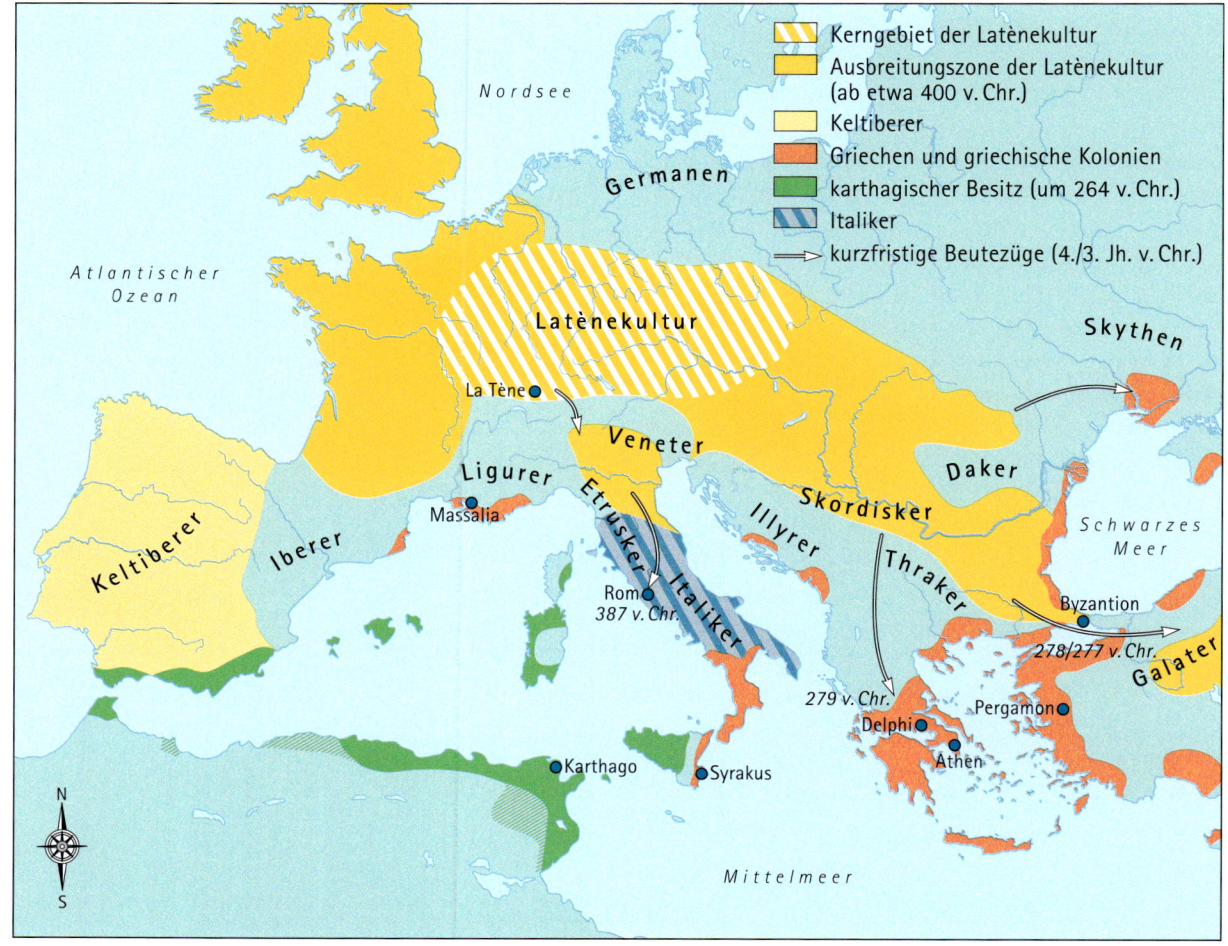

Die Kelten in Norditalien und die keltische Besetzung Roms

Sind die Vorgänge im Westen also noch immer weitgehend in vorgeschichtliches Dunkel gehüllt, so steht die keltische Expansion in südlicher und östlicher Richtung, nach Italien und in den Balkanraum, im vergleichsweise hellen Licht der Geschichte. Sie brachte die dort lebenden Völkerschaften zum ersten Mal wirklich intensiv mit den ‚Barbaren' aus dem Norden in Berührung, die man bis dahin nur von sporadischen Handelskontakten her kannte, und dieses erste Aufeinandertreffen war derart unerfreulich und einprägsam, dass die griechischen und römischen Historiker es ihren Landsleuten noch Jahrhunderte später immer wieder mahnend ins Gedächtnis riefen und der *metus Gallicus*, der ‚gallische Schrecken', ein konstantes und grundlegendes Motiv in der antiken Geschichtsschreibung blieb.

Seit etwa 400 v. Chr. überschritten keltische Gruppen in immer größerer Zahl die Alpen, drangen in das von den Etruskern beherrschte Norditalien ein und eroberten deren Städte *Felsina* und *Melpum*, die in der Folgezeit keltische Namen erhielten: *Bononia* (Bologna) und *Mediolanum* (Mailand). Innerhalb weniger Jahre besiedelten diese keltischen Einwanderer einen breiten Gebietsstreifen, der von der Poebene über die nördliche Adriaküste bis hinunter in die Region um Ancona reichte, und unternahmen von hier aus Kriegszüge über den Appenin nach Umbrien und Latium.

Im Jahr 387 v. Chr. besiegte ein angeblich 30 000 Mann starkes Heer unter dem Senonenfürst Brennus an dem Tiber-Nebenfluss Allia die römische Armee und besetzte anschließend mehrere Monate lang die damals noch recht kleine und unbedeutende Stadt Rom, bis ihre Bewohner sich durch die Zahlung eines üppigen Tributs von angeblich tausend Pfund Gold freizukaufen vermochten. Die Geschichte von den heiligen Gänsen der Juno, die durch ihr Geschnatter die auf dem Kapitol verschanzten Römer vor einem keltischen Überfall warnten, ist ebenso sprichwörtlich bekannt geworden wie der Ausruf *vae victis!* (‚Wehe den Besiegten!'), mit dem Brennus der Legende zufolge beim Abwiegen des Lösegeldes sein Schwert zusätzlich in die Waagschale geworfen und dadurch den ausgehandelten Preis für den Abzug der Belagerer willkürlich erhöht haben soll. Der 18. Juli – der Tag der Niederlage an der Allia – blieb für die Römer jedenfalls noch auf lange Zeit hinaus ein *dies ater*, ein ‚Schwarzer Tag', und er begründete eine lang anhaltende, tiefe Furcht und Feindschaft gegenüber den Kelten, die diesen einige Jahrhunderte später zum Verhängnis werden sollte (vgl. S. 141 ff.).

Kelten auf dem Balkan und vor Delphi

Ebenfalls im 4. Jh. v. Chr. zogen andere keltische Gruppen donauabwärts und drangen immer weiter auf den Balkan vor, bis sie gegen Ende des 4. Jhs. das von den Thrakern beherrschte Schwarzmeergebiet erreichten. Im Jahr 335 v. Chr. empfing Alexander der Große bei einem Feldzug eine Gesandtschaft dieser Donaukelten, die auf seine erwartungsvolle Frage, was sie denn am meisten fürchteten, die berühmt gewordene Antwort gaben: „Sie fürchteten nichts, außer dass der Himmel über ihnen einstürzen könnte" (Strabon 7,3,8). Im Jahr 279 v. Chr. griffen starke keltische Verbände Griechenland an und versuchten das altehrwürdige, mit Schätzen angefüllte Apollo-Heiligtum

Der Keltenfürst Brennus wirft beim Abwiegen des von der Stadt Rom zu zahlenden Goldtributs sein Schwert zusätzlich in die Waagschale und treibt dadurch den Preis für den Abzug seiner Kriegerscharen in die Höhe. Französischer Stich aus dem 19. Jh.

DIE GROSSEN KELTISCHEN WANDERUNGEN

von Delphi zu plündern, was ihnen allerdings nicht gelang. Ein Teil von ihnen ließ sich daraufhin an der Südwestküste des Schwarzen Meeres nieder und gründete dort das Kleinkönigreich von Tylis, das in den folgenden Jahrzehnten durch Raubzüge gegen die Griechen und Thraker in der Region von sich reden machte.

Ein anderer Teil – die antike Überlieferung spricht von 20 000 Mann – setzte 278/277 v. Chr. zur Unterstützung des Seleukiden-Königs Nikomedes I. von Bithynien nach Kleinasien über, wo die keltischen Kriegerscharen alsbald auf eigene Faust die Griechenstädte an der Westküste plünderten und sich wenig später in Zentralanatolien niederließen. Dort wurden sie unter dem griechischen – uns vor allem durch den berühmten Brief des Apostels Paulus geläufigen – Namen ‚Galater' bekannt und überdauerten etliche Jahrhunderte als das östlichste aller keltischstämmigen Völker, von dem der Kirchenvater Hieronymus noch im 4. Jh. n. Chr. berichtete, es spreche eine ganz ähnliche Sprache wie die galloromischen Bewohner von Trier.

Bevölkerungsdruck als Auswanderungsgrund?

Warum die Kelten nun aber so auffällig bald nach der Latèneumwälzung und dem Anbruch eines ‚neuen Zeitalters' in fernab gelegene Gebiete aufbrachen und weite Teile Europas in einer Wanderungsbewegung überrollten, wie es sie vergleichbar erst wieder mit den germanischen Völkerwanderungen des 4. und 5. Jhs. n. Chr. geben sollte, das wissen wir bisher leider nicht. Auch die antiken Quellen bieten dazu vorwiegend nur Legendenhaftes und wenig Verlässliches, das uns aber doch immerhin einige Fingerzeige zu geben vermag.

So berichtet beispielsweise der römische Historiker Titus Livius (59 v. Chr. bis 17 n. Chr.) in seinem berühmten Buch über die Geschichte der Stadt Rom, *Ab urbe condita*, von einem Biturigerkönig Ambigatus, unter dessen Herrschaft „Gallien so reich an Erträgen und an Menschen war, dass es schien, als könne man die übergroße Menge kaum noch beherrschen. Selbst schon hochbetagt, wollte er [= Ambigatus] das Reich von der erdrückenden Masse entlasten" und fasste daher den Entschluss, „die Söhne seiner Schwester, Bellovesus und Segovesus, [...] in Gebiete zu entsenden, die ihnen die Götter durch Vorzeichen anweisen würden". Nach Livius' Bericht erhielt Segovesus durch das Los die Herkynischen Wälder, also Süddeutschland bis etwa zur Mittelgebirgszone, während die Götter dem Bellovesus „den weit schöneren Weg nach Italien zuwiesen". Er nahm dorthin „mit, was von seinen Stämmen überschüssig war – Bituriger, Arverner, Senonen, Haeduer, Ambarrer, Karnuten und Aulerker –", denn Ambigatus hatte ihnen geraten, „sie sollten sich so viele Menschen mitnehmen, wie sie wollten, damit kein Volk die Ankömmlinge abwehren könne" (Livius, Ab urbe condita 5,34,1–5).

Hier werden also Überbevölkerung und – merkwürdig genug – allzu großer Wohlstand als Ursache für die Auswanderung eines großen Teils der Bevölkerung genannt, und diese Begründung findet sich auch bei dem gallischstämmigen römischen Geschichtsschreiber Pompeius Trogus. Er schrieb im 1. Jh. n. Chr.: „Weil die Heimat die Gallier nicht mehr fassen konnte, schickten diese 300 000 Menschen aus, um neue Wohnsitze zu suchen wie bei einem *ver sacrum* [Heiligen Frühling]" (Pompeius Trogus/Iunianus Iustinus, Philippische Geschichte 24,4) – so nannte man im italischen Raum die Aussendung einer Jungmannschaft zur Begründung neuer Siedlungen und Gewinnung neuen Siedlungslandes. An einer anderen Stelle seines Werkes erwähnt Pompeius Trogus freilich noch einen weiteren Auswanderungsgrund der Gallier, nämlich „innere Uneinigkeit und andauernde Auseinandersetzungen zuhause" (Pompeius Trogus/Iunianus Iustinus, Philippische Geschichte 20,5). Dieses Motiv findet sich in ganz ähnlicher Formulierung auch bei dem griechischen Historiker und Philosophen Plutarch, der von 45 bis etwa 125 n. Chr. lebte.

Verlockung durch Feigen und Trauben?

Im Gegensatz zu diesen vorwiegend auf Krisen verweisenden Auswanderungsszenarien stellte der römische Schriftsteller Plinius der Ältere (23–79 n. Chr.) die Verlockungen des Südens als keltisches Auswanderungsmotiv in den Vordergrund. In seiner ‚Naturgeschichte' berichtete der weit gereiste Autor, der eigentliche Anstoß für den Zug der Kelten nach Italien sei der Umstand gewesen, dass „der Helvetier Helico, der sich in Rom als Handwerker aufgehalten hatte, bei seiner Rückkehr eine trockene Feige und eine Traube sowie Proben von Öl und Wein mitbrachte", die man daraufhin „sogar durch Kriege sich zu verschaffen" gesucht habe (Plinius d. Ä., Naturgeschichte 12,5).

Plutarch schließlich nannte gleichermaßen beide Auswanderungsmotive, als er um 100 n. Chr. schrieb: „Die Gallier [...] verließen, wie es heißt, wegen ihrer großen Zahl ihr Siedlungsgebiet, da es nicht ausreichte, sie alle zu ernähren, und begaben sich auf die Suche nach neuem Land." Ein Teil von ihnen habe sich zunächst „zwischen den Pyrenäen und den Alpen niedergelassen", doch dann hätten sie „vom Wein gekostet, der damals zum ersten Mal aus Italien eingeführt wurde, und hätten den Trank so bewundert, dass sie ihre Waffen ergriffen, [...] zu den Alpen zogen und jenes Land suchten, welches eine derartige Frucht hervorbringt, jedes andere Land aber für unfruchtbar und wüst hielten" (Plutarch, Camillus 15,1–3).

❧ „Bevor die Kelten über die Alpen zogen [...], kam es bei ihnen zu schweren Unruhen, die nicht beigelegt werden konnten und die bis zum Bürgerkrieg führten" (Plutarch, Über die Tugenden der Frauen 6 = Moralia 246 b–d).

❧ „Bei ihnen [= den gallischen Auswanderern] handelte es sich um viele zehntausend kriegstüchtige junge Männer, die noch mehr Frauen und Kinder mit sich führten" (Plutarch, Camillus 15,2).

Soziale Krise und Klimawandel?

So legendenhaft ausgeschmückt und in ihren Details phantastisch diese erst einige Jahrhunderte nach der Wanderungszeit verfassten Berichte auch gewiss sind – sie könnten dennoch einen wahren historischen Kern enthalten. Denn die mehrfach in ihnen erwähnte Überbevölkerung und innere Zerstrittenheit der frühen Kelten mag durchaus ein Ausdruck der tiefen und lang anhaltenden gesellschaftlich-ökonomischen Krise gewesen sein, die Mitteleuropa im 5. Jh. v. Chr. durchlitt und die augenscheinlich auch durch die ‚Latène-Revolution' nicht vollständig gelöst wurde. Und in der Geschichte vom Handwerker Helico und den durch ihn nach Mitteleuropa gelangten Verlockungen des Südens vermeint man eine Allegorie auf die Wirtschaftsbeziehungen der frühkeltischen ‚Fürstentümer' im 6. und 5. Jh. v. Chr. mit den Mittelmeerländern zu erkennen, die den Völkerschaften nördlich der Alpen erstmals ein Bild von der südlichen Lebensweise vermittelten.

Keltische Scharen ‚mit Sack und Pack' auf dem Weg in die Ferne. Zeichnung von Flemming Bau.

Beide Faktoren könnten also tatsächlich eine wichtige Rolle bei der keltischen Expansion des 4. Jhs. v. Chr. gespielt haben, und darüber hinaus gibt es neuerdings auch noch Hinweise auf einen dramatischen Klimaeinbruch um 400 v. Chr., der die ohnehin schwelende Krise durch sinkende Ernteerträge noch zusätzlich verschärft und den Auswanderungsdruck erhöht haben könnte. Doch welches auch immer im Einzelnen die Motive waren: Die Eroberungszüge der Kelten im 4. und 3. Jh. v. Chr. richteten sich in jedem Fall gegen ihre einstmaligen Handelspartner, und die geographischen Ziele, denen sie galten, wie auch die Wege, die man dabei einschlug, waren den Auswanderern von diesen Wirtschaftsbeziehungen her nur allzu gut bekannt. Insofern dürften es – zumindest für die Anführer und Häuptlinge – keine Züge ins völlig Unbekannte, sondern vielmehr Vorstöße auf durchaus vertrautes Terrain gewesen sein.

Eine Auswanderungswelle von gewaltigem Ausmaß

An diesen Wanderzügen beteiligten sich – das zeigen die verfügbaren historischen Quellen ebenso wie die riesigen besetzten Räume – nicht nur kleine Kolonistengruppen, sondern ganze Stammesteile und Stämme, wenn auch die bei Pompeius Trogus genannte Zahl von 300 000 Auswanderern (vgl. S. 82) vielleicht übertrieben sein mag. Von ihrem Umfang und ihrer historischen Dimension her sind sie daher durchaus mit den sehr viel bekannteren germanischen Völkerwanderungen des 4. und 5. Jhs. n. Chr. vergleichbar, und dementsprechend führten sie auch zu einer deutlichen und archäologisch nachweisbaren Bevölkerungsabnahme in ihren mitteleuropäischen Ausgangsregionen.

Die Prähistoriker vermuteten lange Zeit, bei den Auswanderern habe es sich vorwiegend um die ‚Verlierer' der internen Machtkämpfe und Auseinandersetzungen des frühen 5. Jhs. v. Chr. gehandelt, und die alten Hallstattzentren in Südwestdeutschland und Ostfrankreich hätten daher nach ihrem Niedergang (vgl. S. 65) einen Großteil der Emigranten gestellt. Neuere Forschungen haben jedoch gezeigt, dass die frühen Zentren der Latènekultur in der Champagne, in Böhmen und in Bayern offenbar die wichtigsten Ausgangspunkte der Wanderungen waren und dass sich die Migranten von hier aus in mehreren aufeinander folgenden Wellen über Italien und den Balkanraum ausbreiteten.

Der Treck in die Ferne

Diese Auswanderer überschritten auf kleinen, schon seit langem bekannten Saumpfaden mit Hilfe von Lasttieren die Alpen oder zogen mit Ochsenkarren, auf denen sie ihr wichtigstes Hab und Gut verstaut hatten, die Donau hinab – einen Teil der Strecke mögen sie auch mit sehr viel schnelleren und tragfähigeren Booten oder Flößen auf dem Fluss selbst zurückgelegt haben (vgl. S. 37). Ihr militärisches Rückgrat waren gewiss organisierte Kriegergruppen und Gefolgschaften, deren soziale Bedeutung in diesen Wanderungszeiten enorm wuchs und die ihnen im

Die Altburg bei Bundenbach im Hunsrück gehört zu den wenigen bekannten keltischen Siedlungen, die während der ‚Wanderungszeit' des 4. und 3. Jhs. v. Chr. in Mitteleuropa begründet wurden. Zu Beginn nur ein befestigter Herrenhof, wurde sie im Laufe der Zeit zu einer etwa 2 ha großen Kleinburg *(castellum)* ausgebaut, deren Oberburg als Freilichtmuseum rekonstruiert wurde.

Ausschnitt aus einem Tempelfries von Cività Alba in Italien mit der Darstellung zweier keltischer Krieger (frühes 2. Jh. v. Chr.). Den an ihren charakteristischen Langschilden erkennbaren flüchtenden Kelten fällt das geraubte Tempelgut zu Boden.

fremden Land – wo immer dies nötig war – den Weg freizukämpfen vermochten. Zum Teil mögen diese Gefolgschaften auch schon stammesübergreifende Kriegerbünde und damit ein Bindeglied zwischen den verschiedenen Emigrantengruppen gebildet haben – darüber hinaus existierte keinerlei einheitliche Führung, und ebenso wenig dürfte es einen genau durchdachten ‚strategischen' Vormarschplan gegeben haben. Man rückte einfach immer weiter vor, und wo eine Niederlassung auf geeignetem Land – in Abstimmung mit der einheimischen Bevölkerung oder nach ihrer Niederwerfung und Vertreibung – möglich war, da siedelten die Auswanderer sich an. Es gibt Hinweise, dass dabei vor allem in Italien anfänglich dünn besiedelte oder unbewohnte Landstriche bevorzugt wurden.

Ein kulturell besonders hoch entwickeltes Leben war in solchen mobilen Gemeinschaften natürlich ebenso wenig möglich wie die Herausbildung großer Siedlungszentren, und daher lebte die Mehrzahl der Einwanderer wohl zunächst unter vergleichsweise bescheidenen Verhältnissen, wie sie der griechische Historiker Polybios für die Kelten der Poebene beschrieb (vgl. Zitat Randspalte). Im Verlauf des 3. Jhs. v. Chr. scheinen die oberitalischen Kelten dann allerdings durchaus auch größere Siedlungen und regionale Zentren gegründet zu haben, die in den Kriegsberichten der antiken Autoren verschiedentlich Erwähnung finden. Da aber keiner der antiken Berichterstatter diese ‚Oppida' (vgl. S. 95) näher beschreibt, lässt sich das Ausmaß dieser späteren Urbanisierung des keltischen Norditalien nur schwer abschätzen.

Bauern und Söldner

Archäologische Überreste wurden von diesen vermuteten Großsiedlungen bislang ebenso wenig aufgefunden wie von den durchschnittlichen und wohl zumeist nur aus wenigen Höfen bestehenden bäuerlichen Niederlassungen und Weilern. In einiger Zahl bekannt sind hingegen keltische Gräberfelder in Italien und auf dem Balkan. Ihre Beigabenensembles lassen deutlich erkennen, dass die Einwanderer nach der Sesshaftwerdung vielfältige Kontakte mit ihren einheimischen Nachbarn pflegten und

„Sie wohnten in unbefestigten Dörfern ohne weitere Annehmlichkeiten der Zivilisation. Denn weil sie auf Stroh lagerten und überwiegend Fleisch aßen, überdies keine anderen Tätigkeiten als Kriegführung und Landwirtschaft ausübten, führten sie ein einfaches Leben und verfügten nicht über weitere Kenntnisse und Fertigkeiten. Ihre Habe bestand im Allgemeinen aus Vieh und Gold, da sie nur diese beim Umherziehen leicht transportieren und dahin bringen konnten, wo sie sie haben wollten" (Polybios Historien 2,17,9–12).

DIE GROSSEN KELTISCHEN WANDERUNGEN

Kampfszene auf einer Urne aus Cortona in Italien (2. Jh. v. Chr.). Das mehr als 50 Jahre nach den Keltenkriegen entstandene Relief zeigt einen gut gerüsteten etruskischen Reiter, der einem nackt und wehrlos vor ihm am Boden kauernden Kelten die Lanze ins Gesäß stößt.

zahlreiche Ausstattungsobjekte und Sitten von ihnen übernahmen. Umgekehrt galt dies ebenso, so dass es zu einer raschen kulturellen Assimilation und letztlich wohl auch teilweisen ethnischen Vermischung gekommen zu sein scheint. In Italien ging diese so weit, dass die Kelten ihre Toten vielfach auf den gleichen Friedhöfen bestatteten wie die Einheimischen und dass sich ihre Gräber allein anhand der Beigaben teilweise kaum noch von denen der Italiker unterscheiden lassen. In einer archäologisch gut erforschten Dorfsiedlung aus dem 4. Jh. v. Chr. am Monte Bibele unweit von Bologna haben sich sogar Hinweise darauf gefunden, dass dort Kelten und Etrusker über 150 Jahre lang praktisch Tür an Tür nebeneinander lebten.

Vielen der so zahl- und einflussreichen Kriegerverbände und Gefolgschaften reichte dieses bescheidene bäuerliche Kolonistenleben aber augenscheinlich nicht aus, und sie durchstreiften stattdessen als plündernde und brandschatzende Horden die umliegenden Landstriche und Regionen. In einiger Zahl verdingten sie sich auch als Söldner bei den unterschiedlichsten Herrschern – im Jahr 386 v. Chr. beispielsweise bei dem Tyrannen Dionysos von Syrakus und im 3. Jh. bei verschiedenen hellenistischen Königen –, so dass keltische Kriegerverbände im Rahmen dieser Söldnerdienste schließlich sogar bis nach Ägypten gelangten.

Eine archaische Gesellschaftsordnung

Vergleicht man diese hoch mobile, kriegerische Gesellschaft des 4. und 3. Jhs. v. Chr. mit derjenigen der vorangegangenen ‚Fürstenepoche', so scheinen die Kelten während der Wanderungszeit in eine deutlich archaischere und weniger komplexe Sozialordnung zurückgefallen zu sein. Dies gilt wohlgemerkt nicht nur für die ins Mittelmeergebiet ausgewanderten Gruppen, sondern ebenso für die in der mitteleuropäischen Heimat verbliebenen Bevölkerungsteile – hier scheint es während des 4. und 3. Jhs. zwar zu einer gewissen Stabilisierung der gesellschaftlichen Verhältnisse gekommen zu sein, jedoch auf einem deutlich niedrigeren Niveau als während der Späthallstatt- und Frühlatènezeit. Große Siedlungszentren, Burgen und Befestigungsanlagen vergleichbar denen des 6. und 5. Jhs. v. Chr. sind aus dieser Epoche jedenfalls kaum mehr bekannt, und so liegt die Vermutung nahe, dass nur noch ein ländlicher Adel existierte, der wieder ganz überwiegend in Einzelhöfen und auf repräsentativen Landgütern lebte.

Damit markiert die Wanderungszeit insgesamt einen noch tieferen Einschnitt in der keltischen Geschichte als der Übergang von der Hallstatt- zur frühen Latènekultur im 5. Jh. v. Chr., denn damals bestanden die hoch entwickelten Gesellschaftsstrukturen ja anscheinend unter veränderten Vorzeichen noch eine Zeit lang fort, während das Gefüge der gesellschaftlichen Organisation nunmehr ein grundlegend anderes war. Dieser Wandel ging mit einer vorher nicht gekannten, durch die mobilere Lebensweise verursachten Vereinheitlichung der keltischen Sachkultur innerhalb ihres gesamten riesigen Verbreitungsgebietes einher. So finden sich beispielsweise auf italischen Friedhöfen dieser Zeit exakt die gleichen Fibeln wie in der fast tausend Kilometer weiter nördlich gelegenen Champagne, und auf dem Balkan entdeckte sog. Hohlbuckelringe entsprechen solchen aus Bayern bis ins Detail.

Der keltische Rückzug

Im Verlauf des 3. Jhs. v. Chr. überschritt die keltische Expansion jedoch ihren Höhepunkt und die Kolonistengruppen mussten sich nach und nach wieder aus den von ihnen besetzten Gebieten zurückziehen. Bereits im Jahr 295 v. Chr. besiegten die Römer in der Schlacht von Sentinum in Umbrien die an der Adriaküste ansässigen Senonen und zogen in der Folgezeit deren Siedlungsgebiet, den sog. *ager Gallicus*, als römisches Staatsland ein. Nach einer weiteren siegreichen Schlacht bei Telamon in Etrurien 225 v. Chr. unterwarf Rom auch die in der Poebene und am Fuß der Alpen ansässigen Boier und Insubrer und eroberte die wichtigsten ihrer Siedlungen und

Städte (vgl. S. 85). Die oberitalischen Kelten verbündeten sich daraufhin im Zweiten Punischen Krieg (218–201 v. Chr.) mit den unter Hannibal in Italien einmarschierten Karthagern, die jedoch im Jahr 202 v. Chr. bei Zama in Nordafrika dem römischen Heer unterlagen. Damit hatte auch für Hannibals keltische Verbündete das letzte Stündlein geschlagen, denn sie wurden in den folgenden Jahren von den Römern endgültig in die Knie gezwungen und die meisten von ihnen mussten sich über die Alpen wieder in ihre mitteleuropäischen Heimatgebiete zurückziehen. Norditalien hingegen wurde mit einheimischen Kolonisten neu besiedelt und erhielt unter dem Namen *Gallia Cisalpina* (‚diesseitiges Gallien') den Status einer römischen Provinz.

Auch auf dem Balkan war nach der Zurückschlagung des Angriffs auf Delphi im Jahr 279 v. Chr. und dem anschließenden Übergang starker Söldnerverbände nach Kleinasien (vgl. S. 82) die keltische Expansion im Wesentlichen beendet, und die dortigen Stammesgruppen zogen sich in der Folgezeit schrittweise wieder in den mittleren Donauraum zurück. In Kleinasien schließlich wurden die noch jahrzehntelang unruhigen Galater um 235 v. Chr. von König Attalos I. bei Pergamon vernichtend geschlagen. Die aus Anlass dieses Ereignisses auf der Akropolis der Stadt aufgestellten lebensgroßen Keltenskulpturen – unter ihnen der berühmte ‚Sterbende Gallier' – sind seither geradezu zum Symbol des Scheiterns der keltischen Ausgriffe in den Mittelmeerraum geworden.

Römische Kopie der nach 230 v. Chr. im Athenaheiligtum von Pergamon aufgestellten Skulptur des ‚Sterbenden Galliers'. Der schwer verwundete, nackte Kelte mit *Torques* (Halsring), Schnauzbart und zurückgekämmtem Haar sieht mit schmerzhaft angespanntem Gesicht dem Tod entgegen – ein ausdrucksstarkes Symbol für die Niederlage der transalpinen ‚Barbaren'.

DIE GROSSEN KELTISCHEN WANDERUNGEN

DIE KELTISCHE BEWAFFNUNG UND KAMPFWEISE

Zwei ‚Krieger' der Tübinger Reenactment-Gruppe ‚Carnyx' mit der klassischen Bewaffnung der latènezeitlichen Kelten: Langschwert (rechts) und Lanze (links) als Angriffswaffen, Langschild und Kettenhemd (links) als Schutzbewaffnung; dazu (rechts) noch die tierköpfige keltische Schlachttrompete *(Carnyx)*.

Wie unser Überblick gezeigt hat, traten die Kelten in der antiken Mittelmeerwelt vorwiegend als Krieger und Eroberer in Erscheinung, und daher besitzen wir auch eine für vorgeschichtliche Verhältnisse ungewöhnliche Fülle an Informationen über ihre militärische Ausstattung und Kampfweise. Dies gilt allerdings erst seit dem 4. Jh. v. Chr., also der älteren Latènezeit – über die Kriegsführung und Bewaffnung während der Späthallstattzeit wissen wir nur vergleichsweise wenig, da aus dieser Epoche noch keinerlei literarische Zeugnisse vorliegen und die in den Gräbern aufgefundenen Waffen wie etwa der Hallstattdolch eher als Statussymbole denn als eigentliche Kriegswaffen aufzufassen sind (vgl. S. 17).

In der oberitalisch-südostalpinen Situlenkunst (vgl. S. 60 ff.) sind jedoch wohl geordnete Verbände von Fußkriegern und Reitern mit einheitlicher Bekleidung und Bewaffnung dargestellt, weshalb viele Prähistoriker es für möglich halten, dass die seit dem 6. Jh. v. Chr. im griechischen Kulturraum üblich gewordene *Phalanx*-Kampfweise mit geschlossenen Formationen von Lanzenkriegern auch in Mitteleuropa den Einzelkampf mit dem Schwert abgelöst hatte. In jedem Fall belegen diese Darstellungen – ähnlich wie die Brandschichten auf der Heuneburg (vgl. S. 34 f.) –, dass man aus der Kriegswaffenarmut der westhallstättischen Gräber nicht vorschnell auf eine Epoche des Friedens und der Waffenlosigkeit schließen sollte.

Mit dem Übergang zur Latènekultur änderten sich die Verhältnisse dann wiederum grundlegend, denn den reicheren Männergräbern dieser Epoche wurde vor allem in Gallien erneut ein ganzes Arsenal an Waffen beigegeben, aus dem sich das eiserne Schwert, der Wurfspeer und/oder die Stoßlanze und der Schild als gängige ‚Standardbewaffnung' erschließen lassen. In den zahlreichen mit dieser Waffenkombination ausgestatteten Männergräbern wird offenkundig jene neue Kriegerschicht und ‚militärische Aristokratie' greifbar, die im 4. und 3. Jh. v. Chr. die gesellschaftliche Führungselite stellte und wie beschrieben auch bei den Keltenwanderungen eine so bedeutsame Rolle spielte. Und in der Männerstatue vom Glauberg (vgl. S. 57 f.) haben wir ja sogar das authentische, zeitgenössische Porträt eines solchen frühkeltischen ‚Kriegerfürsten' vor uns.

Geordnete Verbände von Fußkriegern und Reitern mit Lanzen und Schilden auf einer verzierten Schwertscheide aus Hallstatt in Österreich (um 400 v. Chr.).

Hünen mit Schwert und Schild

Bereits die archäologischen Funde vermitteln also ein recht anschauliches Bild von der keltischen Bewaffnung und Kriegsausrüstung – doch noch sehr viel lebendiger und lebensnäher haben die griechischen und römischen Autoren das Erscheinungsbild und die Kampfweise der keltischen Krieger geschildert, die den Mittelmeervölkern ja aus eigener, blutiger Erfahrung nur allzu gut bekannt waren. Von dem im 1. Jh. v. Chr. lebenden griechischen Geschichtsschreiber Diodor stammt etwa die folgende, auf einem älteren Bericht aus dem 2. Jh. fußende Beschreibung der keltischen Kämpfer, nach der sich geradezu ein Lebensbild von ihnen anfertigen ließe:

„Die Gallier haben eine mächtige Körpergröße, aufgeschwemmtes Fleisch und weiße Hautfarbe; sie haben von

Eiserne Schwerter und Schwertscheiden sowie ein bronzener Helm, die bei der Kiesgewinnung aus den Flüssen Doubs und Saône in Frankreich geborgen wurden – keltische Waffen, die einst als Weihegaben in den Gewässern versenkt worden waren (3. bis 1. Jh. v. Chr.).

✧ „Die Bewaffnung ist ihrer Körpergröße angemessen: ein langes, an der rechten Körperseite hängendes Schwert, ein großer Schild, entsprechende Lanzen und die *madaris*, eine Art Wurfspeer. Einige benutzen auch Bogen und Schleudern, und außerdem gibt es ein dem [römischen] *pilum* ähnliches Wurfholz, das ohne Hilfe einer Schlaufe aus der Hand geschleudert wird und weiter fliegen kann als ein Pfeil; es wird vor allem zur Vogeljagd verwendet" (Strabon, Geographie 4,4,3).

DIE KELTISCHE KAMPFWEISE

Zweirädriger keltischer Streitwagen *(essedum)* in einer Rekonstruktion des Schweizerischen Landesmuseums Zürich (oben). Dieser Wagentyp wurde gewöhnlich von einem Gespann aus zwei Pferden gezogen und konnte neben dem stehenden Fahrer (unten) noch eine zweite Person – meist einen Krieger – befördern.

> „In Hosen und leichten Kriegsmänteln traten die Insubrer und Boier zum Kampf an. Die Gaisaten aber […] stellten sich nackt und allein mit ihren Waffen gerüstet in der vordersten Schlachtreihe auf. Sie glaubten [… dass] sich andernfalls das dornige Gestrüpp auf dem Schlachtfeld in ihrer Kleidung verhaken und sie dadurch am Gebrauch ihrer Waffen hindern würde" (Polybios, Historien 2,28,7–8, über die Schlacht von Telamon 225 v. Chr.).

Natur blondes Haar", das sie überdies „dauernd mit Kalkwasser einreiben und von der Stirn zum Scheitel und Nacken hin zurückstreichen, so dass ihr Aussehen Satyrn und Panen ähnlich erscheint. […] Bewaffnet sind sie mit mannshohen Schilden, die eigenartig bunt bemalt sind. […] Sie tragen Bronzehelme mit hoch emporragenden Aufsätzen, die ihren Trägern ein sehr großes Aussehen geben; einige Helme haben nämlich angeschmiedete Hörner, andere Darstellungen der Köpfe von Vögeln oder vierfüßigen Tieren. Sie haben Trompeten mit eigentümlichem, barbarischem Klang. […] Einige tragen eiserne Kettenpanzer, andere begnügen sich mit ihrer bloßen Haut und kämpfen unbekleidet. Statt des Kurzschwertes haben sie lange Schwerter mit breiter Klinge, die an eisernen oder bronzenen Ketten hängen und an der rechten Seite anliegen. […] Sie gebrauchen Speere, die sie Lanzen nennen; diese haben die Spitzen ellenlang [ca. 46 cm] oder noch länger aus Eisen, ihre Breite beträgt knapp zwei Handbreiten [ca. 16 cm]" (Diodor 5,28,1–2 und 5,30,2–4; vgl. Zitat Randspalte S. 89).

Die Archäologie konnte dieses so anschauliche und detaillierte zeitgenössische Lebensbild fast Wort für Wort bestätigen – sie hat aber auch gezeigt, dass sich die keltische Bewaffnung im Laufe der fast ein halbes Jahrtausend während Latènezeit wohl nicht zuletzt als Reaktion auf gegnerische Kampfmethoden immer wieder änderte. So wurde das Schwert – die keltische Offensivwaffe schlechthin – im Laufe der Jahrhunderte immer länger, bis eine Größe von über 1 m schließlich keine Seltenheit mehr war, und es entwickelte sich von einer an-

DIE KELTISCHE KAMPFWEISE

fänglichen Stichwaffe zunehmend zu einer Hiebwaffe mit besonderer Eignung für die immer wichtiger werdende Reiterei. In ähnlicher Weise wuchsen auch die aus Holz oder Rinde gefertigten und mit Leder überzogenen Schilde, die zumeist eine langovale Form hatten, im Verlauf der Latènezeit bis zu Größen von 1,4 m heran, und die anfänglich hohen und nach oben spitz zulaufenden Bronzehelme machten mehr und mehr rundlicheren und mit Wangenklappen sowie einem Nackenschutz versehenen Eisen- und Lederhelmen Platz.

Nackt in die Schlacht?

Wesentlich mehr als solche Details der Bewaffnung haben aber die antiken Berichte über nackt in die Schlacht stürmende Kämpfer (vgl. Zitat Randspalte S. 90) das bis heute geläufige Bild vom keltischen Krieger geprägt. Diese Berichte werden durch die ‚rituelle Nacktheit' der meisten griechischen und römischen Keltenskulpturen scheinbar beglaubigt, und sie entsprechen ja auch nur allzu gut den Klischeevorstellungen, die seit der Antike über nördliches ‚Barbarentum' und unzivilisierte ‚Wildheit' verbreitet sind.

Es fällt freilich auf, dass die Kelten selbst ihre Krieger – angefangen bei den Glauberg-Statuen aus dem 5. Jh. v. Chr. (vgl. S. 57 f.) bis hin zu Skulpturen aus gallorömischer Zeit – fast immer mit irgendeiner Art von Brustpanzer oder Kettenhemd darstellten. Auch wurden Reste solcher Kettenhemden – die sogar die römische Armee von den Kelten übernommen haben soll – ebenso wie Metallteile von verschiedenartigen Leder- oder Gewebepanzern in einer Reihe latènezeitlicher Gräber gefunden. Es hat daher den Anschein, als sei zumindest der keltische Kriegeradel keineswegs nackt, sondern mit unterschiedlich gestalteter Schutzkleidung in die Schlacht gezogen, während ein Teil des gewöhnlichen Fußvolkes – zumindest in der Frühzeit und bei manchen Stämmen – tatsächlich nackt gekämpft haben mag.

Die keltischen Streitwagen

Neben den Fußkriegern waren vor allem die Wagenkämpfer in den keltischen Heeren des 4. und 3. Jhs. v. Chr. von zentraler Bedeutung – so sollen nach (möglicherweise übertriebenen) antiken Angaben an der Schlacht von Sentinum im Jahr 295 v. Chr. tausend gallische Streitwagen, an der Schlacht von Telamon 225 v. Chr. sogar 20 000 keltische Wagenfahrer und Reiter teilgenommen haben. Bei den Kampfwagen handelte es sich um jene leichten, zweirädrigen und von jeweils zwei Pferden gezogenen Fahrzeuge, die auch in vielen frühlatènezeitlichen Adels- und Kriegergräbern besonders in Gallien gefunden wurden (vgl. Karte S. 70). In der Schlacht waren sie, wie Diodor berichtet, „mit einem Lenker und einem Kämpfer" besetzt, die nach dem Eindringen ins feindliche Heer zunächst „mit Speeren auf die Gegner werfen, dann absteigen und zum Kampf mit dem Schwert antreten" (Diodor 5,29,1). Diese mobile Streitwagen-Kampftechnik lernte auch noch Caesar während des Gallischen Krieges 58 bis 52 v. Chr. kennen (vgl. S. 141 ff.), allerdings nicht in Gallien selbst, wo die Streitwagen zu dieser Zeit schon längst durch die immer wichtiger gewordene keltische Reiterei ersetzt worden waren, sondern in Britannien, wo sie auch nach der Zeitwende noch jahrhundertelang in Gebrauch blieben. Der römische Feldherr zeigte sich in seinem Kriegsbericht beeindruckt von den versierten Wagenkriegern, die „zugleich so beweglich wie Reiter und so standfest wie Fußtruppen" waren und beschrieb mit erkennbarer Bewunderung ihre geradezu artistischen Fähigkeiten (s. Zitat Randspalte).

Zweikampf und ‚psychologische Kriegführung'

Besonders fremdartig und ungewohnt erschien den antiken Autoren aber der Umstand, dass die keltischen Krieger den Kampf nicht – wie ihre griechischen und römischen Zeitgenossen – als eine nüchtern geplante und mit kühlem Kopf durchgeführte, gleichsam ‚technische' Angelegenheit betrachteten, sondern vielmehr als eine Art von hitzigem und übersteigertem ‚Duell', bei dem sie ihre Gegner zum Kampf Mann gegen Mann anzustacheln und durch betont martialisches Gehabe einzuschüchtern versuchten. „Wenn sie sich zur Schlacht aufgestellt haben", so beschrieb Diodor diese Art der Kriegsführung, dann „haben sie die Sitte, vor die Kampflinie zu treten und die Tapfersten der Gegner zum Zweikampf herauszufordern, wobei sie ihre Waffen schwingen, um ihren Gegnern Schrecken einzujagen. Hat einer die Herausforderung zum Kampf angenommen, so preisen sie die Heldentaten ihrer Vorfahren und brüsten sich mit ihrer eigenen Tapferkeit, den Gegner aber beschimpfen sie, setzen ihn herab und suchen ihm mit Reden im Voraus die ganze Kampfmoral zu nehmen" (Diodor 5,29,2–3).

Zusätzlich zu dieser Prahlerei und Großmäuligkeit, die den antiken Autoren zufolge auch im Umgang der Kelten untereinander eine große Rolle spielte, trug auch noch eine überaus eindrucksvolle optische und akustische Drohkulisse zur Einschüchterung der Gegner bei, wie sie der griechische Historiker Polybios für die Schlacht gegen die Römer bei Telamon 225 v. Chr. beschreibt (s. Zitat Randspalte S. 92). Durch diese Art der ‚psychologischen Kriegsführung' versetzten die keltischen Schlachthaufen nicht nur ihre Gegner in Angst und Schrecken, sondern stärkten zugleich auch ihren eigenen Kampfesmut und stimmten sich emotional auf

> „Sie [= die Britannier] kämpfen von diesen Streitwagen aus auf folgende Art: Zunächst fahren sie überall herum, schleudern Wurfgeschosse und bringen die feindlichen Reihen meist schon durch die Angst vor den Pferden und den Lärm der Räder in Verwirrung. Sind sie dann in die Reiterabteilungen eingedrungen, so springen sie von den Wagen und kämpfen zu Fuß weiter. Währenddessen fahren die Wagenlenker ein Stück weit vom Kampfplatz weg und stellen die Wagen so auf, dass die Kämpfer [...] sich leicht zu ihnen zurückziehen können. [...] Durch tägliche Übung und Gewohnheit bringen sie es so weit, dass sie sogar auf abschüssigem, steilem Gelände die Pferde in vollem Lauf anhalten, zu raschem Schwenk umlenken, über die Deichsel laufen, sich auf das Joch der Pferde stellen und von dort schnell wieder auf den Wagen zurückspringen" (Caesar, Bell. Gall. 4,33,1–3, über die Wagenkämpfer in Britannien zur Zeit des Gallischen Krieges).

„Die Römer [...] gerieten in Schrecken durch die prächtige Ausrüstung und den Schlachtlärm des keltischen Heeres. Denn die Anzahl der Hornbläser und Trompeter war gewaltig, und da die ganze Streitmacht gleichzeitig mit diesen den Kriegsgesang anstimmte, entstand ein so furchtbares Getöse, dass [...] das ganze Land ringsumher davon widerzuhallen und von sich aus Lärm hervorzubringen schien. Furcht erregend war auch der Anblick und die Bewegung der nackt in den vordersten Reihen stehenden Männer, die sich durch jugendliche Kraft und Schönheit auszeichneten [...] und mit goldenen Hals- und Armringen geschmückt waren" (Polybios, Historien 2,29,6–9, über die Schlacht von Telamon 225 v. Chr.).

Eiserner Prunkhelm mit Bronze-, Silber- und Goldblechauflagen aus einer Höhle bei Agris in Frankreich (4. Jh. v. Chr.). Das prächtige Ranken- und Palmettendekor ist zum Teil mit Koralle eingelegt. Unten am Helm der Wangenschutz.

die Schlacht ein, bevor sie schließlich in einer Mischung aus Raserei und Todesverachtung – dem gefürchteten *furor Gallicus* – wie von Sinnen auf ihre Gegner losstürzten.

Chaotische Heerhaufen gegen disziplinierte Armeen

Trotz dieser suggestiven und überaus einschüchternden Kampftechnik unterlagen die Kelten den Römern aber bei Telamon wie auch in zahlreichen anderen Schlachten (vgl. S. 86 f.), denn die „Tollkühnheit und Verwegenheit der Kämpfer" konnte ihre „Planlosigkeit in den einzelnen Aktionen" nicht aufwiegen, wie Polybios schrieb – wurde doch „schlechthin jede der Operationen von den Kelten mehr mit sinnlosem Draufgängertum als mit vernünftiger Überlegung durchgeführt" (Polybios, Historien 2,35,2–3).

Diese oft hervorgehobene Spontaneität und Unkoordiniertheit der keltischen Krieger und Heere, die in den Comic-Abenteuern von Asterix und Obelix mit viel Liebe und Humor geradezu zu einem Zeichen der Überlegenheit umgedeutet wurde, lässt sich sicherlich nur zum Teil aus dem spezifischen ‚Volkscharakter' und ‚überschäumenden Temperament' der Kelten erklären, wie dies so häufig geschieht. Den in großen Schlachten wie bei Telamon versammelten keltischen Heeren war ein koordiniertes und planvoll-diszipliniertes Vorgehen vielmehr schon von ihrer Grundstruktur her unmöglich, weil es sich ja nicht um gut gedrillte stehende Heere unter einheitlichem Oberbefehl, sondern um Konglomerate aus vielen unterschiedlichen Kriegerverbänden, Stammesaufgeboten und Gefolgschaften handelte, welche in der Schlacht oft letztlich auf eigene Faust kämpften. Die sich daraus ergebende ‚chaotische' Kampfesweise hing also ganz unmittelbar mit dem vorstaatlichen, segmentären Charakter der keltischen Gesellschaft und Kultur zusammen und fand ihre Entsprechung in der ja gleichfalls oft betonten Unfähigkeit der Kelten zum stammesübergreifenden politischen Zusammenschluss und zur territorialen Reichsbildung (vgl. S. 144). Dass diese Segmentierungsmechanismen im Übrigen auch keineswegs allein auf die Antike beschränkt waren, zeigt ja anschaulich das Scheitern vieler heutiger Versuche, in ähnlich strukturierten ‚Warlord-Gesellschaften' vorindustrieller Länder eine stammesübergreifende Staatsmacht und eine einheitliche Armee aufzubauen.

Gegen die straff organisierten und nach allen Regeln der Kriegskunst kämpfenden griechischen und römischen Armeen hatten die Kelten mit dieser lockeren militärischen Struktur und ungeordneten Heerhaufen-Kampfesweise indessen langfristig kaum eine Chance, und so mussten sie denn auch wie beschrieben eine Niederlage nach der anderen einstecken, nachdem der anfängliche Überraschungseffekt ihres martialischen Auftretens sich erschöpft hatte. „[All] das Geheul, die Waffentänze und der Schrecken erregende Waffenlärm, wenn sie nach hergebrachter Weise die Schilde aneinanderschlagen – [...] davor mögen sich die Griechen, Phryger und Karer fürchten, denen es neu und ungewohnt ist", konnte daher auch der römische General Manlius Vulso nach einem Bericht des Historikers Livius 189 v. Chr. vor seinen Soldaten verkünden, „die Römer [hingegen] sind an Gallierstürme gewöhnt" und „wissen, dass nichts dahintersteckt" (Livius, Ab urbe condita 38,17,4–6). Auch Polybios gab den „folgenden Generationen" als Lehre aus den Keltenkriegen mit auf den Weg, dass es falsch sei, „bei plötzlichen, unberechenbaren Angriffen der Barbaren aus Unkenntnis in Panik [zu] geraten", denn die Geschichte zeige ja, „dass ein Barbarensturm nur kurze Zeit dauert und von Männern, die mit Verstand kämpfen, ziemlich leicht vernichtet werden kann" (Polybios, Historien 35,5–6).

Tatsächlich gelang es den mediterranen Armeen wie erwähnt bis zum Jahr 190 v. Chr., die Kelten weitgehend in ihre mitteleuropäischen Ausgangsgebiete zurückzudrängen (vgl. S. 86 f.). Und doch bedeutete dieser Niedergang im Süden keineswegs das Ende der keltischen Macht und Kultur auf dem Festland – er leitete vielmehr die wohl glanzvollste Epoche in der Geschichte dieser antiken Völkerschaften ein, in der sie bis an die Schwelle zur Hochkultur gelangten.

> „Die Gallier ziehen, wenn man sie herausfordert, in großer Zahl unbefangen und ohne Vorsicht in den Kampf, so dass sie einem listigen Feind leicht zur Beute fallen: Findet er sie doch, wann und wo immer er dies möchte, schnell bereit zum Abenteuer, für welches sie nichts mitbringen als ihre Kraft und Kühnheit" (Strabon, Geographie 4).

DIE OPPIDA – DIE ÄLTESTEN STÄDTE MITTELEUROPAS

Die Zeit der großen Wanderungen, während der ganze Stammesgruppen weit verstreut umhergezogen waren und sich territorial gebundene Siedlungs- und Sozialsysteme kaum hatten herausbilden können, war im 2. Jh. v. Chr. zu Ende (vgl. S. 86 f.). Die keltischen Völkerschaften ließen sich nun in fester umrissenen und dauerhafter besiedelten Stammesgebieten zwischen dem Atlantik im Westen und Ungarn im Osten nieder, wodurch von vornherein stärkere Bevölkerungskonzentrationen entstanden und sich vielschichtigere gesellschaftliche Organisationsformen herausbilden konnten. „Die über zwei Jahrhunderte nach außen strebende Kraft der Kelten wandte sich [jetzt] notgedrungen nach innen; auftauchende Probleme aller Art konnten nicht mehr dadurch ‚gelöst' werden, dass eine der betroffenen Gruppen ihnen einfach den Rücken kehrte", schrieb der Keltenexperte Ludwig Pauli 1980 dazu.[22] Dieser Umstand führte zu tief greifenden Umschichtungen innerhalb der keltischen Gesellschaft, zu denen auch die Herausbildung großräumiger und hierarchisch gegliederter Siedlungssysteme mit regionalen Wirtschaftsmittelpunkten, Machtzentren und militärisch befestigten Zufluchtsorten für den Kriegsfall gehörte.

Nachhaltig geprägt wurde diese gesellschaftliche Neuorganisation aber auch durch die vielfältigen Berührungen mit der Mittelmeerwelt, ihren Lebensgewohnheiten,

Die Verbreitung der wichtigsten festlandkeltischen Oppida und die ungefähren Grenzen des keltischen Kulturraums im 2. und 1. Jh. v. Chr. Dazu die wichtigsten Verkehrswege und Handelsrouten und die stärksten Konzentrationen italischer Weinamphoren dieser Zeit (bei Letzteren sind nur Frankreich und Deutschland kartiert).

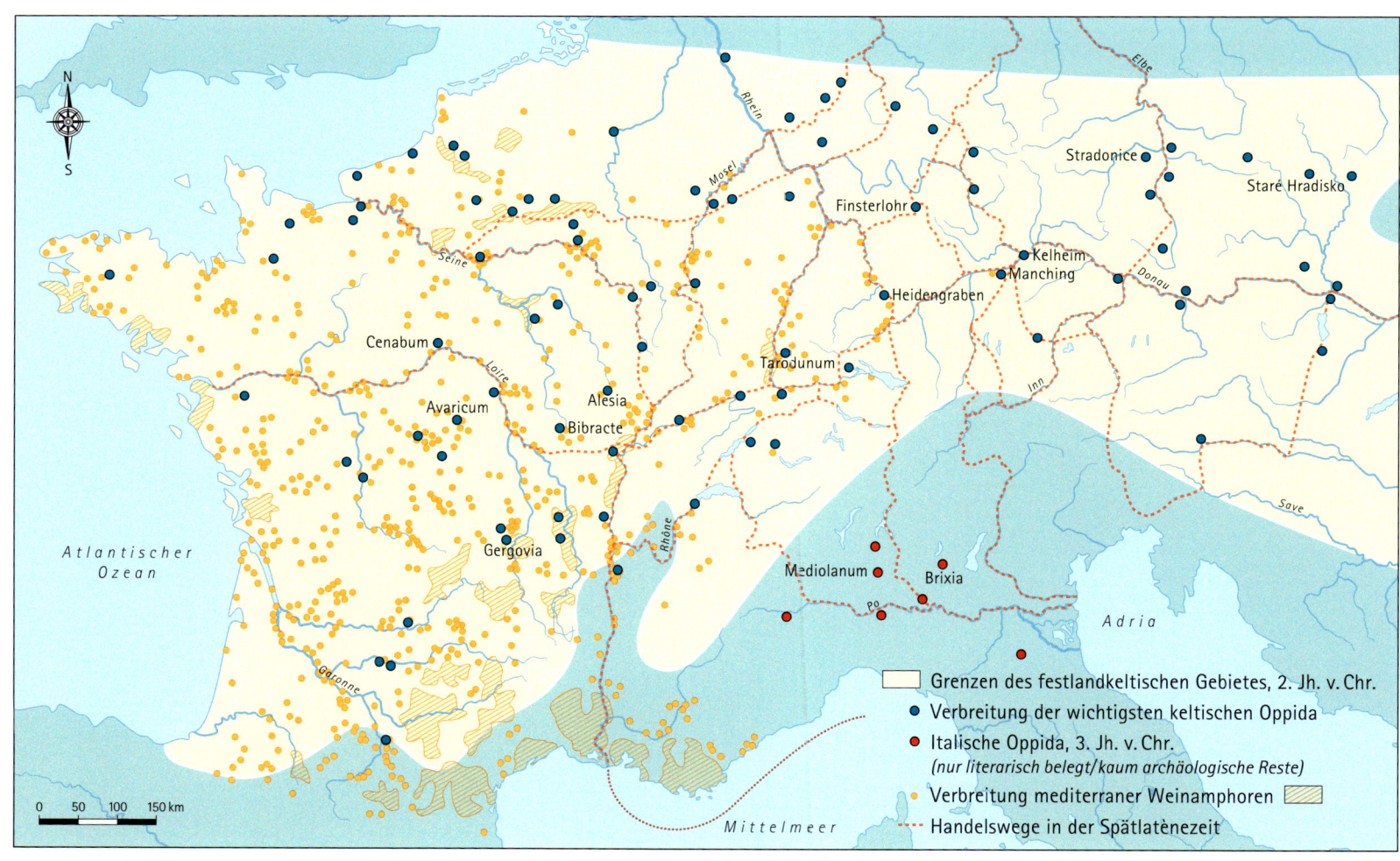

Das keltische Oppidum Heidengraben auf der Schwäbischen Alb in einer Luftaufnahme. Dieses größte Oppidum Deutschlands umfasste eine Gesamtfläche von 1660 ha, die allerdings nicht rundum befestigt, sondern mit zahlreichen einzelnen Abschnittswällen gesichert war.

ihrer Wirtschaft und städtischen Zivilisation, die die Kelten während der Periode der Wanderungen gehabt hatten. Als die Gruppen aus dem Süden im 3. und 2. Jh. v. Chr. wieder in ihre Heimatgebiete nördlich der Alpen zurückkehrten, brachten sie diese Erfahrungen und viele im Mittelmeerraum erworbene Lebensgewohnheiten mit, und manch einer mag sogar Lesen und Schreiben gelernt oder die Taschen voller griechischer Münzen gehabt haben (vgl. S. 86 und 110). Diese südlichen Vorbilder und Einflüsse spielten gewiss – wie schon im Falle der Späthallstattkultur – eine entscheidende Rolle bei der Weiterentwicklung der keltischen Gesellschaft, wobei unter den Fachleuten freilich umstritten ist, welche Vorbilder wo aufgegriffen wurden und aus welchen mediterranen Regionen die stärksten Einflüsse nach Mitteleuropa hinein wirkten. Neben dem griechisch geprägten Südfrankreich und dem hellenisch-makedonischen Balkanraum wird in dieser Hinsicht zunehmend auch die *Gallia Cisalpina* (vgl. S. 87) als entscheidender Impulsgeber angesehen, wo die oberitalischen Kelten wie erwähnt im 3. Jh. v. Chr. nach etruskischem Vorbild eigene Städte zu gründen begannen (vgl. S. 85). Wenn man indessen bedenkt, aus welch unterschiedlichen Regionen des Mittelmeerraums keltische Gruppen im 3. und 2. Jh. v. Chr. ihre Erfahrungen und Gewohnheiten in die Heimat nördlich der Alpen mitbrachten, dann erscheint die Suche nach einem allein maßgeblichen Einflusszentrum fast ein wenig kapriziös und fragwürdig.

Als Resultat dieser vielfältigen internen Veränderungen und äußeren Einflüsse entstanden im 2. Jh. v. Chr. neben den bäuerlichen Höfen, kleinen Adelsburgen und ländlichen Weilern, die mehr als zwei Jahrhunderte lang das keltische Siedlungswesen geprägt hatten (vgl. S. 86), erstmals auch wieder große und über längere Zeiträume hinweg bewohnte Siedlungen und Wehranlagen, die sog. *oppida*. Iulius Caesar, von dem die Forschung diese Bezeichnung übernommen hat, beschrieb sie in seinem Bericht über den Gallischen Krieg als mit gewaltigen Mauern aufwendig und wirksam befestigte Städte, die die wirtschaftlichen, politischen und nicht zuletzt auch die militärischen Mittelpunkte der keltischen Stammesgebiete bildeten, und die Archäologie hat dieses Bild in den letzten 150 Jahren auf das Eindrucksvollste bestätigt.

Landschaftsfestungen und ‚Gallische Mauern'

Das auf den ersten Blick hervorstechendste Merkmal der Oppida ist ihre gewaltige Größe, die oftmals 100 ha – also 1 km² – ummauerter Fläche bei weitem übersteigt. Damit übertreffen diese Befestigungsanlagen die Burgen aller

Das Nordosttor (Porte du Rebout) und die Gallische Mauer *(murus Gallicus)* des burgundischen Oppidums Bibracte in einer Rekonstruktionszeichnung.

vorangegangenen prähistorischen Epochen in der Dimension um ein Vielfaches – die späthallstattzeitliche Heuneburg mit ihren gerade einmal 3 ha befestigten Siedlungsraums etwa (vgl. S. 31 ff.) nimmt sich im Vergleich dazu äußerst bescheiden aus.

Diese teilweise extreme Großräumigkeit hatte ihr Vorbild vermutlich in der Festungsbaukunst der griechischen Welt, wo man viele Städte schon in den Jahrhunderten zuvor mit ähnlich weiträumigen Mauerzügen umgeben und bisweilen zu regelrechten ‚Landschaftsfestungen'

Ein 1 m hoch rekonstruiertes Teilstück der ‚Pfostenschlitzmauer' des Oppidums Heidengraben in Baden-Württemberg. Bei diesem Mauertyp stabilisierten unverblendete senkrechte Holzpfosten die steinerne Mauerfront.

Luftbild des Mont Beuvray in Burgund, auf dem das Oppidum Bibracte – die Hauptstadt der gallischen Haeduer – lag.

ausgebaut hatte, um eine Einschließung durch die damals üblich gewordenen Massenheere zu erschweren. Auch andere befestigungstechnische Merkmale der Oppida wie etwa die Errichtung langer, geradliniger Mauerzüge mit symmetrischen Abwinkelungen wichen von dem bis dahin in Mitteleuropa Üblichen ab und sind möglicherweise aus südlichen Anregungen zu erklären.

In der bautechnischen Ausführung ihrer Befestigungswerke griffen die Kelten hingegen auf einheimische Traditionen zurück, die sie zum Teil jedoch in neuer Form umsetzten. So wurden die bis zu 6 m hohen Mauern der Oppida nicht wie im Mittelmeerraum aus Steinen oder Lehmziegeln errichtet, sondern aus einem Verbund von Bruchgestein, Erde und Holzbalken. Letztere vernagelte man im linksrheinischen Gallien zu einem stabilen Gerüst von horizontalen Längs- und Querzügen, das den Kern des *murus Gallicus* (lat. ‚Gallische Mauer') bildete, wie man diesen von Caesar ausführlich beschriebenen Mauertyp nennt; im rechtsrheinischen Keltengebiet stabilisierten hingegen zumeist senkrechte Holzpfosten die mit Steinen verblendeten Mauerfronten (sog. Pfostenschlitzmauer). Charakteristisch für viele Oppida waren überdies breite Tore mit rechtwinklig nach innen einbiegenden Mauerenden, die eine bis zu 40 m lange Torgasse bildeten. Man bezeichnet diese von der Mauerkrone aus besonders gut zu überwachenden und zu verteidigenden Zugänge auch als ‚Zangentore' – vermutlich ging ihre Konstruktionsweise ebenfalls auf südliche Vorbilder zurück.

Dieser spezifische Typus von befestigten Anlagen prägte in einer solchen Einheitlichkeit das Bild der Spätlatènekultur in ihrem gesamten Verbreitungsgebiet, dass man geradezu von einer ‚Oppida-Zivilisation' spricht. Allein in Frankreich sind nach einer Auflistung aus dem Jahr 2000 über 90, in Deutschland und der Schweiz um die 30 und in Tschechien rund zehn Oppida bekannt. Freilich ist eine gewisse Vorsicht bei der Einordnung und Beurteilung dieser einander äußerlich so ähnlichen Anlagen angebracht, weil ihre Innenbesiedlung ganz unterschiedlich ausgesehen haben kann und von stadtartig dichter Bebauung bis zu weitgehender Siedlungsleere reichte (vgl. S. 109).

Bibracte – das erste archäologisch erforschte Oppidum

Als Prototyp eines Oppidums galt lange Zeit Bibracte, der Stammesvorort und die nach Caesar „weitaus größte und reichste Stadt" (Bell. Gall. 1,23,1) der gallischen Haeduer auf dem Mont Beuvray in Burgund. Innerhalb ihres etwa 135 ha großen, von zwei gewaltigen Mauerzügen umgebenen Siedlungsareals legten die französischen Archäologen Jacques-Gabriel Bulliot und Joseph Déchelette bei für die damalige Zeit wegweisenden Ausgrabungen zwischen 1867 und 1907 mehrere ‚Stadtviertel' mit ganz unterschiedlicher Bebauung und Funktion frei.

„Der regelmäßige Wechsel der in geraden Reihen sauber aufgeschichteten Holzbalken und Steine verleiht [den gallischen Mauern] ein abwechslungsreiches und nicht unschönes Aussehen. Ihre Bauweise ist aber zugleich sehr günstig und zweckmäßig für die Verteidigung einer Stadt, denn die Steine gewähren Schutz vor Feuer und das Holzwerk leistet dem Mauerbrecher Widerstand" (Caesar, Bell. Gall. 7,23,5).

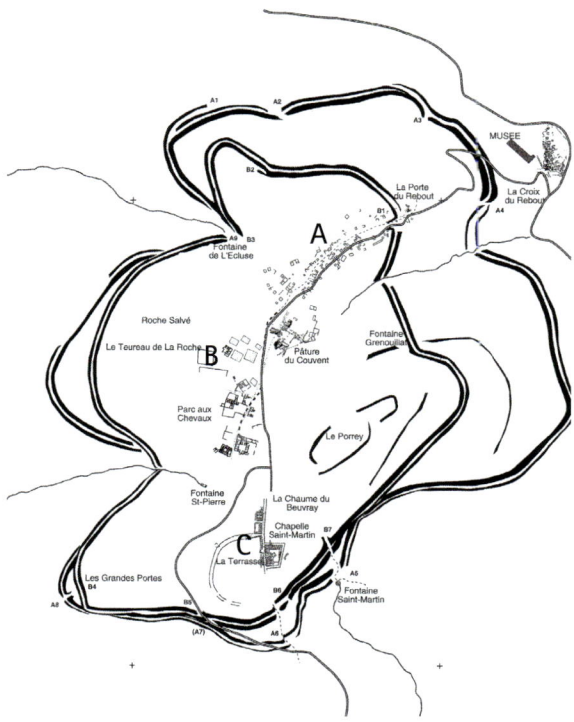

Archäologischer Plan von Bibracte mit seinen zwei zeitlich aufeinander folgenden Befestigungsmauern. Im Inneren der Siedlung ließen sich mehrere unterschiedlich geprägte Bereiche unterscheiden: A Gewerbeviertel; B Wohnbezirk mit Villen; C Kultbezirk mit vermuteter Viereckschanze.

So erstreckte sich beiderseits der wichtigsten Straße des Oppidums, die vom nördlichen Tor ins Innere der Siedlung führte, ein ausgedehntes Viertel mit kleineren Häusern und Hütten, die überwiegend aus Holz erbaut waren und bisweilen nur aus einem einzigen Raum bestanden. Handwerksgeräte, Eisenschlacken und Metallschmelzöfen, die sich dort in großer Zahl fanden, lassen keinen Zweifel daran, dass es sich um ein großes Metallhandwerkerviertel handelte, dessen Produkte möglicherweise in kleinen Verkaufsbuden, die entlang der Straße aufgereiht waren, feilgeboten wurden.

Auf einem ausgedehnten Plateau und flachen, siedlungsgünstigen Hangterrassen im Zentrum des Oppidums stieß man hingegen auf die Fundamente großzügiger, bis zu 30 Räume umfassender Steinvillen mit aufwendigen Mosaikfußböden, Hypokaust-Fußbodenheizungen und ziegelgedeckten Dächern, die in klassisch-italischem Stil erbaut waren (vgl. Abb. S. 100). Sie standen den berühmten Stadtvillen (*villae urbanae*) von Pompeji und Herculaneum in ihrer Bauweise und Wohnqualität kaum nach und nehmen sich in einer mittelgallischen Siedlung des 1. Jhs. v. Chr. recht ungewöhnlich aus.

Freilich stammen diese steinernen Bauten – wie man schon früh erkannte und wie aktuelle Ausgrabungen bestätigt haben – durchweg aus den Jahrzehnten nach dem Gallischen Krieg, als viele Oppida in Frankreich eine späte, letzte Blüteperiode erlebten (vgl. S. 151). Sie werden daher zumeist als Zeugnisse einer raschen Romanisierung der haeduischen Oberschicht in nachcaesarischer Zeit gedeutet, doch könnten in einigen von ihnen ebenso gut auch römische Kaufleute, Beamte oder Armeeveteranen gewohnt haben. Die Haeduer galten nämlich schon seit mindestens 138 v. Chr. als „*fratres consanguineosque*" – ‚Brüder und Freunde des römischen Volkes' (Caesar, Bell. Gall. 1,33,2) und unterhielten so enge Beziehungen mit Rom, dass Caesar nach der Eroberung Galliens in Bibracte sogar eine römische Vollbürgerkolonie gegründet haben soll. Viele der steinernen Villen auf dem Mont Beuvray

Zeichnerische Rekonstruktion des nördlichen Handwerkerviertels von Bibracte: Entlang der Hauptstraße des Oppidums standen zahlreiche kleinere Häuser und Hütten, die zum Teil Handwerksbetriebe und Verkaufsläden beherbergten. Zu den Häusern dürften aber auch Gärten, Wiesen und kleinere Feldflächen gehört haben, denn auch hauptberufliche Handwerker waren zu einem gewissen Grad Selbstversorger.

hatten jedoch, wie die Ausgrabungen der letzten Jahre gezeigt haben, ähnlich großzügig gestaltete Vorläuferbauten aus Holz oder Fachwerk, die vermutlich bis ins frühe 1. Jh. v. Chr. zurückreichen – im Zentrum der Haeduerhauptstadt dürfte sich also auch schon in vorcaesarischer Zeit ein ausgedehntes Wohnviertel der Stammesaristokratie befunden haben.

Heiligtümer als Keimzelle der Oppidumsiedlung?

Als dritter Siedlungskomplex kamen unter einer christlichen Kapelle auf der Südostkuppe des Mont Beuvray die Grundmauern einer Reihe von Vorgängerbauten, darunter auch eines kleinen galloromischen Tempels aus dem

Zwei große Häuser im ‚Adelsviertel' von Bibracte. Die Steinvillen in klassisch-italischer Bautradition besaßen einen geräumigen Innenhof (Atrium). Ob sie, wie hier dargestellt, von Wiesen und Gärten umgeben waren oder zu einer städtisch verdichteten Bebauung gehörten, ist noch ungeklärt.

1. bis 5. Jh. n. Chr., zutage. Dieses gallorömische Heiligtum entstand offenbar kurze Zeit, bevor Bibracte um 25 n. Chr. als Siedlung aufgegeben und seine Einwohnerschaft in die neu gegründete Nachfolgestadt *Augustodunum* (Autun), 25 km vom Mont Beuvray entfernt, umgesiedelt wurde. Die kultische Tradition des Ortes scheint aber noch weiter zurückzureichen, denn unter der Kapelle fanden sich auch mehrere Gräbchen mit Latèneobjekten, und in ihrer unmittelbaren Nachbarschaft lagen ein vermutlich zu den keltischen ‚Viereckschanzen' (vgl. S. 134 ff.) zählendes Erdwerk sowie eine zunächst in Holz gefasste und später ummauerte Quelle mit zahlreichen Weihefunden. Diese Befunde zusammengenommen lassen vermuten, dass hier bereits während der ältesten Oppidumzeit eine Art von Kultbezirk und Versammlungsplatz existierte, denn die erste Holzeinfassung der erwähnten Quelle stammt nach dendrochronologischen Daten aus dem Jahr 126 v. Chr., und die Viereckschanze scheint nach Auswertung der dort aufgefundenen Holzreste sogar schon im 3. Jh. v. Chr. errichtet worden zu sein.

Einige Forscher nehmen aufgrund dieser bemerkenswert frühen Daten sogar an, dass der Mont Beuvray schon lange vor seiner eigentlichen, dauerhaften Besiedlung regelmäßig als heiliger Ort aufgesucht wurde und dass seine kultische Bedeutung möglicherweise eines der wichtigsten Motive für die Errichtung der Haeduerhauptstadt gerade auf diesem wirtschaftlich nicht gerade günstig gelegenen Bergmassiv gewesen sein könnte. Die religiöse Rolle des Mont Beuvray blieb jedenfalls, wie der erwähnte gallorömische Tempel und die christlichen Kapellen aus dem Mittelalter und der Neuzeit zeigen, auch nach der Aufgabe Bibractes als Stadt offenkundig erhalten, und noch im 19. Jh. fand bei der südöstlichen Kapelle alljährlich eine große Wallfahrtsmesse mit anschließendem Markt statt, anlässlich derer die Bevölkerung des Umlandes auf dem Berg zusammenströmte und bei dieser Gelegenheit auch an seinen Quellen betete und Speiseopfer niederlegte. Es ist ein faszinierender, wenngleich leider kaum beweisbarer Gedanke, dass es sich dabei um einen mehr als 2000 Jahre alten Brauch gehandelt haben könnte.

Wie unser kurzer Überblick gezeigt hat, war das haeduische Oppidum also nach dem Gallischen Krieg und vermutlich auch schon zuvor Industriesiedlung, religiöses Zentrum und Wohnstadt für Arm und Reich gleichermaßen, und die Ausgrabungen auf dem Mont Beuvray haben darüber hinaus auch noch Hinweise auf eine beachtliche ‚urbane Infrastruktur' erbracht. So war offenbar die gesamte Oppidumfläche durch ein Netz von Straßen und Wegen erschlossen, die mit Kies und Tonscherben geschottert wurden, und ein umfangreiches Kanalisationssystem mit Wasserleitungen aus Holz, Stein und den aneinandergefügten Gefäßkörpern von Weinamphoren sicherte die Zu- und Ableitung des Nutz- und Abwassers. An mindestens einer Stelle stießen die Archäologen überdies auf die Reste eines öffentlichen Platzes mit einem aus Stein gemauerten Wasserbecken, das als Brunnen und vielleicht auch als kultisches Reinigungsbecken diente.

Die meisten dieser ‚urbanen' Ausstattungselemente stammen aber wiederum aus nachcaesarischer Zeit, und auch der erwähnte starke römische Einfluss auf die Haeduer weckt Zweifel daran, ob die Stadt auf dem Mont Beuvray wirklich als typisches Beispiel eines keltischen Oppidums gelten kann. So ist heute eine süddeutsche Anlage, nämlich diejenige von Manching in Oberbayern, die am besten erforschte derartige Großsiedlung und hat Bibracte als ‚Prototyp' eines Oppidums abgelöst.

Das Oppidum von Manching

Das Oppidum von Manching – sein antiker Name ist unbekannt – gilt als die ‚Hauptstadt' der im Voralpenland ansässigen Vindeliker, wenngleich sich diese Vermutung mangels historischer Quellen letztlich nicht beweisen lässt. Es liegt unmittelbar neben der namengebenden Gemeinde Manching 8 km südöstlich von Ingolstadt und mehr als 5 km südlich der Donau – als die Kelten sich an diesem Ort ansiedelten, floss der Fluss freilich einige Kilometer weiter im Süden und das Oppidum lag vermutlich direkt an seinem Ufer. Es war im Schnittpunkt zweier wichtiger Verkehrswege angelegt, nämlich einer Ost-West-Verbindung entlang des Südufers der Donau und einer Nord-Süd-Verbindung über einen noch im Mittelalter bedeutsamen Donauübergang. Diese verkehrsgeographisch beherrschende Lage und nicht zuletzt wohl auch die dadurch ermöglichte Kontrolle des Handelsverkehrs dürften maßgeblich zur wirtschaftlichen Blüte der Siedlung beigetragen haben.

Obgleich das Oppidum mitten im Tal und nicht – wie sonst bei diesen Anlagen zumeist üblich – auf einem Berg errichtet war, bot ihm die Umgebung doch einen gewissen natürlichen Schutz. Im Norden lag das wegen seiner Altwasserbereiche schwer begehbare Tal der Donau, im Süden und Südosten bildeten ausgedehnte Moorgebiete ein natürliches Annäherungshindernis, und im Westen floss das in die Donau mündende Flüsschen Paar. Diese von Natur aus ‚amphibische' Schutzlage wurde noch künstlich verstärkt durch die Umleitung mehrerer kleiner Wasserläufe, die ursprünglich das Gelände des Oppidums durchflossen und bei seiner Errichtung von der Siedlungsfläche weg vor die Stadtmauer verlegt wurden.

Diese Befestigungsmauer, die die Siedlung kreisförmig umgab, hatte eine Länge von 7 km und umschloss ein Areal von rund 380 ha, also fast 4 km² – das ist eine auch unter den durchweg sehr großräumig dimensionierten Oppida überdurchschnittlich große Fläche. Die im Gelände noch streckenweise erhaltene Wallruine erwies sich bereits bei ihrer ersten Untersuchung im Jahr 1938 als mehrphasig: Ursprünglich handelte es sich um einen *murus Gallicus* – das östlichste bekannte Beispiel einer solchen ‚Gallischen Mauer'–, dem man, nachdem er schadhaft geworden war, zweimal hintereinander eine Pfostenschlitzmauer vorgeblendet hatte (vgl. S. 96 f.). Auch zwei der ursprünglich wohl vier Stadttore sind im Gelände noch als Ruinen erhalten, beides typische Zangentore (vgl. S. 96 f.), deren östliches 1962/63 komplett ausgegraben wurde.

Von der riesigen Siedlungsfläche, die dieses gewaltige Befestigungswerk einschloss und schützte, konnten bei langjährigen Ausgrabungen seit 1955 immerhin fast

Nach den archäologischen Befunden rekonstruiertes Modell einer Bronzegießerei auf dem Mont Beuvray (Museum von Bibracte).

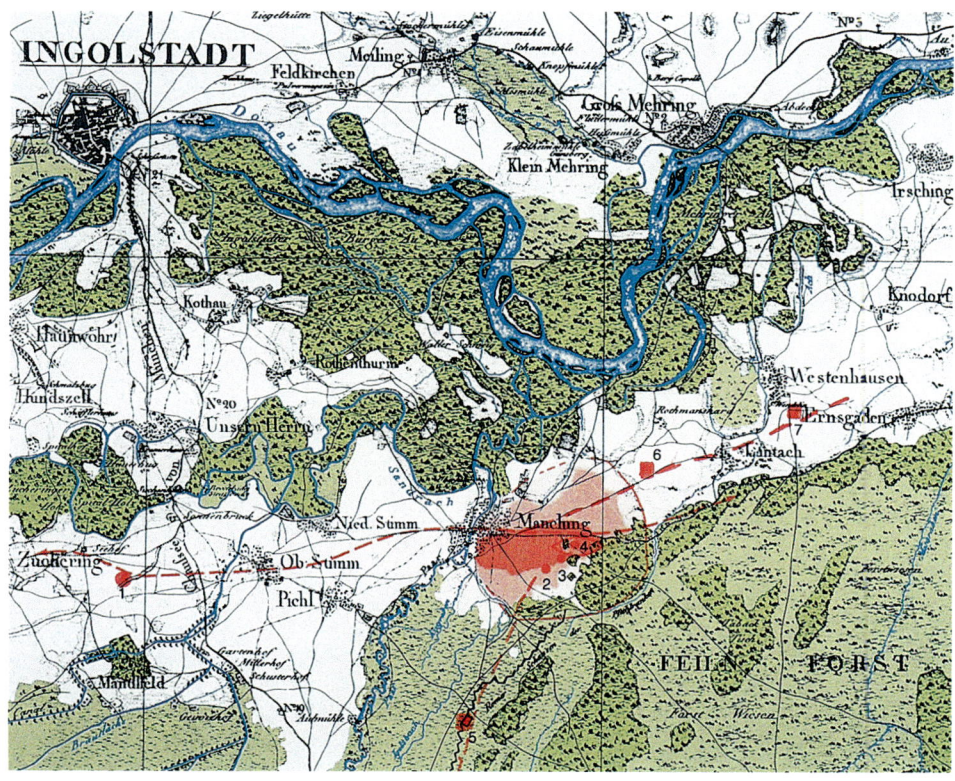

Der Ringwall des Oppidums von Manching in Bayern und seine Umgebung auf einer Karte aus dem Jahr 1815. Die am stärksten überbaute Zone ist mit kräftigem Rot markiert, das weitere besiedelte Gelände schwächer rot gerastert. Die rot gestrichelten Linien geben rekonstruierte Fernverkehrswege an, an denen mehrere Viereckschanzen (rote Quadrate) lagen.

Die bis 2003 ausgegrabenen Flächen des Oppidums von Manching und die darin aufgefundenen Heiligtümer (rote Punkte A–C). Im Kartenausschnitt das Tempelchen A neben einem gepflasterten Platz (d, schraffiert), an dem sich umfangreiche Waffen- und Gerätedepots (b und c) fanden.

25 ha oder 6,5 % archäologisch untersucht werden. Zwar waren es immer nur einzelne, begrenzte Flächen, die im Verlauf von fünf Jahrzehnten unter der Leitung der Archäologen Werner Krämer, Franz Schubert, Ferdinand Maier und Susanne Sievers auf projektierten Straßentrassen und zur Überbauung bestimmtem Gelände freigelegt wurden. Da die untersuchten Areale aber in verschiedenen Bereichen des Oppidums lagen und oft sehr lange Schnitte mit einschlossen, gewann man doch gleichsam ‚stichprobenartig' einen Überblick über die Bebauung und Nutzung großer Teile des ummauerten Geländes, der durch weiträumige Sondierungen und Geländeprospektionen noch ergänzt wurde.

Eine allmählich gewachsene Siedlung

Diese archäologischen Untersuchungen machten zunächst einmal deutlich, dass die 380 ha große Oppidumfläche keineswegs gleichmäßig intensiv besiedelt war – anhand der Funde und Bebauungsspuren ließ sich vielmehr eine rund 80 ha große ‚Hauptbebauungszone' erschließen, die vom Zentrum aus in westlicher Richtung bis zum Wall reichte. Die übrigen Areale im Inneren des Mauerrings wiesen deutlich geringere Siedlungsspuren auf oder waren – wie die halbsumpfigen Randzonen im Süden und Osten des Oppidums – offenbar gar nicht überbaut, sondern wurden nur agrar- und weidewirtschaftlich genutzt (vgl. S.105).

Aus der räumlichen Verteilung von unterschiedlich alten Schmuck- und Keramiktypen innerhalb der Grabungsflächen vermochten die Ausgräber überdies wichtige Aufschlüsse über die Entwicklungsgeschichte des Oppidums zu gewinnen – die Verteilungsmuster ließen nämlich klar erkennen, wie die Siedlung im Laufe von über 200 Jahren immer mehr gewachsen war und sich ausgedehnt hatte.

In ihren Anfängen um etwa 300 v. Chr. bestand sie vermutlich nur aus einigen wenigen Einzelhöfen, doch schon in der Mitte des 3. Jhs. war sie ungefähr zehn bis 15 ha groß und könnte bereits 500 bis 1000 Einwohner gezählt haben. Im 2. Jh. v. Chr. war dann wohl ein großer Teil der ‚Hauptbebauungszone' dicht besiedelt, und spätestens gegen 100 v. Chr. wurden auch die dafür geeigneten Areale außerhalb des Zentralbereichs in beschränktem Maße überbaut und genutzt. In der Siedlung könnten während dieser eigentlichen Blütezeit zwischen 5000 und 10 000 Menschen gelebt haben – das wären deutlich mehr als in den meisten Städten des mittelalterlichen Europa, ja selbst des Römischen Reiches.

Der für das Oppidum zu dieser Zeit so kennzeichnende Mauerring bestand – das ist eines der interessantesten Ergebnisse der Manchinger Ausgrabungen – keineswegs von Anfang an, sondern wurde nach dendrochronologischen Untersuchungen seiner Hölzer erst um 130 oder 120 v. Chr. errichtet. Bis dahin wuchs und blühte die Siedlung also mehr als hundert Jahre lang als offenes, unbefestigtes Gemeinwesen (sog. *vicus*; vgl. S. 109) und war bereits zu einer regelrechten Stadt herangewachsen, als sie in der zweiten Hälfte des 2. Jhs. v. Chr. offenbar

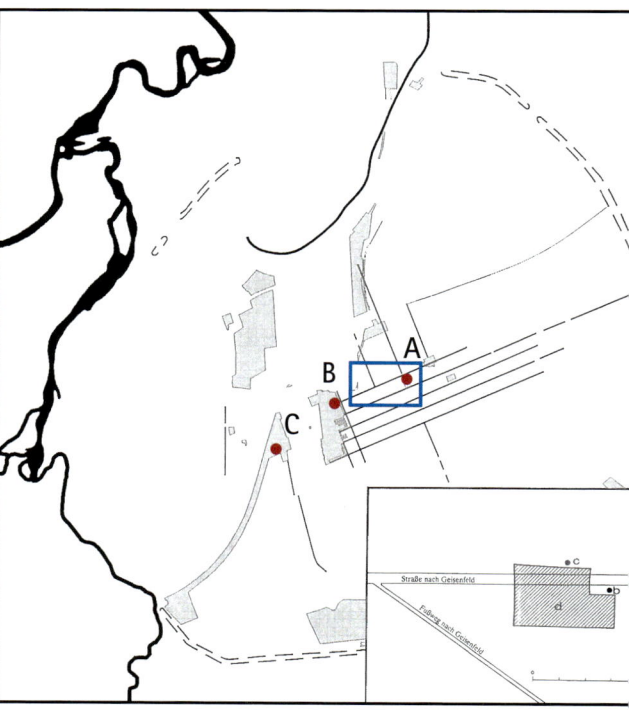

Modell einer großen Gehöftanlage im Zentrum des Oppidums von Manching – das Anwesen eines wohlhabenden keltischen Grundbesitzers?

unvermittelt in einer kriegerischen Auseinandersetzung zerstört wurde. Man baute sie in der Folge nach einem neuen Siedlungsplan wieder auf und schützte sie nunmehr durch den beschriebenen aufwendigen Mauerring, der sie gleichzeitig auch erst zum Oppidum im eigentlichen Sinne des Wortes machte.

Es müssen damals ausgesprochen unruhige Zeiten gewesen sein, denn auch andernorts im keltischen Kulturraum wurden während dieser Periode zuvor offene Siedlungen plötzlich befestigt und zahlreiche Oppida auf verteidigungsgünstigen Bergen und Höhen neu begründet. Die Forschung erklärt diesen auffälligen ‚Schub' in der Anlage von Oppida zumeist mit militärischen Vorstößen der in Norddeutschland ansässigen Germanen nach Mitteleuropa, die sich seit der Mitte des 2. Jhs. v. Chr. gehäuft zu haben scheinen. Einzelheiten über diese Einfälle kleinerer Kriegerscharen oder ganzer Stammesgruppen sind zwar nicht bekannt – die in der römischen Geschichtsschreibung beschriebenen Zusammenstöße mit den germanischen Kimbern und Teutonen zwischen 120 und 101 v. Chr. (s. Zitat Randspalte) und Caesars Bericht, wonach zu seiner Zeit Germanen unter Ariovist im Elsass saßen (vgl. S. 145), sind jedoch deutliche Hinweise auf das Faktum als solches. Die ungefähr gleichzeitige Errichtung befestigter Oppida in weiten Teilen der keltischen Welt könnte also durchaus mit dieser ‚Gefahr aus dem Norden' in Zusammenhang gestanden haben, doch fehlte es sicherlich auch nicht an innerkeltischen Händeln und Auseinandersetzungen.

Ein Blick ins Oppiduminnere

Bis heute einzigartige Aufschlüsse haben die Manchinger Ausgrabungen über die innere Bebauung und Struktur einer fernab vom mittelmeerischen Kulturkreis gelegenen Keltenstadt erbracht. So entdeckte man schon während der ersten Grabungsjahre beiderseits einer 10 m breiten Straße, die vom Osttor aus durch das Oppidum führte, zahlreiche Pfostenspuren von kleinen, im Mittel 4 m × 8 m messenden Holzhäuschen, die stark an die ähnlich bescheidenen Hütten im ‚Handwerkerviertel' von Bibracte erinnern (vgl. S. 98 f.). Nach Funden von Metallbarren und Handelsgütern in ihrem Umfeld könnte es sich durchaus auch in Manching um kleine Handwerksbetriebe und Händlerbuden gehandelt haben, die – wie in dem gallischen Oppidum – den Passanten ihre Produkte und Dienste anboten.

Kennzeichnender für die freigelegten Flächen im Zentrum des Oppidums waren jedoch große, rechteckige und rundum eingezäunte Baukomplexe, die im Inneren eine vielgestaltige Bebauung mit Gebäuden aus Holz oder Fachwerk aufwiesen (vgl. Abb. oben). Das Spektrum der Bauten reichte von kleinen, auf vier Pfosten ruhenden Speichern über mittelgroße, mehrräumige Wohnhäuser bis hin zu auffälligen, teilweise 7 m × 40 m messenden Langbauten, die im Inneren vermutlich mehrfach unterteilt waren und vielleicht als Großstallungen oder Magazine dienten. Nach außen hin begrenzt wurden die Rechteckkomplexe durch hölzerne Palisadenzäune oder

> „Es befanden sich nämlich 300 000 bewaffnete Kämpfer [= Kimbern und Teutonen] auf dem Marsch, und noch weit größere Scharen von Frauen und Kindern folgten ihnen, wie man hörte. Sie waren auf der Suche nach Land, das eine so gewaltige Zahl von Menschen ernähren könnte, und nach Städten, in denen sie sich ansiedeln und leben wollten, so wie vor ihnen die Kelten – das hatten sie gehört – die besten Landstriche Italiens den Etruskern entrissen und selbst in Besitz genommen hatten" (Plutarch, Marius 11,2–3).

DIE OPPIDA

Wehrgänge, die die zwischen den einzelnen Anlagen verlaufenden Straßenzüge säumten.

Aufgrund ihrer Bebauungsstruktur und der deutlichen Abgrenzung voneinander deuten die meisten Prähistoriker diese großen Siedlungseinheiten als landwirtschaftliche Höfe oder Gehöfte, in denen das Handwerk aber gleichfalls eine wichtige Rolle spielte, wie zahlreiche dort aufgefundene Werkzeuge und Materialien aus unterschiedlichen Gewerbezweigen zeigen (vgl. S. 106 f.). Es handelte sich also augenscheinlich um ausgesprochen vielseitig genutzte Siedlungsanlagen, in denen ganz unterschiedliche Lebens- und Wirtschaftsbereiche mit den jeweils zugehörigen Baulichkeiten in einem Komplex vereinigt waren.

Eine solche ‚Multifunktionalität' aber ist – zusammen mit großzügiger, aufwendiger Bauweise – ein typisches Merkmal von Wohnsitzen einer agrarisch fundierten Aristokratie, wie wir sie ja bereits im Zusammenhang mit den ‚Herrenhöfen' der Hallstattzeit kennen gelernt haben (vgl. S. 22 f.). Es erscheint daher durchaus möglich, dass auch die Manchinger Hofanlagen Anwesen eines solchen im Oppidum ansässigen, wohlhabenden Grundbesitzeradels waren. Sie kombinierten, wenn diese Vermutung zutrifft, wahrscheinlich „die Funktion eines vornehmen Wohnhauses mit der eines landwirtschaftlichen Betriebes", wie es der britische Oppida-Experte John Collis formuliert,[23] wobei „das Besondere im Fall des Oppidums von Manching" wäre, „dass sich mehrere solcher Anlagen zu einer größeren Struktur zusammenschlossen"[24] und in eine städtische Infrastruktur eingebunden waren, wie der Münchener Prähistoriker Rupert Gebhard ergänzend bemerkt.

Ganz ähnliche Gehöfte mit einer agrarischen Grundstruktur und gleichzeitig zahlreichen Hinweisen auf Handwerk wurden aber auch in mehreren Oppida im heutigen Tschechien wie beispielsweise Hrazany in Böhmen und Staré Hradisko in Mähren ausgegraben. Daher nahm die Forschung lange Zeit an, die rechtsrheinischen Oppida seien – im Gegensatz etwa zu Bibracte – eine Art großer ‚Agrarstädte' gewesen, die aus einer Vielzahl in ihren Grundzügen gleichartiger Hofeinheiten bestanden hätten.

Handwerkerviertel und ein Tempelbezirk

Dieses Bild von den aus vielen einzelnen homogenen Zellen zusammengesetzten rechtsrheinischen Keltenstädten hat durch die aktuellen Ausgrabungen in Manching freilich einige Risse bekommen. So stießen die Archäologen beispielsweise 1998 ein Stück weit nordwestlich vom Zentrum des Vindelikeroppidums auf ein Areal mit sonst aus Manching kaum bekannten eingetieften Grubenhäusern, in deren Umgebung sich spezielle Werkgruben sowie zahlreiche Überreste aus der Keramikproduktion und der Metallverarbeitung fanden – an einer Stelle nicht weniger als 100 kg Eisenschlacke auf engstem Raum. Hier dürfte demnach ein spezielles Handwerkerviertel gelegen haben, das von den großen ‚Hofanlagen' räumlich abgesetzt und vielleicht auch wirtschaftlich unabhängig war, und zu einem ähnlichen Gewerbegebiet gehörten ja möglicherweise auch die bereits erwähnten ‚Verkaufsbuden' entlang der Hauptstraße des Oppidums (vgl. S. 103).

Darüber hinaus wird heute aber auch einer der großen umzäunten Siedlungskomplexe, der früher wie die anderen als landwirtschaftliches Gehöft galt, aufgrund seiner außergewöhnlichen und immer wieder erneuerten Rund- und Quadratbauten völlig anders, nämlich als großer ‚Tempelbezirk' gedeutet. Einzelne weitere, kleine Rund- und Vierecktempelchen, die zumeist von einem Grabengeviert umgeben waren, fanden sich auch noch an mehreren anderen Stellen des Oppidums. Neben einem von ihnen erstreckte sich zeitweise ein ungefähr 80 m langer und sorgfältig mit Steinen gepflasterter Platz, der vielleicht als Markt- und Versammlungsstätte diente und gewiss eine große Bedeutung für das öffentliche Leben in der Siedlung hatte (vgl. Abb. S. 102 unten). Da sich an der gleichen Stelle auch noch zwei Hauptstraßen des Oppidums kreuzten und das Tempelchen überdies Waffen- und Gerätedepots aus der Manchinger Gründungsphase enthielt, stellen einige Forscher die Frage, ob dieses Heiligtum nicht die ‚Keimzelle' der Keltenstadt an der Donau gewesen sein könnte und religiöse Motive mithin eine ähnlich wichtige Rolle bei ihrer Entstehung spielten, wie man das auch für Bibracte auf dem Mont Beuvray annimmt (vgl. S. 100).

Felder und ein Hafen am Siedlungsrand

Für das Zentrum des Manchinger Oppidums scheint sich also doch eine wesentlich vielfältigere und ‚gemischtere' Bebauungsstruktur abzuzeichnen als lange Zeit vermutet, und in den erst seit etwa 150 v. Chr. erschlossenen Randzonen der Siedlung war die Bebauung ohnehin eine völlig andere. Sie war dort nicht nur insgesamt dünner und weniger geschlossen – es fehlten auch mit wenigen Ausnahmen die für das Zentrum so typischen umfriedeten Rechteckkomplexe mit ihren charakteristischen Langbauten. Stattdessen fanden sich in diesen Randbereichen überwiegend Spuren kleinerer Gebäude und Häuschen, die sich in bestimmten Zonen häufen, während andere Bereiche von weitläufigen Gräbchensystemen geprägt waren. Diese letztgenannten Areale weisen nur geringe Besiedlungsspuren auf, lieferten aber viele Reste von Ackerunkräutern und werden daher als innerhalb des Mauerrings gelegene Feldfluren und Weiden mit Grundstücksbegrenzungen, Entwässerungsgräbchen und Viehpferchen gedeutet.

Im Manchinger ‚Handwerkerviertel' fanden sich zahlreiche Hinweise auf die Wiederverwertung von metallischem Altmaterial. Hier eine Rekonstruktionszeichnung, die einen Handwerker beim Zerlegen großer Bronzegefäße zeigt.

Vielleicht befanden sich hier die zu den großen Gehöften im Zentrum der Siedlung gehörenden Getreidefelder, und mit einiger Sicherheit grasten hier auch die Rinder, Schafe und Ziegen der ortsansässigen Aristokratie.

In der nördlichen Randzone wurden aber gleichfalls Eisen verarbeitendes Handwerk und ein Töpferofen nachgewiesen, und außerdem lag dort an einem heute verlandeten, während der Spätlatènezeit aber Wasser führenden und in den befestigten Siedlungsraum hinein reichenden Donauarm vermutlich der Hafen des Oppidums mit einer Schiffslände und Stapelplätzen für Güter und Waren. Die Manchinger Keltenstadt war also ganz unmittelbar an das damals so wichtige Wasserverkehrsnetz (vgl. S. 37) und an den Schiffsverkehr auf der Donau angebunden.

Landwirtschaft und Handwerk im Oppidum

Eine für frühgeschichtliche Verhältnisse neuartige und gewaltige Konzentration von Menschen und Material wie in dem vindelikischen Oppidum setzte natürlich ein ausreichend breites und starkes wirtschaftliches Fundament voraus – vor allem eine leistungsfähige Landwirtschaft, die die Ernährung der möglicherweise bis zu 10 000 in der Siedlung lebenden Menschen (vgl. S. 102) zu sichern vermochte. Hierzu reichten die innerhalb des Mauerrings gelegenen Acker- und Weideflächen mit Sicherheit nicht aus – vielmehr mussten gewiss beträchtliche Mengen an zusätzlichen Nahrungsmitteln von Höfen oder ländlichen Weilern in der Umgebung der Stadt angeliefert werden,

Linke Seite: Das sog. Kultbäumchen von Manching, ein noch 70 cm hoch erhaltenes Kunstwerk mit hölzernem Stamm und vergoldeten Bronzeblättern, Früchten und Knospen (links das Original, rechts eine Rekonstruktion mit geschwungenem Stamm). Das aus dem 3. Jh. v. Chr. stammende Fundstück wurde nach mediterranen Handwerkstechniken, aber zum Teil im Latènestil gefertigt und stand wahrscheinlich mit einem keltischen Baumkult in Zusammenhang.

DIE OPPIDA

Großes Vorratsgefäß (hinten), mit Streifen bemalte Flasche und Topf sowie schwarze Grafittonkeramik – zum Teil mit Kammstrichdekor – aus Manching. Letztere war wegen ihrer Wasserundurchlässigkeit und guten Wärmeleitfähigkeit als Kochgeschirr besonders geeignet.

was natürlich dort wiederum die Produktion entsprechender Überschüsse voraussetzte. Diese waren aber offenkundig vorhanden, denn die keltische Landwirtschaft hatte in den beiden letzten Jahrhunderten vor der Zeitwende dank neuer Produktionsmethoden und Geräte – beispielsweise der eisernen Pflugschar und eiserner Sensen und Sicheln (vgl. S. 24) – einen hohen Entwicklungsstand erreicht.

Ein großer Teil, wenn nicht sogar die Mehrzahl der Oppidumbewohner dürften ihren Lebensunterhalt hingegen durch nichtagrarische Tätigkeiten und Einkünfte bestritten haben, denn Manching war wie die meisten anderen Oppida ein ausgesprochenes Zentrum des Gewerbes und Handwerks – das belegen neben zahllosen Produktionsabfällen auch über 200 unterschiedliche dort aufgefundene Werkzeug- und Gerätetypen. Eine besondere Rolle spielte nach dem Fundmaterial die Eisengewinnung und -verarbeitung, die bei den Kelten der Spätlatènezeit eine zuvor nicht gekannte Blüte erreicht hatte. Aus den süd- und südöstlich an das Oppidum angrenzenden Moorgebieten des Feilen- und des Donaumooses sind Dutzende von Verhüttungsplätzen mit Ofenresten und Schlackenhalden bekannt, an denen das dort in geringer Tiefe vorkommende Rasen- oder Sumpfeisenerz gewonnen und verhüttet wurde. Die hier hergestellten sog. Luppen aus Roheisen und zusätzlich wahrscheinlich auch noch importiertes Eisen wurden dann in den zahlreichen Schmiedewerkstätten der Siedlung zu den verschiedensten Endprodukten weiterverarbeitet. Der Bearbeiter der Manchinger Werkzeug- und Gerätefunde, Gerhard Jacobi, schloss aus den dort aufgefundenen Arbeitsgeräten und Endprodukten, dass das Schmiedehandwerk bereits weitgehend spezialisiert gewesen sein muss und neben Grob- und Feinschmieden wahrscheinlich auch Kessel- und Waffenschmiede umfasste. Auch Bronze und Edelmetalle wurden in Manching verarbeitet, jedoch anscheinend in deutlich geringerem Umfang als Eisen. Eine nicht unerhebliche Rolle scheint nach Ausweis von über 140 Bruchstücken tönerner Münzschmelzformen die Herstellung von Münzen im Oppidum gespielt zu haben (vgl. S. 110 f.).

Keramikherstellung ‚wie am Fließband'

Eine ähnliche Bedeutung wie die Metallverarbeitung besaß gewiss auch die Produktion von Tongefäßen, die eine ganze Palette unterschiedlicher Formen, Materialgruppen und Qualitätsstufen umfasste. Die bei den Ausgrabungen aufgefundenen Scherbenmengen lassen nach Hoch-

Reiches Beigabenensemble eines Angehörigen der gallischen Aristokratie aus Goeblingen-Nospelt in Luxemburg (spätes 1. Jh. v. Chr.). Im Grabinventar neben Metallgefäßen und einheimischer Keramik auch mehrere mediterrane Weinamphoren (links hinten), deren Scherben sich auch zahlreich in den Oppida fanden.

rechnungen auf eine Gesamtzahl von mindestens einer halben Million im Laufe der Manchinger Siedlungsgeschichte hergestellter und verwendeter Keramikgefäße schließen. Dieses Tongeschirr wurde zum größten Teil nicht mehr in den einzelnen Haushalten gefertigt, sondern in gewerblichen Töpfereien, von denen sich bei den jüngsten Ausgrabungen in der Siedlung erste Spuren in Gestalt dreier Töpferöfen und einer Grube mit keramischem Produktionsabfall gefunden haben. In diesen Werkstätten arbeitete man, wie die produzierte Ware zeigt, mit der schnell rotierenden Töpferscheibe, einer aus dem Mittelmeerraum übernommenen technischen Errungenschaft, die bereits gegen Ende der Hallstattzeit nach Mitteleuropa gelangt war, jedoch erst während der Latènezeit zur Fertigung keramischer Massenware im großen Stil verwendet wurde.

Weitere im Oppidum nachgewiesene Handwerkszweige waren die Glasverarbeitung – besonders die Herstellung kunstvoller und bis heute in ihrer Qualität unerreichter Armringe und Perlen aus farbigem Glas – und die Fertigung von Ringschmuck aus Sapropelit, einer aus Böhmen importierten dunklen und gut schnitzbaren Schieferkohle. Dazu kamen noch die in fast allen keltischen Siedlungen belegte Holzverarbeitung und die Leder- und Textilherstellung, bei denen allerdings die Grenze zwischen hauptberuflichem Handwerk und nebenbei betriebenem, nichtgewerblichem ‚Hauswerk' nur schwer zu ziehen ist.

Farbige Glasarmringe (links) und Glasperlen aus Gräbern bei Manching. Das Oppidum an der Donau war, wie zahlreiche dort aufgefundene Rohglasbrocken zeigen, offenbar ein Zentrum der Glasverarbeitung.

DIE OPPIDA

Der südliche Wein wurde nicht nur in Amphoren, sondern auch in hölzernen Fässern weiträumig verhandelt, und zwar – wo immer dies möglich war – auf dem Wasserweg. Gallorömisches Relief aus Cabrières-d'Aygues in Südfrankreich mit der Darstellung eines getreidelten Transportbootes.

Italischer Wein und römische Fischsauce

Dieses beachtliche im Oppidum konzentrierte handwerkliche Potenzial wie auch der zu vermutende ‚Importbedarf' bei den Nahrungsmitteln machen es sehr wahrscheinlich, dass die Siedlung ein wichtiger Marktort für ihr Umland war, und darauf deuten ebenfalls die mehr als tausend in Manching aufgefundenen Münzen hin. Die Keltenstadt an der Donau war aber überdies, wie viele andere Oppida auch, ein Knotenpunkt des Fernhandels – das zeigen Scherben von Weinamphoren und feinem schwarzem Tafelgeschirr sowie Bruchstücke bronzener Krüge und bunter Glasgefäße aus Mittel- und Süditalien, die zu ihrem charakteristischen Fundgut zählen. Diese Luxusimporte, zu denen offenbar auch mediterrane Leckerbissen wie konservierter Thunfisch und römische Fischsauce (*garum*) gehörten, bezeugen auch hier wieder die Existenz einer wohlhabenden Oberschicht, die durch die Nachahmung südlicher Trink- und Speisesitten ihre soziale Sonderstellung unterstrich.

Die dazu benötigten Güter und Utensilien wurden von römischen Händlern und Kaufleuten (*mercatores*) in größerer Zahl als jemals zuvor ins keltische Mitteleuropa verhandelt – besonders, nachdem Rom zwischen 125 und 118 v. Chr. Südfrankreich besetzt und unter dem Namen *Gallia Transalpina* (‚Jenseitiges Gallien'; später *Gallia Narbonensis* nach der Hauptstadt *Narbo* – Narbonne) in sein Reichsgebiet eingegliedert hatte. Dies führte dazu, dass der jahrhundertelang nur noch mäßig bedeutsame Rhône-Sâone-Wasserweg (vgl. S. 70 f.) plötzlich wieder zur zentralen Verkehrsachse und Handelsroute ins Innere Galliens wurde, und daher ist es auch nicht weiter verwunderlich, dass die erwähnten Importgüter in den dortigen Oppida am zahlreichsten vorkommen (vgl. Karte S. 94).

So liegen aus den bisherigen Grabungsflächen im mittelgallischen Bibracte (vgl. S. 97 ff.) beispielsweise nicht weniger als 83 000 Scherben von etwa 3700 Weinamphoren vor – auf die gesamte Oppidumfläche hochgerechnet müssen es mehrere hunderttausend sein –, und die südlichen Transportbehälter waren dort so allgegenwärtig, dass man aus ihnen sogar Wasserleitungen fertigte und mit ihren Scherben die Straßen und Wege des Oppidums schotterte. Im jenseits des Rheins und der gallischen Handelswege gelegenen Manching haben sich dagegen bis 1982 gerade einmal 126 Bruchstücke von ungefähr hundert italischen Amphoren gefunden – ein Teil des verhandelten Weins mag allerdings bereits in Gallien in leichtere und besser transportable Holzfässer oder Lederschläuche umgefüllt worden sein und könnte in diesen archäologisch kaum nachweisbaren Behältnissen das östliche Mitteleuropa erreicht haben.

Welche Güter die Kelten den südlichen Händlern im Austausch für ihre Produkte lieferten, ist – wie schon im Fall der Späthallstattzeit – nicht ganz klar. Die antiken Autoren erwähnen zwar immer wieder Naturprodukte wie Leder, Felle, Schweinefleisch oder Honig (vgl. Zitate Randspalte), doch dürften solche vergleichsweise schweren und voluminösen Güter kaum über allzu weite Strecken transportiert worden sein; sie spielten daher wohl vornehmlich im Handel zwischen dem keltischen Mittel- und dem römischen Südgallien eine bedeutsame Rolle, von wo aus sie bequem übers Meer nach Italien verschifft werden konnten. Die Kelten nördlich der Alpen mussten den mediterranen Kaufleuten vermutlich ‚kompaktere' Werte anbieten, beispielsweise den im Süden sehr beliebten Ostseebernstein, für den möglicherweise mährische Oppida wie Staré Hradisko als Zwischenhändler fungierten, oder das traditionell stets begehrte Metall. In Italien berühmt waren vor allem die hochwertigen Eisen- und Stahlerzeugnisse der in Kärnten ansässigen Noriker, so dass im 1. Jh. v. Chr. auf dem Magdalensberg bei Klagenfurt eine blühende norische Industriesiedlung entstand, die vor allem derartige Eisenprodukte für den Handel mit Rom fertigte.

Ein ähnlich beliebtes und begehrtes Handelsgut dürften aber auch Sklaven gewesen sein, denn die Kelten machten bei ihren Kämpfen mit den Germanen und untereinander gewiss in großer Zahl Kriegsgefangene, die sie im Rahmen ihrer eigenen Wirtschaftsordnung kaum nutzbringend einzusetzen vermochten. Sie töteten sie daher wohl entweder oder aber verkauften sie an die Sklavenhaltergesellschaften des Mittelmeerraums, die stets einen unstillbaren Bedarf an ausbeutbarer menschlicher Arbeitskraft hatten. Was für ein gutes Geschäft die südlichen Händler bei diesem Tauschverkehr machen konnten, verdeutlicht der Hinweis des griechischen Historikers Diodor aus dem 1. Jh. v. Chr., die italischen Kaufleute hätten „für einen kleinen Krug Wein einen Sklaven bekommen, für den Trunk also einen Mundschenk eingetauscht" (Diodor 5,26,3).

Die ersten Städte nördlich der Alpen

Berücksichtigt man dies alles, so dürfte wohl kaum mehr ein Zweifel daran bestehen, dass das Oppidum von Manching – ebenso wie Bibracte (vgl. S. 97 ff.) – von seiner Größe, seiner Bebauung und seiner wirtschaftlichen Struktur her eine echte Stadt war, und ganz sicher befanden sich unter den zahlreichen anderen, bislang noch nicht so gut erforschten Oppida Mitteleuropas noch viele weitere derartige Städte. Dies ist eine kulturgeschichtlich überaus wichtige Feststellung, bedeutet sie doch, dass die städtische Siedlungs- und Lebensweise nicht – wie so oft vermutet und behauptet – erst von den Römern nördlich der Alpen eingeführt wurde, sondern dass die keltische Kultur sie schon lange vorher selbstständig, wenn auch nicht ohne südliche Anregungen, hervorgebracht hatte.

Allerdings darf man die in Manching oder Bibracte angetroffenen Verhältnisse auch nicht einfach unbesehen auf alle übrigen Oppida übertragen, denn einige von ihnen scheinen wie die befestigte Anlage von Finsterlohr im Main-Tauber-Kreis eher große Fluchtburgen oder wie das 600 ha große Oppidum *Alkimoennis* bei Kelheim eher aufwendig geschützte Industriereviere als stadtartige Großsiedlungen mit einer Einwohnerschaft von mehreren tausend Köpfen gewesen zu sein. So zeigt eine Oppida-Karte wie die auf S. 94 abgebildete denn auch nicht unbedingt ein Netz keltischer *Städte*, sondern zunächst einmal nur die Verbreitung eines bestimmten Typs spätlatènezeitlicher Befestigungsanlagen, unter denen sich *auch* etliche Städte befanden – wie viele es aber genau waren, das können wir beim derzeitigen, leider immer noch unzureichenden Forschungsstand beim besten Willen nicht sagen.

Die große Mehrheit der keltischen Bevölkerung Mitteleuropas lebte vermutlich auch im 2. und 1. Jh. v. Chr. noch in kleinen ländlichen Siedlungen, Weilern und Einzelhöfen – in diese Richtung deutet jedenfalls der Hinweis Caesars, die in der heutigen Schweiz ansässigen Helvetier hätten bei ihrer Auswanderung nach Gallien im Jahr 58 v. Chr. (vgl. S. 141) ihre zwölf *oppida*, 400 *vici* (offenen Kleinsiedlungen) und ihre *aedificia privata* (Einzelgehöfte) niedergebrannt, um sich jede Hoffnung auf eine Rückkehr in die Heimat zu nehmen (Bell. Gall. 1,5,2). Glaubt man diesen Angaben, so standen also jedem ummauerten Helvetieroppidum mehr als 30 offene Land-siedlungen und eine unbekannte Zahl von Gutshöfen gegenüber, deren archäologische Erforschung leider immer noch in den Anfängen steckt.

Immerhin kennt man aber mittlerweile doch ein gutes Dutzend zumeist um die zehn Hektar großer und überwiegend von Handwerk und Gewerbe geprägter offener Siedlungen wie Aulnat und Levroux in Frankreich, Berching-Pollanten, Breisach-Hochstetten und Zarten in Süddeutschland oder Basel-Gasfabrik in der Schweiz, die veranschaulichen, was Caesar unter *vici* verstand, und auch bei der Identifizierung der lange Zeit fast völlig fehlenden Gutshöfe scheint die Forschung in den letzten zehn Jahren ein wesentliches Stück vorangekommen zu sein (vgl. S. 139 f.). Diese Forschungsergebnisse bestätigen die von Caesar überlieferte Siedlungsvielfalt, und sie machen zugleich deutlich, dass die Entstehung einiger städtischer Zentren im keltischen Mitteleuropa noch nicht gleichbedeutend mit der Herausbildung einer umfassenden ‚Stadtkultur' war, sofern man darunter eine weithin von urbanem Leben durchdrungene und geprägte Zivilisation versteht.

> „Ihre Schaf- und Schweineherden sind so zahlreich, dass ein Überschuss an Flauschmänteln und gepökeltem Fleisch nicht nur nach Rom, sondern in die meisten Regionen Italiens geliefert wird" (Strabon, Geographie 4,4,3).

> „Aus Gallien werden nun alljährlich Schinken, Würste, Speck und Hammen eingeführt" (Varro 2,4,10).

DIE KELTEN AN DER SCHWELLE ZUR HOCHKULTUR

Das Heranwachsen großer keltischer Stadtanlagen wie Manching, Bibracte und vielleicht auch noch weiterer ist nicht zuletzt deshalb von höchstem Interesse, weil die Herausbildung solcher urbanen Zentren ja keineswegs auf jedem kulturgeschichtlichen Niveau möglich ist, sondern sehr komplexe wirtschaftliche und gesellschaftliche Strukturen voraussetzt, wie sie normalerweise nur in Hochkulturen und in Gesellschaften, die sich gerade zu solchen entwickeln, gegeben sind.

Hochkulturen zeichnen sich neben ihrer Urbanität aber auch noch durch eine Reihe anderer struktureller Merkmale aus, die sie von den archaischeren Gesellschaften unterscheiden. Beispielsweise verfügen sie in der Regel über eine differenzierte Geldwirtschaft, über genormte Maße und Gewichte sowie die zu ihrer Festlegung und Überprüfung erforderlichen Kontrollinstrumente – vor allem aber über eine Schrift als unverzichtbares Dokumentations- und Kommunikationsmittel.

Nachdem sich in den letzten Jahrzehnten mehr und mehr abzeichnet, dass die Kelten des 2. und 1. Jhs. v. Chr. auf den meisten Gebieten sehr viel höher entwickelt waren, als man dies lange Zeit annahm, stellt sich die Frage, wie weit sie tatsächlich bereits auf dem Weg zu einer Hochkultur vorangekommen waren – ja, ob sie dieses kulturgeschichtliche Stadium womöglich sogar erstmals in Mitteleuropa schon erreicht hatten. Wir wollen auf den folgenden Seiten das zur Beurteilung dieser Frage relevante Material, das die Archäologie bis heute zusammengetragen hat, einmal genauer unter die Lupe nehmen und versuchen, zu einer fundierten Antwort zu gelangen.

Münzprägung und Geldwirtschaft

Das älteste Geldstück, das man aus einer keltischen Fundstätte kennt, ist eine offenbar griechische Bronzemünze mit dem Kopf eines Jünglings, die jüngst im Grabungsaushub eines frühlatènezeitlichen Herrenhofes beim Ipf im Nördlinger Ries (vgl. S. 40) entdeckt wurde. Sofern dieses Stück, dessen Oberfläche leider weitgehend zerstört ist und das sich daher nicht mehr genauer bestimmen lässt, tatsächlich aus dem 5. oder frühen 4. Jh. v. Chr. stammt, wie es nach den Beifunden der Fall zu sein scheint, stünde es in dieser Zeit bislang völlig einzigartig da. Allerdings liegt aus der ungefähr gleich alten ‚fürstlichen' Siedlung von Hochdorf (vgl. S. 41) der Balken einer bronzenen Feinwaage vor, die nach Angaben des Ausgräbers Jörg Biel „zum Abwiegen von Edelmetall, vielleicht sogar von griechischen Münzen", gedient haben könnte.[25] Das Bedürfnis nach exakter Messung und Wertbestimmung von Edelmetall wie auch die erste, sporadische Verwendung hellenischen Geldes scheint im keltischen Mitteleuropa also bis in die früheste Latènezeit zurückzureichen.

Um etwa 300 v. Chr. begannen die Kelten dann mit der Prägung eigener Münzen, bei denen es sich zunächst ausschließlich um Nachahmungen der griechischen Vorbilder handelte, die ihnen bereits seit langem vertraut waren und die sie bei ihren Kriegszügen und Söldnerdiensten im Mittelmeerraum gewiss unzählige Male als Beute, Tribut oder Lohnzahlung in die Hände bekommen hatten. Unter diesen war der berühmte, im 4. Jh. v. Chr. vom Vater Alexanders des Großen geprägte ‚Philippsstater' von besonderer Bedeutung, der auf seiner Vorderseite einen Apollokopf und auf der Rückseite einen Wagen mit zwei Pferden und Lenker zeigte (vgl. Abb. S. 111 oben links). Die keltischen Handwerker kopierten diese Goldmünze, die damals eine Art ‚internationaler Leitwährung' darstellte, zunächst recht getreu, begannen ihre Bildmotive dann aber nach und nach mit dem ihnen eigenen ‚expressiven' Stilempfinden (vgl. S. 78) so weitgehend umzugestalten, dass die Verwandtschaft mit dem griechischen Vorbild kaum noch zu erkennen war. Dazu kamen seit dem 2. Jh. v. Chr. auch mehr und mehr eigene Prägemotive wie Tiere und Tierköpfe, Halsringe (*Torques*), Kreuze, Dreiwirbel (Triskelen) und zahlreiche andere, die gewiss einen religiösen oder mythologischen Hintergrund hatten, der für uns aber nur schwer zu erschließen ist. Die festlandkeltische Münzprägung setzte sich in dieser Vielfalt bis in die ersten Jahrzehnte nach der römischen Besetzung Galliens hinein fort.

Prägestätten und ‚Münzherren'

Der deutlichste archäologische Hinweis auf die keltischen Münzwerkstätten sind Schmelz- oder Gussformen aus Ton mit einer Reihe von halbkugeligen Eintiefungen, in

Die in sog. Tüpfelplatten hergestellten Münzrohlinge wurden zwischen zwei Metallstempeln, von denen einer in einen Schlagbolzen, der andere in einen Amboss eingelassen war, vorder- und rückseitig mit dem Münzbild versehen, d. h. ‚geprägt'.

denen man das zuvor auf Feinwaagen abgewogene und wahrscheinlich auch schon geschmolzene Edelmetall zu Münzrohlingen formte. Die so hergestellten ‚Schrötlinge' wurden anschließend zwischen zwei Metallstempeln, von denen sich einzelne Exemplare in Manching und anderen Siedlungen gefunden haben, mit dem Münzbild versehen, also geprägt.

Da die erwähnten tönernen ‚Tüpfelplatten' jahrzehntelang fast ausschließlich aus den Oppida bekannt waren – aus Manching liegen beispielsweise mehr als 140 Bruchstücke von zwei bis drei Dutzend Platten vor –, glaubten die Archäologen lange Zeit, diese Siedlungs- und Stammeszentren seien auch die ausschließlichen Prägestätten und Residenzen der ‚Münzherren' mit einer Art von ‚offiziellem Prägemonopol' gewesen, was ihre politische und administrative Sonderstellung unterstreichen würde. Mittlerweile haben sich Münzschmelzformen aber auch in zahlreichen unbefestigten, ja zum Teil sogar nicht ein-

Griechische Goldmünzen und ihre keltischen Nachprägungen. Obere Reihe von links nach rechts: Originaler Stater Philipps II. von Makedonien und keltische Nachprägungen aus Achern und Baden-Baden. Untere Reihe von links nach rechts: Originaler Stater Alexanders des Großen und keltische Nachprägung aus Baden. Jeweils Vorder- und Rückseite.

DIE KELTEN AN DER SCHWELLE ZUR HOCHKULTUR

Unterstempel zur Prägung von keltischen Goldstateren aus Avenches in der Schweiz (1. Jh. v. Chr.). Das gravierte Kernstück aus Bronze ist in einen Eisenblock eingelassen (vgl. Zeichnung S. 110).

Schatzfund mit fast 400 sog. Regenbogenschüsselchen aus Großbissendorf in Bayern (Mitte 2. Jh. v. Chr.). Diese keltischen Goldmünzen besaßen einen hohen Materialwert und eigneten sich deshalb ausgezeichnet als Vermögensdepots und zur Schatzbildung.

mal besonders großen Siedlungen gefunden, weshalb die meisten Fachleute heute davon ausgehen, dass in der antiken keltischen Welt noch keine ausgeprägte ‚Münzhoheit' im Sinne eines herrschaftlichen Monopols existierte, so wie es in Europa seit dem Mittelalter der Fall war.

Ein unmittelbarer Rückschluss von der Herstellung der Zahlungsmittel auf eine gesellschaftlich legitimierte Zentralgewalt ist daher bei den Kelten nicht möglich. Vielmehr scheint bei ihnen jeder Adelige, der über einen ausreichenden Einfluss und das erforderliche Rohmaterial verfügte, das Recht zur Münzherstellung gehabt und seine eigenen Zahlungsmittel ausgegeben zu haben. Aus diesen sog. Magnatenprägungen erklärt sich wohl auch die ungeheure Mannigfaltigkeit der keltischen Münzserien. Allerdings sind aus Gallien und Böhmen seit der Mitte des 1. Jhs. v. Chr. eine größere Anzahl von Münzen mit den Namen und zum Teil auch den idealisierten Porträts von Stammesfürsten wie Vercingetorix, Dumnorix oder Litavicos bekannt, die darauf hindeuten, dass sich dort um diese Zeit die Verhältnisse geändert und stärker zentralisierte politische Strukturen herausgebildet haben könnten (vgl. S. 144).

Vom Schatzgeld zur Gebrauchswährung

Wirtschaftsgeschichtlich von besonderer Bedeutung ist der Umstand, dass es sich bei den frühesten keltischen Prägungen durchweg um Goldmünzen handelte, die einen hohen Materialwert hatten und daher wohl eher als Vermögensdepots – eine Art von ‚Schatzgeld' oder Hortgold – dienten denn als alltägliche Zahlungsmittel. Kiloschwere Münzschätze mit solchen ‚Regenbogenschüsselchen', wie sie nach der weit verbreiteten Sage vom Geldtopf am Ende des Regenbogens traditionell genannt werden, haben sich denn auch vielfach im keltischen Kulturbereich gefunden – nicht zuletzt im und rund um das Oppidum von Manching.

Im Laufe des 2. Jhs. v. Chr. gingen die Kelten aber zunehmend auch zur Herstellung von Münzen aus Silber, Bronze und Potin – einer Kupferlegierung mit hohem Zinn- und Bleigehalt – über, und gleichzeitig wurden die Edelmetallmünzen immer stärker ‚gestückelt', das heißt in präzise unterteilten und überregional weitgehend einheitlichen Gewichtsabstufungen ausgegeben. Beim Gold traten neben den traditionellen ‚Stater' zu 7,5 g der Viertelstater zu 1,7 g, der Vierundzwanzigstelstater zu 0,3 g und der Achtundvierzigstelstater zu 0,15 g, beim Silber neben den ‚Quinar' zu 1,8 g der Viertelquinar zu 0,45 g, der gerade noch 8 mm groß war. Vor allem dieses sog. Kleinsilber und die noch geringerwertigen Münzen aus Bronze und Potin haben sich in den Oppida in großer Zahl gefunden – in Manching beispielsweise fast tausend

Stück, in Bibracte über 1400 und auf dem Titelberg in Luxemburg sogar über 2000 Exemplare. Bei ihnen handelte es sich nun tatsächlich um echtes ‚Gebrauchsgeld', das den endgültigen Übergang der Kelten zur Geldwirtschaft mit einem entsprechend differenzierten und leistungsfähigen Währungssystem bezeugt.

Präzisionswaagen und Marktgewichte

Wo Güter und Waren in großer Zahl ihre Besitzer wechselten und ein umfassendes, abgestuftes Münzwesen zur Regelung dieses Güterflusses existierte, da benötigte man natürlich auch exakte Gewichts- und Mengenmaße zur Regelung und Kontrolle der wirtschaftlichen Transaktionen. Zur Wertbestimmung von Gold und vielleicht auch zum Nachwiegen der anscheinend nicht selten mit minderwertigem Material verunreinigten Edelmetallmünzen dienten kleine, zierliche Feinwaagen, deren Waagbalken und vereinzelt auch Waagschalen sich in einer ganzen Reihe von Oppida – unter anderem in Manching, Bibracte und Stradonice in Tschechien – gefunden haben; das mit Abstand älteste bekannte Exemplar stammt wie erwähnt aus der frühlatènezeitlichen Siedlung von Hochdorf (vgl. S. 110).

Neben solchen filigranen ‚Goldwaagen' verwendeten die antiken Kelten aber anscheinend auch größere und massivere Waagen, die möglicherweise zum Stückeln des etwas weniger wertvollen Silbers oder zum Abwiegen von kostbaren Gewürzen, Spezereien oder Ähnlichem dienten. In diese Richtung deuten jedenfalls drei in Manching aufgefundene Bleigewichte, deren leichtestes 50,6 g wiegt, während die beiden anderen – mit einem Götterbild verzierten – 62 g und 125,25 g schwer sind. Dieses fast exakte Gewichtsverhältnis von 1:2 der beiden Letzteren ist ein eindeutiger Hinweis darauf, dass sie zu einem in regelmäßigen Schritten abgestuften und vielleicht auch schon überregional genormten System von Gewichtsmaßen gehörten, das sich freilich wegen des Fehlens anderer vergleichbarer Funde bislang nicht rekonstruieren lässt.

Die Büste einer keltischen Gottheit ziert das 62 g schwere Bleigewicht aus dem Oppidum von Manching (2./1. Jh. v. Chr.).

Ein weiteres, in diesem Fall rundes und aus Bronze gefertigtes Scheibengewicht zu 295,15 g ist vom Hellbrunnerberg bei Salzburg bekannt. Es kam erstaunlicherweise in noch aus der späten Hallstattzeit stammenden Schichten zutage, doch scheint es wie die Hochdorfer Waage aus dem Süden – möglicherweise aus Oberitalien – importiert worden zu sein. Bei den Manchinger Bleigewichten handelt es sich hingegen, wie der künstlerische Stil ihrer Götterdarstellungen erkennen lässt, um einheimische, keltische Nachahmungen hellenischer Marktgewichte. Sie zeigen nach den Worten des Manching-Ausgräbers Werner Krämer, dass „bei den keltischen Händlern auf dem Markt des großen Oppidums [ein] Bedarf für genormte Gewichte bestanden haben" muss,[26] und belegen darüber hinaus, dass es für die Kelten der Spätlatènezeit offenbar zur Selbstverständlichkeit geworden war, die Menge und das Gewicht wertvoller Güter und Materialien durch exaktes Abwiegen zu kontrollieren.

Mengenmaße und ‚keltisches Fußmaß'

Neben solchen präzisen Gewichtsmessungen gab es für den alltäglichen Handel und Güteraustausch gewiss auch noch einheitlich festgelegte Hohl- und Mengenmaße zum Abmessen von Flüssigkeiten, Getreide und anderen voluminöseren Gütern und Produkten. Möglicherweise verwendete man hierzu nach Art des italischen ‚Schoppens', der historischen ‚Maß Bier' oder des ‚Scheffels Korn' spezielle Messgefäße und Behälter mit einem bestimmten, festgelegten Aufnahmevermögen – auch der italische Wein wurde ja in Amphoren von ungefähr gleicher Größe an die Abnehmer versandt (vgl. S. 107 f.).

Doch auch einheitliche Längen- und vielleicht auch schon Flächenmaße, die außer bei der Abmessung von Feldarealen vor allem in der Siedlungsplanung und beim Gebäudebau von großer Bedeutung waren, kannten die

Im Oppidum von Stradonice in Tschechien aufgefundene Feinwaage aus dem 2./1. Jh. v. Chr.

DIE KELTEN AN DER SCHWELLE ZUR HOCHKULTUR

Eingeprägter Name ‚Korisios' auf einer Schwertklinge aus Port Nidau in der Schweiz.

Eiserner Maßstab mit drei bronzenen Markierungsringen aus Manching (2./1. Jh. v. Chr.). Der 15,45 cm lange Stab fixierte einen halben keltischen Fuß zu 31 cm, der durch Bronzeringe in Daktylen (Achtel- und Sechzehntel) unterteilt wurde.

Rekonstruktion einer mit Wachs überzogenen Holztafel und eines beinernen Griffels, der klassischen Schreibgeräte der Antike. Metallrahmen von solchen Tafeln und Reste der Griffel, mit denen die Buchstaben in das Wachs geritzt und durch Glattstreichen wieder gelöscht wurden, haben sich auch in einer Reihe keltischer Oppida gefunden.

Kelten der Spätlatènezeit bereits. Der Archäologe Franz Schubert, Grabungsleiter in Manching zwischen 1965 und 1973, vermochte aus den Abmessungen einiger dortiger Gebäude nämlich einen ‚keltischen Fuß' von 31 cm Länge zu ermitteln, der bei der Planung und Errichtung der Siedlung offenbar als Grundmaß gedient hatte. Auf dem Hintergrund dieser Berechnungen identifizierte er einen in Manching aufgefundenen Eisenstab von 15,45 cm Länge überzeugend als Maßstab, der präzise einen halben derartigen Fuß zu 30,9 cm fixierte, der zudem noch mit Hilfe dreier Bronzemarkierungen in verschiedene Achtel- und Sechzehnteleinteilungen gegliedert war. Im keltischen Kulturraum ist dieses Stück bislang einzigartig geblieben, doch waren Längenmaße zwischen 29 cm und 33 cm im antiken Mittelmeerraum weit verbreitet, und auch ein gemauertes Wasserbecken in Bibracte (vgl. S. 101) scheint nach einem ähnlichen Grundmaß von 30,4 cm konstruiert worden zu sein.

Was die Hilfs- und Kontrollmittel der Wirtschaft und Technik betrifft, hatten die antiken Kelten also vermutlich bereits einen Entwicklungsstand erreicht, wie er für Hochkulturen kennzeichnend ist. Doch wie stand es bei ihnen um jene Errungenschaft, die nach traditionellem Verständnis ‚historische' Gesellschaften am deutlichsten von ‚prähistorischen' unterscheidet und daher in den Kulturwissenschaften bis heute als das kennzeichnendste Merkmal aller ‚Zivilisationen' gilt – die Schrift nämlich? Hier bietet das keltische Mitteleuropa ein auf den ersten Blick merkwürdig widersprüchliches und verwirrendes Bild.

Schriftgebrauch bei einem ‚schriftlosen' Volk?

Ihren mediterranen Zeitgenossen galten die antiken Kelten überwiegend als schriftlose ‚Barbaren', und dieses Urteil wurde lange Zeit auch von der keltischen Archäologie im Grundsatz geteilt. Schon seit jeher fielen jedoch einige eher beiläufige Bemerkungen antiker Autoren auf, die im Widerspruch zu diesem anscheinend so eindeutigen Urteil stehen. So berichtete etwa Caesar von Tafeln mit Stammeslisten „in griechischer Schrift" (*litteris Graecis*), die seine Soldaten zu Beginn des Gallischen Krieges im Lager der nach Mittelfrankreich ausgewanderten Helvetier (vgl. S. 141 ff.) fanden (Bell. Gall. 1,29,1–2). An anderer Stelle schrieb der römische Feldherr über die keltischen Priesterweisen, die Druiden, es sei ihnen streng verboten gewesen, ihre Lehren schriftlich aufzuzeichnen, während sie „in fast allen übrigen Dingen, im öffentlichen und privaten Verkehr, die griechische Schrift verwenden" (Bell. Gall. 6,14,3); und bei dem hellenischen Historiker Diodor findet sich der Hinweis, die Gallier hätten bei Leichenverbrennungen „Briefe an [ihre] verstorbenen Verwandten" auf den Scheiterhaufen geworfen, „in der Annahme, die Toten würden diese lesen" (Diodor 5,28,6; vgl. S. 129). Wie lassen sich diese Bemerkungen mit der angeblichen Schriftlosigkeit der Kelten in Einklang bringen?

Tatsache ist, dass die antiken keltischen Völker niemals in ihrer Geschichte eine eigene Schrift entwickelten – eine solche entstand erst im frühmittelalterlichen Irland mit dem sog. Ogham-Alphabet, das im 4. bis 8. Jh. n. Chr. auch in den keltischen Teilen Britanniens vor allem auf Steindenkmälern Verwendung fand (vgl. S. 128). Die Festlandkelten benutzten jedoch seit dem 3. Jh. v. Chr. – wie von Caesar beschrieben – immer häufiger die griechische und seit dem 1. Jh. v. Chr. auch die lateinische Schrift, um Informationen unterschiedlichster Art aufzuzeichnen.

Dabei ist ein starkes regionales Gefälle erkennbar, das in etwa dem bei den südlichen Importgütern zu beobachtenden entspricht (vgl. Karte S. 94). Von den mehreren hundert bekannten ‚gallo-griechischen' Schriftzeugnissen stammen nämlich über 320 und damit die große Mehrzahl aus dem seit 125 v. Chr. von Rom besetzten Südgallien, der *Gallia Transalpina* (vgl. S. 108). Das östliche Gallien ist ein weiteres wichtiges Verbreitungsgebiet – allein in Bibracte wurden über hundert Schriftzeugnisse gefunden, die allerdings überwiegend aus nachcaesarischer Zeit stammen. In den keltischen Oppida und Siedlungen außerhalb Galliens sind entsprechende Belege hingegen weitaus spärlicher: Im schweizerischen Port Nidau kam ein Spätlatèneschwert mit dem eingravierten Namen ‚Korisios' zutage, und in Manching entdeckte man mehrere Keramikscherben mit kurzen Ritzinschriften, darun-

ter der Eigenname ‚Boios'. Außerdem prägten die Kelten in Böhmen um die Mitte des 1. Jhs. v. Chr. auch noch die erwähnten Münzen mit Häuptlings- und Aristokratennamen (vgl. S. 112) – doch insgesamt nehmen sich diese ältesten Schriftzeugnisse nördlich der Alpen eher bescheiden aus.

In mehreren Oppida wie Manching sowie Stradonice und Zavist in Böhmen fanden sich jedoch beinerne Schreibgriffel (lat. *stili*) und Metallrahmen von mit Wachs überzogenen, ca. 8 cm × 16 cm großen hölzernen Schreibtäfelchen, die darauf hinweisen, dass offenbar auch in den Keltenstädten rechts des Rheins gewohnheitsmäßig geschrieben wurde. Die Kelten kannten diese klassischen Schreibutensilien der antiken Welt von ihren Wanderungen im Mittelmeerraum her ja schon seit langem, und sie sahen sie auch später immer wieder bei den mediterranen Kaufleuten in Gebrauch, die auf diesen wächsernen ‚Notizblöcken' ihre Warenbestände, Lieferungen und Einnahmen vermerkten. Die teilweise Übernahme dieser bequemen Dokumentationsmittel war also ein durchaus nahe liegender, folgerichtiger Schritt.

Eigentumsvermerke und Fluchtäfelchen

Leider ist von den Notizen, die die Kelten in Manching oder Stradonice auf ihre Wachstäfelchen ritzten, aber nichts erhalten geblieben, und ebenso wenig sind uns irgendwelche Texte überliefert, die sie möglicherweise auf Pergament, Gewebe oder anderen organischen Stoffen niederschrieben. Die Jahrtausende überdauert haben einzig und allein die Inschriften auf harten, widerstandsfähigen Materialien wie Stein, Keramik oder Metall, und so machen – neben den erwähnten Münzlegenden – auch in Gallien kurze, auf Tongefäße oder steinerne Weihetafeln eingeritzte Graffiti fast das ganze Material aus, auf Grundlage dessen man sich ein Bild vom keltischen Schriftgebrauch machen muss. Das ist natürlich alles andere als eine ideale Voraussetzung, denn diese Ritzinschriften waren zu ihrer Zeit gewiss die primitivste Form der Schriftnutzung, und sie sind überdies für detailliertere Studien recht unergiebig, weil sie zumeist nur aus einzelnen Worten oder Namen bestehen und nur in den seltensten Fällen einmal ganze, grammatikalisch ausformulierte Sätze enthalten.

Immerhin lässt sich aus diesem kärglichen Material aber doch erschließen, dass die antiken Kelten – ganz im Gegensatz zu ihren griechischen und römischen Zeitgenossen – offenbar nicht die Angewohnheit hatten, längere politische oder historische Inschriften auf steinernen Monumenten zu verewigen, und auch sonst sind von ihnen keinerlei ‚literarische' Aufzeichnungen bekannt. Einzig aus dem religiösen Bereich liegen eine Reihe von ausführlicheren Texten vor, beispielsweise zwei Bleitäfelchen mit magischen Formeln und Zaubersprüchen aus dem 1. Jh. v. Chr., die in Chamalières und Hospitalet-du-Larzac im antiken Hinterland der *Gallia Transalpina* gefunden wurden. Diese beiden sog. Fluchtäfelchen (*defixiones*) enthalten immerhin 60 bzw. 160 gallische Wörter, und ein Ritualkalender aus Coligny in Südostfrankreich, der auf einer Bronzetafel von 1,5 m × 0,9 m Größe aufgezeichnet wurde, zählt sogar nicht weniger als 2021 Zeilen in lateinischer Schrift (vgl. Abb. S. 116). Er enthält einen Fünfjahreszyklus der gallischen Zeitrechnung mit 62 Mondmonaten, die in ‚glücksbringende' und ‚unheilvolle' Monate eingeteilt sind. Der Coligny-Kalender ist damit das bei weitem umfangreichste und bedeutendste Schriftzeugnis in gallischer Sprache, und er vermittelt zugleich einen Eindruck von den hohen naturwissenschaftlichen Kenntnissen der Kelten – doch scheint er nach aktuellen Studien erst im zweiten nachchristlichen Jahrhundert, also in gallorömischer Zeit, entstanden zu sein.

In Kontrast zu diesem nur sehr seltenen ‚literarischen' Gebrauch verwendeten die Kelten die Schrift offenkundig sehr häufig, um Wert- und Gebrauchsobjekte mit dem Namen ihres Herstellers oder Besitzers zu kennzeichnen und um bei Weihegaben den Namen des Spenders oder des Gottes, an den sich das Opfer richtete, zu vermerken. Dies ist zusammen mit Caesars Bemerkung über die Stammeslisten der Helvetier (vgl. S. 114) und mit anderen antiken Angaben, nach denen die Kelten zum Teil Verträge in griechischer Schrift abfassten, ein Hinweis darauf, dass sie die fremden Buchstaben vor allem als dokumentarisches Hilfsmittel „in der Wirtschaft und bei der öffentlichen Darstellung von Identität" benutzten, wie der Prähistoriker Michel Bats zutreffend bemerkt.[27] Eine solche eingeschränkte Nutzung der Schrift vorwiegend als ‚Datenspeicherungs'- und Dokumentationsmittel ist auch aus der Anfangszeit anderer antiker Schriftkulturen, wie beispielsweise der sumerischen zu Beginn des 3. Jts. v. Chr., gut bekannt.

Mündliche Wissensvermittlung durch Druiden und Barden

Lieder und Epen scheinen die Festlandkelten hingegen noch ebenso wenig schriftlich aufgezeichnet zu haben

Weihetafel in griechischer Schrift an den Donnergott Taranis aus Orgon, Südfrankreich.

„Alle Gallier rühmen sich, vom Vater Dis abzustammen, und berufen sich dabei auf die Lehren der Druiden. Daher bestimmen sie alle Zeiträume nicht nach der Zahl der Tage, sondern der Nächte. Geburtstage, Monats- und Jahresanfänge berechnen sie dergestalt, dass die Nacht zum folgenden Tage zählt" (Caesar, Bell. Gall. 6,18,1–2).

▸ „Die Kelten führen auch im Krieg Gefährten mit sich, die sie Parasitoi nennen. Diese halten Lobreden auf ihre Herren sowohl vor größeren Versammlungen als auch vor Einzelnen, die ihnen gerade zuhören. Für die musikalische Unterhaltung sorgen die sog. Barden – das sind Dichter, die mit Gesang Lobeshymnen vortragen" (Poseidonios fr. 17; nach Athenaios 6,49).

▸ „Es gibt bei ihnen [= den Galliern] auch Liederdichter, die sie Barden nennen. Sie singen, von leierähnlichen Instrumenten begleitet, teilweise Loblieder, teilweise Schmählieder" (Diodor 5,31,2).

Ein Ausschnitt aus dem Ritualkalender von Coligny in Südostfrankreich (1./2. Jh. n. Chr.), dem bedeutendsten überlieferten Schriftzeugnis in gallischer Sprache. Auf dieser großen Bronzetafel ist in lateinischen Buchstaben ein Fünfjahreszyklus der gallischen Zeitrechnung fixiert.

DIE KELTEN AN DER SCHWELLE ZUR HOCHKULTUR

wie ihr Wissen über die Vergangenheit, über die Welten der Götter und des Jenseits und über die Natur – dieses geistige Erbe wurde wohl wie in den Jahrtausenden zuvor noch ausschließlich mündlich von der älteren Generation an die jüngere weitergegeben. Ein deutlicher Hinweis darauf ist das von Caesar erwähnte strenge Schreibverbot und mühsame Auswendiglernen des Wissens bei den Druiden (vgl. S. 131) – diese in vielerlei Fragen des Diesseits und des Jenseits bewanderten Priesterweisen müssen eine Art von ‚wandelnden Bibliotheken' gewesen sein und bildeten sicherlich den wichtigsten Stützpfeiler der kulturellen Überlieferung bei den Kelten. Neben ihnen spielten, wie in fast allen schriftlosen Kulturen, gewiss auch singende Poeten – die berühmten ‚Barden' – eine zentrale Rolle bei der Weitergabe des gesellschaftlichen Wissens. Diese Sänger und Dichter brachten ihren Zuhörern in manchmal vielleicht jahrhundertealten Liedern und Reimen die traditionellen Epen und Erzählungen ihrer Stämme nahe und unterrichteten sie auf diese Weise über ihre Vorfahren und ihre Geschichte, über die Taten der Götter und Heroen, aber sicherlich auch über aktuelle Ereignisse – nicht zuletzt dürfte es eine ihrer wichtigsten Aufgaben gewesen sein, das Hohelied der Aristokraten und Häuptlinge zu singen, in deren Diensten sie vermutlich standen und von denen sie daher wohl nicht selten materiell abhängig waren (vgl. Zitate Randspalte S. 116).

In einer befestigten Siedlung der Spätlatènezeit bei Saint-Symphorien-en-Paule in der Bretagne hat sich neben anderen steinernen Skulpturen auch die Figur eines solchen Barden oder Sängergottes gefunden, der noch nicht die für die späteren Inselkelten charakteristische Harfe, sondern das Standard-Saiteninstrument der Antike – die Leier – in seinen Händen hält. Dieser mittlerweile zu Recht berühmte ‚Leierspieler von Paule' gehört zugleich zu den wichtigsten Zeugnissen, die wir für die Musikinstrumente der antiken Kelten besitzen. Daneben wurden vor allem noch einzelne Überreste der bei den griechischen Autoren erwähnten und in der antiken Kunst auch mehrfach bildlich dargestellten keltischen Kriegstrompeten – der berühmten *Carnyx* – (vgl. Abb. S. 132) aufgefunden, und auf keltischen Münzen und in der südostalpinen Situlenkunst sind mehrfach auch Hornbläser, Flöten- und Panflötenspieler abgebildet (vgl. S. 63 und Abb. S. 61).

Eine antike ‚Schwellenkultur'

Fasst man das Gesagte zusammen, so schwankte die antike keltische Kultur also offenbar „zwischen Mündlichkeit und Schriftlichkeit", wie es Michel Bats jüngst zutreffend formulierte.[28] In einigen begrenzten wirtschaftlichen und gesellschaftlichen Bereichen bediente sie

Steinfigur eines leierspielenden Barden oder Sängergottes mit *Torques* aus der befestigten Siedlung von Saint-Symphorien bei Paule in der Bretagne (2. Jh. v. Chr.). Der Leierspieler gehört zu einer Gruppe von insgesamt vier dort aufgefundenen Steinfiguren.

sich der von den antiken Mittelmeervölkern entlehnten Schrift, doch ansonsten war sie offenbar noch weithin von mündlicher Wissensvermittlung und Traditionsüberlieferung geprägt und damit noch großenteils ‚oral' und nichtschriftlich strukturiert. Dementsprechend dürfte es auch nur eine kleine Elite von Druiden, Aristokraten und Händlern gewesen sein, die die südländischen Buchstaben über das Krakeln des eigenen Namens hinaus wirklich beherrschte – doch das war in den meisten großen Schriftkulturen der Antike kaum anders.

Von einer wirklich umfassenden, in allen Lebensbereichen durch das neue Kommunikationsmittel geprägten ‚Schriftkultur' kann man bei den Kelten also wohl noch kaum sprechen, und ähnlich unklar bleibt vorläufig – wie wir gesehen haben – auch das Ausmaß der Verstädterung und Urbanisierung ihrer Gesellschaft (vgl. S. 109). Die zu Beginn dieses Kapitels aufgeworfene Frage, ob die ‚Oppida-Zivilisation' womöglich die erste Hochkultur Mitteleuropas war, lässt sich daher trotz der bereits eindrucksvoll hoch entwickelten Geldwirtschaft der Kelten und ihrer in erstaunlichem Maße vorhandenen wirtschaftlichen Steuerungs- und Kontrollmittel beim heutigen Forschungsstand noch nicht abschließend beantworten. Die vorgestellten Funde zeigen zwar zweifelsfrei, dass die keltischen Völker spätestens im 1. Jh. v. Chr. an der Schwelle zur Hochkultur angelangt waren – doch ob sie diese Schwelle tatsächlich bereits überschritten, das wird wohl erst ein sehr viel umfangreicheres archäologisches Fund- und Quellenmaterial erweisen können.

DIE KELTISCHE RELIGION

> "Das ganze Volk der Gallier ist Glaubensvorstellungen sehr ergeben" (Caesar, Bell. Gall. 6,16,1).

Zu den vielschichtigsten und faszinierendsten Elementen in der Kultur der antiken Kelten gehört zweifellos ihre Religion, und kaum ein anderer Aspekt hat im öffentlichen Bewusstsein eine solche Popularität erlangt wie gerade dieser. Fast jedes Kind kennt das auf den römischen Schriftsteller Plinius zurückgehende Motiv der langbärtigen, mit Eichenlaub bekränzten und in wallende weiße Gewänder gehüllten Druiden, die in einsamen Eichenhainen geheimnisvolle Rituale vollziehen und mit der sprichwörtlichen goldenen Sichel Mistelzweige abschneiden, um daraus irgendein medizinisches Gebräu oder einen Zaubertrank zuzubereiten (vgl. Zitat Randspalte).

Oft werden diese keltischen Priesterweisen, deren Bild in der mittelalterlichen Sage vom Zauberer Merlin – dem Mentor des legendären Königs Artus – weiterlebte, auch irrtümlich mit den sehr viel älteren megalithischen Monumenten wie Stonehenge oder den Steinalleen von Carnac in Verbindung gebracht, so dass besonders an dem britischen Steinkreis noch heute regelmäßig Zeremonien neokeltischer ‚Druidenorden' stattfinden (vgl. S. 169 f.). In einer schier unübersehbar gewordenen esoterischen Literatur wird die keltische Religion überdies als eine Art Vorläufer und Ausgangspunkt heutiger naturreligiöser, mystischer und auf ein spirituelles „Neues Zeitalter" gerichteter Weltanschauungen präsentiert. Inwieweit können sich derartige Vorstellungen und Klischees auf die historische Realität berufen?

Diese Frage ist nur schwer zu beantworten, denn unsere einzigen Quellen zur antik-keltischen Religion sind die oft recht skizzenhaften und summarischen Schilderungen der zeitgenössischen griechischen und römischen

> "Wenn sie [= die Druiden] nach ihrer Sitte das Opfer und das Mahl bereitet haben, führen sie zwei weiße Stiere herbei, deren Hörner zuerst bekränzt werden. Dann besteigt ein Priester im weißen Gewand den Baum und schneidet mit einer goldenen Sichel die Mistel ab, welche in einem weißen Tuch aufgefangen wird. Danach opfern sie die Stiere und bitten den Gott, die Gabe glücksbringend zu machen für jene, denen er sie gesandt habe" (Plinius d. Ä., Naturgeschichte 16,95).

Das berühmte keltische Mistelritual in einer Darstellung aus dem 19. Jh.: Ein weiß gekleideter Druide steht auf einem Dolmen und schneidet die heilige Pflanze mit der goldenen Sichel vom Eichbaum, drei Helferinnen fangen sie in einem Tuch auf.

Autoren sowie die ‚stummen' archäologischen Zeugnisse, unter denen die besonders aufschlussreichen sakralen Bildwerke und Weiheinschriften größtenteils erst aus gallorömischer Zeit stammen. Längere ‚heilige Texte' haben uns die antiken Kelten aufgrund ihres wie erwähnt nur sehr eingeschränkten Schriftgebrauchs (vgl. S. 114 ff.) nicht hinterlassen, und die teilweise recht ausführlichen irischen und walisischen Literaturwerke des Mittelalters sind – wenngleich sie ohne Zweifel auch weit ältere Motive und Bezüge enthalten – nur sehr begrenzt auf das mehr als ein Jahrtausend ältere Festlandkeltentum übertragbar. So ist eine auch nur annähernd umfassende und authentische Rekonstruktion der antiken keltischen Religion so gut wie unmöglich, und es muss bei einer lediglich umrisshaften und über weite Strecken hinweg auch recht hypothetischen Zusammenstellung einiger weniger religiöser Grundmotive und -gebräuche bleiben.

Menschenopfer und ‚heilige Haine'

Die zeitgenössischen griechischen und römischen Autoren zeichneten überwiegend ein recht düsteres und abstoßendes Bild von den religiösen Riten der Kelten und besonders vom Wirken der Druiden, auf das letztlich auch noch viele der heutigen Vorstellungen und Klischees zurückgehen. In den Mittelpunkt ihrer Schilderungen stellten sie die keltische Sitte des Menschenopfers, die sie in allen grausigen Details beschrieben und ausmalten. Nach Iulius Caesar brachten „Leute, die von schwerer Krankheit befallen sind oder sich in Krieg und Gefahr befinden, Menschen als Opfer dar [...] und lassen die Druiden diese Opfer vollziehen, weil sie meinen, die unsterblichen Götter könnten nur besänftigt werden, wenn man für das Leben eines Menschen wiederum ein Menschenleben darbringe; auch im Namen des Stammes finden solche Opfer regelmäßig statt" (Bell. Gall. 6,16). Wie der römische Feldherr weiter berichtete, glaubten die Kelten, „die Opferung ertappter Diebe, Räuber oder sonstiger Verbrecher sei den unsterblichen Göttern besonders willkommen. Fehlt es jedoch an solchen Menschen, [so] schreitet man auch zur Opferung Unschuldiger" (Bell. Gall. 6,16,5). Bei dem griechischen Geschichtsschreiber Diodor wiederum ist zu lesen, die Kelten hielten „ihre Verbrecher [...] fünf Jahre lang gefangen, bringen sie dann auf Pfähle gespießt den Göttern dar und verbrennen sie mit vielen anderen ausgewählten Opfergaben, wofür sie riesige Scheiterhaufen errichten. Sie schlachten auch ihre Kriegsgefangenen wie Opfertiere zu Ehren der Götter" – ein „entsetzlicher Frevel", wie der Autor voller Abscheu bemerkte (Diodor 5,32,6).

Die Menschenopfer folgten den späteren Quellen zufolge festen Regeln und wurden auf unterschiedliche Weise vollzogen, je nachdem, welchem Gott sie galten. Nach

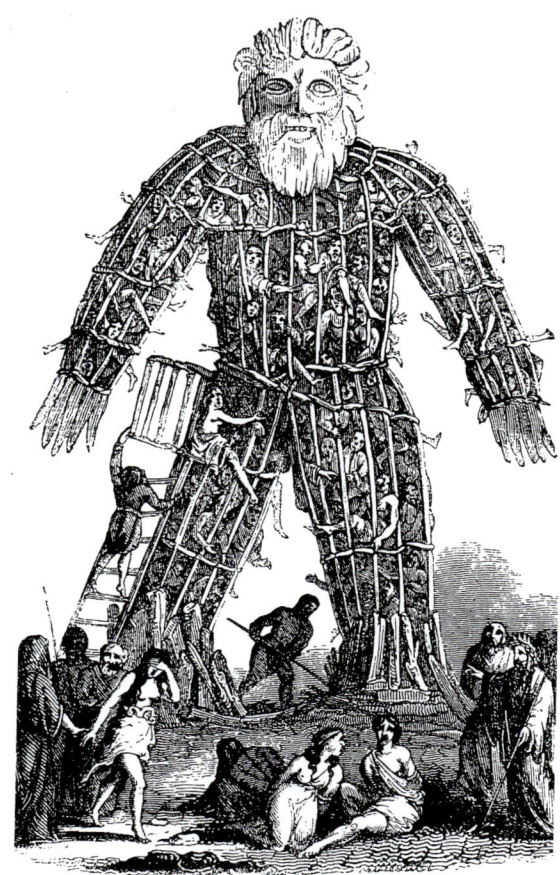

Der ‚Weidenmann' in einer Darstellung aus dem 19. Jh.: Menschen werden in einer großen, aus Zweigen geflochtenen Figur eingesperrt, um unter Aufsicht eines Priesters (rechts unten) bei lebendigem Leibe verbrannt zu werden.

❋ „Manche Stämme besitzen Standbilder von ungeheurer Größe, deren aus Ruten geflochtene Gliedmaßen sie mit lebenden Menschen anfüllen. Dann zünden sie sie von unten her an, so dass die Menschen von den Flammen eingeschlossen werden und in ihnen umkommen" (Caesar, Bell. Gall. 6,16,4).

Diodor und Strabon sagten dabei spezielle Wahrsager, die sog. *vates*, aus „den Zuckungen der Glieder sowie dem Ausströmen des Blutes" die Zukunft voraus (Diodor 5,31,3). Nach Caesar und Strabon gab es sogar regelrechte Massenopferungen, bei denen eine Vielzahl von Menschen in einer großen Götterfigur aus geflochtenen Weidenruten eingesperrt und bei lebendigem Leib verbrannt wurden (vgl. Zitate Randspalte).

Alle diese grausigen Zeremonien standen, wie die antiken Autoren berichten, unter der Leitung der keltischen Priesterschaft – der Druiden –, und ihr bevorzugter Schauplatz waren nicht die festen Tempel oder Heiligtümer in den Siedlungen (vgl. S. 105), sondern ‚heilige Haine' in entlegenen Wald- oder Sumpfgebieten, in denen diese und andere Riten unter freiem Himmel vollzogen wurden. Für die antiken griechischen und römischen Autoren waren diese sog. *nemeta* Stätten des Grauens und des Frevels, die sie mit wohligem Schaudern und lustvoller Abscheu beschrieben (vgl. Zitat Randspalte S. 120). So waren diese übel beleumundeten Kultstätten während des Gallischen Krieges denn auch ein bevorzugtes Ziel der römischen Besatzungsarmee und wurden von ihr „zerstört", wo immer es möglich war, wie der römische Autor Tacitus um 100 n. Chr. mit Genugtuung berichtete – „denn das Blut der Kriegsgefangenen auf

❋ „Teutates Merkur wird bei den Galliern so besänftigt: In einem gefüllten Kessel versenkt man einen Menschen mit dem Kopf voran, so dass er darin erstickt. Hesus Mars wird auf diese Weise besänftigt: Man hängt einen Menschen an einem Baum auf, bis sich seine Glieder [...] auflösen. Taranis Dis pater wird bei ihnen so besänftigt: Man verbrennt einige Menschen in einem hölzernen Trog" (Spätantike Berner Kommentare *[Commenta Bernensia]* zu Lucanus, Bürgerkrieg 1,443–446).

DIE KELTISCHE RELIGION

> „Nach dem Sieg opfern sie [dem Mars] alle erbeuteten Tiere und tragen das Übrige an einem Ort zusammen. Bei vielen Stämmen kann man an heiligen Stätten ganze Hügel sehen, die aus solchen Opfergaben aufgehäuft sind. Nur selten vergeht sich jemand gegen die Religion und wagt es, ein Beutestück bei sich zu verstecken oder gar ein schon niedergelegtes Weihegeschenk wegzunehmen; denn darauf steht die schlimmste Hinrichtungsart unter Foltern" (Caesar, Bell. Gall. 6,17,3–5).

ihren Altären zu vergießen und den Willen der Götter aus menschlichen Eingeweiden zu erfragen, hielten sie [= die Druiden] für ihr heiliges Recht" (Tacitus, Annalen, 14,30).

Doch damit ist das Sammelsurium an Grausamkeiten, als das die antiken Autoren die religiösen Gebräuche der Kelten beschreiben, noch keineswegs erschöpft. Immer wieder ist vielmehr auch von einem blutigen Kopf- und Siegeskult der Kelten in Kriegszeiten die Rede. Nach Diodor schlugen sie „den gefallenen Feinden [...] die Köpfe ab und hängen diese ihren Pferden an den Hals; die erbeuteten Waffen übergeben sie ihren Dienern, und obwohl sie blutverschmiert sind, führen sie die Trophäen unter Hymnen und Siegesgesängen mit sich. Diese Kriegsbeute nageln sie dann an die Eingänge ihrer Häuser, gerade so, als ob sie auf der Jagd Wild erlegt hätten. Die Köpfe der vornehmsten Feinde balsamieren sie ein und bewahren sie sorgfältig in einer Truhe auf. Wenn sie sie den Gastfreunden zeigen, brüsten sie sich, dass für diesen Kopf einem ihrer Vorfahren, ihrem Vater oder auch ihnen selbst viel Geld geboten worden sei, sie es aber nicht genommen hätten" (Diodor 5,29,4–5). Nach Livius enthaupteten die norditalischen Boier im Jahr 216 v. Chr. auch den von ihnen besiegten Römergeneral Postumius und vergoldeten seinen sorgfältig entleerten Schädel, um ihn als Kultgefäß zu benutzen. Ähnliche Praktiken hatte der griechische Geschichtsschreiber Herodot schon im 5. Jh. v. Chr. von den Skythen im Schwarzmeergebiet vermeldet, und auch die frühen Kelten der Hallstattzeit scheinen dem menschlichen Schädel bereits eine besondere Rolle zugemessen zu haben, wie eine Reihe von bearbeiteten Kalotten aus der Byčí skála-Höhle in Mähren zeigt, die offenbar gleichfalls als Kultgefäße Verwendung gefunden hatten.

Makabere Funde in gallischen Heiligtümern

Die zitierten antiken Berichte werden zum Teil durch archäologische Funde untermauert und damit beglaubigt. So stieß man etwa in Roquepertuse und Entremont – zwei südfranzösischen Bergstädtchen der Kelto-Ligurer (vgl. S. 80) – auf Steinpfeiler und Gebäudereste mit Nischen, in denen ehemals menschliche Schädel befestigt gewesen waren. Eine Anzahl von ihnen – manche davon noch mit den zur Anbringung verwendeten Nägeln – entdeckten die Archäologen bei ihren Ausgrabungen in der Nähe der Schädelstätten. In Entremont, wo sich auch eine Reihe steinerner Kopfplastiken fanden (vgl. Abb. S. 122), gehörten diese makaberen Zierelemente zu einem Heiligtum mit offener Säulenhalle, und auch in Roquepertuse scheinen sie ein kultisches Gebäude geschmückt zu haben. Vervollständigt wurde der dortige Baukomplex durch die Steinplastiken zweier sitzender Männer, eines Greifvogels und eines Januskopfes, die sicherlich gleichfalls eine religiöse Bedeutung besaßen.

Im nordöstlichen Frankreich, im Siedlungsgebiet der Belger, entdeckten französische Archäologen aber auch einige der von den antiken Autoren erwähnten Heiligtümer (*nemeta*) unter freiem Himmel (vgl. S. 119). Es handelte sich bei ihnen überwiegend um rechteckige, mit einer Palisade und einem oder mehreren Gräben eingefriedete Anlagen, deren erste nach 1977 unter Leitung von Jean-Louis Brunaux in Gournay-sur-Aronde, 50 km nördlich von Paris, freigelegt wurde. Das hölzerne Tor dieses 38 m × 42 m großen Rechteckheiligtums aus dem 3. und 2. Jh. v. Chr. war mit mindestens einem Dutzend menschlicher sowie einigen Rinderschädeln geschmückt, und in seinem Innengraben fanden die Ausgräber mehr als 2000 Waffen – vornehmlich Schwerter und Schwertscheiden, Lanzen und Schilde –, die zu über 300 Kriegerausrüstungen gehört haben müssen. Die meisten Fachleute vermuten in Anlehnung an Diodor (vgl. Zitat oben), dass es sich dabei um erbeutete gegnerische Waffen handelte, die zunächst einige Jahrzehnte lang als Trophäensammlung in dem Heiligtum zur Schau gestellt wurden, bevor man sie als Opfergabe in seinem Graben deponierte. Die Waffen wurden dabei zumeist absichtlich verbogen, zerbrochen oder zerschlagen – wohl um das Ende ihres irdischen Gebrauchs und den Übergang in die jenseitige Welt deutlich sichtbar zu dokumentieren.

Es könnte sich bei dem Kultplatz von Gournay demnach um ein mit Beutegut geschmücktes und den Göttern geweihtes Siegesmonument, ein sog. *Tropaion*, gehandelt haben, wie sie im antiken Mittelmeerraum weit verbreitet waren. Caesar bezeugte ausdrücklich ihr Vorkommen auch bei den Kelten, indem er berichtete, die Gallier weihten ihre Kriegsbeute dem Kriegsgott Mars und trügen sie nach dem Sieg an einem bestimmten Ort zusammen (vgl. Zitat Randspalte). Wenn es sich bei den Waffen von Gournay tatsächlich um solche zur Schau gestellten und geopferten Beutestücke handelte, so müssten sie allerdings aus mehreren verschiedenen Schlachten stammen, denn nach ihrem Typenspektrum

> „Da stand ein Hain, seit Menschengedenken niemals entweiht. Mit verschränkten Zweigen bildete er einen Bereich voller Dunkelheit und Schatten, dessen Kuppel nie von den Strahlen der Sonne durchbrochen wurde. [...] Die Altäre waren mit grässlichen Schlachtbänken versehen und die Bäume von menschlichem Blut befleckt. [...] Dazu ergoss sich überall Wasser aus dunklen Quellen und finster standen – unförmig und roh aus Holz gehauen – Götterbilder da. [...] Wie es hieß, bebte oft die Erde und es dröhnte aus hohlen Schlünden. [...] Niemand besuchte diesen Ort, um ihn aus der Nähe zu verehren, [...] und selbst der Priester wagte nicht einzutreten – befürchtete er doch, dem Herrn des Hains zu begegnen" (Lucanus, Bürgerkrieg 3,400–425).

Portal des kelto-ligurischen Heiligtums von Roquepertuse in Südfrankreich mit menschlichen Schädeln in den Nischen der steinernen Türpfosten. Frühere Inszenierung im Musée Borely, Marseille.

DIE KELTISCHE RELIGION

Steinerne Kopfplastiken aus der kelto-ligurischen Siedlung von Entremont in Südfrankreich.

122 DIE KELTISCHE RELIGION

wurden sie kontinuierlich über einen Zeitraum von etwa 200 Jahren hinweg in das Heiligtum gebracht. Manche Archäologen halten es deshalb für wahrscheinlicher, dass sie eigenen, vielleicht gleichfalls im Kampf gefallenen Kriegern gehörten, die durch die Zurschaustellung und Opferung ihrer Ausrüstung geehrt und möglicherweise auch heroisiert werden sollten.

In Gournay wurden aber auch Tieropfer dargebracht, und zwar in einer großen Grube im Zentrum der Rechteckanlage, die zeitweise mit einem offenen Holzbau überdacht war. In dieser Grube ließ man nach den Vermutungen des Ausgräbers Brunaux die vollständigen Kadaver von durchweg schon recht alten Rindern einige Monate lang verwesen, um auf diese Weise chthonische (unterirdische) Gottheiten zu ernähren, bevor man die Skelette der Tiere zu den Waffen in den inneren Graben des Heiligtums warf, in dem die Überreste von mindestens 50 Kühen, Ochsen und Stieren zutage kamen. Zwischen ihnen lagen aber auch zahlreiche Knochen von Lämmern und Ferkeln, und zwar nur von den besten und fleischreichsten Teilen wie Schinken und Keule, so dass in Gournay auch zeremonielle Opfermahle einer Kultgemeinde stattgefunden zu haben scheinen.

Den eindrucksvollsten und zugleich makabersten Beleg der antiken keltischen Kultgebräuche lieferte aber das Heiligtum von Ribemont-sur-Ancre in Nordostfrankreich, das im 3. Jh. v. Chr. angelegt wurde. Bei den gleichfalls von Brunaux geleiteten Ausgrabungen entdeckte man im Randbereich dieser 50 m × 50 m messenden Rechteckanlage ein mehr als 60 m² großes ‚Leichenfeld', das aus mehr als 10 000 menschlichen Knochen und 600 Waffen bestand. Die Knochen, die nur einen Bruchteil der auf der Gesamtfläche der Anlage verstreuten menschlichen Überreste ausmachen, stammten von 88 Männern im Alter zwischen 16 und 40 Jahren und wurden als großenteils noch intakte Skelette oder Teilskelette aufgefunden, die aber in völlig unnatürlicher Position und häufig mit extrem verdrehten Armen und Beinen durcheinanderlagen. Viele von ihnen wiesen schwere und zum Teil anscheinend tödliche Hiebverletzungen auf, und seltsamerweiseweise befand sich unter ihnen kein einziger Schädel! Die Leichen müssen also durchweg enthauptet gewesen sein, was den Gedanken, es könne sich womöglich um gewöhnliche Bestattungen oder um ein Massengrab handeln, so gut wie ausschließt.

Die Bearbeiter um Brunaux vermuten vielmehr, dass die Skelette von getöteten feindlichen Soldaten stammten, denen wie bei Diodor beschrieben bereits auf dem Schlachtfeld der Kopf abgetrennt worden war und deren an der Luft mumifizierte Leichname in dem Heiligtum in kriegerischer Formation und voller Bewaffnung auf einem überdachten Holzpodest aufgestellt wurden. Als

dieses Podest nach einigen Jahrzehnten verrottete und zusammenbrach, sei die schaurige „Wacht der kopflosen Krieger"[29] auf den Boden hinabgestürzt und habe dort das Durcheinander von Skelettteilen und Waffen verursacht, das die Ausgräber vorfanden. Es hätte sich nach dieser Rekonstruktion mithin um eine besonders makabere Variante eines *Tropaions* gehandelt, bei der die Körper der getöteten Feinde als Teil der Beute behandelt und in Gestalt von Mumien der Gottheit präsentiert wurden. Ribemont scheint in dieser Hinsicht kein Einzelfall gewesen zu sein, denn auch in einem anderen nordfranzösischen Heiligtum bei Fesques haben sich Hinweise auf aufrecht stehende Leichen gefunden.

Der Kultplatz von Ribemont muss aber auch noch weiteren religiösen Riten gedient haben, denn man stieß dort außerdem noch auf eine Art Podest aus 2000

Zeichnerische Rekonstruktion des Viereckheiligtums von Gournay-sur-Aronde in Nordostfrankreich mit schädelgeschmücktem Tor, zur Schau gestellten Waffen und einem offenen Holzbau mit Opfergrube im Zentrum.

Rekonstruktionszeichnung des Siegesmals *(Tropaions)* von Ribemont-sur-Ancre in Nordostfrankreich: Auf einem überdachten Holzpodest standen die mumifizierten Leichen von 88 enthaupteten Männern in voller Bewaffnung und kriegerischer Formation.

DIE KELTISCHE RELIGION

menschlichen Langknochen, die um eine mit gleichfalls menschlicher Knochenasche gefüllte Grube herum übereinander geschichtet waren. Die für dieses seltsame ‚Beinhaus' verwendeten Knochen stammten von annähernd 600 Individuen, so dass sich an diesem Ort möglicherweise ein zentrales Heiligtum der im Nordosten Galliens ansässigen Belger befand.

Rätselhafte Totenkulte

Die bisher erwähnten archäologischen Zeugnisse stammten aus den südlichen und nördlichen Randzonen des festlandkeltischen Siedlungsraums, doch der merkwürdige Leichenkult blühte auch in Zentralgallien und Süddeutschland. Auch von dort sind jedenfalls Münzbilder und Kleinkunstwerke bekannt, die Krieger mit abgeschlagenen Köpfen in der Hand zeigen, und in einer Grube vor dem Osttor der Keltenstadt von Manching (vgl. S. 101) fand sich sogar das durchbohrte Schädeldach eines Mannes, das vermutlich einst als Trophäe am Torbau befestigt gewesen war. Eine ganz ähnliche, zweifach durchnagelte Kalotte eines jungen Mannes, die kürzlich in einer Siedlung auf der Achalm bei Reutlingen in Württemberg zutage kam, stammt sogar noch aus der Frühlatènezeit und scheint damit auf einen überraschend frühen Beginn dieses keltischen Schädelkults hinzuweisen.

Das Beispiel Manchings verdeutlicht aber andererseits auch, wie schwierig und verwickelt eine sachgerechte Interpretation dieses und anderer keltischer Kultgebräuche sein kann. Innerhalb der Keltenstadt fanden sich nämlich – weiträumig verstreut und bunt vermischt mit den üblichen Siedlungsabfällen wie Tierknochen und Keramik – rund 5000 Knochen von mehr als 400 Menschen, darunter zahlreiche junge Männer. Außerdem wurden auch noch etwa 600 Fragmente von Waffen – vor allem von Schwertern, Lanzen und Schilden – freigelegt, die großenteils in ähnlicher Weise wie im Heiligtum von Gournay verbogen, zerbrochen oder sonstwie beschädigt worden waren. Stammten diese merkwürdigen Überreste von einer großen Schlacht innerhalb der Siedlung, wie die Archäologen lange Zeit vermuteten? Oder existierte in Manching ein ähnliches Siegesmonument wie in Ribemont, dessen Trophäen und Opfergaben später aus unbekannten Gründen über die Siedlungsfläche verstreut wurden?

Der Bearbeiter der Manchinger Menschenreste, Günter Lange, hat eine völlig andere Erklärung geliefert. Er wies darauf hin, dass unter den Knochen bestimmte Skelettteile – vor allem Bruchstücke von Schädeln sowie die großen Langknochen – in auffälligem Maße überrepräsentiert sind und dass das Material überdies zu einem beträchtlichen Teil Schnittspuren und offenbar absichtlich vorgenommene Zertrümmerungen wie beispielsweise abgeschlagene Gelenkenden aufweist. Nach seiner Interpretation deutet dies darauf hin, dass es sich überwiegend um die Skelettreste verstorbener Oppidumbewohner gehandelt haben dürfte, deren Leichen nach dem Tod einem besonderen Bestattungsritus unterzogen wurden: Man habe sie zunächst außerhalb der Siedlung verwesen lassen und ihnen anschließend die Arme und Beine abgetrennt, die Extremitätenknochen rituell zertrümmert und innerhalb der Stadt deponiert, während man den Rest des Körpers verbrannte und die Asche auf unbekannte Weise entsorgte.

Diese auf den ersten Blick ein wenig absonderlich anmutende Theorie könnte nicht zuletzt erklären, warum auch in zahlreichen anderen spätlatènezeitlichen Siedlungen Süddeutschlands auffallend viele Menschenknochen gefunden wurden und warum aus der Periode nach etwa 150 v. Chr. in vielen Regionen kaum mehr Gräberfelder bekannt sind wie aus den Jahrhunderten zuvor (vgl. S. 66). Man hatte aufgrund dieses Sachverhalts für die späte Latènezeit schon immer irgendwelche außergewöhnlichen und archäologisch nur schwer erschließbaren Bestattungsformen vermutet, die nun in dem für Manching skizzierten Totenritual ihre Erklärung gefunden haben könnten.

Wie fremdartig und rätselhaft uns derartige Gebräuche auch immer anmuten mögen – sie zeigen doch, dass die von den antiken Autoren beschriebene und in Heiligtümern wie Ribemont auch archäologisch belegte Sonderbehandlung der getöteten Feinde keineswegs als besonders grausamer und perfider Racheakt gemeint gewesen sein dürfte, sondern vermutlich mit Todesvorstellungen und religiösen Riten zusammenhing, die auch im Umgang der keltischen Gemeinschaften mit ihren eigenen Toten eine Rolle spielten. Ja, einige Archäologen nehmen sogar an, dass auch die in Ribemont in voller Waffenausrüstung aufgestellten Kriegermumien möglicherweise gar keine getöteten Feinde waren, sondern gefallene eigene Kämpfer. Und vielleicht handelt es sich ja selbst bei den über 2000 Waffen des Kultplatzes von Gournay (vgl. S. 120) nicht um gegnerisches Beutegut, sondern um Ausrüstungen eigener Krieger, die man in dem zentralen Stammesheiligtum ins Jenseits überführte, anstatt sie den einzelnen Kämpfern mit ins Grab zu geben.

Wie dem auch sei, der Seitenblick auf Manching unterstreicht in jedem Fall, dass zwischen dem Menschenopfer als der rituellen Tötung von Personen aus religiösen Motiven und der kultischen Sonderbehandlung bereits Toter – mag sie uns auch noch so Ekel erregend und grausig erscheinen – ein eindeutiger Unterschied besteht, der nicht verwischt werden sollte. Es ist zu bezweifeln, ob die antiken Autoren, die ihre Berichte über die Kelten ja oftmals nur aus zweiter Hand hatten,

Zwei von sieben mit Menschen- und Tierfiguren verzierten goldenen Hals- und Armringen, die 1962 in einer Felsnische oberhalb von Erstfeld in der Schweiz entdeckt wurden (frühes 4. Jh. v. Chr.). Die Schmuckstücke mit einem Gesamtgewicht von 640 g wurden wohl als Opfer- oder Weihegaben an einem der wichtigsten Verbindungswege nach Norditalien niedergelegt.

DIE KELTISCHE RELIGION

Einige der etwa 2000 frühlatènezeitlichen Fibeln und Ringe, die in der ‚Riesenquelle' bei Duchcov in Böhmen als Opfergabe in einem Bronzekessel versenkt worden waren (4. Jh. v. Chr.).

> „Das Land war vielmehr goldreich und wurde bewohnt von gottesfürchtigen und in ihrer Lebensweise nicht verschwenderischen Leuten, und so gab es an vielen Orten im Keltenland Schätze. Besonders die Teiche, in die man die Gold- und Silberbarren versenkte, gewährten ihnen Sicherheit. Als sich nun die Römer dieser Länder bemächtigt hatten, verkauften sie die Teiche von Staats wegen, und viele der Käufer fanden in ihnen Massen von Silber" (Strabon, Geographie 4,1,13)

diesen Unterschied immer klar erkannten, oder ob sie nicht auch des Öfteren einmal Verschiedenartiges und Unvergleichbares miteinander vermischten. Es ging ihnen ja nicht zuletzt darum, ihrem griechischen und italienischen Lesepublikum möglichst viel Spektakuläres und Fremdartiges – gerne auch Schauriges – über die Welt jenseits der Alpen zu präsentieren, und wenn wir an die zahllosen Berichte von Reisenden und Entdeckern der frühen Neuzeit über Amazonenvölker, geschwänzte Menschen oder kannibalische Orgien in den außereuropäischen Erdteilen denken, dann sollten wir vielleicht auch die Verlässlichkeit der antiken Ethnographen – gerade in religiösen Fragen – nicht allzu hoch veranschlagen. Dies gilt umso mehr, als ihr Blick ja – wie man gar nicht oft genug betonen kann – durch handfeste politische Interessen beeinflusst war, ging es ihnen doch letztlich um die ‚Zivilisierung' der keltischen ‚Barbaren' und um die möglichst weitgehende Auslöschung ihrer eigenständigen Kultur, die in der Religion und ihrem organisierten Rückgrat – dem Druidentum – natürlich einen besonders starken Stützpfeiler hatte (vgl. S. 174f.).

Schmuck und Waffen für die Götter

So waren die in den antiken Berichten so stark hervorgehobenen blutigen Opferrituale in Wahrheit vermutlich nur eine unter zahlreichen verschiedenartigen Facetten der keltischen Religionsausübung, und das Opfern von Sachgütern dürfte eine sehr viel häufigere und alltäglichere Form des Kultes gewesen sein. Geopfert wurde zumeist in der freien Natur, und zwar bevorzugt an Orten, die von ihrer topographischen Lage und ihrem Charakter her einen besonders leichten Zugang zu den jenseitigen Mächten versprachen: auf Bergeshöhen, wo man sich den Göttern des Himmels nahe fühlte, in Höhlen, Sümpfen oder an Quellen, wo die Götter und Geister der Unterwelt leichter erreichbar schienen, und in Flüssen oder Seen, wo spezielle Wassergottheiten verehrt wurden. Strabon und andere antike Autoren berichteten von „heiligen Teichen", in denen die Kelten „Gold- und Silberbarren versenkten" und wo sie „Geschenke weihten", an denen „keiner zu rühren wagte" (vgl. Zitat Randspalte). Vor allem aber bezeugen zahllose archäologische Funde diese Sitte der Opferung von Sachgütern, die vom großen gemeinschaftlichen und unter Leitung der Druiden vollzogenen Stammesopfer bis zum bescheidenen und sehr viel weniger spektakulären ‚Privatopfer' reichte, bei dem ein einzelner Mensch an einem heiligen Ort einen als wertvoll empfundenen Gegenstand für die dortige Gottheit niederlegte oder versenkte, um sie zu ehren und um ihren Schutz oder Beistand in irgendeiner Angelegenheit zu erbitten.

Das Spektrum der archäologisch nachgewiesenen Opferfunde reicht dementsprechend auch von der einzelnen Waffe oder dem einzelnen Schmuckstück bis zum umfangreichen, mehrere tausend Waffen oder andere Gegenstände umfassenden ‚Massenfund', wie er beispielsweise an dem Fundort La Tène in der Schweiz, nach dem die ganze Epoche benannt ist, zutage kam (vgl. S. 10 ff.). Die an solchen zentralen Opferplätzen aufgefundenen großen Objektmengen sammelten sich aber oftmals auch erst im Verlauf eines längeren Zeitraums nach und nach an. Beispielsweise wurden am Heidentor nahe Egesheim auf der Schwäbischen Alb – einer durch Verwitterung entstandenen auffälligen Felsformation – 68 offenkundig als Opfer dort niedergelegte Fibeln sowie 30 Fingerringe gefunden, deren Typenspektrum sich ziemlich gleichmäßig über einen Zeitraum von mehr als 300 Jahren verteilt. Interessanterweise begann die dortige Opfertradition bereits während der Blütezeit der nicht weit entfernten Heuneburg um 600 v. Chr. und wurde bis in die mittlere Latènezeit um 300 v. Chr. fortgeführt.

In der sog. Riesenquelle bei Duchcov (Dux) in Böhmen entdeckte man 1882 sogar ungefähr 2000 Fibeln und Schmuckringe aus der Frühlatènezeit (vgl. Abb. links), die in diesem Fall allerdings auf einmal geopfert worden zu sein scheinen, da sie sich zusammen in einem großen Bronzekessel befanden. Die Sitte des Sachgutopfers begann also mancherorts bereits in frühkeltischer Zeit, doch stammen die weitaus meisten der zahlreichen Opferfunde aus der mittleren bis späten Latèneperiode. In der gallorömischen Ära wurde das Opfern von Schmuck oder Waffen dann mehr und mehr durch das Versenken von Münzen in heiligen Quellen und Gewässern verdrängt, und dieser Brauch hat sich in profanisierter Form ja bis in unsere Zeit erhalten, wie die vielen Geldstücke auf dem Grunde historischer Brunnen und Wasserbecken zeigen.

Das keltische Pantheon

Welchen Gottheiten die antiken Kelten ihre Opfer darbrachten, ist uns leider nicht im Einzelnen bekannt. Zwar liegen aus Gallien recht viele bildliche Darstellungen und inschriftliche Erwähnungen von Göttern vor, doch stammen sie ganz überwiegend aus gallorömischer Zeit und dürften daher schon stark von der römischen Kultur und Religion geprägt gewesen sein. Ob die in dieser Epoche verehrten Gottheiten im keltischen Glauben schon länger eine Rolle spielten, wissen wir leider nicht – antike Quellen lassen es ebenso gut als denkbar erscheinen, dass die Kelten lange Zeit überhaupt keine personalisierten Götter kannten und auf die in der Mittelmeerwelt übliche ‚Vermenschlichung' der überirdischen Mächte noch im 3. Jh. v. Chr. mit Befrem-

Diese 3 m hohe Eichenholzfigur aus dem antiken Hafen von Genf in der Schweiz könnte eine Gottheit darstellen und wurde daher für die museale Inszenierung mit einem rekonstruierten Goldhalsring aus einem Schatzfund von Saint-Louis bei Basel ausgestattet (wohl 1. Jh. v. Chr.).

„Von den Göttern verehren sie hauptsächlich Merkur. Er hat besonders viele Bildwerke, er gilt ihnen als Erfinder aller Handwerke und Künste, als Führer auf allen Straßen und Wegen und er hat nach ihrem Glauben auch den größten Einfluss auf den Erwerb von Geld und auf den Handel. Neben ihm verehren sie Apollo, Mars, Jupiter und Minerva. Ihre Vorstellung von diesen ist etwa dieselbe wie bei allen übrigen Völkern: Apollo vertreibe die Krankheiten, Minerva lehre die Handwerke und Künste, Jupiter sei der Beherrscher des Himmels und Mars lenke den Krieg" (Caesar, Bell. Gall. 6,17,1–2).

DIE KELTISCHE RELIGION

Relief der keltischen Pferdegöttin Epona aus einer römischen Siedlung bei Walheim in Württemberg (2./3. Jh. n. Chr.). Epona war in den Jahrhunderten nach der Zeitwende unter den oft aus Gallien oder anderen unterworfenen Ländern stammenden Reitern des römischen Heeres außerordentlich beliebt.

❧ „Als Brennos, der Keltenkönig, [279 v. Chr. in Delphi] beim Betreten eines Tempels statt Weihegaben aus Gold und Silber nur Standbilder aus Stein und Holz vorfand, brach er in Gelächter darüber aus, dass man diese im Glauben an eine menschliche Gestalt der Götter dort aufgestellt hatte" (Diodor 22,9).

den reagierten (vgl. Zitat Randspalte). Bis zum 1. Jh. v. Chr. hatte sich das jedoch grundlegend geändert – Caesar zählte in seinem Bericht über den Gallischen Krieg jedenfalls ein rundes Halbdutzend von den Galliern verehrter Gottheiten auf, die er aber leider nicht bei ihren keltischen Namen nannte, sondern zum besseren Verständnis seiner italischen Leserschaft mit römischen Götternamen bezeichnete (vgl. Zitat Randspalte S. 127). Diese sog. *Interpretatio Romana* findet sich ähnlich auch bei anderen antiken Autoren und erleichtert natürlich nicht gerade die Identifikation der hinter den römischen ‚Namensetiketten' stehenden keltischen Gottheiten.

Immerhin vermitteln die für die Spätzeit verfügbaren Quellen aber doch den Eindruck eines äußerst vielgestaltigen und komplexen Götterhimmels, der neben einigen im ganzen keltischen Kulturraum verehrten Gottheiten wohl großenteils aus Göttern von vorwiegend regionaler oder lokaler Bedeutung bestand. Zu den ‚pankeltischen' Gottheiten gehörten neben dem Blitz- und Donnergott Taranis, dem ‚Stammesgott' Teutates und dem nur undeutlich fassbaren Esus auch der in vielen keltischen Ortsnamen wie *Lugdunum* (Lyon) verewigte Sonnengott Lug, der geweihtragende Hirschgott Cernunnos (vgl. Abb. S. 131), der ‚Gott mit dem Hammer' Sucellus und die Pferdegöttin Epona. Ihre Identitäten, Wirkungsbereiche und Symbole mögen sich im Lauf der Zeit verändert und vielleicht auch vermischt haben, und ebenso mögen viele der lokalen Gottheiten nur Varianten dieser keltischen ‚Hauptgötter' gewesen sein. Neben ihnen sind jedoch auch eine ganze Anzahl von genuin regionalen Gottheiten wie etwa die ausschließlich an der oberen Seine verehrte Heilgöttin Sequana oder der Gott Nemausus im Raum um Nîmes bezeugt.

Wie schon diese kurze Übersicht zeigt, dominierten in den antiken Texten und Inschriften die männlichen Gottheiten bei weitem, doch zeigen die Bildwerke aus dem römischen Gallien fast ebenso viele Göttinnen, deren Namen uns leider oftmals nicht bekannt sind. Beispielsweise wurden dort häufig anonyme Schutz- und Muttergottheiten mit Fruchtbarkeitssymbolen wie Früchten, Broten u. Ä. dargestellt, die man als *Matres* oder ‚Matronen' bezeichnet, und auch männlich-weibliche Götterpaare waren in gallorömischer Zeit ein beliebtes Motiv.

Alle diese unterschiedlichen Gottheiten fügten sich im klassisch-keltischen Glauben offenbar zu einem Pantheon zusammen, das ebenso hierarchisch strukturiert und von Machtkämpfen, Intrigen und Kriegen geprägt war wie die menschliche Gesellschaft. Die Götter waren den Menschen zwar einerseits entrückt, konnten von ihnen aber andererseits doch durch die beschriebenen kultischen Riten und Opferhandlungen beeinflusst werden. Um eine Gottheit günstig zu stimmen, musste man jedoch zunächst ihren Willen ergründen, was durch die Auslegung von Opfervorgängen (vgl. S. 119), durch Beobachtung des Vogelflugs oder durch Traumoffenbarung geschah. Diese sog. *Mantik* fiel in den Aufgabenbereich spezieller Wahrsager und Seher, der *vates*.

Der Glaube an die Unsterblichkeit der Seele

Über die weiteren Glaubensvorstellungen der antiken Kelten wissen wir, da sie aus den archäologischen Zeugnissen kaum erschließbar sind, leider noch weniger als über ihren Götterhimmel. Caesar und andere Autoren bezeichneten als einen ihrer wichtigsten Glaubenssätze, dass „die Seele nicht sterblich sei, sondern nach dem Tod von einem Körper in einen anderen übergehe", woraus sich auch die Tapferkeit und der Todesmut der Kelten im Krieg erklärten (Caesar, Bell. Gall. 6,14,5). Weitere Einzelheiten darüber werden jedoch nicht erwähnt, so dass dieser angebliche keltische ‚Reinkarnationsglaube' etwas rätselhaft bleibt, zumal sich auch in der späteren inselkeltischen Literatur kaum Hinweise auf ihn finden.

Möglicherweise dachten die antiken Kelten bei dieser ‚Seelenwanderung' in Wahrheit gar nicht an eine irdische Wiedergeburt in Gestalt einer anderen Person, sondern an ein Weiterleben der Seele im Jenseits – in einem himmlischen oder unterirdischen Paradies, auf fernab im Meer gelegenen ‚Inseln der Seligen' oder in einer von Geisterwesen bevölkerten ‚Anderswelt', wie sie in der irischen Literatur des Mittelalters eine so große Rolle spielte. In diese Richtung könnte jedenfalls Diodors Bemerkung deuten, dass bei den Bestattungen in Gallien mitunter Briefe an die Verstorbenen auf den Scheiterhaufen geworfen würden (vgl. S. 114), und ebenso auch der Hinweis Strabons, die Gallier vereinbarten bisweilen, entliehenes Geld im Jenseits zurückzuzahlen. Doch auch die so vielfältigen und reichen Grabbeigaben der Hallstatt- bis Mittellatènezeit sind ja ein eindrucks-

Romantische Darstellung eines Druiden. Die Szene zeigt den keltischen Priesterweisen mit – allerdings mittelalterlichem – Langschwert und goldener Sichel.

„Bei ihnen herrscht nämlich die Lehre des Pythagoras, dass die Seelen der Menschen unsterblich seien und nach Ablauf einer bestimmten Zahl von Jahren wieder ins Leben treten, indem die Seele in einen neuen Körper übergeht" (Diodor 5,28,6).

„Die Druiden lehren, dass die Seele unsterblich sei und dass bei den Verstorbenen nach dem Tod ein neues Leben beginne. Daher verbrennen und bestatten sie mit den Toten zusammen Dinge, die fürs Leben geeignet sind" (Pomponius Mela III, 19).

DIE KELTISCHE RELIGION

⁂ „Die Druiden sitzen zu einer bestimmten Zeit des Jahres im Gebiet der Carnuten an einer geweihten Stätte zu Gericht. Von überall kommen dort die zusammen, die einen Streitfall auszutragen haben, und unterwerfen sich ihrem Spruch und Urteil" (Caesar, Bell. Gall. 6,13,10).

⁂ „Fügt sich ein einzelner oder ein ganzer Stamm ihrem Urteilsspruch nicht, so untersagen sie ihm die Teilnahme an den Opfern. Diese Strafe gilt bei den Galliern als die schlimmste, denn wer mit diesem Verbot belegt ist, wird als Frevler und Verbrecher angesehen, alle gehen ihm aus dem Weg und vermeiden die Begegnung und das Gespräch, um nicht durch Kontakt mit ihm Schaden zu erleiden" (Caesar, Bell. Gall. 6,13,6–7).

volles Zeugnis für den Glauben an ein solches Weiterleben im Jenseits, während die sehr viel extravaganteren Bestattungssitten der Spätlatènezeit nur wesentlich schwerer zu durchschauen sind (vgl. S. 66 und 124). Vermutlich waren die beiden Welten des Diesseits und des Jenseits, der Lebenden und der Toten, für die Kelten keine streng voneinander abgetrennten, sondern einander berührende und zum Teil sogar überlagernde Daseinssphären, wie der häufige Gebrauch von Unheil abwehrenden Amuletten und die in mancher Bestattungen zum Ausdruck kommende Furcht vor ,Wiedergängern' erkennen lässt. In der späteren inselkeltischen Kultur brach die Grenze zwischen diesen beiden Welten in der Nacht zum 1. November – dem keltischen Neujahr – sogar völlig zusammen und das Tor zum Reich der Toten, der Geister und der anderen jenseitigen Mächte stand für einige Stunden weit offen. In dieser Nacht wurde in Irland und Wales das seit dem Mittelalter bezeugte und zum Teil noch heute mit archaischen Riten begangene Samhainfest gefeiert, auf das auch unser heutiges Halloween zurückgeht. Ob seine tiefsten Wurzeln tatsächlich bis in die vorchristliche Zeit zurückreichen, bleibt zwar ungewiss, doch flossen sicherlich viele religiöse Vorstellungen aus dieser Epoche mit darin ein.

Keltische Priesterweise: die Druiden

Das keltische Universum war also erfüllt von übernatürlichen Wesen und Mächten, und um so wichtiger waren die Mittler zwischen den Sphären des Diesseits und des Jenseits, der Menschen und der Götter – die Druiden. Diese religiösen Würdenträger bildeten nach Caesar, der am ausführlichsten über sie berichtete, eine eigene, äußerst angesehene Klasse der keltischen Gesellschaft mit einer hierarchischen Organisation und einem gewählten oder nach dem Konsensprinzip bestimmten Leiter an der Spitze. Zu ihren Aufgaben gehörten nicht nur die Leitung der kultischen Riten und Opferhandlungen sowie die Auslegung der religiösen Vorschriften, sondern auch eine Reihe von politisch-weltlichen Funktionen. So waren sie für die Bestrafung von Verbrechen und für die Schlichtung von Streitigkeiten aller Art zuständig, wobei sie als schlimmste Strafe den Ausschluss einzelner Individuen von den Opfern und damit ihre soziale Isolierung verhängen konnten (vgl. Zitate Randspalte). Diese richterliche Funktion verschaffte den Druiden natürlich eine ganz beträchtliche gesellschaftliche Machtstellung, die auch in handfesten materiellen Privilegien ihren Ausdruck fand: So mussten sie nach Caesar beispielsweise keine Steuern zahlen und keinen Kriegsdienst leisten.

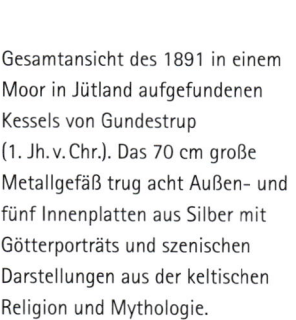

Gesamtansicht des 1891 in einem Moor in Jütland aufgefundenen Kessels von Gundestrup (1. Jh. v. Chr.). Das 70 cm große Metallgefäß trug acht Außen- und fünf Innenplatten aus Silber mit Götterporträts und szenischen Darstellungen aus der keltischen Religion und Mythologie.

DIE KELTISCHE RELIGION

Darüber hinaus waren diese Priesterweisen aber auch noch für fast alle Bereiche des Wissens und der Gelehrsamkeit zuständig, weshalb sie selbst manchen der ihnen sonst eher feindselig gesinnten griechischen und römischen Autoren als regelrechte Denker und Philosophen galten. Nach Caesar sprachen sie „ausführlich über die Gestirne und ihre Bewegung, über die Größe von Welt und Erde" und „über die Natur" (Bell. Gall. 6,14,6), so dass man gewiss annehmen kann, dass auch sie es waren, die die Zeitrechnung und das Kalenderwesen der Kelten regelten (vgl. S. 115 f.). Nicht weniger aufschlussreich ist auch ihre besonders von Plinius hervorgehobene Nutzung und Verehrung der Mistel als Heilmittel, könnte sie doch darauf hindeuten, dass diese Universalgelehrten sich auch sonst intensiv mit Naturheilmitteln und Naturmedizin befassten.

Die Druiden waren nach einer Formulierung Sabine Rieckhoffs also gewissermaßen „Universität, oberster Gerichtshof und Kirche in einem",[30] und so bedurften sie zur Aneignung des für ihre vielseitige Tätigkeit erforderlichen Wissens einer überaus langen und gründlichen Ausbildung. Bis zu zwanzig Jahre mussten die zumeist aus der Aristokratie stammenden jungen Männer, die Druiden werden wollten, bei erfahrenen Mitgliedern dieses Ordens in die Lehre gehen und „eine große Menge von Versen auswendig lernen", wie Caesar berichtet. Den Druiden war es nämlich – ähnlich den Angehörigen anderer historischer Priesterschaften wie etwa den indischen Brahmanen – „streng verboten, ihre Lehre aufzuschreiben", wie der römische Feldherr vermerkte (vgl. S. 114). Als Gründe für diese ausschließlich mündliche Weitergabe des Wissens vom Lehrer an den Schüler vermutete er, dass sie „ihre Lehre nicht in der Masse verbreitet sehen" und zudem verhindern wollten, „dass die Zöglinge im Vertrauen auf die Schrift ihr Gedächtnis zu wenig üben" (Bell. Gall. 6,14,4). Nach Caesars Bericht kam die Druidenlehre im Übrigen ursprünglich von den Britischen Inseln nach Gallien, weshalb noch zu seiner Zeit „alle, die tiefer in sie eindringen wollen, zumeist nach Britannien [reisen]" (Bell. Gall. 6,13,12). Diese Angabe wird indessen von manchen Fachleuten angezweifelt, weil in griechischen Quellen schon um 200 v. Chr. von Druiden in Gallien die Rede ist.

Der Kessel von Gundestrup – eine Bildergalerie zur keltischen Religion

Wenden wir uns zum Abschluss noch dem wertvollsten archäologischen Einzelfundstück zur antiken keltischen Religion zu, dem teilweise vergoldeten Silberkessel von

> „Die Druiden nennen die Mistel in ihrer Sprache die ‚Allesheilende', [...] denn sie sind überzeugt, dass ihr Saft unfruchtbare Tiere fruchtbar mache und ein Heilmittel gegen alle Gifte sei" (Plinius d. Ä., Naturgeschichte 16,95).

Der keltische Gott Cernunnos mit Halsreif *(Torques)* und Hirschgeweih im Schneidersitz zwischen verschiedenen Tieren – Darstellung auf dem Kessel von Gundestrup.

DIE KELTISCHE RELIGION

Die berühmte Opferungsszene auf dem Kessel von Gundestrup: Eine überdimensional große Gestalt taucht einen Mann von normaler Größe kopfüber in ein mit Flüssigkeit gefülltes Gefäß oder eine Grube – auf ähnliche Weise wurden nach antiken Quellen Menschenopfer an den Gott Teutates vollzogen.

Gundestrup. Dieses annähernd 9 kg schwere Metallgefäß von 70 cm Durchmesser wurde 1891 in einem Moor in Dänemark gefunden und ist auf seiner Innen- und Außenseite mit insgesamt 13 figürlich und szenisch verzierten Platten geschmückt, die eine regelrechte Bildergalerie zur festlandkeltischen Religion und Mythologie darstellen. Obwohl der Prunkkessel sehr weit nördlich des keltischen Kultur- und Siedlungsraumes zutage kam, wo ihn vermutlich Germanen als Beutestück aus Kriegszügen nach Mitteleuropa deponiert hatten, kann aufgrund seiner Darstellungen und seiner ganzen Machart kein Zweifel an seinem keltischen Ursprung bestehen.

Das einzigartige Stück wurde sehr wahrscheinlich im 1. Jh. v. Chr. in Gallien oder im Bereich der unteren Donau gefertigt. Die dort seit der Zeit der großen Keltenwanderungen ansässigen Skordisker standen unter dem starken Einfluss ihrer Nachbarn, der griechisch geprägten Thraker, und so finden sich auf den Darstellungen des Gundestrup-Kessels neben den charakteristisch keltischen Elementen auch unverkennbar orientalische Motive wie Greifen, Löwen und geflügelte Pferde, ja sogar zwei Elefanten. Ähnlich wie in der südostalpinen Situlenkunst des 6. bis 4. Jhs. v. Chr. (vgl. S. 60 ff.) hatten sich also auch die Hersteller dieses Prunkgefäßes einer teilweise fremden Formensprache bedient, um ihren eigenen, keltischen Glaubensvorstellungen und Mythen Ausdruck zu verleihen.

Die acht ehemals auf der Außenseite des Kessels befestigten Bildplatten, von denen nur sieben aufgefunden wurden, zeigen die Oberkörper und Köpfe verschiedener Göttinnen und Götter mit dem *Torques* – dem Halsring – als dem Zeichen ihrer Macht. Einige von ihnen halten kleine Hirsche, Drachen oder Menschen in ihren nach oben gestreckten Händen, andere sind auf beiden Seiten von Menschen, Tieren oder anderen Göttern flankiert. Eine genaue Identifizierung dieser Gottheiten ist kaum möglich, und ebenso bleiben auch die wesentlich komplexeren Darstellungen auf den fünf großen Innenplatten des Kessels zumeist rätselhaft. Auf einer von ihnen ist jedoch zweifelsfrei der keltische Hirschgott Cernunnos (vgl. S. 128) mit dem charakteristischen Geweih auf dem Kopf zu erkennen, der mit untergeschlagenen Beinen und einem Halsreif in seiner rechten, einer großen Schlange in der linken Hand zwischen einem Hirsch und weiteren Tieren sitzt (vgl. Abb. S. 131). Eine andere der Innenplatten zeigt einen von Tigern und Greifen umgebenen Gott mit einem Speichenrad – dem keltischen Sonnensymbol – in der Hand, bei dem es sich vermutlich um den Himmelsgott Taranis, den ‚großen Donnerer', handelt.

Doch auch zwei oder drei der dargestellten Szenen korrespondieren mit Riten und Motiven, die aus der keltischen Religion geläufig sind. So zeigt die Deckel- oder Bodenplatte des Kessels offenbar die Opferung eines großen Stiers, und auf einer der Innenplatten scheint sogar ein Menschenopfer dargestellt zu sein. Den größten Teil dieser Platte nimmt ein festlicher Aufzug von Reitern und Fußkriegern ein, die einen laubgeschmückten Baum auf den Spitzen ihrer Lanzen tragen – hinter ihnen blasen drei Musikanten feierlich die keltischen Kriegstrompeten, die sog. *Carnyx* (vgl. S. 117). Am Ausgangs- oder Zielpunkt des Zuges taucht ein überdimensional großer Mann – möglicherweise ein Druide – einen Menschen von gewöhnlicher Körpergröße kopfüber in ein Gefäß, einen Schacht oder eine Art von Grube. Diese Szene wird von den meisten Fachleuten als Menschenopfer für den Gott Teutates gedeutet, das nach den literarischen Quellen durch Ertränken in einem wassergefüllten Kessel vollzogen wurde (vgl. Zitat Randspalte S. 119).

Als Gegengewicht zu diesem ziemlich grausigen Motiv sei abschließend noch eine anrührend zarte Detaildarstellung auf der bereits beschriebenen Cernunnos-Platte erwähnt, die einen kleinen Mann zeigt, der auf einem Fisch – möglicherweise einem Delfin – sitzt und von diesem davongetragen wird (vgl. Abb. S. 131). Nach Auffassung einiger Archäologen könnte es sich hierbei um einen Verstorbenen auf seiner Reise ins Jenseits handeln, das in der späteren irischen Überlieferung oftmals als Insel im Meer dargestellt wurde. Ob diese Vorstellung indessen auch schon bei den Festlandkelten des 1. Jhs. v. Chr. verbreitet war, bleibt der Spekulation überlassen, und ebenso bleiben uns auch die meisten anderen Bildmotive und -kompositionen des Gundestrup-Kessels letztlich rätselhaft. Dies kann auch kaum verwundern, ist doch ihr Symbolgehalt nicht aus sich selbst heraus erschließbar und fehlt uns leider jegliche literarische ‚Leseanleitung', die das Verständnis der darin zum Ausdruck kommenden Mythen und Glaubensvorstellungen erleichtern könnte.

Ein komplexes geistiges Universum

So bleiben am Schluss dieses Kapitels viele Fragen offen, aber es verfestigt sich doch der Eindruck, dass die Religion ein absolut zentrales Element in der Kultur der Kelten war und dass der Götter- und Dämonenglaube das gesamte Leben und Handeln dieser antiken Völkerschaften durchdrang. Daher dürften auch die glotzäugigen, fratzenhaften Gesichter und die monströsen, phantastischen Fabeltiere, die uns von latènezeitlichen Fibeln, Schnabelkannen und anderen keltischen Kunstwerken herab anstarren (vgl. S. 72 ff.), Geister, Götter oder andere jenseitige Wesen darstellen, und in den grenzenlos wuchernden Pflanzendekors und endlos wirbelnden Spiral- und Kreisornamenten der Latènekunst (vgl. S. 77 f. und Abb. S. 92) mögen sich die äußerst dynamischen Vorstellungen der Kelten vom niemals endenden Kreislauf der Natur und vom immer wieder neu beginnenden Zyklus des Lebens widerspiegeln.

Damit wird am Ende doch deutlich, dass diejenigen, die die Religion der Kelten im Wesentlichen auf ihre blutigen Opferrituale reduzieren möchten, sich die Sache zu einfach machen. Die keltische Religion dürfte vielmehr einen ganzen Kosmos von überaus komplexen Glaubensvorstellungen, mythologischen Motiven und Kultgebräuchen umfasst haben, von dem wir uns aufgrund der spärlichen literarischen Hinweise und der wesentlich zahlreicheren, aber leider oft rätselhaften archäologischen Befunde nur ein sehr bruchstückhaftes und grobes Bild zu machen vermögen. Das wenige, was wir wirklich wissen, lässt viel Raum für die ausdeutende Phantasie, und vielleicht ist es ja gerade dieser Umstand, der die keltische Religion heute wieder für viele esoterisch und spirituell orientierte Menschen so anziehend macht.

DAS RÄTSEL DER VIERECKSCHANZEN

Ein Mysterium waren lange Zeit auch die keltischen ‚Viereckschanzen' – quadratische oder rechteckige Einfriedungen aus Erdwall und Graben, denen man vielerorts in Mitteleuropa begegnet. Ihre Seitenlängen betragen zwischen 50 m und 150 m, und sie schließen Flächenareale von 0,4 ha bis 1,6 ha Größe ein. Die Wälle dieser Erdwerke sind heute nur noch in wenigen Fällen bis zu 1,5 m oder 2 m hoch erhalten, zumeist aber auf weniger als 1 m Höhe verflacht, und oft lässt eine Lücke in der Mitte einer der vier Seiten noch erkennen, wo einst das Tor – es existierte nur jeweils ein einziges – in die Anlage hineinführte.

Der Verbreitungsschwerpunkt dieser in ihrer Grundform erstaunlich einheitlichen Erdwerke liegt in Süddeutschland zwischen Alpen und Main, doch streuen sie in etwas geringerer Dichte über ein sehr viel größeres, von Frankreich bis nach Böhmen reichendes Gebiet, das mit der Verbreitungszone der ‚Oppida-Zivilisation' – zu der die Anlagen auch zeitlich gehören – weithin identisch ist. Eine Gesamtaufnahme von 1999 ergab allein für Bayern ca. 175 und für Baden-Württemberg an die 85 oberirdisch noch sichtbare Viereckschanzen, mit denen aber sicherlich nur ein Teil des ehemals vorhandenen Bestandes erfasst ist. Besonders in landwirtschaftlich intensiv genutzten Gebieten sind nämlich viele dieser Anlagen durch Beackerung buchstäblich ‚dem Erdboden gleichgemacht' worden und lassen sich daher im Gelände nicht mehr erkennen. Aus der Luft zeichnen sich ihre eingeebneten Wälle und verfüllten Gräben hingegen oft noch deutlich als Verfärbungen in Getreidefeldern oder im Grünland ab, und so nimmt die Zahl der bekannten Viereckschanzen dank der Luftbildarchäologie Jahr für Jahr zu.

Gutshöfe oder Heiligtümer?

1896 wurde mit einer Schanze bei Gerichtstetten im Neckar-Odenwald-Kreis zum ersten Mal eine derartige Anlage systematisch archäologisch untersucht. Bis dahin hatte man die Erdwerke aufgrund ihrer Ähnlichkeit mit römischen Marschlagern und frühneuzeitlichen Befestigungen zumeist als ‚Römer'- oder ‚Schwedenschanzen' bezeichnet, doch zeigten die reichen Spätlatènefunde aus der Gerichtstettener Anlage rasch, dass sie in Wahrheit von den Kelten errichtet worden waren. Sie galten den Pionieren der keltischen Archäologie deshalb von da an als Überreste befestigter gallischer Gutshöfe oder Verteidigungswerke, wobei für die letztere Deutung besonders „die merkwürdige Übereinstimmung all dieser Anlagen"[31] als Argument ins Feld geführt wurde, die nicht zu individuellen bäuerlichen Gehöften zu passen schien.

Genau aufgrund dieser auffälligen Einheitlichkeit bezeichnete sie andererseits der Archäologe Friedrich Drexel im Jahr 1931 als „Heiligtümer" und „sakrale Anlagen", denn nach seiner Meinung boten allein „gemeinkeltische religiöse Vorstellungen" und „rituelle Vorschriften" eine überzeugende Erklärung für die „weitgehende Standardisierung" dieser Anlagen innerhalb einer nur wenig zentralisierten Gesellschaft.[32] Dieser religiöse Deutungsansatz blieb jedoch lange Zeit eine unbedeutende Außenseitermeinung – wirklich einflussreich und schließlich sogar beherrschend wurde er erst in den 1960er Jahren, als der Archäologe Klaus Schwarz mit zuvor nicht gekannter Sorgfalt eine Viereckschanze bei Holzhausen südlich von München ausgrub.

Schwarz stellte dabei überraschenderweise fest, dass das oberirdisch sichtbare Erdwerk aus Wall und Graben nur der Höhepunkt und Abschluss einer mindestens fünf aufeinander folgende Phasen umfassenden baulichen Entwicklung gewesen war, an deren Beginn die Rechteckanlage nur durch eine hölzerne Palisadenwand und einzelne Holzpfosten an einigen Stellen begrenzt gewesen war. Ein solcher, erst allmählicher Ausbau zur ‚klassischen' Viereckschanze ließ sich später auch bei anderen derartigen Anlagen immer wieder feststellen. Doch fast noch bemerkenswerter (wichtiger) schien, dass der von Schwarz untersuchte Teil der Schanze – der etwa ein Drittel ihres Innenraums umfasste – überwiegend unbebaut gewesen war. Einzig in der westlichen Ecke der Anlage entdeckte der Archäologe direkt hinter dem Wall den Grundriss eines ca. 10 m breiten, annähernd quadratischen Holzgebäudes, das aus einem 6 m × 7 m messenden Zentralraum und einem auf vier Seiten umlaufenden Vorbau bestanden hatte. Schwarz sprach dieses zweimal neu errichtete Gebäude aufgrund seiner ungewöhnlichen Gestaltung als „Tempel mit Säulenumgang" an[33] und verglich es mit den klassischen, aus Stein erbauten ‚Umgangstempeln' im römisch besetzten Gallien und Britannien der ersten nachchristlichen Jahrhunderte (vgl. S. 151 ff.).

Sehr ungewöhnlich erschienen auch drei in den Boden eingetiefte Schächte von 6, 18 und 35 m Tiefe, auf die die Archäologen an verschiedenen Stellen der Holzhausener Viereckschanze direkt hinter der Einfriedung stießen. In ihnen fanden sich zwischen gewöhnlichen Lehm- und Kieslagen immer wieder Schichtpakete, die durch Holzkohleeinlagerungen tief schwarz gefärbt waren und die ungewöhnlich hohe Stickstoffwerte aufwiesen. Nach dem Urteil von Gerichtsmedizinern, die dieses Material chemisch untersuchten, sollte darin Fleisch, Fett oder Blut verbrannt worden sein, und überdies entdeckte man auf dem Grund des kleinsten Schachtes auch noch den Abdruck eines über 2 m langen Holzpfahls, der im Untergrund befestigt worden zu sein schien. Diese ungewöhnlichen Befunde zusammengenommen brachten Schwarz zu der Überzeugung, dass es sich sich hier um einen ‚Opferschacht' mit einem ‚Kultpfahl' am Boden gehandelt habe, dessen Nutzung „mit dem Feuer und dem Darbringen"[34] von Tier- oder sogar Menschenopfern für unterweltliche Gottheiten verbunden gewesen sei.

Ganz ähnliche Brandspuren, Reste von Feuerstellen und eingetiefte Schächte mit oder ohne Holzpfahl fanden sich in der Folgezeit auch in mehreren anderen Viereckschanzen, und so setzte sich die Deutung dieser Anlagen als keltische Heiligtümer, Kultstätten oder ‚heilige Haine', wie sie in der antiken Literatur ja eindringlich beschrieben sind (vgl. S. 119 f.), im Verlauf der 1960er Jahre allgemein durch. Zu einem solchen sakralen Charakter schienen auch die räumliche Abgeschiedenheit und die nur geringe Innenbebauung der bis

Eine Viereckschanze bei Achselschwang in Bayern in einer Luftaufnahme von Otto Braasch. Die rechteckige Einfriedung aus Erdwall und Graben ist im frischen Schnee deutlich zu erkennen.

dahin untersuchten Viereckschanzen zu passen, und daher zeigten Rekonstruktionszeichnungen diese Erdwerke bis in die 1980er Jahre hinein als einsam gelegene, baumbestandene Anlagen mit einem vereinzelten Holztempelchen in einer Ecke, in denen Menschen andächtig um die geheimnisvollen Schachtöffnungen oder um sakrale Feuerstellen herumstehen (vgl. Abb. S. 138) – eine weitgehend getreue bildliche Umsetzung der Holzhausener Grabungsergebnisse.

Kultschächte oder Brunnen?

Doch gerade bei der Interpretation der vermeintlichen Kultschächte führten neue Ausgrabungen zu einer überraschenden Wende. Zwischen 1977 und 1980 untersuchten Archäologen unter der Leitung von Dieter Planck einen solchen, über 20 m tiefen Schacht in einer Viereckschanze bei Fellbach-Schmiden unweit von Stuttgart, und dabei erwies sich dieser vermeintlich sakrale Befund mit an Sicherheit grenzender Wahrscheinlichkeit als technisch aufwendig konstruierter Brunnen. Seine Erbauer hatten ihn von oben bis unten mit einer quadratischen Holzkastenverschalung gesichert, deren im Jahr 123 v. Chr. geschlagene Balken sich im feuchten unteren Bereich noch zum Teil erhalten hatten, und überdies war er mit Holzsprossen ausgestattet gewesen, die ein Hinabsteigen ermöglichten. In seiner ganzen Bauweise erinnerte er damit stark an provinzialrömische Holzkastenbrunnen, und seine tatsächliche Funktion als Wasserlieferant wurde auch durch den Fund eines hölzernen Daubeneimers und einer flaschenzugartigen Vorrichtung auf seiner Sohle bestätigt.

Der holzverschalte Brunnen der Viereckschanze von Fellbach-Schmiden in Baden-Württemberg mit verstürzten Balken und hölzerner Hirschfigur.

DAS RÄTSEL DER VIERECKSCHANZEN

Der Schmidener Schacht diente also ganz offensichtlich nicht blutigen Opferritualen, sondern schlicht der Wasserversorgung, und da Schächte mit einer ähnlichen Konstruktion seither auch in anderen Viereckschanzen zutage gekommen sind, betrachtet man sie heute durchweg als Brunnen und nicht mehr als geheimnisvolle sakrale Einrichtungen. Auch die vermeintlichen ‚Kultpfähle' in einigen von ihnen finden dadurch eine sehr einfache Erklärung, denn es dürfte sich dabei um die Schwingbalken von Stangenziehbrunnen gehandelt haben, an denen man die gefüllten Wassereimer emporzog – nach der Aufgabe der Brunnen wurden sie dann ganz einfach in deren Schächte hinabgeworfen.

Auch in der Frage der Asche- und Holzkohleschichten, die sich in dem Schmidener Viereckschanzenschacht gleichfalls in einiger Mächtigkeit fanden, führte die dortige Ausgrabung zu einem Umdenken. Denn obwohl das Material auch in diesem Fall einen zum Teil ungewöhnlich hohen Phosphatgehalt aufwies, lieferten gründliche chemische Analysen anders als seinerzeit in Holzhausen keinerlei Hinweise auf eine Verbrennung von tierischen Eiweißen wie Fleisch, Fett oder Blut. Bei dem so stark phosphathaltigen Material handelte es sich vielmehr um eine über 1 m dicke Schicht von tierkothaltigem Stallmist, mit dem der Brunnen anscheinend absichtlich unbrauchbar gemacht worden war, und die Asche und Holzkohle stammte nach zahlreichen darin eingelagerten Tierknochen und angeziegelten Lehmbrocken aus einer nahe gelegenen Siedlung der Späthallstatt- und Frühlatènezeit. Auch die Theorie von den ‚Opferfeuern' war damit weitgehend hinfällig – vermutlich beruhte sie schlichtweg auf einer Fehlanalyse des Holzhausener Probenmaterials.

Trotz dieser einschneidenden Korrekturen an dem bis dahin gültigen Viereckschanzen-Bild zog der Ausgräber Planck einen kultischen Charakter auch der Schmidener Anlage aber zunächst nicht grundsätzlich in Zweifel. Auf der Sohle ihres Brunnenschachtes hatten sich nämlich neben den bereits erwähnten Objekten auch noch drei ganz außergewöhnliche, 80 cm große und aus Eichenholz geschnitzte Plastiken eines Hirsches und zweier Stein- oder Ziegenböcke gefunden, die ursprünglich wohl zu einem umfangreicheren Figurenfries gehörten, wie zwei Hände von einer anscheinend abgebrochenen menschlichen Figur, die die beiden Böcke umfasst hatte, noch erkennen ließen (vgl. Abb. oben). Da der Hirsch den Kelten aber als heiliges Tier galt und Figurengruppen mit der ‚Herrin der Tiere' in der Antike weit verbreitet waren (vgl. z. B. Abb. S. 44), deuteten die meisten Archäologen diese kunstgeschichtlich einmaligen Funde als Hinweis auf einen letztlich doch kultischen Charakter der Schmidener Viereckschanze, in der man Quell- und Wassergottheiten verehrt und aus einem sakralen Brunnen heilbringendes Wasser geschöpft habe.

Holzfiguren zweier Stein- oder Ziegenböcke aus dem Schacht der Viereckschanze von Fellbach-Schmiden. Die abgebrochenen Hände stammen wohl von einer menschlichen Figur, die die Tiere ursprünglich umfasste.

Revidierung alter Auffassungen

In den seither vergangenen 25 Jahren haben einige weitere Ausgrabungen die Deutung der Viereckschanzen als keltische Heiligtümer dann aber vollends zu Fall gebracht. Im baden-württembergischen Ehningen untersuchte Siegwalt Schiek 1984 zum ersten Mal den Innenraum einer solchen Einfriedung vollständig und entdeckte dabei die Grundrisse von nicht weniger als sieben hölzernen Gebäuden. Die zumeist annähernd quadratischen Bauten besaßen Seitenlängen zwischen 3 m und 7,5 m und stammten aus zwei aufeinander folgenden Bauphasen – in jeder von ihnen scheinen also mindestens drei Gebäude vorhanden gewesen zu sein, von denen eines dem Schanzeneingang gegenüberlag, während die beiden anderen das Tor auf beiden Seiten flankierten. Von einem nur spärlich bebauten Innenraum wie bei den bis dahin ausschnittweise untersuchten Viereckschanzen konnte hier also nicht die Rede sein, und auch die Fundmengen an spätlatènezeitlicher Keramik waren durchaus beträchtlich.

Zeichnerische Rekonstruktion einer Viereckschanze aus den 1980er Jahren. Die Anlage ist als einsamer und weitgehend unbebauter Kultplatz mit Opferschächten und Opferfeuern in der Nähe einer Grabhügelgruppe (links hinten) interpretiert.

Die Ehninger Grabungsergebnisse fanden eine glänzende Bestätigung, als Rüdiger Krause und Günther Wieland zwischen 1989 und 1992 eine nur noch im Luftbild erkennbare Viereckschanze bei Bopfingen im Nördlinger Ries großflächig untersuchten. Auch im Inneren dieser Anlage fanden sich die Grundrisse dreier, in Form eines Dreiecks angeordneter Holzgebäude, von denen zwei beiderseits des Toreingangs errichtet waren, während das dritte ihm gegenüberlag. Die eigentliche Sensation der Grabung waren aber mehr als 120 Hausgrundrisse aus keltischer Zeit, die die Archäologen in bis zu 150 m Entfernung um die Viereckschanze herum entdeckten. Obwohl der überwiegende Teil von ihnen nach dem zugehörigen Fundmaterial älter war als die Schanze selbst, bewiesen sie doch, dass diese keineswegs in ‚kultischer Abgeschiedenheit' errichtet wurde, sondern Bestandteil einer intensiven und lange zurückreichenden Siedlungstätigkeit gewesen war, deren grundlegende Entwicklungsphasen sich sogar noch in groben Zügen rekonstruieren ließen.

Das gleiche Bild ergab sich wenig später auch bei einer Viereckschanze nahe Riedlingen an der oberen Donau, die Frieder Klein zwischen 1991 und 1997 ausgrub. Auch in ihrer Umgebung fanden sich umfangreiche latènezeitliche Siedlungsreste einschließlich der Spuren einer eingezäunten Vorgängeranlage, so dass auch hier „eine über längere Zeit währende Siedlungsgeschichte" fassbar wurde.[35] Für die größte Überraschung sorgte aber das Schanzeninnere: Neben mehreren – auch hier in symmetrischer Anordnung errichteten – Großbauten konnten die Ausgräber nämlich mehrere kleine Getreidespeicher und zwei in den Boden eingetiefte Grubenhäuser nachweisen, wie sie für keltische Wohn- und Wirtschaftssiedlungen typisch sind.

Der Gebäudetyp des Grubenhauses steht, wie bereits erwähnt wurde, zumeist mit handwerklicher Tätigkeit in Verbindung (vgl. S. 21), und in der Tat fanden sich auch in einem der beiden Riedlinger Grubenhäuser Schmiedeschlacken aus der Eisenverarbeitung sowie ein eiserner Tüllenmeißel. Zusammen mit einem Knochengerät zur Verzierung von Keramik, das man im Graben der Anlage entdeckte, waren dies die ersten Funde, die handwerkliche Tätigkeit im Inneren einer Viereckschanze belegten – seither sind aber andernorts weitere zutage gekommen. So stieß man gleich in mehreren Schanzen auf Metallschlacken und Bruchstücke von tönernen Metallgussformen, und in einer Anlage bei Nordheim in Baden-Württemberg fand sich sogar ein ganzes Sortiment von Handwerks- und Alltagsgeräten wie Äxte, Hacken, Messer und Wetzsteine.

Eine Zwischenbilanz und offene Fragen

Damit ist nun zumindest für einzelne Viereckschanzen das komplette Fundspektrum nachgewiesen, das man bei ländlichen Siedlungen der Spätlatènezeit erwarten würde, und auf diese Weise sind die so rätselhaften Erdwerke von einem vermeintlich kultisch-religiösen Phänomen wieder zu einem ‚gewöhnlichen' Element des profanen Siedlungswesens geworden. Die meisten Archäologen betrachten sie heute – wie nach der ersten Ausgrabung 1896 in Gerichtstetten – wieder als eingefriedete ländliche Gehöfte, als ‚Rechteck'- oder ‚Herrenhöfe', vergleichbar denen der süddeutschen Hallstattkultur (vgl. S. 22 f.). Und in der Tat wird durch diese neue Auffassung das frühere Paradoxon aufgelöst, dass man im spätlatènezeitlichen Siedlungsraum hunderte von Kultplätzen und Heiligtümern zu kennen glaubte, aber kaum eine der zugehörigen ländlichen Siedlungen, in denen die Menschen abseits der großen Oppida lebten. Die neue Sichtweise ist daher sehr viel einleuchtender und sie passt auch besser zu Caesars Angaben, der für Gallien ja von zahlreichen Einzelgehöften (*aedificia privata*) neben den *oppida* und *vici* sprach (vgl. S. 109). Es ist sehr wahrscheinlich, dass wir in den Viereckschanzen und ähnlichen Anlagen genau diese so lange vermissten bäuerlichen Höfe vor uns haben und damit die „typische ländliche Siedlungsform des 2. und 1. Jhs. v. Chr.",[36] die in provinzialrömischer Zeit dann von den berühmten römischen Gutshöfen, den *villae rusticae*, abgelöst wurde. Angehörige der höheren Aristokratie dürften in diesen spätlatènezeitlichen Hofanlagen wohl kaum gelebt haben, denn die dort aufgefundene Keramik ist im

Zeichnerische Rekonstruktion der Viereckschanze von Bopfingen als eingefriedeter Hof innerhalb einer Dorfsiedlung. Vergleicht man dieses Bild mit der früheren Viereckschanzen-Rekonstruktion (Abb. gegenüber), so wird die Wandlung in der Deutung dieser Anlagen während der letzten Jahrzehnte deutlich.

> Poseidonios berichtete über den reichen Gallier Luernios, er habe sich „in einem Wagen durch das Land fahren lassen und Gold und Silber an die zahllosen Kelten ausgestreut", um die Gunst des Volkes zu gewinnen. Ebenso habe er „eine viereckige Umzäunung von zwölf Stadien Umfang abstecken lassen, in der er Fässer voller erlesener Getränke und eine solche Menge an Speisen aufstellte, dass ein jeder nach Belieben eintreten und sich mehrere Tage lang an den bereitgestellten Genüssen laben konnte, bei fortlaufender Bedienung" (Poseidonios 23, zit. bei Athenaios, 4,37).

Vergleich mit derjenigen der Oppida von spürbar geringerer Qualität, und auch Schmuck- und Metallfunde sind in den Viereckschanzen deutlich seltener als in den zeitgleichen Großsiedlungen. Es handelt sich bei dem dortigen Fundmaterial also erkennbar um „die Sachkultur einer ländlich-bäuerlichen Gesellschaft",[37] und doch dürften die Rechteckhöfe auch nicht von armen Kärrnern, sondern vielmehr von innerhalb ihres Milieus wohl recht gut situierten Bauern bewohnt gewesen sein. Immerhin haben sich in einigen von ihnen jedenfalls einzelne Gold- oder Silbermünzen, Scherben von mediterranen Weinamphoren und sogar Bruchstücke italischen Bronzegeschirrs gefunden, so dass insgesamt der Eindruck von durchaus ‚gutsherrlichen' Anwesen entsteht.

Auch mit dem neuen Deutungunsansatz dürfte freilich noch nicht die ganze Wahrheit erfasst sein, denn ungeachtet der beschriebenen Forschungsergebnisse scheint es tatsächlich auch Viereckschanzen mit einer merkwürdig spärlichen Innenbebauung gegeben zu haben, und auch die Menge und Vielfalt des Fundmaterials ist keineswegs überall so groß wie in den erwähnten Anlagen von Ehningen, Bopfingen oder Riedlingen. Vor allem aber liegen aus einigen der Erdwerke Fundobjekte vor, die sich nach wie vor am schlüssigsten religiös deuten lassen. Neben dem hölzernen Tierfries von Fellbach-Schmiden (vgl. Abb. S. 137) und einem steinernen Männerkopf mit *Torques* aus der Umgebung einer Viereckschanze bei Msecké Zehrovice in Böhmen (vgl. Abb. S. 73) ist dies beispielsweise ein Reliefstein mit Darstellungen der römischen Götter Victoria und Mars aus dem 2. Jh. n. Chr., der in der Schanze von Ehningen zutage kam – er könnte auf eine länger zurückreichende kultische Tradition an diesem Ort hindeuten. In einer 1984/85 ausgegrabenen Anlage bei Wiedmais in Niederbayern schließlich stieß der Archäologe Alfred Reichenberger auf zwei seltsame, bis zu 22 m^2 große Flecken tief schwarz verfärbter Erde, die bis in 35 cm Tiefe mit Holzkohleresten, Grafittonscherben und winzigen verbrannten Knochenstücken durchsetzt war. Da derart ausgedehnte Brandflächen kaum durch irgendeine gewöhnliche Alltagstätigkeit erklärbar sind, dürfte es sich nach Meinung des Ausgräbers um ‚Brandopferplätze' gehandelt haben, auf denen möglicherweise die Reste ritueller Opfermahle feierlich den Flammen übergeben wurden.

Es liegen also durchaus eine ganze Reihe von Hinweisen auf eine *auch* kultische Nutzung mancher Viereckschanzen vor, und wie wir ja bereits gesehen haben, kennt man aus Nordostfrankreich einen Typus von äußerlich ganz ähnlichen Rechteckanlagen, für die eine Funktion als Heiligtümer zweifelsfrei gesichert ist (vgl. S. 120 ff.). Es ist daher gewiss noch zu früh, um bereits das letzte Wort über die Zweckbestimmung der mitteleuropäischen Viereckschanzen zu sprechen, und vielleicht wird sich bei der weiteren Untersuchung dieser „äußerlich so gleichförmig erscheinenden Anlagen" ja sogar erweisen, dass ganz „verschiedene Dinge [in ihnen] stecken, die wir vorschnell zu einer monokausalen Deutung pauschalisieren", wie der Viereckschanzen-Experte Günther Wieland 1999 schrieb.[38] Es ist ja keineswegs ausgeschlossen, dass die spätlatènezeitlichen Kelten aus Traditions- und Glaubensgründen sowohl ihre ländlichen Gehöfte als auch ihre Kultanlagen mit quadratischen Einfriedungen umgaben, um sie deutlich sichtbar von der Umgebung abzugrenzen, wie es bisweilen sogar bei nur kurzzeitig genutzten Versammlungsplätzen der Fall gewesen zu sein scheint (s. Zitat Randspalte). Das ‚Rätsel der Viereckschanzen' ist also wohl nach wie vor noch nicht vollständig gelöst, und die Bemühungen der Archäologen, es zu ‚knacken', versprechen auch weiterhin spannend zu bleiben.

DER GALLISCHE KRIEG UND DIE UNTERWERFUNG DER LINKSRHEINISCHEN KELTEN

Die Kelten hatten, wie unser Überblick gezeigt hat, spätestens gegen Ende des 2. Jhs. v. Chr. ein hohes Kulturniveau erreicht, und ganz sicher wären sie weiter auf dem einmal eingeschlagenen Weg vorangeschritten und hätten die vielen zivilisatorischen Elemente in ihrer Gesellschaft mehr und mehr fortentwickelt, wenn ihnen der weitere Ablauf der Geschichte die Gelegenheit dazu gegeben hätte. Eben dies war aber nicht der Fall, denn südlich ihres Siedlungsraums lauerte mit der Großmacht Rom ein machtpolitisch und militärisch weit überlegener Gegner, der längst über die Grenzen Italiens hinausgewachsen war und dessen Ambitionen sich zunehmend auch auf das Gebiet jenseits der Alpen richteten.

Dieser Gegner griff genau in jenem historischen Augenblick nach Mitteleuropa aus, als die dort blühende Oppida-Zivilisation sich auf dem Weg zu einer Hochkultur und einer staatlich organisierten Gesellschaft befand (vgl. S. 110 ff.). So kam es, dass die Festlandkelten ausgerechnet auf dem Höhepunkt ihrer kulturellen und politischen Entfaltung als eigenständige Kraft aus der Geschichte Mitteleuropas verschwanden, und ihre Auslöschung trägt besonders tragische Züge, weil das imperiale Rom dabei in kühl kalkulierender Weise all ihre gesellschaftlichen und historisch bedingten Schwachpunkte für ihre Unterwerfung ausnutzen konnte. So nahm das letzte Kapitel in der über 600-jährigen Geschichte der Festlandkelten denn in Gestalt einer Tragödie seinen Lauf – und an ihrem Beginn stand, wie so oft, ein zunächst vergleichsweise harmlos anmutendes Ereignis.

Die geplante Auswanderung der Helvetier

Im Frühjahr des Jahres 58 v. Chr. zogen die im Schweizer Mittelland ansässigen Helvetier, nachdem sie all ihre Siedlungen und Höfe niedergebrannt hatten (vgl. S. 109), zum Genfer See, um von dort aus ins westliche Gallien – ins Gebiet der Santonen an der Atlantikküste zwischen den Flüssen Loire und Garonne – auszuwandern. Welche Gründe sie zu diesem gewiss schmerzlichen Schritt bewogen – ob Überbevölkerung, Ernährungsprobleme oder die für diese Zeit historisch verbürgten Germaneneinfälle (vgl. S. 155) das ausschlaggebende Motiv waren –, wissen wir nicht. In jedem Fall war die Auswanderung aber mehrere Jahre lang vorbereitet worden, und helvetische Unterhändler hatten Kontakt mit den davon betroffenen Nachbarvölkern aufgenommen, um die Durchzugsrechte durch deren Siedlungsgebiete zu erwirken. Das Ganze war ein Vorgang, wie er sich in den Jahrzehnten und Jahrhunderten zuvor vermutlich unzählige Male ereignet hatte – die Helvetier selbst bzw. einige ihrer Teilstämme waren erst um die Wende zum 1. Jh. v. Chr. in der Schweiz ansässig geworden, nachdem sie zuvor lange Zeit in Süddeutschland zwischen Main und Schwarzwald gesiedelt hatten. Doch diesmal waren die Rahmenbedingungen gänzlich anders geartet, und so wurde die geplante Auswanderung der Helvetier zum Anfang vom Ende des freien Keltentums in Mitteleuropa.

Das zur imperialen Großmacht herangewachsene Rom hatte nämlich in der Zeit seit 200 v. Chr. nicht nur das aus italischer Sicht ‚diesseitige Gallien', die *Gallia Cisalpina*, in Oberitalien in sein mehr und mehr expandierendes Reichsgebiet eingegliedert (vgl. S. 87), sondern auch das südliche Frankreich, die heutige Provence, die zwischen 125 und 118 v. Chr. erobert wurde, um die Landverbindung zum gleichfalls römischen Spanien mit seinen wichtigen Gold- und Silberbergwerken zu sichern. Dieses Gebiet bildete seither als *Gallia Transalpina* (‚jenseitiges Gallien'; später *Gallia Narbonensis*) ein potenzielles Sprungbrett für weitere römische Eroberungen in Richtung Mitteleuropa. Statthalter beider gallischer Provinzen sowie des an der Adriaküste gelegenen römischen Illyrien aber war seit 59 v. Chr. Gaius Iulius Caesar, ein ebenso begabter wie ehrgeiziger und skrupelloser Politiker, der zu dieser Zeit gerade nach Möglichkeiten suchte, seine persönliche Machtfülle zu vergrößern und die gewaltigen Geldschulden, die er in Rom aufgehäuft hatte, loszuwerden. Der geplante Helvetierzug bot ihm eine willkommene Gelegenheit dazu, beiden Zielen gleichzeitig ein großen Schritt näher zu kommen.

> „Nachdem die Plünderer der Welt die Länder ausgeraubt haben, wenden sie sich dem Meer zu. Ist ein Feind reich, so begehren sie seinen Besitz, ist er arm, so streben sie nach Ruhm und Herrschaft. Nichts in Orient und Okzident kann ihren Machthunger stillen. […] Plündern, morden und rauben bezeichnen sie mit falschem Namen als Herrschaft. Und die Einöde, die sie überall hinterlassen, nennen sie Frieden" (Imaginäre Rede des britannischen Heerführers Calgacus; in: Tacitus, Agricola 30,4).

» „Der Krieg gegen Gallien ist erst unter dem Oberbefehl von C. Caesar richtig geführt worden, während man sich vorher auf Gegenangriffe beschränkte. Immer haben unsere Feldherren nämlich geglaubt, man solle diese Völker lieber zurücktreiben, als sie zum Krieg anzustacheln. […] [Caesar dagegen] meinte, er solle nicht nur mit denen Krieg führen, die er bereits gegen das römische Volk in Waffen sah, sondern man müsse ganz Gallien unter unsere Herrschaft bringen" (Cicero, Über die konsularischen Provinzen, 32 f.; 56 v. Chr.).

Vereinfachte Übersicht über Caesars Feldzüge während des Gallischen Krieges 58 bis 51 v. Chr.

Caesar tritt auf den Plan

Caesar sperrte dem am Genfer See versammelten Volksstamm, den er wegen früherer militärischer Zusammenstöße als „dem römischen Volk feindlich gesinnt" betrachtete (Bell. Gall. 1,10), mit Befestigungswerken und einem massiven Truppenaufgebot den zunächst vorgesehenen Marschweg entlang der Rhône durch das am Nordrand der *Provincia Transalpina* gelegene Gebiet der Allobroger (Bell. Gall. 1,6–8). Die Helvetier wichen daraufhin auf eine beschwerlichere, aber außerhalb der römischen Provinzgrenzen gelegene Route aus, die zwischen Rhône und Schweizer Jura durch das Gebiet der gleichfalls keltischen Sequaner und Haeduer hindurchführte. Ein erneutes Eingreifen hier überschritt eigentlich eindeutig Caesars Kompetenzen als Provinzstatthalter, doch lieferten ihm die wie immer heftig untereinander zerstrittenen Kelten selbst einen willkommenen Vorwand dafür.

Die Sequaner und der einflussreiche Haeduerführer Dumnorix hatten, wie der Prokonsul in seinen *Commentarii de bello Gallico* berichtet, den Durchzug der Helvetier nach einigem diplomatischem Hin und Her ausdrücklich gestattet, doch Dumnorix' romfreundlicher Bruder und Gegenspieler Diviciacus rief schon bald die expansionshungrige Macht aus dem Süden wegen angeblicher helvetischer Übergriffe im Haeduergebiet zu Hilfe (Bell. Gall. 1,11). Caesar hatte auf eine solche Gelegenheit nur gewartet und griff die helvetischen Auswanderer bei ihrem Übergang über die Saône – weit außerhalb der römischen Provinzgrenzen und fast schon in Mittelgallien – frontal an. Nur 25 km vor der Haeduerhauptstadt Bibracte (vgl. S. 97 ff.) brachte er ihnen eine vernichtende Niederlage bei und zwang die nach seinen Angaben 130 000 Überlebenden (von ursprünglich 263 000 Auswanderern) zur Rückkehr in die zuvor von ihnen selbst verwüstete Heimat (Bell. Gall. 1,23–29). Zum ersten Mal hatte Rom im Gebiet nördlich der Alpen militärisch zugeschlagen und unübersehbar seinen Machtanspruch auch in Zentraleuropa demonstriert.

Diese Schlacht war für Caesar aber nur der Auftakt zu einem acht Jahre dauernden Krieg, in dessen Verlauf er die inneren Differenzen und Konflikte unter den linksrheinischen Galliern bewusst schürte und geschickt für sein Ziel ausnutzte, sie militärisch in die Knie zu zwingen und politisch zu unterwerfen. Eine solche Strategie des *divide et impera* (‚teile und herrsche') setzte natürlich beträchtliche Kenntnisse über die inneren Verhältnisse Galliens, bei den einzelnen keltischen Stämmen und besonders ihrer herrschenden Schicht voraus, und Caesars zahlreiche diesbezügliche Anmerkungen in seinem *Bellum Gallicum* lassen keinen Zweifel daran, dass er diese Kenntnisse in reichem Maße besaß. So ist sein siebenbändiger Kriegsbericht, den er vermutlich im Winter 52/51 v. Chr. im Winterquartier auf dem Mont Beuvray verfasste (das achte Buch stammt von seinem langjährigen Vertrauten Aulus Hirtius Pansa), nicht nur eine detailgetreue – wenn auch zweifellos völlig einseitige – Chronik des militärischen Ringens zwischen den gallischen Kelten und der imperialen Großmacht Rom. Es ist darüber hinaus auch eine wertvolle völkerkundliche Studie, die einzigartige Einblicke in die gesellschaftlichen Verhältnisse bei den Kelten zu Caesars Zeit liefert; eine Quelle, wie wir sie in diesem Umfang und dieser Ausführlichkeit leider für die Jahrhunderte zuvor nicht besitzen.

Mächtige Stammesaristokratien

Das von Caesar beschriebene Gallien war überwiegend nicht mehr von archaischen Häuptlingsgesellschaften geprägt, wie sie bis dahin bei den keltischen Völkern vorgeherrscht hatten, sondern bestand größtenteils aus komplexen und vielschichtig organisierten Stammstaaten. Die weit über sechzig keltischen Völkerschaften zwischen *Gallia Transalpina*, Rhein und Atlantik, deren Namen und Siedlungsgebiete uns nun erstmals in Mitteleuropa genauer bekannt sind, wurden von mächtigen Stammesaristokratien beherrscht, die zum Teil wohl aus sehr alten Herrscherfamilien, zum Teil auch aus dem mobilen Kriegeradel der Wanderungszeit hervorgegangen waren. Caesar ließ jedenfalls keinen Zweifel daran, dass ihre Häupter altehrwürdigen, mächtigen Geschlechtern entstammten, und bezeichnete sie mehrmals als „Ritter", die zusammen mit den Druiden das höchste Ansehen in Gallien besessen hätten.

Tatsächlich standen diese Aristokraten nach seiner Beschreibung im Krieg und bei Raubzügen als berittene Befehlshaber an der Spitze der gallischen Heere, die sie großenteils aus dem Kreis ihrer bewaffneten und militärisch gedrillten Gefolgsleute und Abhängigen rekrutierten. Einzelne besonders mächtige Aristokraten verfügten über etliche tausend solcher Gefolgsgenossen und ‚Klienten', die im Krieg wie bei zivilen Streitfällen ihre ‚Hausmacht' bildeten und maßgeblich über ihren Einfluss und ihr politisches Gewicht innerhalb der Gesellschaft mitentschieden. Der Helvetier Orgetorix etwa bot nach Caesars Bericht einmal (erfolglos) mehr als 10 000 von ihnen auf, um einem Gerichtsprozess zu entgehen (Bell. Gall. 1,4), und „je vornehmer und vermögender einer ist, desto mehr Dienstleute und Klienten hat er um sich", denn „nur dieses Zeichen von Einfluss und Macht kennen sie", so der römische Feldherr weiter (Bell. Gall. 6,15,2).

Ein gewisser Teil dieser Gefolgsleute und Klienten schloss sich ihrem Schutzherrn vermutlich freiwillig an, weil dies für ärmere und sozial niedrig stehende Individuen eine durchaus verlockende Möglichkeit war, den eigenen Status und Lebensstandard durch die Verbindung mit einem höher Gestellten zu verbessern. Die meisten aber begaben sich nach Caesar gezwungenermaßen in Abhängigkeit, weil sie „durch Schulden, hohe Abgaben oder Übergriffe der Mächtigen bedrängt" wurden (Bell. Gall. 6,13,2). Leider präzisierte der römische Feldherr nirgends in seinem Bericht, was für Schulden und Abgaben das waren, und auch in anderen antiken Quellen ist nichts Genaueres darüber ausgeführt. So wissen wir bis heute nicht sicher, ob die bäuerliche Bevölkerung Galliens möglicherweise Pachtzahlungen und Agrarabgaben an reiche Grundbesitzer zu leisten hatte und die Macht und der Reichtum der gallischen Aristokratie somit auf dem Besitz von Grund und Boden beruhten, wie es im antiken Griechenland und Rom der Fall war. Die großen Gehöftanlagen in Manching und einigen anderen Oppida (vgl. S. 103 f.) deuten zwar auf diese Möglichkeit hin, doch bestand andererseits bei den Inselkelten des Mittelalters zum Teil noch ein gemeinschaftliches Eigentum des ganzen Stammes oder größerer Sippenverbände am Grund und Boden, so dass viele Fachleute meinen, dies könne auch in der Spätlatènezeit der Fall gewesen sein.

Festzustehen scheint in jedem Fall, dass die keltischen Adelsherren neben der Beute aus Kriegszügen auch am

> „In ganz Gallien gibt es nur zwei Klassen von Menschen, die wirklich Einfluss und Ansehen besitzen. [...] Die eine Klasse sind die Druiden, die andere die Ritter" (Caesar, Bell. Gall. 6,13,1–3).

Nah- und Fernhandel kräftig verdienten, und eine weitere wichtige Einnahmequelle waren offenbar Wege- und Schutzzölle. Caesar berichtete jedenfalls, der einflussreiche Haeduer Dumnorix (vgl. S. 142) habe „mehrere Jahre [lang] […] die Zölle und übrigen Abgaben der Haeduer um einen Spottpreis gepachtet" und dadurch „sein Vermögen vermehrt und große Mittel zu freigebigen Spenden erworben" (Bell. Gall. 1,18,3–4).

Ansätze zur Staatsbildung bei den Galliern

Gallien und wohl auch die rechtsrheinischen Kelten wurden mit anderen Worten von einer allmächtigen Oligarchie aus alten, traditionsreichen Adelsfamilien beherrscht, die einerseits durch immer wieder wechselnde Zweckbündnisse und gegenseitige Abhängigkeiten, Hilfeleistungen und ein engmaschiges Netz von ‚politischen Heiraten' untereinander versippt und verschwägert waren, andererseits aber auch keine Gelegenheit ausließen, den eigenen Einfluss und Reichtum auf Kosten der anderen zu vergrößern. Caesars Bericht ist voll von Beispielen für die daraus resultierenden Intrigen, Machtkämpfe und Parteibildungen unter den Aristokraten verschiedener Stämme wie auch innerhalb der einzelnen Völkerschaften, ja sogar einzelner Adelsfamilien – ein Musterbeispiel dafür sind die diametral entgegengesetzten Ziele und Bestrebungen der beiden zerstrittenen Haeduerbrüder Dumnorix und Diviciacus (vgl. S. 142). Eine Zentralgewalt im Sinne eines Königtums, die diese Fraktionskämpfe und Rivalitäten hätte im Zaum halten können, existierte bei den meisten gallischen Stämmen zu Caesars Zeit nicht mehr. Die gallische Aristokratie hatte die nicht lange vorher noch herrschenden Könige vielmehr gestürzt, und das Streben einzelner Adeliger nach der Königswürde und damit der Alleinherrschaft wurde bei Stämmen wie den Helvetiern oder den Haeduern mit der Todesstrafe bedroht, über deren tatsächlichen Vollzug wegen derartiger Bestrebungen Caesar mehrfach berichtet.

Als wichtigstes übergeordnetes Beschlussorgan anstelle einer personalen Zentralgewalt existierte innerhalb der einzelnen Stämme vielfach ein Adelsrat, den Caesar als „Senat" bezeichnete und der bei dem nicht allzu großen Stamm der Nervier 600 Mitglieder gezählt haben soll (Bell. Gall. 1,31,6 und 2,28,2). Dieser Adelsrat wählte Caesar zufolge einmal im Jahr einen Exekutivbeamten, der bei den Haeduern *Vergobret* (‚Rechtsvollstrecker') hieß und dem neben dem Oberbefehl im Kriegsfall offenbar auch die Führung der laufenden Stammesgeschäfte oblag. Seine Machtfülle war jedoch deutlich begrenzt, denn über grundlegende Entscheidungen wie Vertragsabschlüsse oder Krieg und Frieden entschied der Adelsrat selbst, und daneben gab es anscheinend auch noch eine Stammesversammlung als Zusammenkunft aller Waffen tragenden Männer.

Diese staatsähnliche Organisation mit festen politischen Institutionen existierte aber wie erwähnt nur auf der Ebene der einzelnen Stämme, nicht darüber hinaus, denn „für die Kelten Galliens – und nicht nur für sie allein – war der Stamm der Staat, nicht die Nation",[39] wie der Prähistoriker Franz Fischer den Sachverhalt kurz und prägnant umschrieb. Dieses Fehlen stammesübergreifender, gesamtgallischer Ämter und Institutionen musste sich für die Kelten beim Ringen mit dem streng zentralistisch organisierten und in ganz Gallien operierenden römischen Militärapparat natürlich äußerst negativ auswirken.

Caesars Eroberungszüge in Gallien

Tatsächlich gelang es Caesar bis zum Herbst 53 v. Chr. denn auch, seine expansionistischen Ziele weitgehend zu erreichen. Er durchquerte bzw. umrundete fast ganz Gallien (vgl. Karte S. 142), schlug zahlreiche Schlachten vor allem mit den rebellischen Belgerstämmen im Nordosten (Bell. Gall., Buch 2) und den venetischen (armoricanischen) und aquitanischen Völkerschaften im Westen des Landes (Bell. Gall., Buch 3 und 5,24–58) und blieb dabei fast immer siegreich, weil er sich auf die militärische und logistische Unterstützung der mit Rom befreundeten Haeduer (vgl. S. 98) und ihrer Verbündeten in Mittelgallien verlassen konnte, die daher von seinen Eroberungszügen auch lange verschont blieben. Im Jahr 58 v. Chr. schlug er in der Gegend des heutigen Mülhausen im Elsass ein germanisches Heer unter Ariovist, der sich dort festgesetzt hatte (Bell. Gall. 1,51–54), und 55 und 53 v. Chr. überquerte er zweimal von Nordostgallien aus den Rhein, um jenseits dieses Grenzflusses ansässige Germanenverbände zurückzudrängen (Bell. Gall. 4,1–19 und 6,9–10). In den Jahren 55 und 54 v. Chr. setzten seine Truppen sogar zweimal über den Ärmelkanal nach Südbritannien über, um Strafexpeditionen gegen die dortigen Stämme wegen ihrer Unterstützung der Festlandkelten zu unternehmen und um bei dieser Gelegenheit auch Genaueres über die geheimnisumwitterte Insel in Erfahrung zu bringen, über die man zu dieser Zeit kaum etwas wusste (Bell. Gall. 4,20–38 und 5,1–23). Für diese umfangreiche Kriegführung an wechselnden Fronten benötigte Caesar am Ende nicht weniger als elf Legionen mit rund 50 000 Soldaten, doch im Herbst 53 v. Chr. schienen die Würfel endgültig gefallen zu sein: Ganz Gallien lag ihm zu Füßen, und der Feldherr begab sich in der Annahme, die Lage sei unter Kontrolle, ins Winterquartier nach Norditalien, um dort „Gerichtstage abzuhalten" (Bell. Gall. 6,44,3).

Zusammenschluss angesichts drohender Unterwerfung

Doch diese Einschätzung entpuppte sich als Irrtum, denn innerhalb der mittelgallischen Stämme, die sich bis dahin ruhig verhalten oder die römischen Truppen sogar aktiv unterstützt hatten, gewann just zu jenem Zeitpunkt die antirömische Partei die Oberhand. Selbst den langjährigen Verbündeten Caesars missfiel die Art, wie der vermeintliche Schutzpatron Galliens sich im Land festsetzte, ungeniert in die inneren Verhältnisse der Stämme eingriff, gallische Amtsträger ernannte oder absetzte und sogar einzelne Führer befreundeter Stämme töten ließ, wenn sie seinen Plänen im Weg standen – so beispielsweise im Jahr 54 v. Chr. den Haeduer Dumnorix und im darauf folgenden Jahr den Senonen Acco (Bell. Gall. 5,6–7 und 6,44). Der römische Feldherr hatte den Bogen des Hinnehmbaren ganz offensichtlich überspannt, und man erkannte auch unter den Rom ursprünglich freundlich gesinnten Galliern allmählich, dass nichts weniger als die Unabhängigkeit des eigenen Landes auf dem Spiel stand.

In dieser Situation geschah das Unglaubliche, und die Keltenvölker Galliens überwanden angesichts der für alle drohenden Gefahr zum ersten und zugleich einzigen Mal in ihrer Geschichte ihre Zwistigkeiten und schlossen sich gegen den übermächtigen Gegner zusammen. Zum Anführer des Widerstands wurde der etwa dreißigjährige Arvernerfürst Vercingetorix, der sich von seinem unweit

Mitglieder der Keltentruppe ‚Carnyx' als Paare aus der gallischen Aristokratie (links) und aus dem keltischen ‚Mittelstand' (rechts).

DER GALLISCHE KRIEG

▶ „Die führenden Männer Galliens hielten Versammlungen an entlegenen Orten in den Wäldern ab […], klagten über das traurige Los ganz Galliens und riefen mit Versprechungen und Belohnungen aller Art nach jemandem, der den Krieg beginnen und selbst unter Lebensgefahr Gallien in die Freiheit führen solle. […] Denn schließlich sei es besser, auf dem Schlachtfeld zu sterben, als den alten Kriegsruhm und die von den Ahnen ererbte Freiheit nicht wiederzugewinnen" (Caesar, Bell. Gall. 7,1,4 ff.).

Französischer Stich aus dem 19. Jh. (man beachte den Steindolmen im Bildhintergrund!).

der römischen *Provincia Transalpina* in der heutigen Auvergne ansässigen Volk zum König ausrufen ließ und eine Koalition aus zahlreichen nord- und westgallischen Stämmen schmiedete, die ihm umfangreiche Truppenverbände für den Kampf gegen Caesar zur Verfügung stellten (Bell. Gall. 7,4).

Nachdem die Carnuten als erstes Fanal des nun losbrechenden Aufstandes ein Blutbad unter den in ihrem Oppidum *Cenabum* (Orléans) ansässigen römischen Kaufleuten angerichtet hatten, schickte Vercingetorix ein großes Heer in das an die *Transalpina* angrenzende Gebiet der Rutener, um die römische Provinz von dort aus zu bedrohen. Caesar reagierte rasch, kehrte nach Gallien zurück und griff mit seinen Truppen im Gegenzug überraschend die arvernische Heimat des Vercingetorix an (Bell. Gall. 7,3–8).

Ein verbissenes Katz-und-Maus-Spiel

Was folgte, war ein blutiges und verbissenes militärisches Kräftemessen, bei dem Vercingetorix die römischen Truppen durch eine Politik der ‚verbrannten Erde' sehr erfolgreich von der unverzichtbaren Nahrungsmittelversorgung abzuschneiden versuchte. Er ließ in den umkämpften Gebieten alle Siedlungen, Gehöfte und Getreidevorräte niederbrennen, damit sie nicht in die Hände der Römer fielen, und da diese auch die gewohn-

DER GALLISCHE KRIEG

ten Lebensmittellieferungen befreundeter gallischer Stämme nur noch schleppend erhielten, geriet Caesar erstmals seit Kriegsbeginn in eine echte Notlage. Hinzu kam, dass Vercingetorix ihm die angestrebte große Entscheidungsschlacht auf offenem Feld verweigerte und ihn stattdessen zwang, wochenlang stark befestigte Oppida zu belagern, in denen sich zehntausende von Galliern mit ihren Vorräten verschanzt hatten.

Die Festung von *Avaricum* (Bourges) im Biturigergebiet vermochte der römische Feldherr dank einer aufwendigen Belagerungstechnik noch mit Mühe und Not zu Fall zu bringen (Bell. Gall. 7,16–28), doch schon an der nächsten gallischen Zitadelle – der Arvernerhauptstadt Gergovia beim heutigen Clermont-Ferrand – biss er sich vergeblich die Zähne aus. Nach einem verlustreich gescheiterten Ansturm auf das Oppidum musste er sich erfolglos und unverrichteter Dinge zurückziehen (Bell. Gall. 7,36–53), zumal die Hälfte seiner Legionen zu dieser Zeit in Nordgallien gebunden war.

Caesars Lage wurde nun endgültig prekär, denn selbst die bis dahin treuesten Verbündeten Roms, die Haeduer, schlossen sich jetzt offen dem Gallieraufstand an, und Vercingetorix wurde von einer in ihrer Hauptstadt Bibracte abgehaltenen Versammlung der Waffen tragenden Männer ganz Galliens – einem *concilium totius Galliae*, wie es zuvor nur Caesar selbst einberufen hatte – einstimmig zum Oberbefehlshaber des gesamtgallischen Heeres gewählt (Bell. Gall. 7,63). Die Kräfteverhältnisse hatten sich also dank der erstmaligen Einigkeit der gallischen Stämme grundlegend gewandelt, und Caesar befand sich mit seinen Legionen im Spätsommer 52 v. Chr. bereits resigniert auf dem Rückmarsch ins

südgallische Winterlager, als ein überraschend gewonnenes Reiterscharmützel und ein schwerer taktischer Fehler der Gallier ihm unerwartet die Chance boten, das Blatt doch noch einmal zu seinen Gunsten zu wenden (Bell. Gall. 7,66–67).

Das Mandubieroppidum Alesia auf dem Mont Auxois bei Alise-Sainte-Reine in Burgund wurde zum Schauplatz der entscheidenden Schlacht des Gallischen Krieges.

Die Entscheidungsschlacht um Alesia

Vercingetorix verschanzte sich nach der unerwarteten Schlappe nämlich mit seinen Truppen von insgesamt 80 000 Mann in dem Mandubieroppidum Alesia auf dem Mont Auxois bei Alise-Sainte-Reine, und Caesar – der nun wieder über seine vollzähligen elf Legionen verfügte – zögerte keinen Augenblick, das langgestreckte und rund 100 ha große Hügelplateau zu belagern und mit einem über 20 km langen Befestigungsring zu umschließen (Bell. Gall. 7,72–74). Dieser Ring, von dem bei Ausgrabungen Napoleons III. im 19. Jh. umfangreiche archäologische Spuren aufgefunden wurden, bestand aus einer inneren, gegen das Oppidum, und einer äußeren, gegen das Umland gerichteten Befestigungslinie, denn Caesar rechnete damit, dass die gallischen Stämme Hilfstruppen zur Unterstützung ihrer eingeschlossenen und schwersten Hunger leidenden Kameraden aufbieten würden. Tatsächlich rückte nach über einem Monat auch ein solches von Vercingetorix angefordertes riesiges Entsatzheer mit mehr als 250 000 Fußkriegern und 8000 Reitern an und schlug auf einer Anhöhe südwestlich von Alesia sein Lager auf (Bell. Gall. 7,76–79). Zusammen mit den Eingeschlossenen verfügten die Gallier nun also über rund 340 000 Kämpfer, wenn man Caesars Angaben glauben darf.

„Jetzt aber herrschte in ganz Gallien ein so einmütiger Wille, die Freiheit zurückzuerkämpfen und den alten Kriegsruhm wiederzuerlangen, dass ihnen früher erwiesene Vergünstigungen und die Erinnerung an die Freundschaft mit dem römischen Volk nichts mehr galten und alle mit Begeisterung und ihrem ganzen Hab und Gut in den Krieg eintraten" (Caesar, Bell. Gall. 7,76,2).

Der Arvernerfürst Vercingetorix – rechts auf einer zeitgenössischen gallischen Münze – wurde zum großen Gegenspieler Caesars – links auf einem römischen Geldstück – in der letzten Phase des Gallischen Krieges.

DER GALLISCHE KRIEG

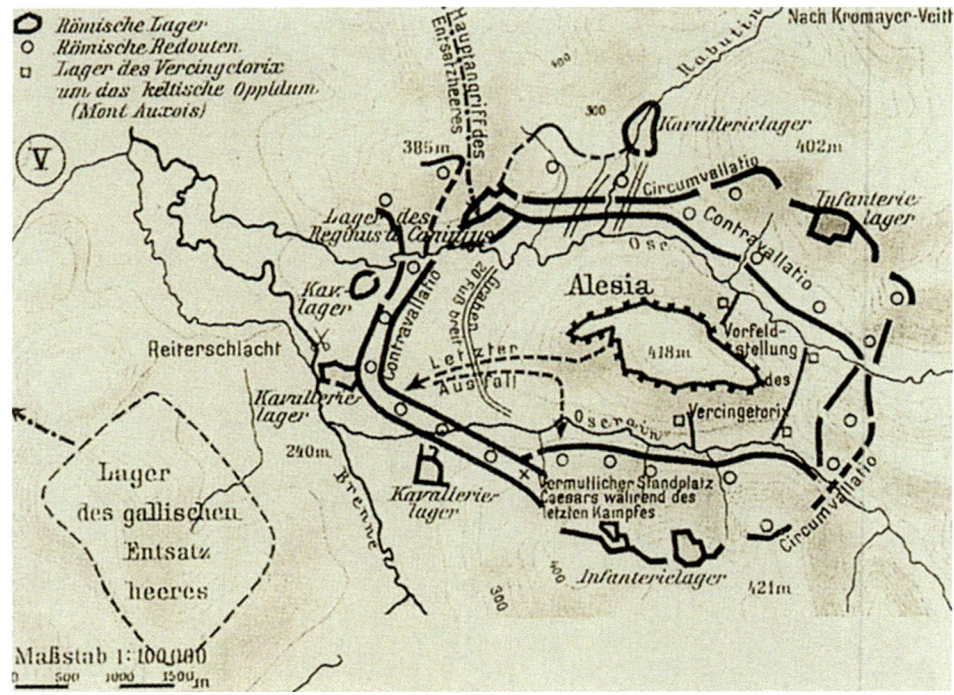

Caesars Befestigungsring rund um Alesia war im 19. Jh. Gegenstand umfangreicher, vom französischen Kaiser Napoleon III. persönlich veranlasster archäologischer Untersuchungen. Vereinfachter Plan nach dem Atlas zu Napoleons ‚Histoire de Jules César' (1866) mit dem inneren (Contravallatio) und dem äußeren (Circumvallatio) Befestigungsring.

Zweimal hintereinander griffen diese gallischen Hilfstruppen und Vercingetorix' im Oppidum verschanzte Krieger das römische Befestigungswerk von beiden Seiten her gleichzeitig an, ohne dass es ihnen gelang, Caesars Linien zu durchbrechen (Bell. Gall. 7,80–82).

Erst als Teile des Entsatzheeres sich über den benachbarten Mont Réa unbemerkt an die römischen Truppen anschlichen und unerwartet plötzlich in ihrem Rücken auftauchten, gerieten Caesars Legionen in eine ernste Notlage. Nun kam es doch noch zu der lange hinausgezögerten großen Entscheidungsschlacht (Bell. Gall. 7,83–88), bei der zunächst die Gallier die Oberhand zu behalten schienen. Doch schließlich tauchte in einem ähnlichen Überrumpelungseffekt wie dem gallischen zu Beginn der Schlacht überraschend Caesars Reiterei im Rücken des Entsatzheeres auf, das in wilder Panik floh und von Caesars Kavalleristen blutig niedergemetzelt wurde (Bell. Gall. 7,88,3–4). Auch Vercingetorix' Truppen an der oppidumseitigen Front des Belagerungsringes hatten nun keine Chance mehr und zogen sich geschlagen wieder auf das Plateau von Alesia zurück.

Nur einen Tag später kapitulierte der Führer des Gallieraufstandes mit seinen wichtigsten Befehlshabern vor Caesar (Bell. Gall. 7,89; vgl. Zitat S. 150), und diese Kapitulation besiegelte nicht nur das Schicksal der Aufständischen, sondern dasjenige ganz Galliens. Das Land verlor seine Unabhängigkeit und wurde, nachdem der römische Feldherr im folgenden Jahr den letzten bewaffneten Widerstand gebrochen hatte, an wichtigen strategischen Punkten von römischen Truppen besetzt, ohne allerdings zunächst den offiziellen Status einer Provinz Roms zu erhalten. Dies geschah erst unter Kaiser Augustus, der Gallien 27 v. Chr. in drei Provinzen – die

Caesars Belagerungswerke rund um Alesia waren sehr aufwendig. Hier eine Rekonstruktion des Hauptwalls mit Belagerungstürmen und vorgelagerten Gräben – vor denen sich noch weitere Annäherungshindernisse befanden – im archäologischen Freilichtmuseum Archéodrome bei Beaune in Burgund.

sog. *Tres Galliae* – aufteilte, nämlich die *Gallia Aquitania* im Südwesten, die *Gallia Belgica* im Nordosten und die *Gallia Lugdunensis (Celtica)* im Zentrum. Der Führer des keltischen Aufstandes und die Symbolfigur der gallischen Unabhängigkeit, Vercingetorix, erlebte diese Vorgänge freilich nicht mehr, denn er wurde unmittelbar nach der Niederlage von Alesia nach Rom gebracht, wo er sechs Jahre lang im Kerker schmachtete, um nach Caesars Triumphzug 46 v. Chr. schließlich erdrosselt zu werden.

Die blutige Bilanz eines Eroberungskrieges

Ebenso düster und grausam wie das Ende des großen Galliers war auch die Gesamtbilanz des Gallischen Krieges. Nach einer summarischen Angabe des griechischen Schriftstellers Plutarch (46–120 n. Chr.) wurden im Verlauf der achtjährigen Kämpfe etwa 800 befestigte Orte zerstört, eine Million Gallier getötet und eine weitere Million in die Sklaverei geführt. Eine Addition der bei Caesar selbst genannten Opferzahlen zeigt, dass diese Angaben in ihrer Größenordnung wohl keineswegs übertrieben sein dürften, was bedeuten würde, dass etwa ein Viertel der damaligen, auf rund acht Millionen Menschen geschätzten Bevölkerung Galliens im Verlauf der Kämpfe getötet wurde oder in Gefangenschaft und Sklaverei geriet.

Nicht weniger dramatisch waren auch die von Caesars Legionen in Gallien verübten Gräueltaten. Der Feldherr, der sich in seiner Kriegschronik wiederholt über die „beispiellose, frevelhafte Grausamkeit" der Gallier empörte (Bell. Gall. 7,77,2), ließ im Jahr 55 v. Chr. beispielsweise ohne jeden ersichtlichen militärischen Grund die germanischen Stämme der Usipeter und Tencterer großenteils abschlachten (Bell. Gall. 4,13–15) und beging damit einen selbst für römische Verhältnisse ungewöhnlich grausamen Völkermord, dessentwegen ihn sein innenpolitischer Gegenspieler Cato sogar an die überlebenden Reste dieser Völkerschaften ausliefern lassen wollte. Von den 40 000 Verteidigern *Avaricums* (vgl. S. 147) kamen nach ihrer Niederlage im Jahr 52 v. Chr. „kaum 800 [...] unverletzt zu Vercingetorix durch", wie Caesar in seinem Kriegsbericht nüchtern vermerkte, weil die römischen Soldaten aufgrund der Strapazen bei der Belagerung der Stadt „so erbittert [waren], dass sie weder Greise noch Frauen noch Kinder schonten" (Bell. Gall. 7,28,4–5). Und den Verteidigern der aufständischen Cadurcerstadt Uxellodunum ließ der römische Feldherr nach seinem Sieg im Jahr 51 v. Chr. demonstrativ „die Hände abhauen, [...] um möglichst viele Beispiele für die Bestrafung von Bösewichtern zu schaffen" (Bell. Gall. 8,44,1). Diese drastische Art der Kriegführung veranlasste schon im 19. Jh. den Althistoriker W. Drumann, Caesar als „Würgeengel der Barbaren" zu bezeichnen.[40]

Unter dem Vorwand der Ausmerzung grausamer kultischer Rituale plünderte Caesar, wie der römische Schriftsteller Sueton berichtet, schließlich auch noch zahlreiche gallische Heiligtümer mitsamt den dort deponierten üppigen Goldschätzen (vgl. S. 126 f.), so dass er als schwerreicher Mann nach Rom zurückkehrte. Nach dem Ende des Krieges musste Gallien darüber hinaus alljährlich 40 Millionen Sesterzen (oder 45 Tonnen Silber) als Tribut an Rom zahlen, so dass sich der Eroberungskrieg für die Weltmacht auch ökonomisch kräftig auszahlte – einige Fachleute sind sogar der Meinung, dass er in erster Linie um dieser wirtschaftlichen Vorteile willen geführt wurde.

In der Schlacht von Alesia ging es für beide Seiten buchstäblich um Leben und Tod – französischer Stich aus dem 19. Jh.

DER GALLISCHE KRIEG

Vercingetorix, im Begriff, sich Caesar zu ergeben. Kolorierter Holzstich nach einem Gemälde von Henri Motte (1846–1922).

Es handelte sich mit anderen Worten um einen durch und durch imperialen Raub- und Eroberungskrieg, der – obgleich gewiss nicht einzigartig in der römischen Geschichte – doch aufgrund seiner Skrupellosigkeit, seiner geschickten Durchführung und seiner militärischen Effizienz zum Vorbild vieler späterer imperialistischer Kriege in der Geschichte geworden ist. Caesars detaillierter Bericht darüber wurde daher nicht nur bis in unsere Tage hinein zur Pflichtlektüre viel geplagter Lateinschüler, sondern ebenso zur militärischen Schulungsschrift, anhand derer zahlreiche Könige und Herrscher des Mittelalters und der Neuzeit ihre ersten Kenntnisse in Strategie und Taktik erlangten.

Das 1865 auf dem Mont Auxois errichtete, 7 m große Standbild des französischen Nationalhelden.

„Vercingetorix legte seine glänzendsten Waffen an und ritt auf seinem prächtig geschmückten Pferd zum Tor hinaus. Im römischen Lager umrundete er einmal Caesar, der dort Platz genommen hatte, sprang dann vom Pferd, warf seine Waffen hin und setzte sich Caesar zu Füßen. Dort wartete er ruhig, bis er den Wachen übergeben wurde, um ihn bis zum Triumphzug in Gefangenschaft zu halten" (Plutarch, Caesar 27,9–10).

DER GALLISCHE KRIEG

DIE GALLORÖMISCHE KULTUR UND DAS ENDE DES FESTLANDKELTENTUMS

Das Ende der politischen Unabhängigkeit Galliens bedeutete indessen keineswegs das unmittelbare Ende aller keltischen Institutionen, Gebräuche und Traditionen im Lande. Da die gallischen Stämme wie beschrieben schon in vorcaesarischer Zeit ein bemerkenswert hohes Entwicklungsniveau erreicht hatten, konnte die römische Besatzungsmacht vielmehr auf dem bereits Vorhandenen aufbauen und es durch gewisse Modifikationen oder auch ein bloßes ‚Umetikettieren' in den römischen Herrschaftsapparat einpassen.

So blieben etwa im Münzwesen die keltischen Prägungen in Gallien noch fast bis zur Zeitwende vorherrschend, und auch die gallischen Oppida wurden keineswegs sofort nach der römischen Eroberung als potenzielle Widerstandsnester geräumt, wie man dies früher annahm, sondern blieben zum Teil noch jahrzehntelang als Siedlungs- und Wirtschaftsmittelpunkte bestehen. In einigen Fällen erlebten sie zwischen 51 v. Chr. und der Zeitwende sogar noch einmal eine ausgesprochene Blüteperiode, wie wir das ja am Beispiel Bibractes gesehen haben (vgl. S. 98). Als die alten, anerkannten Stammeszentren wurden sie nun vielfach zu den Hauptstädten der *civitates*, der neu gegründeten römischen Verwaltungsbezirke, die sich aber gleichfalls an die alten keltischen Stammesgebiete, die sog. *pagi*, anlehnten.

Aus den keltischen Hosen in die römische Toga

Diese Civitates erhielten eine weitgehende innere Autonomie und Selbstverwaltung mit einem gewählten Magistrat als höchstem Verwaltungsorgan an der Spitze. Seine Mitglieder rekrutierten sich wie die übrigen Amtsträger fast vollständig aus der einheimischen Aristokratie, die dafür rasch aus den angestammten keltischen Hosen in die römische Senatorentoga mit Purpurstreif schlüpfte, wie es in einem von dem römischen Schriftsteller Sueton (70–140 n. Chr.) überlieferten zeitgenössischen Spottlied heißt. Als Anerkennung für ihre Tätigkeit erhielten diese gallischen Notabeln das römische Bürgerrecht und konnten seit Mitte des 1. Jhs. n. Chr. sogar Mitglieder im römischen Senat werden, was allerdings nur selten geschah.

Nicht wenige Gallier verdingten sich zudem als Legionäre im römischen Heer und erlangten auf diese Weise gleichfalls das römische Bürgerrecht. Der Eintritt in die Armee ermöglichte auch weniger hoch gestellten Galliern ein gewisses Partizipieren an den neuen Machtstrukturen und galt offenbar keineswegs als anrüchig, zumal der Söldnerdienst in fremden Heeren ja eine alte keltische Tradition war (vgl. S. 86). Er entschädigte die Beteiligten überdies dafür, dass das früher für einen freien Gallier selbstverständliche Waffentragen und die häufig damit verbundene Austragung bewaffneter Privatfehden unter der *Pax Romana* mit ihrem Gewaltmonopol des römischen Staates nunmehr streng verboten waren.

Die galloromische Kultur in den Städten und auf dem Land

Mit dem Fortschreiten der Romanisierung erhielten auch die gallischen Städte ein immer ‚römischeres' Gepräge und wurden mit allen Errungenschaften und Annehmlichkeiten der urbanen italischen Zivilisation ausgestattet. Die Steinarchitektur trat nun in den Zentren auch bei Wohnhäusern und Gewerbebauten endgültig an die Stelle der traditionellen Holzbauweise, und ebenso gehörten jetzt sauber gepflasterte Straßen und geräumige Marktplätze (Foren), gemauerte Wasserleitungen und Aquädukte sowie große Theater und öffentliche Bäder (Thermen) zum üblichen urbanen Standard. Viele der bis dahin noch weiterbestehenden gallischen Oppida auf Bergeshöhen wurden in dieser Phase der Herausbildung einer spezifisch ‚galloromischen' Mischkultur wohl mehr oder minder freiwillig aufgegeben und durch leichter zugängliche und großzügiger planbare Reißbrettstädte in der Ebene ersetzt, so beispielsweise um 25 n. Chr. Bibracte durch *Augustodunum* (Autun; vgl. S. 100) oder Gergovia durch *Augustonemetum*, das heutige Clermont-Ferrand.

In diesen ‚galloromischen' Städten blühte eine hoch entwickelte und nach streng ökonomischen Gesichtspunkten durchrationalisierte Wirtschaft, wie sie in dieser Form jenseits der Alpen bis dahin unbekannt gewesen war. Komplett arbeitsteilig organisierte Handwerksbetriebe und Manufakturen produzierten in Serien-

„Gallier führte Caesar im Triumphzug mit, doch auch ins Rathaus führt er sie. Dort legten sie die Hosen ab und Purpurstreifen an" (Sueton, Leben der Caesaren 80,2).

Der berühmte Pont du Gard, eines der bekanntesten Zeugnisse der leistungsfähigen römischen Wasserbautechnik. Über das 50 m hohe Aquädukt wurden täglich 20 000 Tonnen Wasser in die gallorömische Stadt *Nemausus* (Nîmes) geleitet.

Rechte Seite: Darstellung eines gallorömischen Gutshofes *(villa rustica)* in einer Wandmalerei aus Trier. Deutlich erkennbar ist die steinerne Architektur mit turmartigen Eckrisaliten und Säulengang *(porticus)*.

DIE GALLORÖMISCHE KULTUR

fertigung die Güter des täglichen Bedarfs, ob es sich nun um Kleidungsstücke, Gegenstände aus Metall oder Glas oder um Schmuck handelte. Einen fast schon industriellen Charakter nahm diese Massenproduktion bei der Herstellung des roten römischen Glanztongeschirrs – der berühmten *Terra Sigillata* – an. Es wurde mit Hilfe von Formschüsseln, Matrizen und Schablonen in Großmanufakturen beispielsweise in *Lugdunum* (Lyon), Lezoux in der Auvergne und La Graufesenque in Südgallien in riesigen Mengen gefertigt und überschwemmte von dort aus sogar den italischen Markt.

Doch auch auf dem Lande vollzogen sich wichtige Veränderungen. Überall in Gallien wurde spätestens jetzt der Privatbesitz an Grund und Boden, der im Mittelmeerraum schon seit Jahrhunderten selbstverständlich gewesen war, zum allgemein üblichen Standard. Neue Nutzpflanzen wie die Weinrebe und der Olivenbaum sowie neue Haustier-Zuchtrassen sorgten zusammen mit der ausgefeilteren römischen Ackerbautechnologie und neuen landwirtschaftlichen Geräten wie etwa der Erntemaschine für eine nochmalige Steigerung der schon während der Spätlatènezeit hoch entwickelten Agrarproduktion (vgl. S. 106). Gallien wurde dadurch zu einer regelrechten ‚Kornkammer' des Römischen Reiches und soll im 2. Jh. n. Chr. sogar reicher gewesen sein als Italien selbst. Die gallischen Grundbesitzer lebten – wie vielerorts im Römischen Reich – in großen und komfortabel ausgestatteten Landgütern, den sog. *villae rusticae*, während sich die übrigen ländlichen Siedlungen und Höfe zumindest eine Zeit lang nicht allzu sehr von denen vor der Eroberung unterschieden haben dürften.

Fremde Religion und einheimische Götter

Allmählich und schrittweise, aber doch lange Zeit hindurch nicht wirklich vollständig, verblasste auch die keltische Sprache und Kultur. Das Lateinische wurde bereits unmittelbar nach der römischen Eroberung zur offiziellen Amts- und Schriftsprache in ganz Gallien, die die Einwohner der großen Städte und die Aristokratie wohl auch mehr und mehr im alltäglichen Gebrauch übernahmen, so dass der gallische Adelsnachwuchs schließlich sogar als besonders schick geltende römische Vornamen erhielt. Ebenso wurde die römische Religion zur offiziellen Staatsreligion, doch ermöglichte es die traditionell tolerante Politik der Großmacht auf diesem Gebiet, dass viele der alten keltischen Gottheiten wie Taranis oder Cernunnos (vgl. S. 128) in romanisierter Form weiterlebten und eine Keltengöttin wie Epona (vgl. Abb. S. 128) sogar weit über die Grenzen Galliens hinaus vor allem in der römischen Reiterei populär wurde.

Im ländlichen Siedlungsraum blühte die alte keltische Religion mit ihren traditionellen Gebräuchen ohnehin in kaum versteckter Form weiter, und hier blieb auch die keltische Sprache offenbar teilweise bis in die Spätantike hinein lebendig. Mit unerbittlicher Strenge ging die römische Ordnungsmacht nur gegen solche kulturellen und religiösen Relikte vor, die den imperialen Machtanspruch gefährdeten und zu einem Ansatzpunkt der

Rekonstruktionszeichnung des antiken *Augusta Treverorum* (Trier), zeitweilig Hauptstadt der *Gallia Belgica*. Zum Stadtbild gallo-römischer Städte gehörten schachbrettartig angeordnete Häuserblocks *(insulae)* und große Plätze mit öffentlichen Gebäuden.

DIE GALLORÖMISCHE KULTUR

antirömischen Opposition zu werden drohten. Daher wurden die Druiden, die nicht in vergleichbarer Weise wie der gallische Adel in das neue Herrschaftssystem einbezogen waren, sondern eine Quelle des Widerstands gegen Rom und die Romanisierung bildeten, unnachsichtig verfolgt, ohne dass freilich ihre Ausrottung bis in die Spätantike hinein vollständig gelang – noch in Quellen aus dem 4. Jh. n. Chr. ist vereinzelt von ihnen und ihrem verborgenen Einfluss und Wirken die Rede.

Die römische Besetzung des Voralpenlandes

Auch ein Teil der keltischen Siedlungszone rechts des Rheins fiel kurz vor der Zeitwende in die Hände Roms. Im Jahr 15 v. Chr. eroberten die Stiefsöhne des römischen Kaisers Augustus, Tiberius und Drusus, fast den ganzen Alpen- und Voralpenraum bis hinauf zur Donau und unterwarfen dabei – wie ein bei La Turbie an der Côte d'Azur (oberhalb von Monaco) errichtetes Siegesmal stolz verkündet – 45 Alpenstämme, darunter auch vier Teilstämme der im bayerischen Alpenvorland ansässigen keltischen Vindeliker (vgl. S. 101). Auf ihrem Territorium wurde die römische Provinz Raetien gegründet, die im Osten bis zum Inn reichte und dort an das schon länger von Rom annektierte Königreich Noricum im heutigen Kärnten angrenzte (vgl. S. 109).

Die Forschung vermutete eine Zeit lang, dass im Verlauf dieses sog. Alpenfeldzugs auch das große Vindelikeroppidum von Manching erobert und zerstört worden sei und dass es sich bei den dort in beträchtlicher Zahl aufgefundenen Waffen (vgl. S. 124) um Überreste der Kämpfe zwischen den Kelten und den Römern um die Stadt handele. Heute weiß man jedoch, dass die meisten dieser Waffen aus dem 2. Jh. v. Chr. stammen und dass das Oppidum zur Zeit des römischen Vorstoßes an die Donau schon seit fast fünfzig Jahren nicht mehr als größere bewohnte Siedlung existierte. Auch sonst scheint der Voralpenraum mit Ausnahme einiger offenbar germanisch überprägter Spätlatènesiedlungen in Südostbayern seit spätestens 50 v. Chr. weitgehend siedlungsleer gewesen zu sein, so dass die Römer dem archäologischen Befund zufolge anscheinend ein großenteils entvölkertes Land eroberten.

Die kaiserzeitliche Bevölkerung der hier gegründeten Provinz Raetien, die schon bald eine ähnliche wirtschaftliche Blüte erlebte wie das linksrheinische Gallien, scheint daher dementsprechend auch aus „einer recht bunten Mischung verschiedenster von außen kommender Bevölkerungssplitter" bestanden zu haben, die sich in diesem Gebiet neu ansiedelten. Aus den Grabbeigaben auf dem Friedhof der provinzialrömischen Stadt *Cambodunum* (Kempten) und anderer Siedlungen lassen sich beispielsweise zugewanderte Italiker, frühere Bewohner der Zentralalpen, kleinere germanische Gruppen sowie romanisierte Kelten aus Gallien erschließen – „nur die einheimische Komponente" scheint erstaunlicherweise fast völlig „zu fehlen", wie der Römerexperte Thomas Fischer feststellt.[41]

Germanische Vorstöße nach Süddeutschland

Der Grund dafür ist bis heute weitgehend unklar, doch sind auch im übrigen Süddeutschland aus der Zeit nach 50 v. Chr. nur noch sehr viel weniger keltische Fundstätten und Funde bekannt als aus der Periode davor. Die großen Oppida wie etwa der Heidengraben auf der Schwäbischen Alb (vgl. S. 95) wurden offenbar um die Jahrhundertmitte herum als Siedlungszentren aufgegeben, und auch die meisten Viereckschanzen scheinen etwa um diese Zeit verlassen worden zu sein – in einigen von ihnen fanden sich sogar Hinweise auf Brände oder ein absichtliches Unbrauchbarmachen etwa durch die Vergiftung von Brunnen (vgl. S. 137), so als seien sie in kriegerischen Auseinandersetzungen oder von ihren abwandernden Bewohnern bewusst zerstört worden. Der

Bronzestatuette eines gallorömischen Bauern aus Trier. Der Mann, der vermutlich beim Pflügen dargestellt ist, trägt nicht mehr die ‚keltischen Hosen' aus der Zeit der Unabhängigkeit, sondern ein tunikaartiges Kleid und darüber einen Kapuzenmantel.

Das Quellheiligtum des Gottes Glanis und der Muttergottheiten bildete die Keimzelle des Salluvier-Oppidums und der späteren römischen Stadt *Glanum* bei St.-Rémy-de-Provence. Die Heilquelle blieb bis ins 3. Jh. n. Chr. ein Ort der Verehrung.

griechische Gelehrte Klaudios Ptolemaios sprach denn auch in Übereinstimmung mit diesem archäologischen Befund im 2. Jh. n. Chr. von einer „Helvetier-Einöde" (Ptolemaios, Geographie 2,11,6) im ehemaligen Siedlungsgebiet dieses Stammes zwischen Rhein, Main und Donau (vgl. S. 141), ohne dass sich die Forschung so recht einen Reim auf diese zumindest teilweise Entvölkerung einer wenige Jahrzehnte zuvor noch blühenden Siedlungslandschaft machen könnte.

Man weiß bislang weder genau, wohin die Bewohner dieses alten keltischen Siedlungslandes in so großer Zahl abwanderten, noch aus welchen Gründen diese Abwanderung erfolgte. Aus historischen und archäologischen Quellen ist jedoch schon lange bekannt, dass seit dem späten 2. Jh. v. Chr. immer wieder germanische Gruppen aus Norddeutschland nach Süden, in die keltische Kulturzone, vorstießen (vgl. S. 103) und dass sich der Mittelgebirgsraum um 50 v. Chr. bereits teilweise fest in ihrer Hand befand. Auch Caesar erwähnt in seinem Bericht über den Gallischen Krieg ja interessanterweise rechts des Rheins ausschließlich germanische Stämme – die *Germani qui trans Rhenum incolunt* (Bell. Gall. 1,1,3 und 1,28,4) –, und so dürften es wohl am ehesten mobile Germanenverbände gewesen sein, die die süddeutschen Kelten im Laufe des 1. Jhs. v. Chr. nach und nach aus ihren Stammesgebieten verdrängten. Diese vormals blühenden Siedlungslandschaften verwandelten sich dadurch in ein vermutlich nur noch dünn besiedeltes ‚Niemandsland', das dafür umso häufiger von umherziehenden Krieger- und Stammesgruppen aufgesucht wurde.

Das Ende der Festlandkelten und die Ära des ‚Inselkeltentums'

Auch die Siedlungsgebiete der keltischen Boier im heutigen Tschechien wurden um 25 v. Chr. von nach Süden vorrückenden Germanen unter Marbod erobert, und im östlichen Donauraum hatten die Daker unter ihrem König Burebista schon vor der Jahrhundertmitte die Skordisker und andere dort ansässige keltische Völkerschaften unterworfen und ihrer Kultur ein Ende bereitet. Damit waren die Kelten um die Zeitwende herum in Mitteleuropa wie auf dem ganzen europäischen Festland als unabhängige politische und kulturelle Kraft vollständig verschwunden – zerrieben zwischen den Vorstößen der beiden Mächte, die von Süden und Norden her ins Zentrum des Kontinents drängten und die seine Geschicke in der nun folgenden Ära bestimmen sollten.

Unabhängige und freie keltische Völker existierten von da an nur noch in Britannien und in Irland. Hatten sie vor dem Gallischen Krieg noch am Rande der keltischen Welt gestanden (vgl. S. 6), so rückten sie nun nach dem Niedergang der Festlandkelten in ihr Zentrum. Und obwohl auch sie ein wechselvolles Schicksal von Eroberungen und Bedrohungen erlitten, gelang es ihnen doch, die keltische Kultur noch über Jahrhunderte hinweg zu bewahren, so dass zumindest ein Abglanz von ihr bis heute erhalten geblieben ist. Mit diesen sog. Inselkelten und ihren kulturhistorischen Leistungen wollen wir uns nun im folgenden Teil des Buches eingehend beschäftigen.

DIE GALLORÖMISCHE KULTUR

KELTEN MIT EIGENEM PROFIL – DAS VORRÖMISCHE BRITANNIEN

❋ „Ihre Sitten sind zum Teil den gallischen gleich, teilweise aber auch noch einfacher und roher. So bereiten manche Stämme, obgleich sie über Milch im Überfluss verfügen, aus mangelnder Kenntnis dennoch keinen Käse zu, und auch im Gartenbau und in der Feldbestellung sind sie unerfahren" (Strabon, Geographie 4,5,2, über die Britannier).

❋ „Sie ernten ihr Getreide, indem sie nur die Kornähren abschneiden und in überdachten Scheunen speichern. Tag für Tag trennen sie die reifen Ähren ab, mahlen sie und erhalten auf diese Weise ihre Nahrung. Sie sind einfach in ihren Gewohnheiten und weit entfernt von der List und Lasterhaftigkeit des zivilisierten Menschen. Ihre Lebensweise ist genügsam und unterscheidet sich sehr von dem Luxus, der durch Reichtum hervorgebracht wird" (Diodor, Histor. Bibliothek 5,21).

Die Kelten Britanniens galten in der Antike als noch barbarischer und ‚wilder' als diejenigen auf dem Festland, und die römischen wie auch griechischen Autoren hoben ihre zahlreichen fremdartigen und archaischen Züge in aller Deutlichkeit hervor. So schrieb beispielsweise der römische Schriftsteller Pomponius Mela im Jahr 44 n. Chr., Britannien besitze zahlreiche „Völker und Könige über diese Völker, doch sind sie alle unzivilisiert, und je weiter sie vom [europäischen] Festland entfernt wohnen, umso weniger wissen sie von anderen Besitztümern als von Vieh und Land, denn nur daran sind sie reich" (*De situ orbis* 3,49–53). Und Caesar berichtete seinen Landsleuten, dass „die Bewohner des Landesinneren kein Getreide anbauen, sondern von Milch und Fleisch leben und Kleidung aus Leder tragen" (Bell. Gall. 5,14,2).

Diese Bemerkungen trafen sicherlich auf die weiten Gebirgsregionen und Hügellandschaften im Norden und Westen der Insel zu, die in der Antike für ihre Viehwirtschaft berühmt waren. In den fruchtbaren Landstrichen und Ebenen Südostbritanniens war aber auch der Ackerbau weit verbreitet und wurde nicht weniger intensiv betrieben als in Gallien oder in Süddeutschland (vgl. S. 24 f.). Der griechische Geograph Strabon nannte um die Zeit-

Land's End: Den antiken Völkern schienen die Britischen Inseln am ‚Ende der Welt' zu liegen.

wende Getreide sogar als ein Exportprodukt Britanniens, und in der römischen Kaiserzeit gehörte der Süden der Insel zeitweise geradezu zu den ‚Kornkammern' des Reiches. Angebaut wurden dort wie auf dem Festland vor allem Weizen, Gerste und verschiedene Gemüsearten (vgl. S. 24). Als archäologische Zeugnisse dieses Ackerbaus sind in England vielerorts sog. *celtic fields* erhalten geblieben, graben- oder wallartige vor- und frühgeschichtliche Feldeinhegungen und Ackerbegrenzungen, die schachbrettartig angeordnet nicht selten regelrechte ‚Anbaunetze' bilden. Stellt man all diese verschiedenen Faktoren in Rechnung, so erscheinen die zitierten antiken Berichte über die angebliche wirtschaftliche Rückständigkeit der Britannier letztlich als ‚Barbarenklischees', die dem römischen Publikum wohl vor allem die besondere Fremdartigkeit und ‚Wildheit' der Inselbewohner möglichst eindringlich vor Augen führen sollten.

Kornisches Zinn

Zu den gängigen römischen Klischees über Britannien gehörte auch ein angeblich exorbitanter Metallreichtum der Insel, über den man sich umso übertriebenere Vorstellungen machte, je weniger man darüber wusste. Vor allem das heutige Cornwall galt in der Antike zusammen mit der Bretagne und den vorgelagerten Inseln als Teil der Kassiteriden, der sagenhaften atlantischen ‚Zinninseln' (von griech. *kassíteros* = Zinn), die in der griechischen und römischen Literatur immer wieder erwähnt wurden, ohne dass man sie aber offenbar genau zu lokalisieren wusste. Zu ihren wenigen Besuchern vor der Zeitwende gehörte der griechische Seefahrer und Entdecker Pytheas von Massalia, der um 325 v. Chr. die besonders ergiebigen Zinnminen von *Kap Belerion* an der Westspitze Cornwalls – dem heutigen Land's End – besuchte. Seinem in einer kurzen Zusammenfassung bei Diodor überlieferten Bericht zufolge wurde das dort aus dem Felsgrund geschürfte Zinn noch am Ort zu würfelförmigen Barren gegossen und an Händler vom Festland weiterverkauft, die es anschließend bis nach Südfrankreich weitertransportierten (vgl. Zitat Randspalte).

Bestätigt wird dieser antike Bericht durch archäologische Zeugnisse, die eine intensive Ausbeutung der kornischen Zinnlagerstätten schon in prähistorischer Zeit belegen. Unter anderem fanden die Archäologen dort obertägige Schürfgruben und bei Falmouth in Südost-Cornwall einen 89 cm großen und über 70 kg schweren Zinnbarren – ein ausgesprochener Glücksfund, denn Zinn zersetzt sich bei kühleren Temperaturen normalerweise in ein graues Pulver (die sog. Zinnpest), das archäologisch nicht nachweisbar ist. Noch uneins sind sich die Fachleute über die Lokalisierung der von Diodor erwähnten Insel *Ictis*, auf der das Zinn von den kontinentalen Händlern übernommen worden sein soll (vgl. Zitat Randspalte). Manche Forscher denken dabei an St. Michael's Mount in der Mount's Bay – eine Art kornischer Mont Saint Michel –, andere dagegen an die weiter östlich gelegene Isle of Wight. Sicher scheint in jedem Fall, dass eine der legendären antiken ‚Zinnstraßen' (vgl. S. 38 f.) hier im Südwesten Britanniens ihren Ausgangspunkt hatte und dass der Zinnabbau und -handel eine wichtige Einnahmequelle für die Stämme Cornwalls waren.

Barbaren mit blauer Körperbemalung

Über das Aussehen der Britannier bemerkte Strabon, dass „ihre Männer einen höheren Wuchs und etwas weniger blondes Haar" hätten als die Festlandkelten (Geographie 4,5,2), und nach Pomponius Mela färbten sie „ihre Körper – ob zum Schmuck oder aus anderen Gründen – mit blauer Farbe ein" (*De situ orbis* 3,49–53). Auch Caesar erwähnte diesen Brauch und brachte ihn mit der Kriegführung der Britannier in Zusammenhang. Dem griechischen Historiker Herodian zufolge war die Körperbemalung zumindest teilweise mit heroischer

>> „Gegenüber von Keltiberien befinden sich mehrere Inseln, die von den Griechen wegen ihres Reichtums an Zinn Kassiteriden genannt werden" (Plinius d. Ä., Naturgeschichte 4,36).

>> „Die Zinninseln sind zehn an der Zahl und liegen dicht beieinander nördlich vom Hafen der Artabrer [an der Nordwestecke Portugals] im offenen Meer. Eine von ihnen liegt wüst, die anderen aber sind bewohnt von Leuten, [...] die meist als Hirten von ihren Herden leben, aber auch Gruben mit Zinn und Blei besitzen, das sie bei den Kaufleuten gegen Töpferwaren, Salz und Bronzegegenstände eintauschen" (Strabon, Geographie 3,5,11).

>> „Die am Kap Belerion in Britannien wohnende Bevölkerung ist äußerst freundlich zu Fremden und durch den Kontakt mit ausländischen Kaufleuten zivilisiert. Sie gewinnt das Erz aus Erdschichten im felsigen Boden und verarbeitet es durch anschließendes Ausschmelzen zu reinem Zinn. Dieses wird zu regelmäßigen Würfeln geformt und bei Ebbe mit Wagen auf eine Britannien vorgelagerte Insel namens Ictis gebracht. Dort kaufen die fremden Händler das Zinn von den Einheimischen und bringen es über die Straße von Galatia [= den Kanal] auf das Festland, wo es innerhalb von dreißig Tagen auf Pferden durch Gallien bis zur Rhônemündung [= nach Massilia] gelangt" (Diodor, Histor. Bibliothek 5,22 und 5,38).

Phantasievolle Darstellung eines von Kopf bis Fuß bemalten nordbritannischen Kriegers, angefertigt von John White (16./17. Jh.).

DAS VORRÖMISCHE BRITANNIEN

> „Alle Britannier aber reiben ihre Haut mit Waid ein, das eine himmelblaue Färbung bewirkt, wodurch sie im Kampf noch schrecklicher aussehen. Sie lassen ihr Haar lang wachsen, rasieren sich ansonsten aber am ganzen Körper bis auf das Kopfhaar und den Oberlippenbart" (Caesar, Bell. Gall. 5,14,2–3).

> „Der größte Teil ihres Körpers ist nackt, denn […] sie tragen keine Gewänder, sondern schmücken ihren Leib und Nacken mit Ringen aus Eisen. […] Ihre Körper tätowieren sie mit den Bildern verschiedenster Tiere und mit bunten Motiven aller Art. Genau deshalb tragen sie auch keine Kleider, um diese Darstellungen auf ihrem Körper nicht zu verdecken" (Herodian, Kaisergeschichte [208 n.Chr.] 3,14).

> „Man sagt, dass Britannien von eingeborenen Völkern bewohnt wird und dass sie in ihrem Lebensstil die alten Gebräuche bewahren. Denn in ihren Kriegen benutzen sie Wagen, wie sie nach der Tradition auch die alten griechischen Helden im Trojanischen Krieg verwendeten, und ihre Häuser sind einfach und zumeist nur aus Riedgras oder Holzstämmen erbaut" (Diodor, Histor. Bibliothek 5,21).

> „Sie sind extrem kriegerisch und blutrünstig, obwohl ihre Bewaffnung nur aus einem schmalen Schild und einer Lanze sowie einem Schwert besteht, das sie an ihrem nackten Körper befestigen" (Herodian, Kaisergeschichte [208 n.Chr.] 3,14).

Nacktheit (vgl. S. 87 und 91) verbunden, um die eingefärbten Körperpartien für jedermann sichtbar zur Schau zu tragen (vgl. Zitate Randspalte).

Kaum ein anderes Detail in der äußeren Erscheinung der antiken Briten hat die Menschen so fasziniert und ihre Phantasie bis in die Neuzeit hinein so stark angeregt wie diese blaue Körperbemalung. Die derart kunstvoll mit phantastischen Mustern und Motiven geschmückten Inselkelten wurden jedenfalls noch bis ins 19. Jh. hinein immer wieder auf Stichen und Aquarellen dargestellt, in denen sich die seinerzeit in England ausbreitende Keltenromantik (vgl. S. 169) unverkennbar mit Bildern und Motiven aus den damals gerade neu entdeckten Indianerkulturen Nordamerikas vermischte. Die eigenen Vorfahren wurden auf diese Weise gewissermaßen zu antiken ,Indianern Europas', was dem romantischen Geist dieser Zeit und ihrem Bedürfnis nach Exotik offenkundig entgegenkam. Um reine Phantasieprodukte dürfte es sich dennoch nicht gehandelt haben, denn die Haut einer 1987 in Lindow Moss in Mittelengland entdeckten Moorleiche (vgl. S. 173) wies tatsächlich Spuren eines Gemischs aus Lehm und Kupfer auf, mit dem sie wahrscheinlich in blaugrünen Farbtönen bemalt worden war.⁴² Allerdings dürfte es sich dabei weniger um einen Alltagsschmuck als vielmehr um eine Zeremonialbemalung gehandelt haben, die man nur bei besonderen Anlässen wie etwa religiösen Handlungen oder möglicherweise auch im Krieg trug.

Krieger und Könige

Gelegenheiten, ihren kunstvoll bemalten Körper zur Schau zu stellen, gab es nach den Berichten der antiken Schriftsteller für die Britannier zweifellos oft, denn ihre Stämme genossen seinerzeit einen außerordentlich kriegerischen Ruf. So berichtet etwa Pomponius Mela: Sie nutzen „jeden Anlass zum Krieg, mischen sich in Konflikte ein und bekämpfen sich häufig gegenseitig, meist aus leidenschaftlicher Begierde nach Herrschaft und aus Besitzstreben". Auf den Britischen Inseln regierten nämlich anders als auf dem Festland (vgl. S. 144) allenthalben noch Könige, die heftig miteinander konkurrierten und ihre Herrschaftsgebiete nicht selten gewaltsam auf Kosten der Nachbarstämme zu vergrößern versuchten (vgl. S. 177 f.). In den daraus resultierenden Kriegen kämpften sie Pomponius Mela zufolge „nicht nur zu Fuß oder zu Pferde, sondern auch mit zweirädrigen Streitwagen, die auf gallische Art gerüstet" waren (*De situ orbis* 3,49–53; vgl. Zitat Randspalte). Diese Streitwagen-Kampfweise, die Caesar im Zusammenhang mit dem Gallischen Krieg detailliert beschrieben hat (Bell. Gall. 4,33; vgl. S. 90 f.), war um die Zeitwende auf dem Kontinent längst nicht mehr üblich und bildete somit ein weiteres ,altertüm-

liches' Element auf der Insel (vgl. Zitat Randspalte). Eine andere Besonderheit der britannischen Kriegführung scheinen zudem Steingeschosse gewesen zu sein, die an mehreren Fundstätten in England in regelrechten Depots zutage kamen und offenbar für die Verwendung im Krieg bestimmt waren.

Hügelfestungen

Besonders zahlreich kamen diese Steinprojektile in den sog. *Hillforts* vor, kleineren oder größeren Befestigungsanlagen, die vor allem im Südwesten und in der Mitte der Insel häufig errichtet wurden (vgl. Karte S. 162). Eine Übersicht aus dem Jahr 1976 listet für ganz England über 1300 solcher *Hillforts* auf, die in manchen Regionen nur jeweils 5 bis 10 km entfernt voneinander liegen.⁴³ Schon allein diese große Anzahl und Dichte weist darauf hin, dass sie nicht unmittelbar mit den Oppida und Fürstensitzen auf dem Kontinent vergleichbar sind, und auch ihre enormen Größenunterschiede machen deutlich, dass es ganz verschiedene Typen von ihnen gegeben haben muss. Nur ein kleiner Prozentsatz (unter 5 %) dieser Hügelfestungen besitzt eine Größe von über 12 ha, wie sie für die latènezeitlichen Oppida des Festlandes charakteristisch ist, während knapp die Hälfte von ihnen mit umwehrten Flächen zwischen 1 und 12 ha in den Dimensionen eher den kontinentalen Fürstensitzen der Späthallstattzeit entspricht (vgl. S. 28). Die übrige Hälfte ist sogar weniger als 1 ha groß und ähnelt damit ungefähr den mitteleuropäischen ,Herrenhöfen' der Hallstattzeit (vgl. S. 22 f.).

Im Aufwand und in der Qualität ihrer Befestigungen übertreffen die meisten dieser britannischen *Hillforts* ihre mitteleuropäischen Pendants aber bei weitem. Viele von ihnen – ob groß oder klein – sind nämlich nicht nur von einem, sondern gleich von zwei oder drei meterhoch aufragenden und tief in die Erde eingeschnittenen Wall- und Grabenringen umgeben, die die Anlagen auch heute noch zu höchst eindrucksvollen archäologischen Denkmälern in der Landschaft machen (vgl. Abb. rechts). Ihr Formenreichtum ist groß, doch überwiegen runde bis ovale Anlagen deutlich. Die ersten Hügelfestungen scheinen bereits um 600 v. Chr. errichtet worden zu sein, doch stammen die meisten und imposantesten von ihnen aus der Zeit zwischen 400 und 200 v. Chr. und damit interessanterweise aus einer Epoche, in der in Mitteleuropa kaum Befestigungen angelegt wurden (vgl. S. 84).

Im Gegensatz zur äußeren Form ist über die Innenbesiedlung der meisten *Hillforts* recht wenig bekannt. Nur ein kleiner Teil von ihnen wurde bislang archäologisch wirklich gründlich untersucht, und nicht immer stieß man dabei auf die Grundrisse von Häusern oder auf andere Baubefunde. Die englischen Archäologen nehmen daher an, dass die Funktion und Innengestaltung dieser Anlagen ähnlich wie bei den kontinentalen Oppida (vgl. S. 109) ganz unterschiedlich aussehen konnte und von weitgehend unbesiedelten Fluchtburgen über befestigte Einzelhöfe bis zu dicht besiedelten Dörfern oder sogar stadtähnlichen Ansiedlungen reichte. Allerdings lässt allein schon ihre erwähnte große Zahl und geographische Dichte vermuten, dass nur wenige von ihnen echte überregionale Siedlungszentren im Sinne der kontinentalen Oppida und Fürstensitze waren.

Maiden Castle und Danebury

Eines der größten und imposantesten britannischen *Hillforts* ist die Anlage von Maiden Castle im südenglischen Dorset, die zu den bekanntesten britischen Bodendenkmälern überhaupt zählt. In fast atemberaubender Monumentalität ragen ihre grasbewachsenen, steilen Hänge über 10 m hoch aus der Kreidelandschaft von Dorset hervor. Sie bilden insgesamt drei Wallringe, die mit den dazwischenliegenden tiefen Gräben eine Siedlungsfläche von 19 ha einschließen, welche zwischen 400 und 200 v. Chr. dicht überbaut gewesen sein muss. Jedenfalls legte der britische Archäologe Sir Mortimer Wheeler im Rahmen seiner Ausgrabungen zwischen 1934 und 1937 ein dichtes Gewirr von Vorratsgruben, Pfostenlöchern und anderen Baubefunden auf der Hügelfläche frei, die auf eine ansehnliche Großsiedlung mit vermutlich mehreren hundert Bewohnern schließen lassen. Die archäologischen Untersuchungen, die in den 1980er Jahren fortgesetzt wurden, blieben allerdings zu kleinflächig und ausschnitthaft, als dass sich aus ihnen ein genauer Siedlungsplan hätte ermitteln lassen.

Einen solchen vermochte hingegen der Prähistoriker Barry Cunliffe zwischen 1969 und 1988 auf der 80 km weiter nordöstlich gelegenen Hügelfestung von Danebury in Wessex zu erschließen. Die gleichfalls von drei Wallringen umgebene Verteidigungsanlage umschloss hier ein Areal von etwas über 5 ha, das Cunliffe und seine Kollegen in minutiöser Arbeit mehr als zur Hälfte untersuchten. Sie legten dabei über 10 000 Pfostenlöcher von Holzbauten sowie mehr als 2500 Vorratsgruben frei, die ein klares Bild von der einstigen Besiedlungsstruktur Daneburys vermittelten. Demnach wurde die Hü-

Das imposante *Hillfort* Maiden Castle in Dorset mit seinem dreifach gestaffelten Wallring.

gelfestung durch einen geraden Weg, der von einem im Osten gelegenen Tor zu einem westlichen führte, in zwei ungefähr gleich große Siedlungshälften unterteilt. In der älteren Siedlungsphase zwischen 550 und 450 v. Chr. lagen im Bereich nördlich dieses Weges zahllose Vorratsgruben für Getreide, während sich Wohnhäuser und hölzerne Pfostenspeicher das südliche Siedlungsgelände teilten. Etwa 200 Jahre später – zwischen 300 und 100 v. Chr. – waren die Verhältnisse hingegen genau umgekehrt, denn nun standen die Wohngebäude im Norden des *Hillforts*, während sich im Süden eine große Anzahl hölzerner Speicherbauten konzentrierte. In beiden Fällen war die Siedlungsfläche jedenfalls nach einem offenkundig durchdachten Plan in ein Wohn- und ein Speicherareal unterteilt. Auf besonders hervorgehobene ‚Herrenhäuser' oder andere Großbauten stießen die Archäologen in Danebury nicht – im Zentrum der Siedlung entdeckten sie jedoch mehrere auffällige Rechteckgrundrisse, die Cunliffe als kleine Heiligtümer interpretiert.

Insgesamt konnte er auf der Hügelfestung etwa 70 Grundrisse von Wohnhäusern identifizieren, die bei der langen Besiedlungsdauer des *Hillforts* für eine Gesamteinwohnerzahl von jeweils etwa 200 bis 300 Menschen und damit für ein größeres Dorf, nicht jedoch für eine Stadt, sprechen. Dieser überschaubaren Einwohnerzahl standen die erwähnten sehr umfangreichen Speicherkapazitäten gegenüber, denn neben den mehr als 2500 in Danebury nachgewiesenen Getreidegruben war ja auch noch fast die ganze Südhälfte der Siedlung mit jeweils mehrere Meter großen, auf vier oder sechs Pfosten vom Boden abgehobenen Kornspeichern bedeckt. Das *Hillfort* dürfte damit nach Cunliffe „die Speicherkapazitäten für die Getreideüberschüsse des ganzen Umlandes bereitgestellt und den territorialen Mittelpunkt für ihre Verarbeitung und Aufbewahrung gebildet haben".[44] Sein Kollege D. W. Harding hat sogar die Frage aufgeworfen, ob die Funktion als befestigter Platz zur Lagerung der Nahrungsvorräte nicht der Hauptzweck von Danebury und anderen Hügelfestungen gewesen sein könnte – dazu würde auch eine Reihe sorgfältig gefertigter Steingewichte (vgl. S. 113) passen, die dort aufgefunden wurden.

Ausgrabungsbefunde in ähnlichem Umfang und vergleichbarer Qualität liegen von anderen britischen *Hillforts* bislang nicht vor, doch deuten Oberflächenfunde und Ausschnittgrabungen auf einigen weiteren Anlagen darauf hin, dass auch dort ähnliche Siedlungszentren gelegen haben könnten. So zeigen beispielsweise Luftbilder der nur 30 km von Maiden Castle entfernten, 12 ha großen Anlage Hambledon Hill die Erdplattformen von mindestens 175 Häusern, und auf dem unmittelbar benachbarten Hod Hill mit einer 21 ha großen befestigten Fläche dürften sogar rund 250 Häuser gestanden und bis zu tausend Menschen gelebt haben. Das wären fast schon frühstädtische Ausmaße wie bei der hallstattzeitlichen Heuneburg (vgl. S. 35) – eine Dimension mit mehr als 1 km² Siedlungsfläche und mehreren tausend Einwoh-

Rekonstruktion eines für die Inselkelten typischen Rundhauses auf einer kleinen künstlichen Insel (sog. *Crannog*) bei Craggaunowen in Irland.

nern, wie sie bei den größten spätlatènezeitlichen Oppida Manching oder Bibracte nachgewiesen ist (vgl. S. 98 f. und 102), dürfte allerdings kein britannisches *Hillfort* erreicht haben.

Rundhäuser statt Rechteckbauten

Ein grundlegender Unterschied des Siedlungswesens auf der Insel gegenüber dem auf dem Festland war die Rundbauweise fast aller britannischen Gebäude in vorrömischer Zeit. So lebten die Bewohner von Danebury und Maiden Castle beispielsweise in kreisrunden Häusern von 6 bis 9 m Durchmesser, die aus einem lehmverputzten Zweiggeflecht (vgl. S. 21) oder seltener auch senkrechten Holzbohlen mit einem kegelfömigen Dach aus Schilfrohr bestanden. Ähnliche Rundbauten prägten auch das Bild der unbefestigten Einzelhöfe und Weiler im Flachland, wo sie sogar noch größer und aufwendiger gestaltet sein konnten. Eines der schönsten und imposantesten Gebäude aus Pimperne in Dorset maß beispielsweise fast 13 m im Durchmesser und besaß einen riesigen, hallenartigen Innenraum, in dem Dutzende von Menschen Platz finden konnten. Solche Dimensionen belegen eindrucksvoll, dass die britannische Rundbauweise der kontinentalen Rechteckbautradition in baulicher Raffinesse und Wohnqualität in nichts nachstand und dass die früher manchmal leicht abschätzige Bezeichnung der Häuser auf der Insel als ‚Rundhütten' in keiner Weise berechtigt ist.

Letztlich lässt sich auch kein bestimmter konstruktiver oder funktionaler Grund für die beiden unterschiedlichen Bauweisen ermitteln – es handelte sich ganz einfach um seit Jahrtausenden übliche verschiedene Traditionsstränge, denn solche Rundbauten kennzeichneten das britannische und ebenso auch das irische Siedlungswesen schon seit der Bronzezeit. Sie verdeutlichen damit einmal mehr das besondere Profil der keltischen Kultur auf den Britischen Inseln und das sehr eigenständige Gepräge der dortigen Stämme.

Kelten in Britannien – ja oder nein?

Lassen sich die antiken Britannier und Iren angesichts all dieser archäologisch nachgewiesenen und historisch überlieferten Unterschiede überhaupt als Kelten bezeichnen? Diese Frage ist in der Fachwelt durchaus umstritten und hat in den letzten Jahrzehnten zu lebhaften Diskussionen namentlich in der englischen Forschung geführt. Die Kritiker dieser Zuordnung weisen zu Recht darauf hin, dass weder Caesar noch irgendein anderer antiker Autor die Britannier ausdrücklich als Kelten bezeichnete und dass es auch keine Belege dafür gibt, dass sie sich selbst als solche sahen. Vielmehr handelt es sich dabei um eine neuzeitliche Zuordnung, die aus den sprachwissenschaftlichen und kulturgeschichtlichen Studien des 18. und 19. Jhs. resultiert (vgl. S. 167 f.). Allerdings fehlte ja auch den Festlandkelten wie erwähnt jedes wirkliche stammesübergreifende Zusammengehörigkeitsgefühl, verstanden sie sich doch in erster Linie als Helvetier, Arverner, Haeduer, Belger usw. und nicht als Angehörige einer gesamtkeltischen ‚Nation' oder Völkergemeinschaft. Die aus purer Not heraus geborene vorübergehende Vereinigung unter Vercingetorix und das pankeltische Druidentum bildeten die einzigen Ausnahmen (vgl. S. 130 f. und 146). Zudem wissen wir noch nicht einmal mit Sicherheit, ob der Begriff *Keltoi* (vgl. S. 8) von ihnen selbst überhaupt als stammesübergreifende ethnische Bezeichnung verwendet wurde oder ob es sich nicht möglicherweise um den Namen eines Einzelstammes handelte, der dann bei den Griechen und Römern zu einer Sammelbezeichnung für alle späthallstatt- und latènezeitlichen Barbaren Mitteleuropas wurde (vgl. S. 194 f.). Auffallend ist in jedem Fall, dass der Keltenbegriff von den antiken mittelmeerischen Autoren alles andere als einheitlich verwendet wurde. Während manche ihn ganz pauschal auf alle nichtgermanischen Völkerschaften nördlich der Alpen anwandten, bezeichnete Caesar in seiner berühmten Einleitung zum *Bellum Gallicum* allein die Bewohner Zentralgalliens als Kelten, nicht hingegen die nordgallischen Belger und die südwestgallischen Aquitaner, wie es die Historiker und Archäologen heute aufgrund der Sprachzeugnisse und archäologischen Hinterlassenschaften ganz selbstverständlich tun (vgl. Abb. S. 142 und Zitat Randspalte). Caesar operierte also mit einem sehr viel engeren Keltenbegriff als die heutige Forschung, und dass dieser durchaus auch politisch motiviert war, verdeutlicht seine vielzitierte Bemerkung, wonach links des Rheins die Gallier, rechts des Flusses hingegen die Germanen saßen. Als der römische Feldherr dies im Jahr 51 v. Chr. schrieb, existierten mehr als 200 km jenseits der angeblichen Grenzlinie noch das keltische Oppidum von Manching und andere Keltensiedlungen (vgl. S. 101 ff. und 154), und es erscheint kaum vorstellbar, dass der sonst so gut informierte Caesar von diesen keltischen Restbevölkerungen im rechtsrheinischen Gebiet, die erst in den folgenden Jahrzehnten nach und nach verschwanden, nichts gewusst haben sollte.

Offenbar ging es dem routinierten Politiker also nicht zuletzt auch darum, seinem römischen Publikum ein möglichst klar strukturiertes und nicht zu kompliziertes Bild von den Verhältnissen im barbarischen Mitteleuropa zu vermitteln, das vor allem plausibel zu erklären vermochte, warum er seine Eroberungen auf das linksrheinische Gallien beschränkte. Möglicherweise veranlassten ihn derartige Überlegungen ja auch dazu, Britannien ethnisch und kulturell möglichst deutlich vom gallischen Festland abzugrenzen.

„Gallien zerfällt in drei Teile, von denen einen die Belger, den zweiten die Aquitaner, den dritten jene Völker bewohnen, die in der Landessprache Kelten, bei uns jedoch Gallier heißen. Sie alle unterscheiden sich in Sprache, Gebräuchen und Gesetzen. [...] Die Belger leben in unmittelbarer Nähe der Germanen, die das Gebiet jenseits des Rheins bewohnen und sich im ständigen Kriegszustand mit ihnen befinden" (Caesar, Bell. Gall. 1,1,1–3).

» „Caesar wollte unbedingt noch nach Britannien aufbrechen, weil er wusste, dass unsere Feinde in fast allen gallischen Kriegen von dort Unterstützung erhalten hatten" (Caesar, Bell. Gall. 4,20,1).

» „Als Verbündete für den Krieg holten die Veneter [in der Bretagne] [...] Hilfstruppen aus Britannien, das ihrem Land gegenüberliegt" (Caesar, Bell. Gall. 3,9,10).

» „Die Hauptvertreter dieser Politik flohen nach Britannien, als sie erkannten, wie viel Unglück sie über ihren Stamm [= die belgischen Bellovacer] gebracht hatten" (Caesar, Bell. Gall. 2,14,4).

» „Die Suessionen [bei Soissons nordöstlich von Paris] haben angeblich das größte und fruchtbarste Gebiet in ihrem Besitz. Noch zu unserer Zeit ist Diviciacus ihr König gewesen, der mächtigste Mann in ganz Gallien, der nicht nur über einen Großteil jener Gebiete herrschte, sondern auch über Britannien" (Caesar, Bell. Gall. 2,4,7).

Keltische Stämme, Fundorte und Kulturen im vorrömischen Britannien und Irland.

Verflechtungen zwischen Britanniern und Belgern

Trotz dieser betonten Abgrenzung lässt Caesars Bericht jedoch keinen Zweifel daran, dass zwischen den Stämmen diesseits und jenseits des Ärmelkanals enge Beziehungen existierten. So erhielten die Gallier nach seinen Angaben nicht nur während des ganzen Gallischen Krieges militärische Unterstützung aus Britannien, die 55/54 v. Chr. schließlich auch zu seinem Eingreifen dort führte – vielmehr scheinen sich pro- wie antirömische Barbarenführer auch beständig zwischen Gallien und der Insel hin- und herbewegt zu haben. Dem römischen Feldherrn zufolge soll sich sogar der Machtbereich einzelner gallischer Herrscher bis nach Britannien erstreckt haben (vgl. Zitate Randspalte).

Diese zahlreichen, über den ganzen *Bellum Gallicum* verstreuten Einzelhinweise und Randbemerkungen vermitteln in ihrer Gesamtheit den deutlichen Eindruck, dass die Stämme diesseits und jenseits des Kanals durch tausend Fäden miteinander verbunden, ja in vielen Fällen vermutlich sogar miteinander versippt und verschwägert waren – anders ließen sich insbesondere die erwähnten häufigen Fluchtbewegungen und das gegenseitig gewährte politische Asyl kaum erklären. Und tatsächlich nannte auch Caesar selbst als Grund für diese engen Verflechtungen den Umstand, dass bereits vor seiner Zeit belgische Bevölkerungsgruppen in den Süden Britanniens eingewandert seien und sich dort dauerhaft niedergelassen hätten. Nach seinen Worten trugen sie „fast alle noch die Namen der Völker, denen sie bei ihrer Ankunft in Britannien angehörten", und auch ihre Landgüter auf der Insel „sahen wie diejenigen in Gallien aus" (Bell. Gall. 5,12,2–3; vgl. Zitat Randspalte). Ähnlich bemerkte Tacitus 150 Jahre später, dass diejenigen britannischen Stämme, „die den Galliern am nächsten leben, ihnen auch am ähnlichsten sind", und begründete dies damit, „dass Gallier die ihnen benachbarte Insel in Besitz genommen haben". Darüber hinaus vermutete der römische Historiker noch weitere Einwanderungen aus anderen Ländern und Regionen auf die Britischen Inseln (Agricola 11,2–3; vgl. Zitat Randspalte).

Tatsächlich zeigt ein Blick auf die Karte der südbritannischen Stämme (vgl. Karte links), dass einer von ihnen die Belger waren, deren Hauptort Winchester noch in der Römerzeit *Venta Belgarum* hieß. Unmittelbar östlich von ihnen siedelten die Atrebaten, deren Name dem eines belgischen Stammes im heutigen Flandern entspricht, und etwas nördlich davon die Catuvellauner, eine Benennung, die derjenigen der *Catalauni* in der *Gallia Belgica* zumindest sehr ähnlich ist. Die Forschung sah in diesen Namensübereinstimmungen schon früh eine Bestätigung von Caesars und Tacitus' Angaben über eine belgische Einwanderung in den Süden der Insel, und ebenso scheinen auch archäologische Entdeckungen in britannischen Gräberfeldern diese Angaben zu untermauern.

Belgische Gräberfelder in Südostbritannien

Mit Beigaben ausgestattete Gräber sind auf den Britischen Inseln sehr viel seltener als auf dem Festland, was mit recht speziellen Bestattungssitten dort zusammenzuhängen scheint. So fanden sich in den Siedlungsgruben von Danebury und anderen britannischen *Hillforts* zwischen den üblichen Siedlungsabfällen immer wieder auch menschliche Skelettreste, die ähnlich wie in Manching und anderen Oppida auf sog. Sekundärbestattungen hin-

„Das Innere Britanniens ist von Stämmen bewohnt, die sich nach ihrer eigenen Überlieferung als Ureinwohner der Insel bezeichnen, das Küstengebiet hingegen von Leuten, die aus Beutegier und Kriegslust aus der Gallia Belgica herüberkamen. Sie tragen fast alle noch die Namen der Völker, denen sie bei ihrer Ankunft in Britannien angehörten. Nach ihren Kriegszügen blieben sie dort und begannen, das Land zu bebauen. Ihre Zahl an Menschen ist riesig, und sie besitzen sehr viele Gehöfte, die wie diejenigen in Gallien aussehen" (Caesar, Bell. Gall. 5,12,1–3).

„Wie bei Barbaren üblich, ist nicht sicher bekannt, welche Menschen Britannien anfangs bewohnten, ob Ureinwohner oder Zugewanderte. [...] Diejenigen Stämme, die den Galliern am nächsten leben, sind ihnen auch am ähnlichsten – sei es, dass die Kraft der Abstammung in ihnen weiterwirkt, sei es, dass das gleiche Klima in den einander gegenüberliegenden Ländern ihnen dasselbe Aussehen gab. Insgesamt darf man jedoch vermuten, dass Gallier die ihnen benachbarte Insel in Besitz genommen haben. Man kann ihre religiösen Gebräuche dort antreffen, [...] und auch die Sprache weist keine großen Unterschiede auf. [...] Mehr Wildheit besitzen jedoch die Britannier, weil noch kein langer Frieden sie verweichlicht hat" (Tacitus, Agricola 11,1–3).

Museumsrekonstruktion eines reichen ‚Belgergrabes' von Welwyn Garden City in Hertfordshire mit mediterranen Weinamphoren (hinten) und einer Vielzahl von Gefäßen. Das Grab ähnelt stark dem auf S. 107 abgebildeten aus Goeblingen-Nospelt in Luxemburg.

DAS VORRÖMISCHE BRITANNIEN

Der kunstvoll mit Ornamenten und Glaseinlagen im inselkeltischen Stil verzierte Bronzeschild von Battersea unweit London (3. bis 1. Jh. v. Chr.). Das prachtvolle Fundstück wurde wie viele andere Prunkwaffen in Britannien aus dem Wasser der Themse und anderer Gewässer geborgen.

DAS VORRÖMISCHE BRITANNIEN

deuten könnten (vgl. S. 124). Und aus den Flüssen und Seen Englands und Irlands wurden zahlreiche zum Teil sehr kostbare Schwerter, Schilde und andere Waffen geborgen, wie man sie auf dem Festland eher in Gräbern erwarten würde. Manche englischen Archäologen vermuten deshalb, dass viele Tote auf den Britischen Inseln nicht in der Erde begraben, sondern verbrannt und anschließend mit ihren wichtigsten Besitztümern in den Flüssen und Seen beigesetzt wurden, so dass es sich bei den dort aufgefundenen Waffen um ihre Jenseitsausstattung handeln könnte (vgl. S. 209).

Zu den wenigen eisenzeitlichen Kulturen Englands, die durch Bestattungen in regulären Gräbern gekennzeichnet sind, gehörte die im Südosten der Insel verbreitete ‚Aylesford-Kultur' (vgl. Karte S. 162), die sich auch in anderer Hinsicht markant von dem damals in Britannien üblichen Kulturgepräge abhob. Benannt wurde sie nach einem 1886 in Kent entdeckten Friedhof, der durchweg Brandbestattungen in Flachgräbern aufwies. Zu den Grabbeigaben zählten neben Schmuck, Rasiermessern und Spiegeln auch Bronzegefäße sowie eine spezielle Art von Mischkübeln aus Holz mit metallenen Zierbändern, die als ‚Aylesford-Eimer' bezeichnet werden.

Zu einer wirklichen Sensation wurde diese Regionalkultur indes, als an mehreren Fundstätten nördlich und östlich von London reiche Adelsgräber zum Vorschein kamen, die mit Importobjekten und kostbaren Statussymbolen vom Festland ausgestattet waren und die auch in ihrer sonstigen Anlage verblüffend ‚kontinental' wirkten. Eines dieser Gräber bei Colchester in Essex enthielt beispielsweise nicht weniger als 24 römische Importgefäße, und ein Grab von Welwyn Garden City in Hertfordshire barg neben Metall- und Holzgefäßen sowie einem Satz gläserner Spielsteine auch fünf mediterrane Weinamphoren – es nimmt sich damit wie ein Abbild des bekannten belgischen Spätlatènegrabes von Goeblingen-Nospelt in Luxemburg aus (vgl. Abb. S. 107).

Barry Cunliffe bezeichnet die Friedhöfe der Aylesford-Kultur daher als „belgisch" und spricht von einem „intrusiven Element" –[45] doch nicht allein in den Bestattungen, sondern auch in anderen Besonderheiten kommt ihr kontinentaler Bezug deutlich zum Ausdruck. So wurde ihre Keramik beispielsweise nicht wie im übrigen Britannien von Hand gefertigt, sondern auf der Töpferscheibe hergestellt, und darüber hinaus ähneln ihre elegant geschwungenen Formen erstaunlich denen der auf dem Festland bis hinunter nach Manching verwendeten spätlatènezeitlichen Flaschen und Töpfe (vgl. Abb. S. 106). Überdies gehörten auch kontinentale belgische Gold- und Silbermünzen, die sich im 1. Jh. v. Chr. massenhaft in Südostengland zu verbreiten begannen, zu diesem belgischen ‚Importpaket', das die von Caesar und Tacitus erwähnte Einwanderung nordgallischer Gruppen – konkret der Belger, der Atrebaten, der Catuvellauner und Trinovanten (vgl. Karte S. 162) – auch archäologisch überzeugend zu untermauern scheint. Allerdings stammen die spektakulärsten Gräber der Aylesford-Kultur erst aus den Jahrzehnten um und nach der Zeitwende, so dass sie nicht von den ursprünglichen Einwanderern, sondern erst von deren Nachfahren angelegt worden sein dürften.

Britannische Wagengräber

Neben der spätlatènezeitlichen Aylesford-Kultur existierte noch eine zweite und deutlich ältere britannische Kulturgruppe, die mit Einwanderern vom Kontinent in Verbindung gebracht wird. Es handelt sich dabei um die sog. Arras-Kultur, die nach einem großen, weit über hundert Gräber umfassenden Friedhof aus dem 4. bis 1. Jh. v. Chr. im ostenglischen Yorkshire benannt ist (vgl. Karte S. 162). Im Gegensatz zu den jüngeren belgischen Gräberfeldern war hier die Körperbestattung unter kleinen Grabhügeln üblich, und obwohl die Arras-Kultur eine relativ eng begrenzte geographische Verbreitung hatte, wurden mittlerweile dennoch zahlreiche Friedhöfe mit vielen hundert Gräbern von ihr entdeckt. Einige der Körperbestattungen waren neben einheimischer Keramik und Schmuck mit vollständigen oder zerlegten zweirädrigen Wagen ausgestattet, wie wir sie auch aus den Adelsgräbern der frühen Latènezeit auf dem Festland kennen (vgl. S. 66 und Abb. S. 166).

In ihrer Bauweise ähneln diese Wagen ihren kontinentalen Vorbildern in erstaunlicher Weise, doch weisen sie auch genügend konstruktive Unterschiede im Detail auf, um eine regionale Eigenentwicklung über mehrere Generationen hinweg erkennen zu lassen. Anders als auf dem Festland waren die Toten der Arras-Kultur zudem oft nicht in ausgestreckter Lage, sondern in Hockerstellung beigesetzt worden und mit nur verhältnismäßig wenigen Grabwaffen ausgestattet. Bemerkenswert sind ferner einige Wagengräber von Frauen, die einmal mehr die vergleichsweise hohe gesellschaftliche Stellung der Frau in der keltischen Welt unterstreichen (vgl. S. 45).

„Man nimmt allgemein an, dass die Arras-Kultur aus einer Bevölkerungsbewegung ins östliche Yorkshire im späten 5. oder frühen 4. Jh. v. Chr. hervorgegangen ist", schreibt Cunliffe zu dem Befund – „anschließend veränderte die lokale Entwicklung diese Kultur, aber noch im 1. Jh. v. Chr. waren ihre auswärtigen Ursprünge deutlich erkennbar."[46] Als Herkunftsgebiet der Einwanderer wird zumeist die Marne-Region östlich von Paris vermutet, wo die mittelgallischen Parisier siedelten, deren Stammesname sich wohl kaum zufällig auch im britannischen Yorkshire bei den Trägern der Arras-Kultur wiederfindet. Legt man diese Indizien zugrunde, so hätten hier also schon 200 bis 300 Jahre vor den Belgern Siedler aus Mittelgallien einen Flecken der Britischen Insel besetzt.

„Als Geld benutzen sie [= die Britannier] Kupfer- und Goldmünzen oder Eisenbarren, die ein festgelegtes Gewicht haben" (Caesar, Bell. Gall. 5,12,4).

DAS VORRÖMISCHE BRITANNIEN

Rekonstruktion einer Wagenbestattung der Arras-Kultur (3. bis 1. Jh. v. Chr.) auf dem Friedhof von Wetwang Slack in Yorkshire. Der Tote wird mit Schild und Schwert auf die abmontierten Räder des Wagens gebettet und mit dem Wagenkasten abgedeckt. Zeichnung von Peter Connolly.

Einwanderung oder kultureller Einfluss?

Lange Zeit war sich die Forschung einig in der Annahme mehrerer zeitlich gestaffelter Einwanderungswellen, die im Ergebnis zu einer allmählichen ‚Keltisierung' der Bevölkerungsgruppen in Britannien geführt hätten. In Anlehnung an einen Entwurf des Prähistorikers Christopher Hawkes, der 1930 neben den beiden erwähnten noch eine dritte Migrationswelle während der Hallstattzeit im 6. Jh. v. Chr. vermutet hatte, spricht man in diesem Zusammenhang auch von der sog. ABC-Theorie.

Seit den 1970er Jahren lehnen indes immer mehr Archäologen derartige Einwanderungsszenarien ab und favorisieren stattdessen das Modell eines allmählichen Kulturwandels, der nicht mit größeren Bevölkerungsverschiebungen verbunden, sondern allein durch Handel, Wanderhandwerker und kulturellen Austausch über den Kanal hinweg verursacht worden sei. Die Wagengräber der Arras- und die ‚belgischen' Bestattungen der Aylesford-Kultur wären nach dieser Theorie also nicht mit leibhaftigen Galliern nach Britannien gekommen, sondern die Inselbewohner hätten sie einfach von den Festlandkelten abgeschaut und in ihre eigene, nichtkeltische Eisenzeitkultur integriert. Und eben weil dies ohne jeglichen Bevölkerungsaustausch und ethnische Verschiebungen geschehen sei, lehnen es etliche Prähistoriker mittlerweile grundsätzlich ab, die britannische und erst recht die irische Kultur als keltisch zu bezeichnen.

In irgendeiner Form müssen die beiden Inseln aber doch keltisch ‚infiziert' worden sein, denn sonst wären weder der dort vorhandene Latènestil noch die keltische Prägung der altbritannischen wie der irischen Sprache erklärbar. Beide Elemente zusammen bildeten eine wichtige Klammer, die die Inselbewohner über alle Unterschiede und Gegensätze hinweg mit den Festlandkelten verband. Und da es sich beim Latènestil und bei der keltischen

Sprache ja nun einmal nicht um irgendwelche Nebensächlichkeiten handelt, sondern um grundlegende Merkmale und Definitionskriterien des historischen Keltentums (vgl. S. 7), ist es nach Meinung der meisten Forscher gerechtfertigt, beide Bevölkerungsgruppen diesseits und jenseits des Kanals gleichermaßen als Kelten zu bezeichnen.

Der Latènestil auf den Britischen Inseln

Der Latènestil ist auf den Britischen Inseln spätestens seit dem 3. Jh. v. Chr. nachweisbar und lebte in Irland noch bis weit ins Mittelalter hinein fort (vgl. S. 219 ff.) – im Süden Irlands und im schottischen Hochland vermochte er allerdings niemals richtig Fuß zu fassen (vgl. Karte S. 162). Er findet sich auf zahlreichen Alltagsobjekten wie etwa Pferdegeschirrteilen, Achsnägeln von Wagen oder Spiegeln, aber auch auf goldenen Schmuckstücken und den erwähnten Prunkwaffen aus den Flüssen und Seen Britanniens und Irlands (vgl. S. 163 ff.). Glich das Insel-Latène zu Beginn noch stark seinen kontinentalen Vorbildern, so gewann es im Laufe der Zeit ein immer stärkeres Eigenprofil und entwickelte sich schließlich zum „schönsten Zweig des Latènestils der späten Eisenzeit", dessen „Meisterwerke die Produkte der Werkstätten auf dem Kontinent weit hinter sich ließen", wie die britischen Archäologen Simon James und Ian Stead hervorheben.[47] Charakteristisch für diese Inselkunst sind in kräftigem Relief aus dem Bronzeuntergrund von Schwertscheiden, Schilden oder Ringen herausgetriebene Muster und Ornamente, die häufig mit rotem Email oder vielfarbigem Glas ausgelegt wurden (vgl. Abb. S. 164) – diese großzügige Anwendung der Einlegetechnik ist eines der hervorstechendsten Merkmale der Latènekunst auf den Britischen Inseln. Ebenso typisch sind aber auch fein eingepunzte Muster in Zirkelornamentik mit filigranen Schraffuren und raffinierten Schattierungseffekten, wie sie sich beispielsweise auf dem berühmten Spiegel von Desborough und rund zwei Dutzend ähnlicher Exemplare in meisterhafter Ausführung finden. Der ornamentale Formenschatz reichte dabei von pflanzlich inspirierten Ranken- und Palmettenmustern über Kurven- und Spiralformen, wie sie auch auf dem Festland üblich waren, bis hin zu eingewölbten Dreiecken und Dreiwirbeln (Triskelen), die sich besonderer Beliebtheit erfreuten. In der späteren mittelalterlichen Inselkunst Irlands vermischten sich diese latènoiden Formen dann mit germanischen Tierstil- und Flechtwerkornamenten zu einem völlig neuen und einzigartigen christlich-keltischen Zierstil (vgl. S. 219 ff.).

Die inselkeltischen Sprachen

Das oben bereits erwähnte zweite ‚keltische' Merkmal der eisenzeitlichen Bewohner Britanniens und Irlands waren ihre Sprachen, die schon im 18. Jh. als eindeutig keltisch erkannt wurden. Anders als im Fall der antiken festlandkeltischen Idiome, die schon im Mittelalter nirgends mehr gesprochen wurden und uns daher nur aus zumeist kurzen Inschriften sowie Orts- und Personennamen bekannt sind (vgl. S. 8), schrieb man im Mittelalter eine Fülle von epischen Erzählungen, Legenden und Gesetzestexten in diesen inselkeltischen Sprachen nieder (vgl. S. 218 f.). Zum Teil werden sie auch heute noch gesprochen, so dass es sich zumindest partiell um noch ‚lebende' Sprachen handelt (vgl. S. 224 f. und Karte S. 168). Sie teilen sich in einen sog. gälischen (oder ‚q-keltischen') Zweig, zu dem das Irische, das Schottische und das ausgestorbene Manx auf der Isle of Man gehören, und einen britannischen (oder ‚p-keltischen') Zweig, der neben dem antiken Britannisch auch das Walisische, das Bretonische und das ausgestorbene Kornisch in Cornwall umfasst. Die Unterschiede zwischen diesen insel-

„Man sagt, dass die Barbaren, die [auf den Inseln] im Ozean leben, diese Farben auf erhitzte Bronze gießen und dass sie dort haften bleiben. Sie werden so hart wie Stein und bewahren auf diese Weise die aus ihnen geformten Motive" (Philostratus über die Emaillierungstechnik der Inselkelten).

Der mit sorgfältig eingravierten Latènemustern verzierte Bronzespiegel von Desborough in Mittelengland (1. Jh. v. Chr.) ist der schönste von rund zwanzig in ähnlicher Weise geschmückten keltischen Spiegeln aus Britannien.

DAS VORRÖMISCHE BRITANNIEN

» „Auch die Sprache weist keine großen Unterschiede auf" (Tacitus, Agricola 11, über die Britannier und Gallier).

und den festlandkeltischen Sprachen waren und sind durchaus erheblich – dennoch gehören sie alle einer großen keltischen Sprachfamilie an, die sich markant von der germanischen, der romanischen und den anderen Sprachgruppen Europas abhebt. Die Zusammengehörigkeit ist selbst für den Laien durchaus gut nachvollziehbar – beispielsweise findet sich die antike keltische Wortendung *-dunum* (= ‚Festung') gleichermaßen auf dem Festland wie in Britannien (*Cambodunum* = Kempten; *Camulodunum* = Colchester).

Stellt man diese grundlegenden Gemeinsamkeiten in Sprache und Kultur in Rechnung, so lassen sich die antiken Britannier und Iren sicher mit zumindest der gleichen Berechtigung als Kelten charakterisieren, wie wir die noch unterschiedlicheren und stärker untereinander zerstrittenen Ureinwohner Nordamerikas generell als ‚Indianer' bezeichnen oder Juden und Araber unter der Bezeichnung ‚Semiten' zusammenfassen. Ausschlaggebend ist in all diesen Fällen keineswegs eine – zumeist eben nicht vorhandene – einheitliche Lebensweise, gemeinsame politische Organisation oder ein subjektives Zusammengehörigkeitsgefühl, sondern vielmehr die objektive sprachliche und kulturelle Verwandtschaft der so bezeichneten Völker und ethnischen Gruppen. Eine solche bestand ohne Zweifel auch zwischen den Festland- und den Inselkelten, und dieses Urteil fällt sogar noch eindeutiger aus, wenn man ihre geistig-religiöse Kultur in die Betrachtung mit einbezieht, die ihren markantesten Ausdruck im pankeltischen Druidentum gefunden hat.

Die Verbreitung der keltischen Sprachen in der Antike und heute. Von den einst den halben Kontinent und die Britischen Inseln beherrschenden Idiomen sind heute nurmehr kleine Sprachinseln in Nordwesteuropa verblieben.

DAS VORRÖMISCHE BRITANNIEN

BRITANNIEN UND DIE KELTISCHE RELIGION

Wie bereits erwähnt (vgl. S. 131), stammte die Lehre der Druiden nach Caesar ursprünglich von der Britischen Insel, weshalb noch zu seiner Zeit „alle, die tiefer in sie eindringen wollen, zumeist nach Britannien [reisen]" (Bell. Gall. 6,13,10–12). Diese Angabe wird heute zwar von vielen Forschern skeptisch beurteilt, weil man die Ursprünge des Druidentums auf dem Festland mittlerweile bis ins 3. Jh. v. Chr. zurückverfolgen zu können glaubt – unzweifelhaft spielten die keltischen Priesterweisen aber auch im gesellschaftlichen und religiösen Leben der antiken Britannier eine zentrale Rolle und bildeten damit ein weiteres wichtiges Bindeglied zwischen ihnen und den Kelten auf dem Festland.

Stonehenge – ein Druidentempel?

In der romantischen Vorstellung des 18. und 19. Jhs. wurden unvermeidlich auch die zahlreichen Megalithanlagen der Jungsteinzeit und der Bronzezeit in England und Irland mit den Druiden in Verbindung gebracht – vor allem der imposante Steinkreis von Stonehenge im südenglischen Wiltshire, das wohl berühmteste vorgeschichtliche Denkmal Europas überhaupt. Im Jahr 1740 veröffentlichte William Stukeley, der Sekretär der damals neu gegründeten Society of Antiquities of London, ein Traktat mit dem Titel „Stonehenge – a Temple Restor'd to the British Druids", und seither war die These vom megalithischen ‚Druidentempel' gang und gäbe. Man stellte sich große keltische Kultfeiern in Stonehenge vor, bei denen die mit sakralen Symbolen und Bannern geschmückten Megalithpfeiler und torähnlichen ‚Trilithen' der Megalithanlage einst als Kulisse keltischer Opferriten dienten. Und im Jahr 1792 entstanden in London die beiden ersten neuzeitlichen Druidenorden, die in der Folgezeit solche ‚keltischen' Kultzeremonien mit viel Brimborium vor Ort nachfeierten.

Es ist völlig berechtigt, wenn die Fachwissenschaftler angesichts solcher Blüten einer wild wuchernden ‚Keltomanie' (vgl. S. 158) immer wieder darauf hinweisen, dass

„Auch ihre religiösen Gebräuche sind dort anzutreffen" (Tacitus, Agricola 11, über die Festlandgallier und Britannien).

‚Das Fest der Briten in Stonehenge' – imaginäre Druidenfeier auf einem Gemälde von Robert Havell aus dem Jahr 1815.

die archäologisch belegten Bau- und Umbauphasen von Stonehenge durchweg aus der Jungsteinzeit und Bronzezeit zwischen etwa 3000 und 1000 v. Chr. stammen und damit wesentlich älter sind als das erste Erscheinen der Kelten irgendwo in Europa. Allerdings schließt diese notwendige und völlig zutreffende Feststellung natürlich die Möglichkeit nicht aus, dass das imposante und die Phantasie der Menschen bis heute beflügelnde Denkmal auch schon von den eisenzeitlichen Briten als etwas Besonderes wahrgenommen und entweder furchtsam gemieden oder aber für eigene Zwecke genutzt wurde. Ähnlich verhält es sich beispielsweise auch mit den vorgeschichtlichen Großsteingräbern in Irland, die noch bis ins frühe 20. Jh. hinein im Volksglauben als Wohnstätten von Elfen und Feen sowie als Zugänge zur Unterwelt galten (vgl. S. 219); und wenn sich noch heute in Stonehenge alljährlich zigtausende Zuschauer und Esoterikbegeisterte zur Sommersonnenwende am 21. Juni versammeln, dann wäre es sicherlich vermessen, anzunehmen, dass der gewaltige Steinkreis die antiken Briten und ihre Druiden völlig unbeeindruckt ließ. Doch abgesehen von einigen Keramikscherben existieren keine weiteren archäologischen Zeugnisse, die seine Nutzung in keltischer Zeit belegen, und so muss die Sache letztlich eine Angelegenheit der Spekulation bleiben. Im 3. Jh. v. Chr. erwähnte allerdings der griechische Gelehrte Hekataios von Abdera einen Rundtempel auf einer Insel im Ozean, im Lande der Kelten, worin manche Forscher einen Hinweis auf Stonehenge sehen.

‚Druidenkronen'

Einen etwas handfesteren archäologischen Hinweis auf das britannische Druidentum geben mehrere offenbar zeremonielle Kopfbedeckungen, die in England und Irland gefunden wurden. Ihr ältestes Exemplar ist eine aus Stirn- und Scheitelband bestehende ‚Bronzekrone', die in einem Männergrab aus dem 2. Jh. v. Chr. bei Deal in der Grafschaft Kent entdeckt wurde. Zwar könnte es sich bei ihr im Prinzip auch um ein Herrschaftsabzeichen oder eine profane Kopfbedeckung wie etwa einen Helm gehandelt haben, doch sind aus römerzeitlichen Tempeln in Britannien fast ein Dutzend ähnlicher Metallkronen bekannt, die nach ihrem Fundzusammenhang ganz offensichtlich als sakrale Kopfbedeckungen dienten. Sechs solcher ‚Priesterkronen', die in einem britannisch-römischen Tempel in Hockwold-cum-Wilton in Norfolk entdeckt wurden, ließen sich sogar in ihrer Breite verstellen und damit verschiedenen Kopfgrößen anpassen; in Cavenham in Suffolk kamen drei weitere ähnliche Stücke zutage. Auch aus Irland kennt man zwei derartige priesterliche Kopfbedeckungen, von denen die eine – die sog. Petrie-Krone aus dem 2. Jh. n. Chr. – mit kunstvoll ornamentierten Scheiben und Hörnern versehen war, so dass ihr Träger nach den Worten des Wiener Keltologen Helmut Birkhan vermutlich „ein behörntes Wesen repräsentieren"[48] sollte. Darüber hinaus sind aus britannischen Tempeln der Römerzeit auch verschiedene anscheinend sakrale Würdestäbe und Zepter bekannt, wie sie in vergleichbarer Art auf dem Kontinent nicht vorkommen. Daher dürfte das religiöse Zeremoniell auf den Britischen Inseln tatsächlich eine ganz besondere Rolle gespielt haben, wobei in der Römerzeit sicherlich die älteren, einheimisch-keltischen Traditionen fortgesetzt wurden.

Ein Tropaion im See?

Nicht zuletzt hatte bei den antiken Britanniern auch die traditionelle keltische Sitte des Sachgutopfers (vgl. S. 126 f.) einen hohen Stellenwert. Ein anschauliches Beispiel dafür liefern die Funde aus dem Moorsee von Llyn Cerrig Bach auf der nördlich von Wales gelegenen Insel Anglesey, wo man 1942 beim Bau eines Luftwaffenstützpunkts auf rund 150 Bronze- und Eisengegenstände stieß, die zwischen etwa 150 v. Chr. und 60 n. Chr. im See

Herrschaftsabzeichen, Helm oder ‚Druidenkrone'? Schädel mit bronzener Kopfbedeckung aus einem Männergrab bei Deal in Kent (2. Jh. v. Chr.).

Kunstvoll gefertigte Goldhalsringe in einem Erddepot bei Snettisham in Südostengland (1. Jh. v. Chr.).

versenkt worden waren. Es handelt sich um Metallbeschläge von über einem Dutzend Streitwagen sowie um Pferdezaumzeuge, Waffen, eiserne Sklavenketten und Teile einer Kriegstrompete (*Carnyx*), wie sie mehrfach auf den Britischen Inseln aufgefunden wurden. Angesichts der deutlich ‚militärischen' Färbung dieser Opferobjekte liegt der Gedanke nahe, dass es sich um ein Kriegsheiligtum (*Tropaion*) ähnlich dem im französischen Gournay-sur-Aronde (vgl. S. 120 ff.) oder dem im schweizerischen La Tène (vgl. S. 10 ff.) gehandelt haben könnte. Derartige Funde von Schwertern, Schilden und Helmen aus Flüssen und Seen stellen auf den Britischen Inseln wie erwähnt ja durchaus keine Seltenheit dar und scheinen entweder Gewässergottheiten geopfert oder als ‚Selbstausstattung für das Jenseits' im Wasser versenkt worden zu sein (vgl. S. 209).

Die vergrabenen Schätze von Snettisham

Die mit Abstand kostbarsten und reichsten Deponierungen von Sachgütern auf der Britischen Insel hat aber der kleine Ort Snettisham 60 km nördlich von Norwich an der englischen Südostküste geliefert. Als dort 1948 auf einem Acker zum ersten Mal Gerste statt Lavendel angepflanzt und deshalb der Boden 30 cm statt wie bis dahin nur 18 cm tief gepflügt wurde, kamen bereits am ersten Tag mehrere aus einzelnen Goldsträngen gedrehte Halsbänder zum Vorschein. Die Landarbeiter hielten sie zunächst für Teile eines alten Messingbettes und ließen sie deshalb tagelang unbeachtet am Feldrand liegen, bevor man ihre wahre Bedeutung erkannte. Bis 1964 und dann wieder ab 1990 kamen auf dem ‚Goldfeld' von Snettisham, wie es seither genannt wird, insgesamt zwölf

BRITANNIEN UND DIE KELTISCHE RELIGION

Stilisierte Gesichtsdarstellung im charakteristischen Latènestil auf einem Goldhalsring von Snettisham (1. Jh. v. Chr.).

Edelmetallhorte auf einer Fläche von ungefähr 1 ha zutage, die sorgfältig in kleinen Erdgruben deponiert worden waren. Sie enthielten zusammen 75 vollständige und rund 100 fragmentierte Halsringe (*Torques*) aus Gold, Silber und Bronze, daneben 234 meist aus Gallien importierte keltische Münzen und mehr als 100 Ringbarren. Das Gesamtgewicht dieser Funde beträgt etwa 40 kg, wovon allein die 1990 und 1991 geborgenen Objekte einen Anteil von 11 kg Gold und 16 kg Silber ausmachen. Nach den Worten des Ausgräbers Ian M. Stead vom British Museum in London handelt es sich bei dem Schatzfund von Snettisham um „die größte eisenzeitliche Gold- und Silberdeponierung Englands, ja sogar Europas".[49]

Den Münzen und reichen Halsringdekors im spätkeltischen Stil nach zu urteilen, dürfte er zwischen etwa 70 und 50 v. Chr. in den Boden gekommen sein, wobei nicht alle Horte gleichzeitig vergraben worden sein müssen. Aus welchem Grund das aber überhaupt geschah, darüber tappen die Archäologen bis heute weitgehend im Dunkeln. Im Gegensatz zu Quellen, die dem Schoß der Erde entströmen, oder hoch aufragenden Bergen (vgl. S. 126) ist nämlich zumindest für den heutigen Betrachter keinerlei topographische Besonderheit erkennbar, die den unscheinbaren Lavendel- und Getreideacker als heiligen Ort und Opferstätte qualifiziert haben könnte. Auch gibt es keinerlei Anhaltspunkte, die für eine über viele Jahrhunderte hinweg reichende Kulttradition sprechen würden, wie sie beispielsweise am Heidentor bei Egesheim in Württemberg nachgewiesen ist (vgl. S. 127). Dass es sich bei den Deponierungen in Snettisham um rein profane Versteck- und Verwahrfunde handelt, erscheint indes ebenso wenig plausibel, denn es wäre nicht nur höchst ungeschickt, sondern geradezu fahrlässig, solche Vermögensdepots in derart großer Zahl ausgerechnet auf einer so kleinen Fläche dicht beieinander zu vergraben, hätten doch Plünderer damit ein leichtes Spiel gehabt. Zudem ließe sich bei reinen Verwahrfunden auch kaum erklären, weshalb sie von ihren Besitzern oder deren Nachkommen nicht wieder geborgen wurden, sondern bis heute im Boden verblieben. Alles in allem sprechen die Befunde und Überlegungen also doch eher für die Vermutung, dass es sich um eine jener heiligen Stätten handelt, wo die Kelten „Gold- und Silberbarren versenkten" und „Geschenke weihten", an denen „keiner zu rühren wagte", wie Strabon um die Zeitwende herum schrieb (vgl. S. 126). Zu dieser Deutung würde auch der Umstand passen, dass kostbare Halsringe aus Edelmetall und Münzen auch bei den Festlandkelten ein geradezu ‚klassisches' Opfergut bildeten, wie der Schatzfund von Erstfeld in der Schweiz und zahlreiche andere zeigen (vgl. S. 125). Schließlich entdeckten die Archäologen in Snettisham jüngst auch eine polygonale Grabenanlage von 8 ha Größe, die 150 Jahre nach den Schatzdeponierungen in römischer Zeit (um 80 n. Chr.) um das ‚Goldfeld' herum angelegt wurde und mit keinerlei Baubefunden verknüpft ist. „Möglicherweise umschloss diese Anlage einen sakralen Raum oder den Versammlungsort eines Stammes", wie Stead schreibt,[50] und weist somit doch auf eine länger andauernde Kulttradition an dem Ort hin.

Neben diesem einzigartigen Gold- und Silberschatz ist uns von den britannischen Kelten aber auch einer der wenigen überzeugenden archäologischen Belege für die keltischen Menschenopfer überliefert (vgl. S. 119 ff.), die von den antiken Autoren so stark hervorgehoben wurden. Der entsprechende Fund wurde vor etwa 25 Jahren geborgen und sorgt bis heute für rege Diskussionen in der Fachwelt.

Der Lindow Man – ein druidisches Menschenopfer?

Im August 1984 entdeckten Arbeiter im Torfmoor von Lindow Moss nahe der mittelenglischen Stadt Manchester den ‚mit Haut und Haaren' erhaltenen Torso eines etwa 25 bis 30 Jahre alten Mannes, der unter dem Spitznamen ‚Pete Marsh' (nach engl. *peat* = Torf und *marsh* = Sumpf) in den Medien rasch Schlagzeilen machte. Die Moorleiche stammt nämlich, wie Radiokarbondatierungen ergaben, aus der Zeit zwischen 2 v. und 129 n. Chr., und zudem wurde bei ihrer genauen gerichtsmedizinischen Untersuchung eine Reihe auffälliger körperlicher Defekte festgestellt. So zeigten Verletzungen auf der Schädeldecke des Mannes, dass er mindestens zwei wuchtige Schläge mit einer Axt auf den Kopf erhalten hatte, die seinen Ober- und Unterkiefer so stark aufeinanderschmetterten, dass ein Backenzahn ausbrach. Sein Genick war zwischen dem dritten und vierten Halswirbel gebrochen worden und zwar nach Vermutung der Gerichtsmediziner mit einer um seinen Hals aufgefundenen Schlinge, die zusammen mit einem nicht nachgewiesenen Stock als

Die 1984 unweit von Manchester in Mittelengland geborgene Moorleiche des sog. Lindow Man in Fundlage.

Römische Legionäre gegen britannische Priesterheilige – die Eroberung der ‚Druideninsel' Anglesey nördlich von Wales im Jahr 60 n.Chr. in einer phantasievollen Darstellung.

‚Würgeschraube' (Garrotte) gedient haben könnte. Schließlich weist eine 6 cm lange Stichwunde an seinem Hals darauf hin, dass man ihm zu guter Letzt auch noch die Halsvene durchschnitten hatte. Damit stand – nach der Rekonstruktion der Forensiker – fest, dass der Lindow Man vor etwa 2000 Jahren zunächst erschlagen, dann stranguliert und schließlich auch noch erstochen worden war – ein ‚dreifacher Tod', wie er bemerkenswerterweise auch in inselkeltischen Sagen des Mittelalters in rituellem Zusammenhang erwähnt wird. Und da die antiken Autoren zudem wiederholt über den unterschiedlichen Vollzug keltischer Menschenopfer für verschiedene Gottheiten berichteten (vgl. S. 119), liegt der Gedanke nahe, dass der ‚dreifache Tod' des Lindow Man drei unterschiedliche keltische Götter gnädig stimmen sollte – ein religiös motiviertes Menschenopfer also.

Weitere Details schienen sich stimmig in dieses Bild einzufügen. So besaß der Tote beispielsweise auffallend gepflegte Fingernägel und Haare, so dass es sich wahrscheinlich um einen Angehörigen der gesellschaftlichen Oberschicht handelte, und in seinem Magen fanden sich Spuren von Mistelpollen, was die Frage aufwirft, ob er nicht möglicherweise sogar ein Druide gewesen sein könnte. Seine letzte Mahlzeit bestand nach den medizinischen Untersuchungen aus ein wenig geröstetem Brot, was mit einer inselkeltischen Überlieferung korrespondiert, nach der die bei keltischen Riten geopferten Menschen durch Losentscheid bestimmt wurden, indem sie ein Stück verbrannten Brotes zogen.

Allerdings blieb diese kultische Deutung nicht unwidersprochen. Kritische Archäologen wiesen darauf hin, dass es sich bei der mutmaßlichen Erdrosselungsschnur ebenso gut um den Bändel eines nicht aufgefundenen Schmuckanhängers handeln könne, während die erwähnten Verletzungen am Hals auch durch Verlagerung des Leichnams im Moor entstanden und die wenigen Mistelpollen zufällig in den Magen des Mannes gelangt sein könnten. Beim Lindow Man hätte es sich nach dieser Interpretation also mit anderen Worten um ein ganz ‚normales' Mordopfer gehandelt. Doch wie dem auch immer sei, sein genaues Schicksal wird sich – ganz ähnlich dem der über tausend anderen aus Nordeuropa bekannten Moorleichen – wohl letztlich niemals mit völliger Sicherheit erschließen lassen. Außergewöhnliche Befunde wie eine Schlinge um den Hals oder Messerstiche in der Kehle kommen auch bei anderen Moorleichen wie dem sog. Tollund-Mann aus Dänemark oder dem Jungen von Kayhausen allerdings zu häufig vor,[51] um sie als reine Fehlinterpretationen abzutun, und sollte der Lindow Man tatsächlich durch eine gezielte ‚Mehrfachtötung' oder einen *overkill* ums Leben gekommen sein, dann erscheint ein religiöses Menschenopfer wohl doch am wahrscheinlichsten.

Von Bedeutung ist in diesem Zusammenhang auch, dass im Lindow-Moor während der 1980er Jahre noch die Reste zweier weiterer Moorleichen aus dem Altertum gefunden wurden, nämlich der Kopf einer wahrscheinlich enthaupteten 40-jährigen Frau sowie verschiedene Körperteile eines Mannes, der an einer Hand zwei Daumen hatte. Den Kohlenstoffdatierungen zufolge starben beide ebenso wie der Lindow Man während der ersten beiden Jahrhunderte nach Christi Geburt und damit in jener Ära, in der Britannien Teil des Römischen Reiches wurde. Diese Einverleibung ging, wie wir noch sehen werden, nicht ohne heftige Kämpfe und militärische Gewalt vonstatten, und nicht zuletzt berichtet ja auch Caesar darüber, dass keltische Menschenopfer vorwiegend in Perioden von „Krieg und Gefahr" stattfanden (Bell. Gall. 6,16; vgl. S. 119).

Ende einer Druidenfestung

Nimmt man genau die Mitte der für den Lindow Man naturwissenschaftlich ermittelten Datenspanne (2 v. Chr. bis 129 n. Chr.), so kommt man auf die Jahre um 60 n. Chr., als in Britannien heftige Kämpfe tobten und der römische Statthalter Paulinus Suetonius einen großen Feldzug gegen die nördlich von Wales gelegene Insel Mona (heute Anglesey) – eine Druidenhochburg und ein Zentrum des antirömischen Widerstands – unternahm. Dieser Zusammenhang ist wahrscheinlich kein Zufall, denn im Gegensatz zur britannischen und gallischen Aristokratie, die nur allzu gern dazu bereit war, das Knie vor fremden Eroberern zu beugen, wenn sie sich davon materielle oder politische Vorteile versprach (vgl. S. 151 und 181), waren die Druiden als vorwiegend religiöse Elite sehr viel ‚fundamentalistischer' und unnachgiebiger eingestellt. Sie verstanden sich als Bewahrer der keltischen Kultur und ihres geistigen Erbes und bildeten daher das eigentliche Rückgrat des Widerstands gegen die mittelmeerische Imperialmacht. Als einzige stammesübergreifende Kraft innerhalb der zerstrittenen keltischen Völkerschaften waren vermutlich auch sie allein dazu in der Lage, die internen Zwistigkeiten zu überwinden und den Widerstand überregional wirksam zu organisieren. Vor diesem Hintergrund kann es kaum verwundern, dass die römische Besatzungsmacht, die sich in religiösen Fragen ansonsten eher tolerant und flexibel verhielt (vgl. S. 153 und 191 f.), die Druiden abgrundtief hasste und alles nur Erdenkliche unternahm, um sie und damit das Herz des keltisch-britannischen Widerstands möglichst rasch und restlos auszutilgen. Diesem Ziel diente auch besagter Feldzug des Paulinus Suetonius gegen die ‚Druideninsel' Mona im Jahr 60 n. Chr., bei dem sich dramatische Szenen abgespielt haben müssen (vgl. Zitat Randspalte).

Nicht wenige britische Archäologen möchten heute auch den Tod des Lindow Man und der anderen 2000 Jahre alten Leichen in dem 150 km östlich von Anglesey gelegenen Moor mit diesen Ereignissen in Verbindung bringen, so dass mittlerweile nicht mehr nur über ein mögliches ‚freiwilliges' Druidenopfer in Lindow Moss spekuliert wird, sondern auch über eventuell den Göttern geopferte Kriegsgefangene oder Geiseln aus den Reihen der Römer oder ihrer britannischen Verbündeten (vgl. S. 181). Doch solange sich solche Überlegungen nicht durch DNA-Analysen oder andere naturwissenschaftliche Methoden stichhaltig überprüfen lassen, bleiben sie reine Spekulation. Allerdings geht man sicherlich nicht fehl in der Annahme, dass eine derartige Intensivierung und Radikalisierung der religiösen Rituale letztlich aus kulturell-gesellschaftlichem ‚Stress' resultierte, und daran lässt sich auch ermessen, wie einschneidend die römische Unterwerfung für die Kelten Britanniens gewesen sein muss und in welch tiefe Krise sie diese Völkerschaften stürzte. Doch wie kam es überhaupt zu der bewaffneten Konfrontation zwischen den beiden so unterschiedlichen und durch eine Wasserstraße von 40 bis 150 km Breite voneinander getrennten Welten? Dieser Frage und damit der Eroberungsgeschichte Britanniens wollen wir uns im nachfolgenden Kapitel ausführlicher zuwenden.

> „Paulinus Suetonius [...] rüstete sich daher, die stark bevölkerte und als Zufluchtsstätte für Überläufer dienende Insel Mona anzugreifen. [...] Am anderen Ufer stand schon die feindliche Schlachtordnung, eine dichte Reihe bewaffneter Männer. Dazwischen liefen Frauen mit offenem Haar und in schwarzen Gewändern, die Fackeln in ihren Händen trugen, wie Rachegöttinnen umher. Überall stießen Druiden mit zum Himmel gereckten Armen die fürchterlichsten Verwünschungen aus. Dieser ungewöhnliche Anblick verwirrte unsere Soldaten zunächst, [...] doch dann ermahnten sie sich gegenseitig, nicht vor einer Schar von Weibern und Verrückten zurückzuschrecken. Sie griffen an, streckten die Gegner nieder und trieben sie in das Feuer ihrer eigenen Fackeln. [...] Später vernichtete man auch die für grauenhafte Kulthandlungen benutzten Haine, denn sie hielten es für ihr heiliges Recht, auf Opferaltären das Blut der Gefangenen zu vergießen und aus menschlichen Eingeweiden den Willen der Götter zu lesen" (Tacitus, Annalen 14,29–30).

UNTERWERFUNG UND WIDERSTAND – DIE RÖMISCHE EROBERUNG BRITANNIENS

> „Als Erster wagte sich Caesar mit einer Kriegsflotte auf den westlichen Ozean hinaus und setzte [...] zu einer Insel über, an die man wegen ihrer Größe nicht glauben wollte, so dass zahlreiche Gelehrte sich deshalb bitter befehdeten. Sie existiere nicht und habe nie existiert, wurde behauptet, und Name wie Kunde von ihr seien erfunden" (Plutarch, Caesar 23,2–3).

> „Nachdem Caesar alles zu Lande und zu Wasser durchzogen hatte, richtete er sein Auge auf den Ozean und dachte, wie wenn diese Welt den Römern nicht reiche, an eine andere" (Florus 1,45,16).

Für die frühen Geographen war Britannien nach den Worten des englischen Althistorikers Malcolm Todd „ein Land von unbekannter Größe, von Nebeln umhüllt und jenseits eines unsicheren Meeres",[52] und auch für die Römer blieb es lange Zeit ein *alter orbis*, ein fremder Weltkreis, den man nur vom Hörensagen her kannte und dem allerlei sagenhafte Dinge zugeschrieben wurden. Noch 52 v. Chr. behauptete Caesar in seinem *Bellum Gallicum* (4,20,3-4), er habe trotz intensiver Nachforschungen nicht in Erfahrung bringen können, „wie groß die Insel ist, was für Stämme sie bewohnen [...] und welche Einrichtungen diese besitzen", weil „außer Kaufleuten niemand ohne zwingenden Grund nach Britannien übersetzt; selbst diese kennen aber nur die Meeresküste und die Gallien unmittelbar gegenüberliegenden Gegenden". Vielleicht verheimlichten die gallischen Händler dem römischen Feldherrn ihr durchaus vorhandenes Wissen aber auch nur, denn Caesar selbst betonte ja an anderer Stelle die ausgesprochen engen Verflechtungen zwischen den Keltenstämmen beiderseits des Kanals. Die aktive Hilfe, die die Britannier den Festlandkelten während des Gallischen Krieges leisteten (vgl. S. 162), war für den Feldherrn jedenfalls Anlass genug, 55/54 v. Chr. selbst nach Britannien überzusetzen, um die Inselbewohner in ihre Schranken zu weisen und für ihre Kriegsbeteiligung zu bestrafen (vgl. S. 145). Dazu kam aber sicherlich in gleichem Maße auch der Wunsch, die Insel einmal näher in Augenschein zu nehmen und Genaueres über sie in Erfahrung zu bringen (Bell. Gall. 4,20-38 und 5,1-23).

Caesars Exkursion nach Britannien

Ein solch wagemutiges Unterfangen glich nach den Worten des Historikers Jörg Dauner einer „antiken Mondlandung" und sorgte deshalb allenthalben in Rom für ungläubiges Staunen und für überschwängliche Kriegs- und Abenteuerbegeisterung. Unterm Strich verlief die Exkursion nach Britannien für Caesar jedoch nur begrenzt erfolgreich, denn unerwartete Stürme und Springfluten setzten seinem aus mehreren Legionen und über 800 Schiffen bestehenden Expeditionsheer (Bell. Gall. 5,2,2 und 8,6) heftig zu (Bell. Gall. 4,29 und 5,10-11), und darüber hinaus kamen die Truppen auch mit der vom Festland her ungewohnten Streitwagen-Kampftechnik der Britannierstämme (vgl. S. 158) nicht gut zurecht (Bell. Gall. 4,23 ff. und 5,16). So zog sich der Feldherr nach einer Reihe militärischer Scharmützel und Zusammenstöße mit den britannischen Heeren, bei denen er nur mit Mühe die Oberhand behielt, 54 v. Chr. mit der Begründung, er habe seine Ziele erreicht, wieder von der Insel zurück. Nicht wenige Historiker vermuten freilich, dass Caesar in Wahrheit bereits eine Eroberung zumindest von Teilen Britanniens anstrebte und dieses Ziel nur deshalb nachträglich kaschierte, weil er es militärisch nicht zu erreichen vermochte. „Viel peinlicher als eine eventuelle Erhebung über das Völkerrecht war ihm sein Misserfolg im Krieg", schreibt Dauner dazu, denn „Caesar hatte sich mit Britannien einfach ein wenig übernommen".[53]

Friedliche Beziehungen

Nach diesen ersten von Caesar geleiteten Erkundungen blieb die Insel zunächst für fast hundert Jahre von weiteren römischen Angriffen verschont, obwohl den Kaisern Augustus (27 v. Chr. bis 14 n. Chr.) und Caligula (37 bis 41 n. Chr.) durchaus entsprechende Ambitionen nachgesagt werden. Stattdessen entfaltete sich in dieser Zeit ein reger Handels- und Wirtschaftsverkehr zwischen Britannien und dem nun von den Römern besetzten Gallien. Besonders die Stämme im Süden der Insel importierten in beträchtlichen Mengen mediterranen Wein und Olivenöl, Fischsoße aus Spanien und Tafelgeschirr aus Gallien und Italien im Austausch gegen britannische Naturprodukte, Metalle und vermutlich auch Sklaven. Neben den traditionell intensiven Handelsbeziehungen zwischen der Bretagne und Cornwall (vgl. S. 157) scheint auch eine weitere wichtige Handelsroute zwischen der Normandie und Dorset entstanden zu sein, bei der die keltische Siedlung Hengistbury Head an der Südküste nahe dem heutigen Bournemouth offenbar als zentraler Handelsort fungierte. Doch auch die belgischen Stämme im Südosten Britanniens müssen aktiv an diesem Handel mit dem Festland beteiligt gewesen sein, denn in ihrem Gebiet konzentrieren sich die erwähnten vom Kontinent stammenden Münzen und die Prunkgräber der Aylesford-Welwyn-Kultur mit ihren reichen römischen Importbeigaben (vgl.

Legionäre auf einem römischen Kriegsschiff. Die Überfahrt über den Ärmelkanal nach Britannien war für die römischen Eroberer eine erhebliche seefahrtstechnische und logistische Herausforderung.

S. 163). Die Beziehungen einiger britannischer Herrscher mit Rom scheinen so weit gegangen zu sein, dass sie sich „durch Gesandtschaften und Huldigungen die Freundschaft des Kaisers Augustus erwarben, auf dem Kapitol [in Rom] Weihegeschenke darbrachten und fast die ganze Insel den Römern geneigt machten", wie Strabon (Geographie 4,5,3) um die Zeitwende herum schrieb.

Eroberungsmotive

Obwohl Rom von diesen friedlichen Beziehungen durchaus profitierte, beauftragte Kaiser Claudius (41 bis 54 n. Chr.) im Jahr 43 n. Chr. den Senator und Militärführer Aulus Plautius mit der Eroberung Britanniens. Die ältere Forschung vermutete dahinter zumeist wirtschaftliche Gründe, vor allem die Aneignung der reichen Zinnlagerstätten Cornwalls (vgl. S. 157) sowie anderer Metallvorkommen auf der Insel, galt doch Britannien in Rom seit alters her wegen der dort beginnenden ‚Zinnstraßen' (vgl. S. 38 f.) als überaus reich an Bodenschätzen. Indes hatte bereits Caesars erster Aufenthalt auf der Insel gezeigt, dass die erhofften Gold- und Silberschätze – abgesehen von einigen begrenzten Edelmetall- und Bleivorkommen – dort kaum zu finden sein würden (vgl. Zitate Randspalte). Der griechische Gelehrte Plutarch urteilte deshalb im 1. Jh. n. Chr. ganz pauschal, dass dieses „armselige, kümmerlich lebende Volk nichts besaß, das sich mitzunehmen gelohnt hätte" (Plutarch, Caesar 23,3), während Tacitus etwa um dieselbe Zeit immerhin schrieb: „Britannien liefert auch Gold, Silber und andere Metalle als Lohn für unseren Sieg" (Agricola 12,6).

Rein machtpolitisch blieb die Insel in jedem Fall eine „Verlegenheit", wie der Historiker Theodor Mommsen im 19. Jh. schrieb,[54] denn Britannien hatte sich nach den Worten des Geschichtsautors Gerhard Herm „in den Jahren seit Caesars Expedition zu einem Stachel im Fleisch des römischen Gallien entwickelt. Britannische Seeräuber störten nach Kräften die Schiffahrt entlang der französischen Küste und unterstützten festländische Maquisards [= Widerstandskämpfer]"[55]. Außerdem sammelten sich in Rom immer mehr rachedürstige Emigranten von der Insel, die in den zahllosen Machtkämpfen und Auseinandersetzungen zwischen den dortigen Stämmen und Herrscherhäusern (vgl. S. 181) den Kürzeren gezogen hatten und nun die Römer zur Intervention in Britannien zu ihren Gunsten aufzustacheln versuchten. Ihr Zorn richtete sich vor allem gegen den Catuvellaunerkönig Cunobelinus (Sheakespeares Cymbeline), dessen Stamm die benachbarten Trinovanten gewaltsam in eine Födera-

„Für Güter wie elfenbeinerne Armgeschmeide und Halsketten, Gefäße aus Bernstein und Glas sowie andere Krämerware, die sie aus Gallien importieren, zahlen die Britannier bereitwillig so hohe Abgaben, dass es unnötig ist, die Insel zu besetzen. [...] Denn die Ausgaben für die Streitmacht, die erforderlich wäre, um den Tribut einzutreiben, käme in etwa dem Betrag gleich, den man einnähme" (Strabon, Geographie 4,5,3).

„Die Römer verschmähen Britannien, obwohl sie es hätten besitzen können, weil sie sahen, dass sie von dorther nichts zu fürchten hatten und dass sein Besitz keinerlei Nutzen bringen würde. Denn schon jetzt scheint mehr aus den Handelszöllen eingenommen zu werden, als eine Steuer einbringen würde. [...]" (Strabon, Geographie 2,5,8).

„Auch ist klar geworden, dass es nicht einen Krümel Silber auf der Insel gibt und auch keine Aussicht auf andere Beute, von Sklaven abgesehen" (Brief des Cicero an seinen Freund Atticus; zit. n. Cicero, Briefe an Atticus 4,16,7).

UNTERWERFUNG UND WIDERSTAND

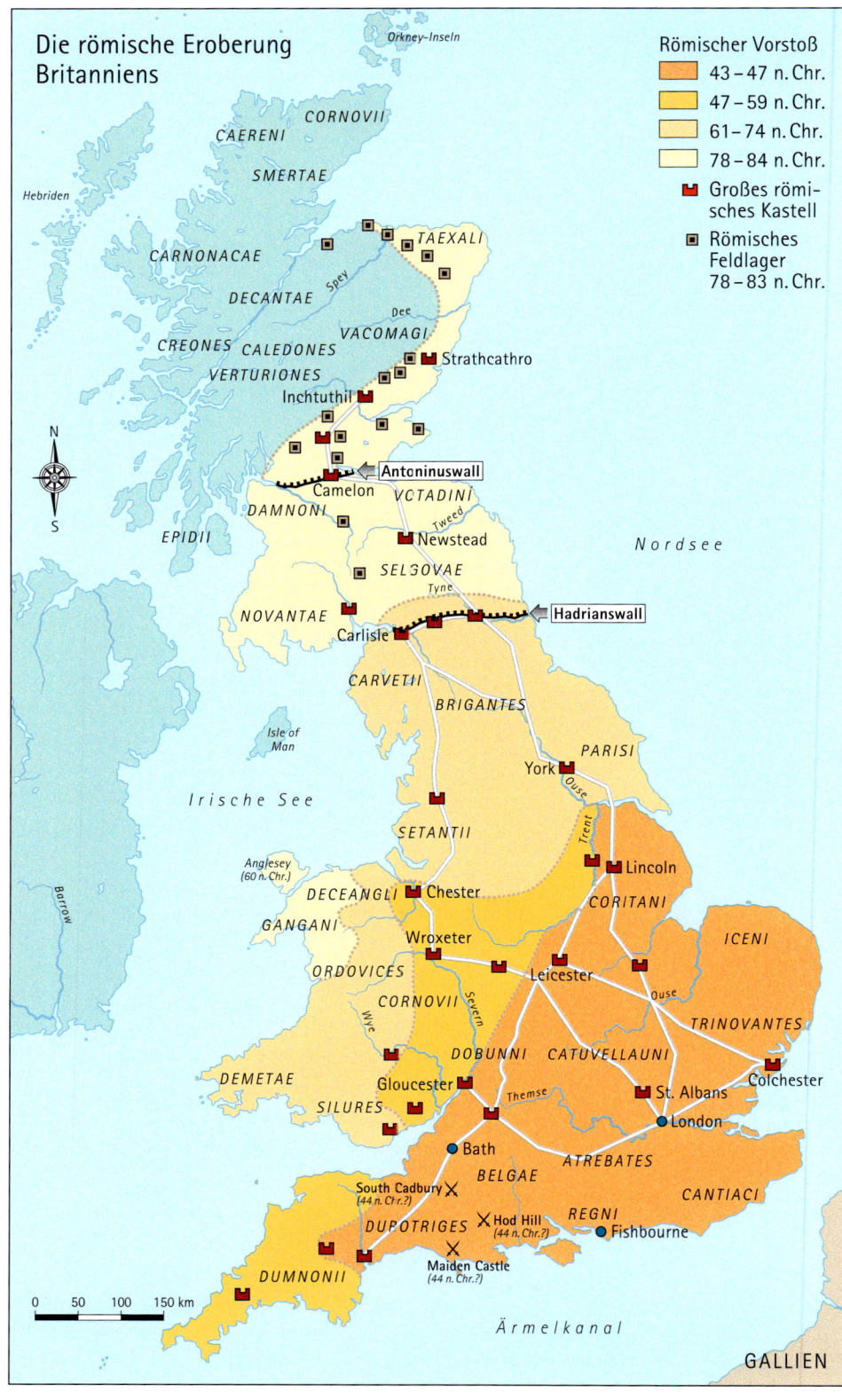

Die römische Eroberung Britanniens und die wichtigsten Städte und Militärstützpunkte der Provinz.

gegen seinen eigenen Vater, und nach dem Bericht des Historikers Cassius Dio diente wenig später das Hilfsersuchen eines weiteren britannischen Dissidenten – des Atrebaterfürsten Berikos – als letzter Vorwand für die römische Invasion. Claudius' wirkliches Motiv dürfte indes ein ganz anderes gewesen sein, nämlich das Bestreben, seiner bis dahin wenig glanzvollen Herrschaft durch die Verschiebung der Reichsgrenze Richtung Norden etwas mehr Strahlkraft zu verleihen.

Auftakt zur Eroberung

Der von Claudius mit der Durchführung des Feldzugs beauftragte Aulus Plautius landete mit einem Heer von vier Legionen – zwischen 20 000 und 25 000 Mann – bei *Rutupiae* (Richborough) unweit des heutigen Dover und stieß nach seiner Ankunft auf der Insel zunächst kaum auf Widerstand. „Die Britannier hatten aufgrund ihrer Erkundigungen nämlich nicht mit ihrem Kommen gerechnet und sich deshalb im Vorfeld nicht gerüstet", wie Cassius Dio (Röm. Geschichte 60,19,5) berichtete, „doch auch sonst ließen sie sich nicht auf einen Kampf mit den Römern ein, sondern flüchteten sich in ihre Wälder und Sümpfe." So kam es zunächst nur zu einer Reihe kleinerer Gefechte und Scharmützel, bei denen zwei weitere Söhne des Cunobelinus – Togodomnus und Caracatus – getötet bzw. in die Flucht geschlagen wurden.

Zum spektakulären Höhepunkt der ersten Invasionsphase – der militärischen Einnahme des Catuvellaunen-Vororts *Camulodunum* (Colchester) in Essex – begab sich Claudius persönlich nach Britannien und brachte militärische Verstärkung einschließlich einiger Kampfelefanten mit, die auf die Briten anscheinend einen großen Eindruck machten (vgl. Zitat Randspalte S. 179). Nach der siegreichen Eroberung des Stammesvororts – in Wahrheit wohl eher eine für den persönlichen Ruhm inszenierte Show – nahm Claudius in *Camulodunum* die Treuebekundungen von elf britannischen Herrschern entgegen und kehrte anschließend nach gerade einmal 16 Tagen Anwesenheit auf der Insel wieder nach Rom zurück, um den ersehnten Triumph für seinen militärischen Sieg zu feiern. Zum Abschied erteilte er seinem Oberkommandierenden Plautius noch den lapidaren Befehl, „auch den Rest zu erobern" (Cassius Dio, Röm. Geschichte 60,21,4), also die Besetzung des übrigen Britannien in Angriff zu nehmen.

Kämpfe in Südbritannien

Zur Erfüllung dieses Befehls unternahmen Plautius und seine Legionskommandeure – darunter auch der spätere Kaiser Vespasian (69 bis 79 n. Chr.) – in den folgenden Jahren eine Reihe von Feldzügen quer durch Südwest-

tion gezwungen hatte und seine Macht in Südostbritannien immer mehr auf Kosten anderer Völkerschaften ausweitete. 40 n. Chr. bat Adminius, ein nach dem Thron strebender Sohn dieses immer mächtiger werdenden Britannierkönigs, die Imperialmacht sogar um Unterstützung

und Mittelengland, bei denen Vespasian allein im Jahr 47 über zwanzig Hügelfestungen und größere Siedlungen der britischen Duboner und Durotrigen im Gebiet des heutigen Dorset eingenommen haben soll. Zu ihnen gehörte auch das bereits erwähnte *Hillfort* Maiden Castle (vgl. S. 159), auf dem der britische Archäologe Sir Mortimer Wheeler bei seinen Ausgrabungen in den 1930er Jahren zahlreiche römische Katapultgeschosse, keltische Schleudersteine und einen ‚Kriegerfriedhof' mit über einem Dutzend gewaltsam ums Leben gekommener und eilig bestatteter Toten als mutmaßliches Zeugnis der Kämpfe fand. Die Schädel einiger der Bestatteten wiesen deutliche Spuren von Schwerthieben und Bolzengeschossen auf, und in der Wirbelsäule eines jungen Mannes steckte noch die römische Speerspitze, die ihn tödlich verwundet hatte.

„Aulus Plautius, ein hochangesehener Senator, unternahm einen Feldzug nach Britannien; ein gewisser Berikos, der durch einen inneren Konflikt von den Insel vertrieben worden war, hatte nämlich Claudius dafür gewonnen, eine Streitmacht dorthin zu entsenden. Und so übernahm Plautius den Befehl, konnte aber sein Heer nur mit Schwierigkeiten aus Gallien hinausführen, denn die Soldaten waren empört darüber, dass sie jenseits der Grenzen der bewohnten Welt [oikumene] Krieg führen sollten" (Cassius Dio, Röm. Geschichte 60,19,1–2).

„[Der Kaiser] hatte in seinem Tross einen riesigen Elefanten – ein Wesen, wie es die Britannier noch nie gesehen hatten. Er ließ das Tier mit Eisenplatten bewehren und einen großen Turm auf seinem Rücken befestigen, der mit Bogenschützen und Schleuderern besetzt war. Dann befahl er, den Elefanten den Fluss durchqueren zu lassen. Die Britannier erschraken heftig beim Anblick eines solch riesigen Ungetüms, das ihnen völlig fremd war" (Polyainos, Strategemata 8,23,5).[56]

Überall in England zeugen noch heute steinerne Ruinen, wie etwa die antike Theateranlage in St. Albans *(Verulamium)*, von der römischen Vergangenheit des Landes.

UNTERWERFUNG UND WIDERSTAND

Der Britannierfürst Caratacus in einer Skulptur des irischen Künstlers John Henry Foley aus dem Jahr 1856. Caratacus gehörte zu den entschlossensten und gefährlichsten Widersachern der römischen Besatzungsmacht nach der Eroberung der Insel.

Im Verlauf dieser lang andauernden Feldzüge und Kämpfe gelang es der römischen Invasionsarmee, einen Britannierstamm nach dem anderen niederzuringen und den südlichen Teil der Insel bis 47 n. Chr. fast vollständig unter römische Herrschaft zu bringen (vgl. Karte S. 178). Es war indes eine sehr instabile Herrschaft, denn nördlich der schon vergleichsweise zentralistisch organisierten südbritannischen Stämme, die bereits seit über hundert Jahren mit der römischen Welt in Kontakt standen (vgl. S. 176 f.) und sich durch Abkommen relativ leicht für eine freiwillige Unterwerfung gewinnen ließen, siedelten deutlich archaischer geprägte und kriegerischere Britannierstämme, an deren Unbeugsamkeit die Imperialmacht zu scheitern drohte. So musste dort eine schonungslose Gewaltpolitik an die Stelle eines Interessenausgleichs treten, und bald überzog ein engmaschiges Netz von römischen Forts und Militärstützpunkten die Mitte und den Nordwesten Britanniens. Doch obwohl kaum irgendwo sonst im römischen Imperium so viele Besatzungssoldaten stationiert waren wie auf der Insel, kam die Provinz fast ein Jahrhundert lang nicht zur Ruhe.

Britannischer Widerstand

Für die Jahre ab 47 n. Chr. berichtet der römische Historiker Tacitus – unsere wichtigste Quelle zu den Vorgängen in dieser Zeit – über fast pausenlose Aufstände britannischer Stämme gegen die römische Besatzungsmacht. Ihr wichtigstes Zentrum hatten diese Revolten im walisischen Bergland – in den Gebieten der Ordoviken und Siluren (vgl. Karte S. 178) –, von wo aus sie aber auch immer wieder auf andere Stämme, vor allem die Briganten in Mittelengland, übergriffen.

Ein bedeutender politischer und militärischer Anführer dieser Aufstände war der Cunobelinus-Sohn und Catuvellaunenfürst Caratacus, der von den Römern gleich nach ihrer Ankunft auf der Insel in die Flucht geschlagen worden war (vgl. S. 178). Nur wenige Jahre später machte er indes in Wales und Mittelengland als charismatischer Führer des dortigen Widerstands erneut von sich reden. Obwohl Caratacus anscheinend über kein offizielles gesellschaftliches Führungsamt verfügte, verwickelte er die römischen Truppen immer wieder in zermürbende Kämpfe und Scharmützel, bei denen er sich als mobiler Guerillaführer offenbar mühelos zwischen den verschiedenen Keltenstämmen hin- und herbewegte.

Nach Tacitus, der das Wechselspiel von Unterwerfung und Widerstand mit analytischem Blick und einem oft galligen Zynismus nachzeichnete, „überragte Caratacus alle übrigen Heerführer der Britannier" und „sein Name war sogar in Rom nicht ohne Klang und Ruhm" (Annalen 33 und 36). Auch der Historiker selbst zollte dem rebellischen Fürsten deutlichen Respekt, denn obgleich er ein

>> „Besonders groß war die Hartnäckigkeit der Siluren. Sie waren durch eine Bemerkung des römischen Feldherrn gereizt worden, ebenso wie man die Sugambrer [einen Germanenstamm an der Ruhr] ausgerottet habe, sei auch der Name der Siluren gänzlich auszulöschen" (Tacitus, Annalen 12,39).

>> „Caratacus eilte überall umher und beteuerte, dieser Tag und diese Schlacht werde für sie entweder der Beginn der wiederzugewinnenden Freiheit oder aber ewiger Knechtschaft sein. Dabei rief er laut die Namen der Vorfahren, die einst den Diktator Caesar aus dem Land gejagt hätten und dank deren Tapferkeit sie frei von Liktoren [= römischen Vollstreckungsbeamten] und Tributen seien. [...] Auf diese und ähnliche Worte hin spendete ihm die Menge tosenden Beifall und jeder schwor nach seines Stammes Brauch, dass ihn weder Geschosse noch Wunden zum Weichen bringen würden" (Tacitus, Annalen 12,34).

überzeugter Anhänger der römischen Expansionspolitik war, machte Tacitus doch keinen Hehl aus seiner Verachtung gegenüber manchen brutalen oder ‚würdelosen' Maßnahmen der römischen Besatzungspolitik und aus seiner Sympathie und Hochachtung gegenüber dem Mut, der Unbeugsamkeit und Tapferkeit von ‚Barbarenführern' wie Caratacus.[57]

Klientelkönigreiche

Wie erwähnt widersetzten sich jedoch keineswegs alle britannischen Völker der römischen Okkupation, sondern viele von ihnen besonders im belgischen Südosten der Insel kooperierten ganz bewusst mit der militärisch überlegenen Besatzungsmacht. Dies konnte sich für die betreffenden Stämme durchaus eine Zeit lang auszahlen, denn die Römer praktizierten auch in Britannien ihre bereits von Caesar im Gallischen Krieg erfolgreich angewandte Politik der Machtbeteiligung und des *divide et impera* (‚teile und herrsche'; vgl. S. 143). Kooperationsbereite britannische Stämme konnten daher als sog. Klientel- oder Vasallenkönigtümer ihre Unabhängigkeit und ihre inneren Herrschaftsstrukturen zunächst teilweise bewahren. Sie mussten zwar die Befehle der römischen Besatzungsmacht ausführen, Steuern an den römischen Staat zahlen und Hilfstruppen (sog. Auxiliarsoldaten) für die römische Armee stellen, blieben ansonsten aber im Hinblick auf ihre internen Angelegenheiten autonom, und auch ihr Territorium wurde nicht von römischen Truppen besetzt – für pragmatisch denkende Machtpolitiker also durchaus eine erwägenswerte Option. Ein Musterbeispiel für einen solchen mit Rom ‚befreundeten' Stamm bildeten die Trinovanten im heutigen Essex und Suffolk, die sich bereits Caesar bei seinem britannischen Feldzug 54 v. Chr. unterworfen und ihn um Unterstützung in ihrem Machtkampf mit den benachbarten Catuvellaunern – dem Volk des Cunobelinus und Caratacus – gebeten hatten. Nach machtpolitischen Vorteilen durch Kooperation strebte auch die römerfreundliche Brigantenkönigin Cartimandua in Mittelengland. Als sich der erwähnte Widerstandsführer Caratacus im Jahr 51 n. Chr. nach einer Niederlage gegen die römische Armee in ihr Stammesgebiet flüchtete, ließ die Keltenkönigin ihn umgehend in Ketten legen und an Rom ausliefern (Tacitus, Annalen 12,36). Dort wurde er neugierig von der politischen Führungsschicht beäugt und nach einer fulminanten Verteidigungsrede schließlich sogar von Kaiser Claudius als Zeichen persönlichen Großmuts begnadigt (vgl. Zitate Randspalte). Cartimandua hingegen vertrieb drei Jahre später (54 n. Chr.) auch ihren Gatten Venutius mit römischer Hilfe ins Exil, doch kehrte dieser 69 n. Chr. siegreich zu seinem Stamm zurück und zwang nun seinerseits die verräterische Königin zur Flucht nach Rom. Dieser jahrelange, von Tacitus als Rührstück geschilderte ‚Rosenkrieg' zwischen dem persönlich und politisch verfeindeten Herrscherpaar illustriert nicht weniger instruktiv als das Zerwürfnis zwischen den drei Cunobelinus-Söhnen (vgl. S. 178), dass die Britannierstämme ähnlich zerstritten waren wie die Festlandkelten (vgl. S. 144) und dass ihre chronische und damit für jeden Gegner berechenbare Uneinigkeit die römische Herrschaft wie in Gallien überhaupt erst ermöglichte.

Der Boudicca-Aufstand

Keine 20 Jahre nach der römischen Invasion stand die imperiale Herrschaft auf der Insel dann aber 61 n. Chr. aufgrund eines großen gemeinsamen Aufstands mehrerer Britannierstämme buchstäblich auf der Kippe. Ausgangspunkt und Zentrum der Revolte waren die südostbritannischen Stammesgebiete der Icener, die sich 43 n. Chr. den Römern zunächst freiwillig unterworfen und dadurch einen privilegierten Status als mit Rom ‚befreundeter' Stamm gesichert hatten. Schon fünf Jahre später (48 n. Chr.) kam es indes zu einem ersten Konflikt, als der neue römische Statthalter Ostorius Scapula in den Kampf gegen das rebellische Wales (vgl. S. 180) zog und vorher aus Sicherheitsgründen die als ‚unzuverlässig' geltenden Stämme im benachbarten Mittel- und Ostbritannien zu entwaffnen versuchte (Tacitus, Annalen 12,31). Dies führte zu gewaltsamen Auseinandersetzungen mit den Icenern, die nicht unter unmittelbarer römischer Besatzung standen und deshalb auch weiterhin ihre Waffen tragen durften, was ihnen offenkundig auch wichtig war. Dieser erste Konflikt endete schließlich mit einem partiellen römischen Einlenken, doch sorgte auch diese Wiederherstellung des Status quo nur vorübergehend für Ruhe.

Als im Jahr 60 n. Chr. der langjährige König der Icener Prasutagus starb, nahm Rom dies zum Anlass, den privilegierten Status des Stammes als Ganzes aufzukündigen und die Icener von nun an wie ein besiegtes und unterworfenes Volk zu behandeln. Dieser Schritt war im Rahmen der römischen Machtpolitik nichts Ungewöhnliches, ging Rom Klientelbeziehungen doch stets nur mit einzelnen Personen, nicht mit ganzen Stämmen ein, so dass sie mit deren Tod quasi automatisch erloschen. Im Falle der Icener wurde dieser Entzug der früheren Privilegien freilich von außergewöhnlich brutalen Sanktionen und Übergriffen begleitet. Ganz so, als wolle man den bisherigen ‚Freunden' in aller Deutlichkeit zu verstehen geben, dass nun ‚ein anderer Wind wehte', wurde Prasutagus' Witwe Boudicca von den Vollzugskräften der Imperialmacht ausgepeitscht und ihre beiden minderjährigen Töchter wurden von römischen Sklaven vergewaltigt – vermutlich als Antwort darauf, dass der König die

> „Selbst in Rom war der Name des Caratacus nicht ruhmlos und man war begierig, jenen Mann zu sehen, der so viele Jahre lang unserer Macht getrotzt hatte" (Tacitus, Annalen 12,36).

> „Ich besaß Rosse, Krieger, Waffen und Geld – ist es ein Wunder, wenn ich all dies ungern verlor? Muss sich ein jeder in die Sklaverei ergeben, nur weil ihr ein Weltreich erstrebt?" (Aus der Verteidigungsrede des Caratacus in Rom; zit. n. Tacitus, Annalen 12,37).

> „[Als Caratacus nach seiner Begnadigung die Stadt Rom besichtigte], fragte er angesichts ihrer Größe und Pracht: Wenn ihr dieses und Ähnliches besitzt, warum seid ihr dann so versessen auf unsere ärmlichen kleinen Hütten?" (Cassius Dio, Röm. Geschichte 60,33,3).

> „In alten Zeiten gehorchten die Britannier Königen, jetzt aber sind sie dank ihrer Fürsten durch heftigen Parteienstreit gespalten. Nichts ist uns in der Auseinandersetzung mit diesen kraftvollen Völkern mehr von Nutzen, als dass sie sich in sie alle betreffenden Fragen nicht einig werden. Nur selten verbünden sich zwei oder allenfalls drei Stämme zur Abwehr einer gemeinsamen Gefahr, und so werden sie, da sie einzeln kämpfen, alle miteinander besiegt" (Tacitus, Agricola 12,1–2).

UNTERWERFUNG UND WIDERSTAND

✳︎ „Wegen dieser Schmach und aus Furcht vor noch Schlimmerem […] griffen die Icener zu den Waffen und brachten auch die Trinovanten dazu, den Krieg wieder aufzunehmen, ebenso alle anderen Stämme, die noch nicht durch die Knechtschaft gebrochen waren und sich heimlich verschworen hatten, ihre Freiheit wiederzugewinnen" (Tacitus, Annalen 14,31,2).

✳︎ „Boudicca war eine Britin aus königlichem Geschlecht und klüger, als Frauen gewöhnlich sind. […] Sie war hochgewachsen und furchterregend in ihrer ganzen Erscheinung. Ihre Augen blitzten, und sie besaß eine raue Stimme. Ihr dichtes, hellblondes Haar fiel ihr bis zu den Hüften herab, um den Hals trug sie eine große goldene Kette, und ihr Gewand war bunt und zum Teil von einem dicken, mit einer Fibel zusammengehaltenen Mantel bedeckt. Um alle ihre Zuhörer in Schrecken zu versetzen, trug sie eine Lanze" (Cassius Dio, Röm. Geschichte 62,2).

Beim Boudicca-Aufstand beschädigter Grabstein des römischen Kavellerieoffiziers Longinus aus dem südostenglischen Colchester. Das Grabmal zeigt den Offizier in üblicher römischer Darstellungsweise beim Niederreiten eines Britanniers (vgl. Abb. S. 86).

beiden, um dem drohenden Machtverlust zuvorzukommen, in seinem Testament zusammen mit Kaiser Nero als seine Erbinnen eingesetzt hatte. Prasutagus' Palast wurde, wie Tacitus weiter berichtet, „von Sklaven verwüstet", und römische Truppen durchstreiften plündernd das Icenerland, beschlagnahmten die Güter der Aristokratie und vertrieben ihre Besitzer (Tacitus, Annalen 14,31).

Diese zügellose Besatzungswillkür blieb indes nicht ohne Folgen, denn Boudicca, deren Name auf Keltisch ‚Sieg' bedeutete, rief ihre Stammesgenossen gegen die Römer zu den Waffen, und nicht nur die Icener selbst, sondern auch ihre sonst untereinander so zerstrittenen Nachbarstämme folgten diesem Ruf in überwältigend großer Zahl. Nicht weniger als 120 000 bewaffnete Britannier sollen es nach Cassius Dio (Röm. Geschichte 62,2) schließlich gewesen sein, mit denen die rebellische Icenerfürstin 61 n. Chr. zum Kampf gegen die früher verbündete und jetzt zum Feind gewordene Imperialmacht antrat.

Boudicca wird von den antiken Autoren als eine ausgesprochen beherrschende und charismatische Erscheinung beschrieben (vgl. Zitat Randspalte S. 182) und muss für die Britannier damals eine identitätsstiftende Persönlichkeit ähnlich wie der Arvernerfürst Vercingetorix in Gallien (vgl. S. 145f.) gewesen sein. Offenbar verstand sie es, allen im Laufe der Zeit angestauten Unmut über die Zumutungen der Besatzungsmacht aufzugreifen und für den Kampf gegen die Römer zu mobilisieren. Und Gründe für solchen Unmut gab es gerade zu jener Zeit genug, denn nicht nur die Icener selbst, sondern auch andere Stämme bekamen nun, da sich die Römer nach 17 Jahren in Britannien hinreichend sicher etabliert fühlten, ihre außerordentliche Härte und Arroganz zu spüren, vor allem vonseiten des offenbar zu persönlicher Willkür neigenden Finanzchefs der Provinz.

Dieser sog. *Procurator* namens Decianus Catus forderte genau zu jener Zeit von den britischen Adeligen riesige Geldsummen zurück, die der römische Staat sowie römische Privatleute – darunter auch der berühmte Dichter Seneca – ihnen nach der Eroberung unter offenbar unklaren Konditionen zur Verfügung gestellt hatten. Die Britannier hielten dieses Geld offensichtlich für ein ‚diplomatisches Geschenk' zur Belohnung ihrer Bündnistreue, wie es in der Antike ja durchaus üblich war (vgl. S. 46). Aus der Sicht der Römer handelte es sich dagegen um reine Darlehen, die nun auf einen Schlag wieder zurückgezahlt werden sollten (vgl. Zitat Randspalte). Ein Teil dieses Geldes scheint letztlich in der Erde verschwunden und damit für beide Seiten verloren gewesen zu sein, denn gerade aus jener Zeit sind in Britannien zahlreiche Horte mit römischen Münzen bekannt. Der britannische Adel wurde durch diese empfindlichen Vermögensverluste jedoch geradewegs in die Arme des Widerstands getrieben, und die normale Bevölkerung litt ohnehin schon länger unter den zu leistenden Steuern und Getreideabgaben sowie den römischen Aushebungen, bei denen junge Männer als Auxiliarsoldaten für die römische Armee rekrutiert wurden.

Selbst die unmittelbar südlich der Icener in Essex ansässigen Trinovanten, die als einer der romfreundlichsten Britannierstämme überhaupt galten (vgl. S. 181), folgten unter diesen Umständen Boudiccas Ruf und schlossen sich dem Aufstand an. Sie hatten dafür freilich noch ein ganz eigenes Motiv. Die Römer hatten nämlich den Trinovanten-Vorort *Camulodunum* (Colchester) 49 n. Chr. unter dem Namen *Colonia Claudia Victricensis* in eine römische Veteranenkolonie umgewandelt und zur ersten Hauptstadt der Provinz Britannien gemacht. Zum Zeitpunkt des Aufstands 61 n. Chr. lebten dort mehrere tausend ehemalige Legionäre, die nach der Beendigung ihrer Dienstzeit in der römischen Armee vom Staat als Altersrente ein Stück Land zur Niederlassung und zur agrarischen Nutzung erhielten. Für die dort ansässigen Trinovanten bedeutete dies einen äußerst schmerzhaften Verlust an Stammesland und Agrareinkünften, denn nach Angaben des britischen Althistorikers Paul R. Sealey waren in Colchester etwa 3000 Veteranen ansässig, von denen jeder offiziell ein 50 *iugera* oder 12,6 ha großes Landstück erhielt. Zusammengerechnet waren das über 37 000 ha, was nach Sealey einem Kreisradius von 9 km um die Stadt herum entsprach. Da jedoch kein offizieller Übergabevertrag existierte, sondern der Grund und Boden einfach als Feindesland (*agri captivi*) konfisziert wurde, konnte sich Sealey zufolge „jeder autorisierte Römer so viel Land aneignen, wie er wollte",[58] und genau das scheint in der Praxis auch der Fall zu sein (vgl. Zitat Randspalte).

Es hatte sich also genügend an sozialem und politischem Sprengstoff angesammelt, und die Voraussetzungen zum Aufstand waren im Jahr 60 n. Chr. ausgesprochen günstig, denn im Stammesgebiet der Icener befanden sich wie erwähnt keine umfangreichen regulären römischen Truppenverbände, und der Großteil der Armee weilte gerade 350 km weit entfernt in Nordwales, um die ‚Druideninsel' Anglesey einzunehmen (vgl. S. 174f.). So konnte sich der Zorn der Britannier gegen die so maßlosen Besatzer ungehindert und mit elementarer Wucht Bahn brechen.

Die Provinz in Flammen

Das erste Ziel der Aufständischen war die Provinzhauptstadt Colchester, wo schon in den Tagen zuvor dunkle Vorzeichen von dem bevorstehenden Unheil gekündet hatten (Tacitus, Annalen 14,32). Da die Veteranenkolonie schlecht befestigt war, weil man „mehr auf Annehmlichkeit als auf die Sicherheit des Platzes bedacht gewesen war", wie Tacitus tadelnd bemerkte (Annalen 14,31,4),

---

„Den Vorwand für die Erhebung lieferte die Beschlagnahme der Gelder, die Claudius einst den vornehmsten Britanniern gegeben hatte; denn jene Beträge mussten nun – so behauptete jedenfalls der Procurator der Insel, Decianus Catus – zurückerstattet werden. [...] Ein anderer Grund für den Aufstand bestand darin, dass Seneca in Erwartung einer guten Verzinsung den Britanniern gegen ihren Willen 40 Millionen Sesterzen [= den Gegenwert von fast drei Tonnen Gold!] geliehen hatte, die Darlehen dann aber plötzlich auf einmal zurückforderte und bei ihrer Eintreibung hart vorging" (Cassius Dio, Röm. Geschichte 62,2).

„Die Veteranen [von Camulodunum] vertrieben die Einwohner aus ihren Häusern, verjagten sie von ihren Äckern und nannten sie Kriegsgefangene und Sklaven. Die aktiven Soldaten begünstigten diese Zügellosigkeit der Veteranen, da sie ein ähnliches Leben führten und sich selbst für die Zukunft die gleiche Ungebundenheit erhofften" (Tacitus, Annalen 14,31).

„Die Britannier nehmen Aushebungen, Abgaben und alle anderen ihnen für das Reich auferlegten Leistungen widerspruchslos hin, solange sie nicht von Übergriffen begleitet sind. Diese ertragen sie nur widerwillig, denn sie sind zwar schon so weit bezwungen, dass sie gehorchen, aber noch nicht so weit, dass sie sich wie Sklaven behandeln lassen" (Tacitus, Agricola 13,1).

> „[Während des Jahres 61] ereignete sich ein entsetzliches Unglück in Britannien: Zwei Städte wurden geplündert, 80 000 Römer und Bundesgenossen fanden den Tod, und die Insel ging dem Reich verloren. All dieses Unglück aber brachte ein Weib über die Römer, was an sich schon ärgste Schmach für sie bedeutete" (Cassius Dio, Röm. Geschichte 62,1).

> „Dass in den genannten Orten an die 70 000 Bürger und Bundesgenossen umgekommen sind, steht fest. Denn die Britannier machten keine Gefangenen, trieben auch keinen Handel mit Sklaven oder andere der im Krieg üblichen Geschäfte, sondern mordeten, erhängten, brandschatzten und kreuzigten, so als wollten sie ihre Misshandlungen vergelten und der unvermeidlichen Rache zuvorkommen" (Tacitus, Annalen 14,33).

> „Boudicca fuhr, ihre Töchter vor sich auf dem Wagen, von Stammesverband zu Stammesverband und rief, es sei zwar bei den Britanniern nichts Ungewöhnliches, von einer Frau in die Schlacht geführt zu werden; doch heute kämpfe sie, die so hohen Ahnen entstamme, nicht um ihr Reich und ihre Schätze, sondern räche wie eine Frau aus dem Volk ihre verlorene Freiheit, ihren geschundenen Leib und ihre vergewaltigten Töchter. Denn so weit hätten die Römer ihre Lüste getrieben, dass sie nicht die Persönlichkeit, ja nicht einmal das Alter oder die Jungfräulichkeit ungeschoren ließen" (Tacitus, Annalen 14,35).

wurde sie zur leichten Beute für die Aufständischen. „Alles wurde im ersten Ansturm genommen, geplündert oder in Brand gesteckt", so der römische Historiker, und „der Tempel, in den sich die Soldaten zurückgezogen hatten, wurde zwei Tage lang belagert und dann erstürmt" (Annalen 14,32,3). Dieses 23 m × 32 m große Heiligtum war dem 54 n. Chr. verstorbenen, vergöttlichten Kaiser Claudius geweiht und diente wie die meisten Staatsheiligtümer in den römischen Hauptstädten weniger als Ort der religiösen Einkehr denn als Machtsymbol des Staates. Die Britannier betrachteten den Tempel daher nach Tacitus als „eine Zwingburg ewiger Tyrannei" (Annalen 14,31,3) und brannten ihn gleichfalls nieder, zumal sein Bau durch Zwangsabgaben der icenischen Noblen finanziert worden war. Noch heute zeugt eine stellenweise bis zu 1 m dicke Brandschicht im Stadtgebiet von Colchester von dem Rachefeldzug der britannischen Victoria und ihres Anhangs vor knapp 2000 Jahren.

Nach der Zerstörung Colchesters zogen Boudiccas Horden zunächst in das von den Römern gegründete *Londinium* (London) und dann in das nördlich davon gelegene *Verulamium* (St. Albans), die Hauptstadt der mit den Trinovanten verfeindeten Catuvellauner (vgl. S. 177 f.). Auch diese beiden Städte wurden weitgehend verwüstet, wie die dort entdeckten Zerstörungshorizonte belegen. Nach Angaben des Tacitus und des griechischen Historikers Cassius Dio sollen während des Aufstands insgesamt mehr als 70 000 Römer und in römischen Diensten stehende Briten getötet worden sein (vgl. Zitate Randspalte).

In der Umgebung von *Verulamium* stießen die Archäologen auch auf mehrere niedergebrannte Gehöfte aus dieser Zeit, von denen eines mit einem Rundhaus im Inneren (vgl. S. 160 f.) ausgestattet war. „Dies waren keine Anwesen der römischen Besatzer, sondern Gehöfte der einheimischen Bevölkerung", wie Sealey schreibt, und „ihre Zerstörung zeigt, dass auch Hass zwischen verschiedenen Stammesgruppen – in diesem Fall Rachegelüste der Trinovanten gegen die Catuvellauner, die sie in der Vergangenheit so schmachvoll unterworfen hatten [vgl. S. 177 f.] – ein wichtiges, von den antiken Historikern übersehenes Element der Revolte war."[59]

Erst nach einer langen Zeit der Verwüstung und des Chaos gelang es dem Provinzstatthalter Suetonius, der seinen Feldzug gegen Anglesey wegen des Aufstands längst abgebrochen hatte, unter den im Schockzustand befindlichen römischen Soldaten eine ausreichend große Streitmacht für eine Entscheidungsschlacht gegen Boudiccas Heer zusammenzustellen. Wo dieser Kampf genau stattfand, ist ebenso wenig bekannt wie sein exakter Verlauf – die antiken Autoren zitierten am ausführlichsten die fiktiven Ansprachen der Boudicca und des Suetonius an ihre Truppen und ergingen sich ansonsten überwiegend in Barbarenklischees (vgl. Zitat Randspalte). Klar ist indes, dass die Aufständischen in dieser Ent-

scheidungsschlacht von den römischen Truppen vernichtend geschlagen wurden und die Revolte damit beendet war. Boudicca selbst soll bald darauf verstorben sein – nach Tacitus (Annalen 14,37,3) durch die Einnahme von Gift, nach Cassius Dio (Röm. Geschichte 62,12,6) infolge einer Krankheit.

Trotz dieser Niederlage, der die üblichen römischen Racheaktionen folgten, gilt die aufständische Britannierfürstin bis heute in England als Nationalheldin und hat dort einen ähnlichen Stellenwert wie Vercingetorix in Frankreich (vgl. S. 150). Die größte Verehrung wurde ihr in der Viktorianischen Ära zuteil, in der sie als eine Art Wegbereiterin und Verkörperung des Britischen Empires – das zu jener Zeit unter ihrer Namensvetterin Queen Viktoria (1837–1901) seine Blüte erlebte – gefeiert wurde. In jenen Jahren (1902) schuf der englische Künstler Thomas Thornycroft auch ihre berühmte und noch heute zu besichtigende Bronzeskulptur in der Nähe des Londoner House of Parliament, die Boudicca energisch die Pferde lenkend mit ihren beiden Töchtern auf einem zweirädrigen Kampfwagen zeigt. Eine antike Kämpferin gegen Imperialismus und Unterwerfung als Symbol einer neuzeitlichen Kolonialmacht – wahrlich eine Geschichtsumdeutung recht eigenwilliger Art.

Tatsächlich war der Boudicca-Aufstand ein Ereignis von ebenso geschichtsentscheidender Bedeutung wie Vercigetorix' Endkampf um Alesia (vgl. S. 147 f.) oder die ‚Schlacht im Teutoburger Wald' 9 n. Chr. Hätte die Rebellenfürstin gesiegt, so hätte dies wohl das faktische Aus für die römische Provinz Britannien bedeutet, denn der damals regierende Kaiser Nero hatte offenbar tatsächlich bereits den Abzug aller Truppen von der Insel in Erwägung gezogen (vgl. Zitate Randspalte S. 185). Boudiccas Niederlage hingegen besiegelte das Ende der keltischen Unabhängigkeit auf dem größten Teil der Britischen Insel für die nächsten fast 350 Jahre. Zwar gab es auch in der Folgezeit immer wieder einmal einzelne Aufstände in der nunmehr zwangsbefriedeten Provinz, doch keiner von ihnen konnte die römische Herrschaft in einem vergleichbaren Maß erschüttern wie die Erhebung von 60/61 n. Chr.

Ausweitung der Provinz

Auch nach der Niederschlagung der Boudicca-Revolte endete die römische Herrschaft in Britannien aber zunächst einmal in Mittelengland südlich von Leeds und York, so dass fast die Hälfte der Insel außerhalb römischer Kontrolle verblieb (vgl. Karte S. 178). Daran änderte sich auch in den folgenden zehn Jahren nichts, denn der Aufstand hatte der Besatzungsmacht derart zugesetzt, dass sie fürs Erste wieder einen etwas gemäßigteren Kurs fuhr und sich auf die Rekonsolidierung des Erreichten konzentrierte.

Britische Nationalheldin: Die 1902 von Thomas Thornycroft geschaffene Bronzeskulptur der Rebellenfürstin Boudicca und ihrer beiden Töchter auf einem Streitwagen, aufgestellt nahe dem Londoner House of Parliament.

▶ „Zu keinem anderen Zeitpunkt aber war die Lage in Britannien verzweifelter und unsicherer: Die Veteranen niedergemetzelt, die Provinzstädte in Flammen, die Heere vernichtet. Damals kämpfte man nurmehr um sein Leben, erst später um den Sieg" (Tacitus, Agricola 5,2).

▶ „Nero hatte nicht den Wunsch, das Reich zu vergrößern und auszuweiten. [...] Vielmehr dachte er sogar daran, das Heer aus Britannien zurückzuziehen. Nur aus Scheu vor dem Eindruck, er wolle den Ruhm seines Stiefvaters [Claudius] schmälern, nahm er Abstand davon" (Sueton, Nero 18).

▶ „Wäre Paulinus [...] nicht sofort zu Hilfe geeilt, so wäre Britannien verloren gewesen. Der glückliche Ausgang einer einzigen Schlacht brachte es in die alte Unterwürfigkeit zurück" (Tacitus, Agricola 16,2).

Erst die Provinzstatthalter Petillius Cerialis und Julius Frontinus unternahmen ab 71 n.Chr. wieder größere Eroberungszüge in den Norden, in deren Verlauf sie die rebellischen Silurer und Ordoviken in Wales und die Briganten in Mittelengland (vgl. S. 180) unterwarfen. Ab 78 n.Chr. drang dann der Gouverneur Gnaeus Iulius Agricola, dem Tacitus sein gleichnamiges Werk widmete, bis weit in das damals von den keltischen Kaledoniern und anderen Völkerschaften bewohnte Schottland vor (vgl. S. 194 und Karte S. 178). 83 n.Chr. gelang es ihm, 30 000 Kämpfer dieser wilden Nordstämme unter ihrem Anführer Calgacus in einer blutigen Schlacht am *Mons Graupius* nahe der heutigen Stadt Aberdeen zu schlagen (vgl. Zitat Randspalte S. 186 und S. 141), womit der nördlichste Punkt der römischen Expansion erreicht war.

Perdomita Britannia (,Britannien war nun vollständig bezwungen'), bemerkte Tacitus zu dieser Leistung seines Schwiegervaters (Historien 1,2,1), doch gelang es Agricola und seinen Nachfolgern nicht, die weit entlegenen Vorposten im gebirgigen Feindesland auf Dauer zu halten. Vielmehr blieb die Situation in Schottland notorisch unruhig, und um 100 n.Chr. scheinen einige der dortigen Legionslager niedergebrannt zu sein. Als im Jahr 117 ein weiterer Aufstand der Kaledonier für hohe römische Verluste sorgte, entschloss sich Kaiser Hadrian, dem Ganzen ein Ende zu bereiten, indem er in Britannien wie in anderen Teilen der römischen Welt eine monumentale Grenzbefestigung errichten ließ, die das vom Imperium beherrschte Gebiet vom ‚Barbarenland' abtrennte und sichern sollte.

UNTERWERFUNG UND WIDERSTAND

▶ „Uns, die wir die abgelegensten Gebiete der Erde bewohnen und damit die letzten freien Menschen sind, haben gerade unsere Abgeschiedenheit und der Ruf unserer Berühmtheit bis heute geschützt. Jetzt aber liegt das äußerste Ende Britanniens offen da, […] jenseits von uns gibt es kein Volk mehr, nur noch Meereswogen, Klippen und – gefährlicher als diese – die Römer, deren Hochmut man durch Unterwürfigkeit und fügsames Verhalten vergeblich zu entgehen glaubt" (Imaginäre Rede des kaledonischen Heerführers Calgacus vor der Schlacht am Mons Graupius; zit. n. Tacitus, Agricola 30,2–3).

▶ „[Hadrian] begab sich nach Britannien. Auch hier traf er viele Verbesserungen und erbaute als Erster über eine Strecke von 80 Meilen eine Mauer, die als Grenzscheide zwischen den Barbaren und den Römern dienen sollte" (Historia Augusta, Hadrian 11,2).

Ebenso wie zahlreiche andere Ruinen vermitteln auch die Latrinen des römischen Forts Housesteads in der Grafschaft Northumberland einen Eindruck vom antiken Britannien.

Der Hadrianswall

Dieser sog. Hadrianswall, mit dessen Bau im Jahr 122 begonnen wurde, ist zusammen mit dem etwa zur gleichen Zeit errichteten obergermanisch-rätischen Limes in Südwestdeutschland die wohl berühmteste Grenzlinie des römischen Imperiums. Auf rund 120 km Länge zog er sich an der Südgrenze Schottlands zwischen den heutigen Städten Carlisle und Newcastle wie ein ‚steinernes Band' durch die Landschaft (vgl. Karte S. 178). Anders als der 550 km lange obergermanische Limes war der Hadrianswall nämlich nicht nur eine durch Gräben und Wachtürme verstärkte Holzpalisade, sondern eine massive Steinmauer von 3 m Breite und über 4 m Höhe, deren Ruine noch heute über weite Strecken in der nordenglischen Landschaft zu sehen ist. 17 Forts sowie zahlreiche steiner-

UNTERWERFUNG UND WIDERSTAND

ne ‚Meilenkastelle', zwischen denen jeweils zwei Wachtürme (*turrets*) standen, sicherten in regelmäßigen Abständen das Befestigungswerk, das nach den Worten des englischen Althistorikers Anthony Birley die „am besten ausgearbeitete und teuerste aller römischen Grenzbefestigungen" war.[60]

Trotz dieser aufwendigen Bauweise fungierte aber wohl auch der Hadrianswall ähnlich wie der südwestdeutsche Limes weniger als unüberwindbare militärische Sperre denn als symbolische und psychologische Grenzlinie, die ‚barbarische' Einfälle schon im Vorfeld verhindern sollte, ohne den nach wie vor erwünschten Austausch mit den Kaledonierstämmen gänzlich zu unterbinden. Dieser Austausch fand nun aber im Bereich der Meilenkastelle und militärisch überwachten Grenzübergänge statt und konnte damit von den Römern besser kontrolliert und gesteuert werden.

Gegenüber den nördlichen ‚Barbaren' sollte die vermutlich hell verputzte, zwei Stockwerke hohe Steinfront sicher weithin sichtbar den römischen Macht- und Herrschaftsanspruch verkünden, doch war sie faktisch zugleich auch das stillschweigende Eingeständnis der politischen und geographischen Begrenztheit dieses Machtanspruchs. Hatte der römische Dichter Vergil im 1. Jh. v. Chr. noch von einem *imperium sine fine*, einem ‚Reich ohne Grenzen', und Aelius Aristides im 2. Jh. n. Chr. von einer uneingeschränkten römischen Weltherrschaft gesprochen (vgl. Zitate Randspalte), so machte der Bau des Hadrianswalls unmittelbar deutlich, dass selbst die so mächtige römische Welt einer militärisch befestigten Grenzlinie gegen die ‚Barbaren' bedurfte, um überleben zu können. Viele Historiker sehen in dem Bauwerk daher weniger ein steingewordenes Zeugnis imperialen Größenwahns als vielmehr eine geradezu ‚defensive' Geste Hadrians, der mit dem nach ihm benannten Wall „in symbolischer Weise einen Schlussstrich unter die Eroberungspolitik seines Vorgängers ziehen und der Oberschicht zeigen [wollte], dass das Reich nicht kontinuierlich ausgedehnt werden sollte"– so die Altertumswissenschaftlerin Astrid Nunn.[61]

Unmittelbar nach Hadrians Tod im Jahr 138 versuchte sein Nachfolger Antoninus Pius zwar noch einmal, die Grenze erneut 150 km weiter nach Norden zu verschieben, und ließ zu diesem Zweck zwischen dem Firth of Forth und der Region um Glasgow (Old Kilpatrick) den sog. Antoninuswall – eine nurmehr rund 60 km lange, aus einem Torfwall mit Holzpalisade bestehende Grenzlinie – errichten. Diesem Versuch war jedoch auf Dauer ebenso wenig Erfolg beschieden wie Agricolas Eroberungen ein halbes Jahrhundert zuvor (vgl. S. 185). Schon 158 n. Chr. musste Rom das südliche Schottland unter dem Druck der kaledonischen Stämme wieder aufgeben und zog sich nun bis zum Ende seiner Herrschaft in Britannien um 410 wieder bis zum Hadrianswall zurück. Er blieb von nun an die nördlichste Grenze des Römischen Reiches und seiner Herrschaftsansprüche – und er trennte zwei Welten, wie sie kulturell und gesellschaftlich nicht unterschiedlicher hätten sein können.

> „[Den Römern] setze ich in Raum und Zeit keinerlei Marken, ich gebe ihnen Herrschaft ohne Grenze" (Der oberste Gott Jupiter in Vergils Aeneis 1,278–279).

> „Ihr regiert auch nicht innerhalb festgelegter Grenzen, noch bestimmt ein anderer, wie weit ihr herrschen dürft" (Aelius Aristides, Romrede 10).

UNTERWERFUNG UND WIDERSTAND

KELTISCHES LEBEN DIESSEITS UND JENSEITS DES HADRIANSWALLS

Die große Mehrheit – sicherlich weit über 90% – der Bevölkerung im römischen Britannien lebte auch weiterhin als Bauern oder Arbeitskräfte auf dem Lande. In vielen Regionen unterschieden sich ihre Höfe und Siedlungen nur wenig von denen in vorrömischer Zeit, und auch die Ackerbautechnologie scheint sich zunächst nur unwesentlich verändert zu haben, denn „die römische Kultur fasste in Britannien auf dem Lande langsamer Fuß als in den Rheinprovinzen", wie der englische Althistoriker Malcolm Todd bemerkt.[62]

Beginnend im ‚belgischen' Südosten trat an die Seite der traditionellen Höfe und Weiler allerdings schon bald nach der römischen Okkupation eine langsam anwachsende Zahl von *villae rusticae* (vgl. S. 153) – großzügigen Landgütern aus zumeist mehreren Gebäuden, die nach den Regeln der römischer Architektur aus Stein erbaut und mit allen Errungenschaften des mediterranen Wohnkomforts, wie säulenumstandenen Gärten und Höfen, Unterbodenheizungen (sog. Hypokausten), Bädern und kunstvollen Mosaiken, ausgestattet waren. Ihre Zahl blieb bis ins 2. Jh. n. Chr. hinein allerdings noch gering, so dass in ihnen neben römischen Kaufleuten und Verwaltungsbeamten wohl nur die vornehmsten Familien der britannischen Aristokratie gewohnt haben dürften. Sie übernahmen nach den Worten des britischen Archäologen Martin Millett „das römische Ideal des Besitzes prachtvoller Landsitze, um so ihre Identifikation mit der römischen Kultur zum Ausdruck zu bringen". Es waren – so Millett weiter – „großartige und selbstbewusste Manifestationen der neuen Ordnung".[63] Ein besonders prächtig ausgestattetes Anwesen dieser Art in Fishbourne bei Chichester (Sussex) wird von manchen Forschern beispielsweise als ‚Palast' des bei Tacitus erwähnten Regnerkönigs Cogidubnus angesehen.

Erst im Laufe des 2. und 3. Jhs. n. Chr. wurde diese gehobene ländliche Wohnform allmählich häufiger und verbreitete sich von Südostbritannien nach und nach auch in die Siedlungsgebiete der weiter im Norden und Westen ansässigen Britannierstämme – die Zahl der aus England insgesamt bekannten *villae* beläuft sich auf ungefähr tausend. Interessanterweise waren dabei die weit zahlreicheren Landgüter des 3. und 4. Jhs. im Durchschnitt deutlich kleiner und weniger luxuriös ausgestattet als ihre Vorläufer, was darauf hinweist, dass sich nun wohl eine etwas breitere Oberschicht von keltischen Landbesitzern und auf der Insel ansässigen Römern diese gehobene Art des Wohnens leisten konnte. Viele der vornehmsten britannischen Aristokraten scheinen indes gerade in dieser Zeit ihre früheren Landresidenzen gegen repräsentative Wohnsitze in der Stadt getauscht zu haben, um stärker am öffentlichen Leben und an der von den Römern ins Land gebrachten Kultur teilhaben zu können. In *Verulamium* und anderen Städten fanden die Archäologen jedenfalls auffallend viele große Stadtvillen aus dem 3. und 4. Jh. n. Chr.

Die britisch-römische Stadtkultur

Die Herausbildung größerer Städte und damit eines Urbanismus nach mittelmeerischem Vorbild war sicherlich das herausragendste und markanteste Merkmal des Kulturwandels im römischen Britannien. Die Städte auf der Insel konnten sich in ihrer Größe und Ausstattung zwar nicht mit denen Galliens oder gar des Mittelmeerraums messen, doch stellten sie trotzdem eine Siedlungsform dar, wie es sie zuvor im keltischen Britannien nicht gegeben hatte und die nicht zuletzt auch eine völlig neue Lebensqualität mit sich brachte. Die damit verbundene psychologische Zäsur darf nach den Worten des britischen Archäologen Guy de la Bédoyère nicht unterschätzt werden. „In vorrömischer Zeit lebte der größte Teil der Bevölkerung in nahezu ständiger Unsicherheit", so der Forscher. „Die Stammesgrenzen und -schicksale fluktuierten mit dem Aufstieg und Fall der Herrscherpersönlichkeiten, [...] und eine Menge an wirtschaftlicher und psychischer Energie wurde in die Austragung der Stammesrivalitäten und in das Streben nach individuellem Status gesteckt. Nun, da der Krieg zwischen den Stämmen beendet und der bewaffnete Widerstand niedergeworfen war, konnten die wirtschaftlichen Überschüsse in den Aufbau und in die Ausgestaltung der Städte investiert werden. Auch die Angehörigen der Stammeseliten versuchten nun, ihre Macht und ihren Einfluss vorrangig im Rahmen der Ämter und Strukturen der Lokalverwaltungen auszuüben."[64]

An der Spitze der britannischen Städte standen wie im übrigen Reich die sog. *coloniae*, Niederlassungen römi-

Der Hadrianswall in der Nähe des antiken Forts Housesteads *(Vercovicium)* bei Thorngrafton in der Grafschaft Northumberland. Die um 122. n. Chr. errichtete Grenzmauer von 120 km Länge sicherte die römische Provinz Britannien gegen das ‚barbarische Schottland'.

KELTISCHES LEBEN DIESSEITS UND JENSEITS DES HADRIANSWALLS

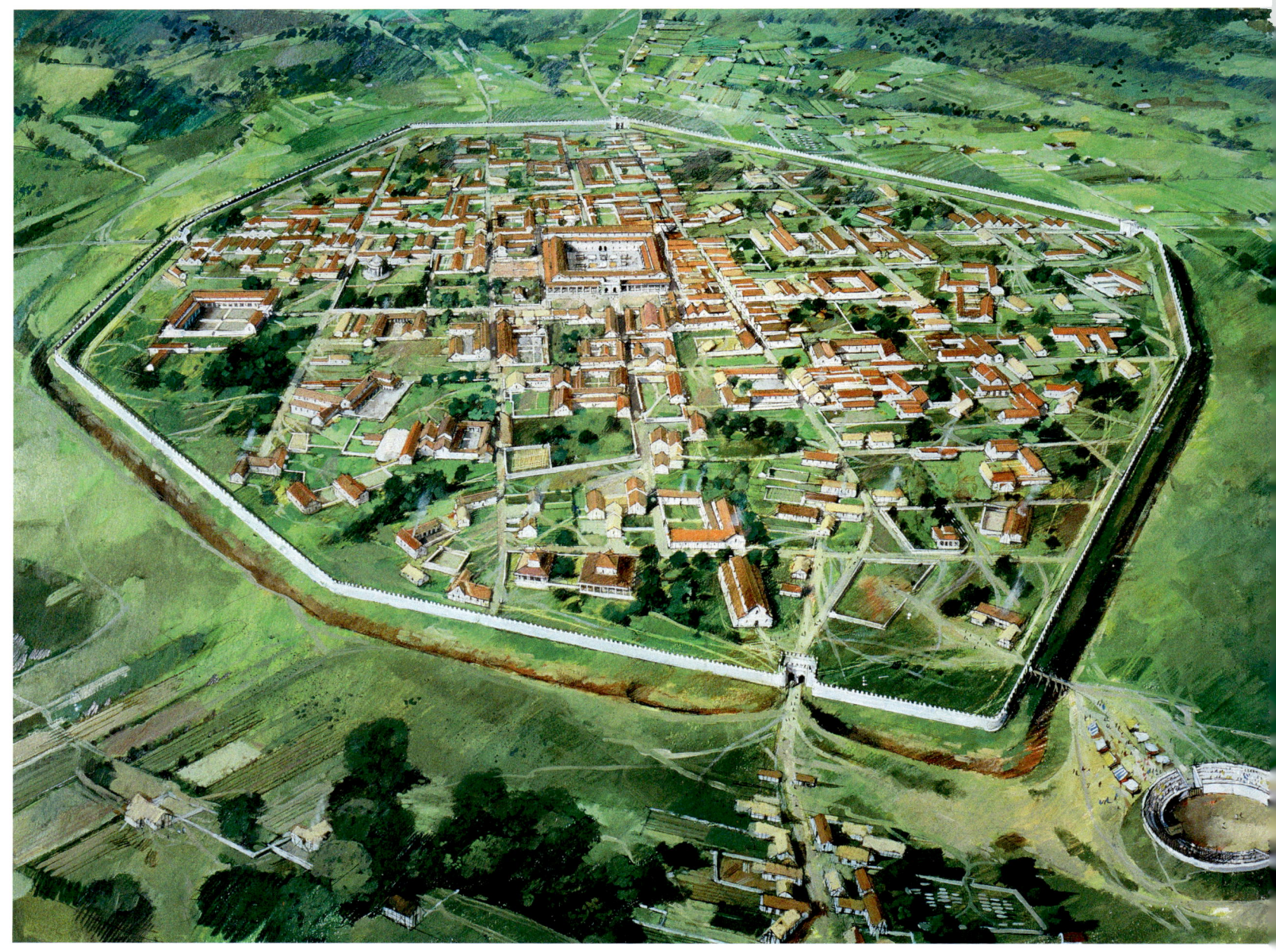

Rekonstruktionszeichnung der Atrebaten-Hauptstadt Silchester in Südengland im 3. Jh. n. Chr. Wie die meisten römisch-britannischen Stammesvororte besaß auch Silchester eine urbane Infrastruktur mit rechtwinklig angelegtem Straßennetz, großzügigem Forum (Bildmitte) und Amphitheater (vorne rechts). Zeichnung von Ivan Lapper.

scher Bürger, die im Inneren autonom und deren Bewohner nicht steuerpflichtig waren. In Britannien gab es drei solcher Kolonien, nämlich *Camulodunum* (Colchester), *Lindum* (Lincoln) und *Glevum* (Gloucester) – später kam auch noch York hinzu. „Bei allen dreien handelte es sich um frühe römische Militärbasen, die als solche von zahlreichen aus dem Dienst ausgeschiedenen Legionären bewohnt wurden", so der britische Forscher Andrew McCloy (vgl. S. 183).[65] Sie bildeten also sozusagen römische Besatzungsstützpunkte im britannischen Gebiet, und daraus erklärt sich auch, weshalb *Camulodunum* während des Boudicca-Aufstands als erste Ansiedlung in Flammen aufging, gefolgt von der gleichfalls überwiegend römisch besiedelten Gründungsstadt *Londinium* (London) und von *Verulamium*, dem Vorort der mit den Trinovanten verfeindeten Catuvellaunen (vgl. S. 177 f.). Tacitus' Angabe, wonach bei dem Rachefeldzug der Aufständischen insgesamt 70 000 Menschen getötet worden sein sollen (vgl. S. 184), mag zwar vielleicht etwas übertrieben sein, weist aber doch darauf hin, dass es sich bei allen drei Orten schon um 60 n. Chr. um größere Städte gehandelt haben muss. Schätzungen zufolge lebten später in London rund 30 000 Menschen, und *Verulamium* war mit 80 ha überbauter Fläche die drittgrößte Stadt Britanniens.

Die meisten Stammesvororte der einheimischen Bevölkerung waren dagegen sog. *civitates*, das heißt die städtischen Mittelpunkte der in der Regel an den alten keltischen Stammesgebieten orientierten Verwaltungsbezirke, in die Rom die Provinz unterteilt hatte (vgl. S. 151). Diese urbanen Stammeszentren lagen nicht selten in der Nähe früherer *Hillforts*, die nun wie auf dem Festland nach und nach aufgegeben wurden – an die Stelle von Maiden Castle (vgl. S. 159) trat beispielsweise das römische *Durnovaria* (Dorchester) als Hauptort der Durotrigen in Dorset.

Als ‚romanisierte Städte' besaßen auch diese Hauptorte, zu denen unter anderem Silchester, Winchester, Canterbury und Chichester gehörten, eine begrenzte Form der Selbstverwaltung und durften ihre eigenen Stadträte und Magistraten wählen. Diese städtischen Funktionäre und Beamten entstammten größtenteils den alten Stammeseliten, die auf diese Weise auch unter der römischen Besatzung ihre Herrschaft fortführen konnten und ab dem 2. Jh. sogar automatisch das römische Bürgerrecht erhielten – auch dies trug wesentlich zur Integration der britannischen Aristokratie in das neue Machtgefüge bei.

Um die übrige Stadtbevölkerung ebenfalls für die römische Kultur zu gewinnen, wurden auch diese Stammesvororte zunehmend in römischem Stil ausgebaut und erhielten die übliche urbane Infrastruktur mit rechtwinklig angelegten Straßen, großen Plätzen mit repräsentativen Bauten, öffentlichen Bädern, Theatern, Denkmälern usw. Kaum noch etwas in ihnen erinnerte an die alte britische Holzbauweise und Rundbautradition (vgl. S. 161). Es handelte sich vielmehr um Städte, wie sie ebenso gut auch in Gallien, im Nahen Osten oder in Italien hätten stehen können – nur eben eine Nuance weniger groß, prachtvoll und protzig als dort. Die in ihnen wohnenden Briten werden sich vermutlich recht bald mehr und mehr als Römer gefühlt, römische Kleidungsstücke und römische Sitten übernommen, ja im Laufe der Zeit wahrscheinlich zumindest in den oberen Gesellschaftsschichten auch die lateinische Sprache und Schrift erlernt haben – eine perfekte Assimilierung also (vgl. Zitat Randspalte), die freilich auf dem Lande weit weniger durchgreifend gewesen sein dürfte als in den Städten.

Kulturelle Verschmelzung

Diese Assimilation war nur deshalb möglich, weil sie auf bestimmte althergebrachte Kulturelemente und Traditionen der Britannier Rücksicht nahm und diese geschickt mit der neuen Lebensweise verschmolz, so dass den Einheimischen die Identifikation mit der daraus resultierenden Mischkultur leichter fiel. Ein kleines, aber instruktives Beispiel hierfür liefert das römische Bath nahe Bristol in Südwestengland, das im gesamten Imperium als Heilbad bekannt war.

Dort entsprangen drei heiße Quellen mit Temperaturen zwischen 40 und 50 Grad Celsius, an denen vermutlich schon in vorrömischer Zeit eine keltische Göttin namens Sulis verehrt wurde – daher auch der spätere römische Ortsname *Aquae Sulis*. Dieser Keltengöttin, die im Rahmen der *Interpretatio Romana* (vgl. S. 128) mit der römischen Staatsgöttin Minerva gleichgesetzt wurde, errichtete man in der Stadt einen prachtvollen Tempel, dessen Giebel eines der schönsten Beispiele britisch-römischer Bildhauerkunst zierte: ein klassisches Medusenhaupt mit den Gesichtszügen eines Mannes, „der die winkelförmige Nase und die linsenförmigen Augen, den Schnurrbart und die hervorstehenden Augenbrauen eines keltischen Gottes besitzt", so der britische Archäologe Barry Cunliffe, und in dem sich damit „eine brillante Vermischung der beiden Kunsttraditionen" manifestiert.[66]

Die direkt neben diesem Tempel gelegene heilige Quelle wurde um 54 n. Chr. in ein Becken gefasst und mit einer großen Kuppelhalle überbaut, durch deren Fenster die vielen tausend Gläubigen, die das Quellheiligtum alljährlich besuchten, Weihegaben an die Göttin ins Wasser werfen konnten – ein Ritual, wie es die Britannier und Festlandkelten schon Jahrhunderte zuvor praktiziert hatten (vgl. S. 126 f. und 170 f.). Bei Ausgrabungen in den Quellablagerungen fanden sich daher auch große Mengen von Opfergaben, darunter mehr als 10 000 Münzen, gestielte Trink- und Spendebecher sowie andere Metallgefäße, eine Zeremonialmaske aus Zinn und etwa 90 sog. Fluchtäfelchen aus dem gleichen Metall. Auf Letzteren brachten die Gläubigen der Göttin bestimmte Vergehen zur Kenntnis, deren Opfer sie geworden waren, und zählten die von ihnen Verdächtigten auf, mit der Bitte, sie hart zu bestrafen (vgl. Zitate Randspalte S. 192).

Aufschlussreich sind diese Fluchtäfelchen nicht nur wegen ihres Inhalts, sondern auch wegen der zahlreichen

Römisch-britannischer Bronzekopf der Lokalgöttin Sulis-Minerva aus Bath in Südwestengland.

„Um die zerstreut lebenden, unzivilisierten und deshalb leicht zum Krieg neigenden Menschen durch Annehmlichkeiten an Ruhe und Frieden zu gewöhnen, ermunterte [Agricola] sie persönlich und half ihnen mit öffentlichen Mitteln, Tempel, Marktplätze und städtische Häuser zu erbauen. Dabei lobte er die Willigen und tadelte die Zögernden, so dass sich Ehrgeiz statt Zwang einstellte. Ferner ließ er die Söhne der Vornehmen in den freien Künsten erziehen, wobei er die natürliche Begabung der Britannier höher bewertete als den Lerneifer der Gallier. So kam es, dass die Menschen, die gerade noch die römische Sprache abgelehnt hatten, nunmehr nach römischer Redekunst strebten. Bald galt auch unser Aussehen als vornehm, und man trug häufig die Toga. Allmählich gab man sich dann auch den verlockenden Einflüssen des Lasters hin, wie sie Säulenhallen, Bäder und erlesene Gastmähler bieten. Und dies alles nannten die Ahnungslosen Kultur und Lebensart, wo es doch nur ein Teil ihrer Knechtschaft war" (Tacitus, Agricola 21,1–2).

❧ „An die Göttin Sulis-Minerva von Docca. Ich gebe Dir, Göttin, die Geldsumme, die mir gestohlen wurde, nämlich fünf Denare. Möge der Dieb, ob Sklave oder Freier, Mann oder Frau, gezwungen werden, zu ... [Abbruch des Textes]."

❧ „Möge derjenige, der mir Vilbia weggenommen hatte, so flüssig werden wie das Wasser. Und möge sie, die sich so obszön hingab, verstummen."
(Fluchtäfelchen aus dem Quellheiligtum von Bath)

auf ihnen erwähnten Personennamen. Nach Cunliffe kommen nämlich keltische wie lateinische Namen gleichermaßen vor, was dafür spricht, dass die Quelle von ganz unterschiedlichen Bevölkerungsgruppen besucht wurde – von römischen Pilgern ebenso wie von romanisierten Britanniern aus der Oberschicht, von bodenständig-keltischen Einheimischen ebenso wie von pensionierten Legionären, von denen sich auffällig viele Grabsteine in der Umgebung der Stadt fanden. Cunliffe zufolge muss an dem Ort „eine Art kosmopolitische Atmosphäre geherrscht haben wie noch heute zu Spitzenzeiten der Feriensaison – man traf dort im Ruhestand befindliche Soldaten aus der Umgebung genauso wie Besucher aus Britannien und anderen Ländern, die alle von den Berichten über die Heilkraft des Wassers hierher gelockt wurden".[67] In *Aquae Sulis* konnte man nämlich nicht nur an dem Quellheiligtum opfern, sondern auch in großen und luxuriösen Badegebäuden, die von den heißen Quellen gespeist wurden, selbst ins Wasser steigen und auf diese Weise die verschiedensten Leiden kurieren. Darüber hinaus gab es in dem Heilbad vermutlich auch ein Theater und andere Möglichkeiten, sich zu zerstreuen, so dass ein Besuch in Bath „enorm aufregend und unterhaltsam gewesen sein muss und die Stadt sicherlich nicht nur von gramgebeugten Individuen mit schweren Leiden besucht wurde", wie der Archäologe Guy de la Bédoyère schreibt.[68] Sie war vielmehr ein Quell der Lebensfreude und ein Treffpunkt von Menschen aus aller Herren Länder – vor allem aber auch ein Schmelztiegel der keltischen und der römischen Kultur.

Das Leben im keltischen Schottland

Verglichen mit dieser hoch entwickelten, städtisch geprägten Provinzialkultur südlich des Hadrianswalls lebten die Kelten nördlich der Mauer in einer noch recht einfachen und rauen, archaisch strukturierten Bauern- und vor allem Viehzüchtergesellschaft. Wirklich fruchtbares Ackerland existierte in Schottland nämlich vorwiegend in den östlichen Küstenebenen, während sich das gebirgige Hochland in der Regel nur für die Viehhaltung eignete, so dass das antike Klischee von den britannischen Hirtenkulturen (vgl. S. 156) hier wohl tatsächlich zutraf. Wie die Auswertungen faunistischer Reste belegen, hielt man vor allem Rinder – in den meisten schottischen Fundstätten stammen mehr als die Hälfte der Tierknochen von ihnen. Dazu kamen wie auf dem Festland Schweine – ihr Anteil liegt bei etwa einem Drittel – und Schafe/Ziegen mit einem Anteil von zumeist unter 20 %. Der Vielfalt der Landschaft entsprechend existierte im keltischen Schottland auch eine enorme Spektrum an unterschiedlichen Wohn- und Siedlungsformen. Im Süden und Osten des Landes prägten wie im vorrömischen Britannien größere und kleinere *Hillforts* sowie hölzerne Rundhäuser das Siedlungswesen, wobei Letztere nicht selten auf Holzplattformen oder kleinen künstlichen Inseln an den Ufern der schottischen Seen errichtet wurden – man bezeichnet diese gut zu verteidigenden aquatischen Wohnstätten als *Crannogs*. In den gebirgigeren Regionen war gutes Bauholz dagegen selten, so dass bei den dortigen Rundhäusern vorwiegend Stein als Baumaterial Verwendung fand. Entlang der zerklüfteten atlantischen Westküste wurden diese Steinbauten häufig auf ins Meer ragenden Felszungen oder Halbinseln errichtet und mit kleinen ringförmigen Wehrmauern umgeben – man spricht in diesem Fall von sog. *Duns* (vgl. Karte S. 162). Daneben existierten in der Region auch sog. *Wheelhouses*, steinerne Rundhäuser mit großen, radial angeordneten Tragepfeilern im Inneren, die das Gebäude wie die Speichen eines Rades gliederten und zugleich das Dach stützten.

Am bekanntesten unter den schottischen Wohnbauten sind aber die sog. *Brochs*, steinerne Wohntürme, von denen im Bereich der Nordwestküste und auf den vorgelagerten Inseln etwa 500 als Ruinen erhalten sind (vgl. Abb. S. 194). Diese imposanten Turmbauten hatten oftmals einen Durchmesser von 10 bis 15 m und waren aus mörtellosem Trockenmauerwerk bis zu 15 m hoch (Mousa Brochs) aufgeschichtet – ihre fensterlosen Mauern waren im unteren Bereich oft mehrere Meter dick. Durch einen nur schmalen Eingang gelangte man ins Innere, wo Hohlräume im Mauerwerk als Vorratskammern, Schlafnischen oder für andere Zwecke genutzt wurden. Im oberen Turmbereich, der über eine gleichfalls in die Mauer eingelassene Treppe zu erreichen war, waren mithilfe von Holzdielen und Zwischendecken oft ein bis zwei weitere Stockwerke eingefügt. Es handelte sich mit anderen Worten um regelrechte kleine ‚Wohnburgen' ähnlich den mittelalterlichen ‚Motten' in Zentraleuropa, die zwischen etwa 200 v. Chr. und 200 n. Chr. erbaut wurden und vermutlich auch noch einige Jahrhunderte darüber hinaus in Benutzung blieben.

Ähnlich wie die *Crannogs* und die *Duns* scheinen auch diese *Brochs* von jeweils einzelnen Familien bewohnt worden zu sein, die sicherlich zu den führenden Geschlechtern ihrer Stämme zählten – eine Annahme, für die jedenfalls das im Bereich der Wohntürme ausgegrabene vergleichsweise reiche und hochwertige Fundmaterial spricht. Es umfasste unter anderem römische Importgüter aus der Provinz Britannien und vom Kontinent, was auf einen überdurchschnittlichen Wohlstand und sozialen Status der Bewohner schließen lässt. Einige *Brochs* waren zudem von weiteren, sehr viel bescheideneren und teils aus Holz bestehenden Häusern umgeben, in denen die Archäologen Wohnstätten der Bediensteten der Turmbewohner oder von ihnen abhängiger Kleinbauern vermuten.

Im modern rekonstruierten ‚Großen Bad' von Bath herrscht noch heute eine Atmosphäre von Luxus und klassischer Eleganz.

Eine dezentrale und kriegerische Gesellschaft

Von ihrer Bauweise und vom Fundmaterial her waren die schottischen ‚Einhausburgen' also alles andere als primitiv und ärmlich – vielmehr wurde in sie sehr viel Arbeit investiert, denn nach Schätzungen von Experten dürften mit dem Bau der größten von ihnen Dutzende von Arbeitskräften monatelang beschäftigt gewesen sein. In soziologischer Hinsicht zeugen die *Brochs* dagegen von einer noch vergleichsweise dezentral und kleinräumig strukturierten Gesellschaft, scheint doch jeder dieser Wehrtürme der wirtschaftliche und politisch-soziale Mittelpunkt einer ganzen Kleinregion mit bis zu 500 Einwohnern gewesen zu sein. Diese kleinräumige Organisationsform hing sicherlich nicht zuletzt mit dem zerklüfteten Landschaftsrelief Schottlands zusammen,

> „Das Volk der Pikten trägt seinen Namen nach der Sitte der Körpertätowierung. Sie bearbeiten ihre Haut mit Nadelstichen und mit dem ausgepressten Saft einer einheimischen Pflanze, so dass die daraus resultierenden Muster den persönlichen Rang eines jeden anzeigen und die tätowierten Gliedmaßen ihre hohe Geburt erkennen lassen" (Isidor von Sevilla [um 600 n.Chr.]).

Ruine eines schottischen Wohnturms (sog. *Broch*) bei Dun Carloway auf der Isle of Lewis. Deutlich sichtbar sind die meterdicken Steinmauern und der Wohnraum in der Mitte.

denn nach Martin Millett „begrenzte die Topographie des Hochlandes die Größe der Gemeinschaften und beschränkte ihre Kontakte untereinander".[69] Darüber hinaus spiegelt diese Fragmentierung aber gewiss auch den noch recht archaischen Entwicklungsstand einer Gesellschaft wider, die überregional wenig vernetzt war – als mitteleuropäischer Vergleich würden sich etwa die hallstattzeitlichen ‚Herrenhöfe' in Bayern anbieten (vgl. S. 22 f.).

Geradezu mit Händen zu greifen ist überdies der Wehrcharakter der *Brochs*, der auch für die *Duns*, *Crannogs* und *Hillforts* in anderen Regionen Schottlands charakteristisch ist. Ihre meterdicken Mauern und anderen Befestigungen deuten auf eine wenig friedliche, stark von Kriegen und bewaffneten Konflikten geprägte Gesellschaft hin, wie sie uns auch in den antiken Schriftquellen über die Stämme nördlich des Hadrianswalls überliefert ist (vgl. S. 185 und 195). Interessant ist in diesem Zusammenhang, dass den Befunden zufolge ab ca. 200 n.Chr. keine *Brochs* mehr gebaut wurden, was nach den Worten der schottischen Archäologin Anna Ritchie darauf hinweist, dass „die Präsenz der römischen Armee [in Britannien] eine äußere Bedrohung darstellte, die die lokalen Streitigkeiten zwischen den einzelnen schottischen Stämmen zu überwinden half und die rivalisierenden Parteien gegen den gemeinsamen Feind zusammenschloss". Anders als im südlichen Britannien hätte die römische Invasion im schottischen Norden also zu einem „verstärkten Zusammengehörigkeitsgefühl" geführt, das sowohl das Erlöschen der *Brochs* als auch die Erfolge der schottischen Stämme im Kampf gegen die Römer schlüssig erklären könnte.[70]

Kaledonier, Pikten, Schotten

Haben wir bisher die Frage weitgehend ausgeklammert, um welche Stämme und Völkerschaften es sich bei diesen wilden Nordbritanniern genau handelte, so wollen wir dieser etwas verwickelten Materie hier nun zumindest in Ansätzen nachgehen. Von grundlegender Bedeutung ist dabei zunächst die Tatsache, dass die ‚Schotten', nach denen der Norden Großbritanniens seit dem Mittelalter benannt ist, zur Zeit der Errichtung des Hadrianswalls um 122 n.Chr. noch gar nicht auf der Britischen Insel anwesend waren. Vielmehr siedelten sie damals im Nordosten Irlands, in der heutigen Provinz Ulster, und bezeichneten sich selbst nach ihrer Sprache vermutlich als *Gaelen*. Den Namen *Scotti*, der ursprünglich nichts anderes als ‚Seeräuber' oder ‚Bandit' bedeutete, haben ihnen erst die Römer gegeben, als Gruppen dieser Nordiren ab dem 3.Jh. n.Chr. immer öfter den schmalen Meeresstreifen nach Wales und Schottland überquerten, um dort Raubzüge zu unternehmen.

Ab etwa 500 n.Chr. ließen sich Verbände dieser gälischen *Scotti* dann dauerhaft an der schottischen Westküste rund um die Halbinsel Kyntire nieder und gründeten dort ein eigenes Königreich, das wie in ihrer nordirischen Heimat den Namen *Dalriada* trug. Es stand in Konkurrenz mit den einheimischen Stämmen Schottlands und breitete sich im Laufe der Jahrhunderte immer mehr auf deren Kosten nach Zentral- und Ostschottland aus, bis im Jahr 843 der gälische *Dalriada*-König Cinead mac Alpín (= Kenneth mac Alpin) schließlich die Macht als Herrscher ganz Schottlands übernahm, und die gälische Kultur die einheimisch-schottische vollständig assimilierte. Doch dieses Ereignis vollzog sich erst mehrere Jahrhunderte nach der Zeitperiode, die uns hier vornehmlich interessiert, so dass wir uns nicht weiter damit beschäftigen wollen.

In jener Epoche, als der Hadrianswall als Grenzbefestigung erbaut wurde, hieß Schottland in den antiken Quellen noch ‚Kaledonien' und wurde von den ‚Kaledoniern' bewohnt – vermutlich eine römische Sammelbezeichnung für ganz unterschiedliche Gruppen, denn der griechische Geograph Ptolemäus listete um 140 n.Chr. nicht weniger als 16 verschiedene Stämme in Schottland auf, von denen die *Caledonii* nur einer waren (vgl. Karte S. 178).

Ab dem 3.Jh. n.Chr. wurde die Provinz Britannien den römischen Quellen zufolge dann aber nicht mehr von den Kaledoniern angegriffen, sondern von den sog. Pikten –

ein Name, der bei Ptolemäus nicht vorkommt und dessen Ursprung etwas rätselhaft bleibt. Nach der gängigsten Erklärung ist er rein römisch und bedeutet wörtlich ‚bemalte Menschen' – eine Anspielung auf die Sitte der Körperbemalung, die in vorrömischer Zeit ja auch im südlichen Britannien üblich war (vgl. S. 157 f.), bei den Stämmen Schottlands aber möglicherweise vorwiegend in Form der Tätowierung praktiziert wurde (vgl. Zitat Randspalte S. 194). Vermutlich handelte es sich also um eine Art römisches ‚Etikett' für ganz unterschiedliche Stämme, deren wirkliche Namen wir nicht kennen. In der zeitgenössischen Literatur beherrschten diese Pikten jedenfalls zwischen dem 4. und dem frühen 9. Jh. n. Chr. den größten Teil Schottlands, und die ganze Region nördlich des Hadrianswalls wurde nach ihnen als ‚Piktland' bezeichnet.

Über die Kultur und gesellschaftliche Organisation dieses Volkes wissen wir abgesehen von den bereits beschriebenen Siedlungsstätten nur wenig. Die Pikten gelten als direkte einheimische Nachfahren der Kaledonier und standen den Römern wie diese feindlich gegenüber, scheinen sich aber nicht gänzlich von der Provinz Britannien abgeschottet zu haben, denn römische Importgüter waren als Statusobjekte im ganzen piktischen Schottland weit verbreitet. Eine wohl im 9. Jh. n. Chr. entstandene Königsliste zählt Dutzende von piktischen Herrschern auf – zunächst wahrscheinlich in regionalen Kleinkönigtümern, ab dem 6. Jh. dann in einem großen piktischen Königreich. Außer dieser Liste und rund zwei Dutzend Ritzinschriften im irischen Ogham-Alphabet (vgl. S. 218) verfügen wir bislang über keine weiteren zeitgenössischen Schriftzeugnisse – die Orts- und Landschaftsnamen lassen die meisten Forscher aber vermuten, dass die Pikten eine Variante des Britannischen (vgl. S. 168) sprachen und damit in linguistischer Hinsicht als Kelten gelten können. Eine ausgeprägte Latènekultur scheinen sie indes von einigen Importstücken abgesehen nicht besessen zu haben, so dass ihre ethnische Zuordnung letztlich etwas unsicher bleibt.

Die ‚piktischen Steine'

Ein Rätsel für die Forschung sind auch die herausragendsten Kunstwerke der Pikten, die sog. piktischen Steine, die wahrscheinlich aus dem 6. bis 9. Jh. n. Chr. stammen. Es handelt sich dabei um rund 250 zum Teil künstlich geformte, zum Teil auch unbehauene Monolithen, die mit eingemeißelten Darstellungen von Menschen und Tieren sowie mit immer wiederkehrenden Symbolen geschmückt sind. Letztere umfassen einen Fundus von etwa 50 Motiven, die auch auf anderen Objekten vorkommen, und unter denen unterschiedliche Tiere sowie abstrakte und geometrische Zeichen am häu-

Der ‚piktische Stein' Aberlemno I in Angus mit symbolischen Tierdarstellungen und Zeichen.

figsten sind. Ihre wissenschaftliche Deutung reicht von totemistischen, das heißt auf die Abstammung von bestimmten Tieren bezogenen Clanabzeichen über die visuelle Darstellung von Eigennamen oder Rangabstufungen bis hin zu der Vermutung, es habe sich um Umsetzungen der sonst am Körper angebrachten Tattoos auf das haltbare Material Stein gehandelt. In jedem Fall müssen diese Symbole ein wichtiges visuelles Kommunikationsmittel in einer ansonsten schriftlosen Gesellschaft gewesen sein, und die ‚piktischen Steine' mögen „als eine Art ‚Anschlagtafeln' gedient haben, die aufgestellt wurden, um bestimmte Botschaften öffentlich zu machen und für die nachfolgenden Generationen zu bewahren", wie die schottische Autorin Elizabeth Sutherland schreibt.[71]

Am besten sind wir dank der antiken Literatur aber über die kriegerischen Überfälle der Pikten informiert, die sie zu einer steten Bedrohung für das römische Britannien machten. 367 n. Chr. scheinen sich diese nördlichsten Kelten sogar mit den Scotten und anderen irischen Gruppen zu einem konzertierten Angriff auf die Provinz verbündet zu haben, der als ‚die Barbarenverschwörung' in die antiken Geschichtsbücher eingegangen ist. Die Truppen des Imperiums konnten ihn zwar noch einmal mit Mühe zurückschlagen, doch seit dem späten 4. Jh. drohten von anderer Seite her neue Gefahren, die schließlich zum Ende der römischen Herrschaft auf der Insel und zur Umwandlung des keltischen Britannien in das germanische England führen sollten.

„Als Constantius zum zehnten und Julian zum dritten Mal Konsuln waren [360 n. Chr.], durchbrachen in Britannien die wilden Völker der Scotten und Pikten die vereinbarte Waffenruhe und verwüsteten mit ihren Einfällen die Regionen in der Nähe der Grenzen. Furcht kam nun über die Provinzen" (Ammianus Marcellinus, Res gestae [4. Jh. n. Chr.] 20,1).

„Zu dieser Zeit [= 367 n. Chr.] ertönten fast überall in der römischen Welt die Kriegstrompeten. Die wildesten Völker erhoben sich und zogen durch die Grenzgebiete in ihrer Nähe. [...] Die Pikten und Sachsen, die Scotten und Attacotten suchten Britannien mit stetem Unglück heim" (Ammianus Marcellinus, Res gestae [4. Jh. n. Chr.] 26,4,5).

„Britannien war all seiner bewaffneten Streitkräfte beraubt und [...] gleich zwei fremden Stämmen besonderer Grausamkeit ausgesetzt, den Scotten aus dem Nordwesten [= Irland] und den Pikten aus dem Norden [= Schottland]" (Gildas, Über die Zerstörung Britanniens 14–15).

AUS BRITANNIEN WIRD ENGLAND

→ „[Kaiser] Honorius schrieb [410 n.Chr.] Briefe an die Städte in Britannien, in denen er sie aufforderte, in Zukunft selbst für sich Sorge zu tragen" (Zosimos, Neue Geschichte [5./6. Jh. n. Chr.] 6,10,2).

→ „Nun rüsteten sich die Männer aus Britannien, setzten ihr eigenes Leben ein und befreiten ihre Städte selbst von der Bedrohung durch die Barbaren" (Zosimos, Neue Geschichte [5./6. Jh. n. Chr.] 6,5,2).

Neben den Überfällen der Pikten und der Scotten war der Südteil der Insel ab dem späten 3. Jh. n. Chr. auch einer immer stärker werdenden Bedrohung aus dem Osten ausgesetzt. Aus Norddeutschland und Dänemark kommend griffen immer wieder die als Seeräuber berüchtigten Sachsen und andere Germanenstämme die britische Südostküste und ihre Häfen an, um dort zu plündern. Als Schutz vor diesen Überfällen legte die römische Besatzungsmacht gegen 300 n.Chr. rund ein Dutzend schwer befestigter Forts entlang dem Küstenstreifen zwischen Norwich und Brighton an, die zum Teil noch heute gut erhalten sind und denen die Region die Bezeichnung *Saxon Shore* (= ‚sächsische Küste') verdankt.

Trotz dieser Verteidigungsmaßnahmen verstärkten sich die Barbarenüberfälle von allen Seiten auf Britannien im Laufe des 4. Jhs. aber noch. Die römische Besatzungsmacht war ihnen immer weniger gewachsen, weil nun überall an den Grenzen des Imperiums die ‚Barbarenvölker' rebellierten und das Römische Reich kurz vor seinem endgültigen Zusammenbruch stand. Es wurde also an vielen Fronten gleichzeitig gekämpft, und vor diesem Hintergrund verlor das am nördlichen Rand des Imperiums gelegene Britannien immer mehr an strategischer Bedeutung. Schon während des 4. Jhs. wurden daher immer mehr Truppen von dort abgezogen und auf das Festland verlegt, ohne jemals wieder auf die Insel zurückzukehren. Diese zunehmende Ausdünnung der römischen Präsenz ermutigte die Pikten, Scotten und Germanen natürlich zu einer Ausweitung ihrer Überfälle, die gleichzeitig immer gefährlicher wurden. Als im Jahr 410 n. Chr. die britannischen Städte einmal mehr den römischen Kaiser Honorios um militärische Hilfe gegen diese Angriffe baten, lehnte er das Ersuchen bedauernd ab und forderte sie auf, fortan für sich selbst zu sorgen (vgl. Zitat Rand-

Pevensey Castle in East Sussex – eine der gegen die Überfälle sächsischer Piraten errichteten römischen Festungen. An der ‚sächsischen Küste' *(= Saxon Shore)* in Südostengland standen rund ein Dutzend derartiger Forts.

spalte S. 196). Damit gab Rom die Provinz Britannien faktisch auf und entließ die Briten in die Unabhängigkeit. Wofür die Rebellenfürstin Boudicca und Generationen britannischer Widerstandskämpfer jahrhundertelang vergeblich gekämpft hatten (vgl. S. 180 ff.), war nun plötzlich Wirklichkeit geworden – jedoch unter äußeren Rahmenbedingungen, die den Traum von der wiedergewonnenen Freiheit eher zu einem Albtraum werden ließen.

Die Geister, die ich rief ...

Es scheint den auf diese Weise plötzlich wieder auf sich allein gestellten britannischen Kelten zunächst einige Jahrzehnte lang gelungen zu sein, die ehemalige römische Provinz zumindest zum Teil noch als einen politischen und militärischen Verbund zusammenzuhalten. Jedenfalls erwähnen die in dieser Zeit immer spärlicher werdenden Quellen einen britannischen Herrscher namens Vortigern, der um 425 n. Chr. an die Macht gekommen sein soll und der zumindest in gewissem Maße eine Autorität von überregionaler Bedeutung gewesen zu sein scheint – der Name Vortigern bedeutet auf Keltisch wörtlich ‚Oberhaupt' oder ‚Oberkönig'. Dieser britannische Herrscher ging mit der tödlichen Bedrohung von außen allerdings eher hilflos und unglücklich um, wenn man den zeitgenössischen Quellen glauben darf. Zur Abwehr der Überfälle der Pikten holte er nämlich als Hilfstruppen germanische Söldner ins Land, die nach der Legende von dem sächsischen Brüderpaar Hengist und Horsa angeführt wurden, und wies ihnen als Lohn für ihre militärischen Dienste Landstriche in Kent und in den benachbarten Regionen zur Ansiedlung zu. Es kam, wie es kommen musste und wie es in der keltischen Geschichte schon des Öfteren geschehen war: Die vermeintlichen Helfer begannen schon bald auf eigene Rechnung zu operieren, verfolgten ihre eigenen Pläne und Interessen und lehnten sich schließlich offen gegen ihren britannischen Dienstherrn auf, als er ihren Forderungen nicht nachkam.

Als Folge dieser sächsischen Rebellion und regionalen Machtübernahme dehnten sich die ursprünglich eng begrenzten germanischen Ansiedlungen im Südosten der Insel rasch immer weiter aus, und zusätzlich kamen noch weitere Germanenverbände aus Norddeutschland und Dänemark nach Britannien, um sich dort dauerhaft als Bauern und Viehzüchter niederzulassen. Statt mit Piraterie und temporären Raubüberfällen hatten es die Britannier nun also mit einer systematischen und gewaltsamen fremden Landnahme zu tun, weshalb Vortigern, der die gierigen Geister ursprünglich in bester Absicht gerufen hatte, in der späteren inselkeltischen Überlieferung nurmehr als Verräter und Hassfigur auftaucht.

Es war in der Tat ein verhängnisvoller Dammbruch, denn die sächsischen Einwanderer, zu denen sich bald auch die gleichfalls aus Norddeutschland und von der dänischen Halbinsel stammenden Angeln und Jüten hinzugesellten, besetzten innerhalb der nächsten 200 Jahre sukzessive den gesamten Südosten Britanniens und damit das naturräumlich und wirtschaftlich besonders bevorzugte Kernland der Insel (vgl. Karte S. 198). Sie gründeten dort sieben kleine Königreiche – die sog. Heptarchie –, deren Namen in den Bezeichnungen der heutigen englischen Grafschaften weiterleben: Im Königreich Essex (= *East Seaxe*) mit seiner Hauptstadt London siedelten beispielsweise die Ostsachsen, in Wessex (= *West Seaxe*) die West- und in Sussex die Südsachsen, während die Grafschaften Norfolk und Suffolk ihre Namen der Unterteilung East Anglias in ein ‚North folk' und ein ‚South folk' verdanken. Nicht nur in sprachlicher Hinsicht wurde so aus dem keltischen Britannien im Laufe der Zeit und zahlloser blutiger Auseinandersetzungen ‚England', das Land der germanischen Angeln und Sachsen, während sich die britannische Urbevölkerung den Zuwanderern entweder politisch und kulturell unterwarf oder sich in die nur schwer zu erobernden westlichen und nördlichen Bergregionen der Insel zurückzog. Starke Gruppen von walisischen und kornischen Briten setzten während des 5. und 6. Jhs. n. Chr. aber auch auf das gallische Festland, in die heutige Bretagne (= *Armorica*), über, deren Name nicht von ungefähr von dem des benachbarten größeren Britannien abgeleitet ist – im Mittelalter hieß sie *Britannia minor*, also ‚Klein-Britannien' oder ‚das kleinere Britannien'. Die Bewohner dieser nordwestfranzösischen Halbinsel betonen daher keineswegs zu Unrecht ihre kulturelle und historische Eigenständigkeit gegenüber dem übrigen Frankreich (vgl. S. 224), denn die südwestbritannischen Einwanderer, die vor 1500 Jahren ins Land kamen, gehörten sprachlich und kulturell nun einmal nicht zu den Galliern, sondern zu den Inselkelten.

Kultureller Umbruch

Die beschriebene Verwandlung Britanniens in England hatte aber auch kulturgeschichtlich schwerwiegende Folgen, denn sie bedeutete das Ende der beschriebenen römisch-britischen Zivilisation (vgl. S. 188 ff.). Die Angelsachsen waren zur Zeit ihrer Ankunft auf der Insel nämlich ‚Barbaren', wie sie im Buche stehen, und ihr gesellschaftlich-kulturelles Niveau ähnelte eher dem der Pikten und der anderen archaischen Stämme Nord- und Westbritanniens als dem der bereits vergleichsweise hoch entwickelten südöstlichen Briten unmittelbar vor der römischen Eroberung. Am deutlichsten zeigte sich diese kulturgeschichtliche Zäsur im Niedergang der römisch-britischen Stadtkultur, denn den Germanen des frühen Mittelalters war das urbane Leben völlig fremd, so dass

▶▶ „Auf Anordnung des verhängnisvollen Tyrannen [= Vortigern] legten sie [= die Sachsen] ihre schrecklichen Klauen zunächst auf den Ostteil der Insel, angeblich um für unser Land zu kämpfen, in Wahrheit aber um es zu bekämpfen. Die Mutterlöwin stellte fest, dass ihr erstes Kontingent Erfolg gehabt hatte, und sie schickte ein zweites und größeres Heer von Gefolgshunden. [...] Die Barbaren, die man auf die Insel gelassen hatte, baten um Unterstützung, sich lügnerisch als Krieger ausgebend, die bereit wären, für ihre hervorragenden Gastgeber die größten Gefahren auf sich zu nehmen. Die Unterstützung wurde bewilligt und stillte eine Zeit lang den Hunger des Hundes. Doch dann beklagten sie sich aufs Neue, dass ihre monatlichen Zuwendungen nicht ausreichten, [...] und schworen, die Übereinkunft zu brechen und die ganze Insel zu plündern, wenn sie keine üppigere Vergütung erhielten. Ohne zu zögern, setzten sie ihre Drohung in die Tat um, [...] und ein von den gottlosen Ostvölkern entfachtes Feuer breitete sich von Küste zu Küste aus. Es zerstörte Stadt und Land allüberall und [...] erlosch nicht mehr, bevor es fast die ganze Insel verbrannt hatte" (Gildas, Über die Zerstörung Britanniens 23,4–5 und 24,1).

Die angelsächsische Eroberung Britanniens vom 5. bis ins 8. Jh. n. Chr. und die wichtigsten Schauplätze der Artus-Legende. Das benachbarte Irland wurde erst ab 795 n. Chr. von einfallenden Wikingern heimgesucht. Wikingersiedlungen in England sind auf der Karte nicht berücksichtigt.

▓ „Alle großen Städte wurden durch die wiederholten Schläge der feindlichen Rammböcke zerstört und ebenso alle Einwohner vernichtet – Kirchenführer, Priester und ähnliche Leute –, als die Schwerter überall funkelten und die Flammen emporschlugen. Es war ein trauriger Anblick. Im Zentrum der Plätze sah man die Fundamentsteine hoher Mauern und Türme, die von ihren mächtigen Sockeln herabgestoßen worden waren, heilige Altäre und blutbedeckte Leichenteile – so, als seien sie in einer furchtbaren Weinpresse durcheinandergewirbelt worden" (Gildas, Über die Zerstörung Britanniens 24,3).

▓ „Aber die Städte unseres Landes sind auch heute nicht mehr bevölkert wie früher; bis in die Gegenwart liegen sie verlassen da, in Ruinen und durchwühlt" (Gildas, Über die Zerstörung Britanniens 26,2).

sie die großen ehemaligen Zentren der Insel verfallen ließen und höchstens in kleinen hölzernen Hütten und Häusern zwischen den Ruinen der früheren steinernen Prachtbauten siedelten (vgl. Zitate Randspalte). Während auf dem Kontinent alte Römerstädte wie Köln oder Mainz auch während des Frühmittelalters in zumindest reduzierter Form weiterexistierten, kam es daher in England zu einem völligen Bruch und Niedergang in der Stadtentwicklung.

Von enormer Bedeutung war ferner, dass die Angeln und Sachsen im Gegensatz zu den Briten, die im Zuge ihrer Romanisierung bereits im 3. Jh. n. Chr. den christlichen Glauben angenommen hatten (vgl. S. 213), bis ins 7. Jh. n. Chr. hinein Heiden blieben und in den Augen der damaligen Christen damit als Inbegriff des Primitiven, ja Verwerflichen gelten mussten. Dies führte zu zusätzlichen Konflikten zwischen beiden Völkern, denn die romanisierten Briten trugen – wie aus den zeitgenössischen und späteren Quellen deutlich hervorgeht (vgl. S. 203) – ihr Christentum geradezu wie ein Aushängeschild ihrer zivilisatorischen und moralischen Überlegenheit vor sich her. Nichtsdestotrotz verdanken wir den heidnischen Gebräuchen der Angelsachsen eines der eindrucksvollsten archäologischen Zeugnisse in England überhaupt, nämlich das um 625 n. Chr. angelegte Schiffsgrab von Sutton Hoo in Suffolk, das dem ostanglischen König Raedwald zugeschrieben wird. Dieses mit einem 27 m langen Kriegsschiff als spektakulärster Totenbeigabe prachtvoll ausgestattete Königsgrab führt nicht nur vor Augen, welche beträchtlichen materiellen Reichtümer die angelsächsischen ‚Barbaren' für ihre Führungsschicht zu mobilisieren vermochten – es vermittelt mit seinem reichen Goldschmuck, seinen Prunkgefäßen aus Edelmetall und vor allem seiner umfangreichen, aus Helm, Kettenhemd, Schild, Schwert und Speeren bestehenden Bewaffnung darüber hinaus auch einen lebhaften Eindruck von der militärischen Ausstattung und kriegerischen Kultur der germanischen Eroberer.

Britannischer Rückzug

Auch die Britannier selbst verloren im 5. Jh. n. Chr. aber viele ihrer unter der römischen Herrschaft gewonnenen kulturellen Errungenschaften und vor allem ihr im Laufe von 300 Jahren zumindest teilweise entstandenes politisches Zusammengehörigkeitsgefühl. Spätestens nach der Regierungszeit Vortigerns (vgl. S. 197) spalteten sie sich wieder in die zahlreichen größeren und kleineren Stämme aus der Zeit vor der römischen Eroberung auf – ein Hinweis darauf, dass ihre partikuläre gesellschaftliche Organisation durch die Romanisierung lediglich überdeckt, nicht aber grundlegend verändert worden war. Der britannische Mönch Gildas erwähnt um 560 n. Chr. jedenfalls elf Regionalkönigreiche auf der Insel, die offenkundig autonom regiert wurden und auch militärisch getrennt agierten (vgl. Karte S. 198). Wie schon beim Kampf gegen die Römer erwies sich diese politische und militärische Zersplitterung auch bei der Abwehr der Angelsachsen als ausgesprochen hinderlich, und um 650 n. Chr. waren die ehemals die ganze Insel beherrschenden britannischen Stämme von den germanischen Eroberern so weit nach Westen und Norden zurückgedrängt, dass letztlich nur drei geographisch nicht mehr miteinander verbundene Gebiete unter ihrer Kontrolle und Herrschaft verblieben (vgl. Karte S. 198).

Ganz im Südwesten war dies das nur dünn besiedelte und vorwiegend weidewirtschaftlich genutzte Cornwall (= *Kernow*), das nun stärker denn je seine engen Beziehungen mit der unmittelbar jenseits des Kanals gelegenen und für viele Kornen als letzte Zufluchtsstätte dienenden Bretagne pflegte (vgl. S. 197). Etwas weiter nördlich verblieb als deutlich größere keltische Enklave Wales, dessen Name von dem germanischen Wort *Weahlas* (= ‚die Fremden') abgeleitet ist (vgl. den noch heute verwendeten Begriff *welsch*), während sich die Waliser selbst als *Cymri* (= ‚Gefährten') bezeichneten. Diese seit jeher besonders wehrhafte keltische Region bestand aus vier oder fünf eigenständigen Königreichen (vgl. Karte S. 198), die sich nicht zuletzt dank der schwer zugänglichen Berg- und Hügellandschaft lange erfolgreich gegen die germanischen Eroberer zur Wehr zu setzen vermochten. Ende des 8. Jhs. n. Chr. ließ der angelsächsische König Offa sogar einen über 200 km langen Wall – den sog. *Offa's Dyke* – errichten, um sein mittelenglisches Herrschaftsgebiet *Mercia* gegen die notorisch unruhige Keltenregion abzusichern. Mit der normannischen Eroberung Englands im Jahr 1066 war dann aber auch das Schicksal der walisischen Kleinkönigreiche endgültig besiegelt, denn die neuen Herrscher okkupierten zunehmend Tei-

Goldene Gürtelschnalle aus dem Schiffsgrab von Sutton Hoo (um 625 n. Chr.), das dem ostanglischen König Raedwald zugeschrieben wird. Die verschlungenen Flechtbänder mit den stilisierten Tierfiguren sind ein hervorragendes Beispiel des germanischen ‚Tierstils'.

Germanischer Helm aus dem Schiffsgrab von Sutton Hoo in Suffolk (um 625 n. Chr.).

le der Region, bis schließlich im 13. Jh. unter König Edward I. ganz Wales dem englischen Königreich einverleibt wurde. An seiner sprachlichen und kulturellen Eigenständigkeit änderte dies freilich nur wenig, denn die kymrische Sprache überlebte das Mittelalter weitgehend unbeschadet bis in die Gegenwart (vgl. S. 224 f.), und die seit dem 9. Jh. n. Chr. aufgezeichnete walisische Literatur gehört zusammen mit der irischen (vgl. S. 218 ff.) zu den größten und wertvollsten Kulturschätzen, die die Inselkelten der Nachwelt hinterlassen haben.

Der dritte und größte Landesteil, der auf der Insel noch jahrhundertelang unter keltischer Herrschaft verblieb, war aber der schottische Norden, den sich bis ins 9. Jh. n. Chr. hinein die nordbritannischen Pikten mit den irischen Scotten teilten (vgl. S. 194 f.). Nach der Vereinigung beider Völker unter dem scottischen König Kenneth mac Alpin im Jahr 843, die als Geburtsstunde des ‚historischen' Schottland gilt, bewahrte die Region unter nunmehr gälisch-keltischen Vorzeichen noch über 750 Jahre lang ihre Unabhängigkeit, bevor sie 1603 durch Personalunion der englischen mit der schottischen Krone und 1707 dann durch die formelle Vereinigung beider Landesteile unter englische Herrschaft kam. Doch auch unter diesen wenig günstigen Vorzeichen blieb die keltische Sprache und Kultur zumindest im schottischen Hochland weiterhin in einem gewissen Maße erhalten, während die südlichen und östlichen Landesteile weitgehend anglisiert wurden.

Alles in allem war die Periode nach 400 n. Chr. für die britischen Kelten also eine Ära des beständigen Rückzugs und Niedergangs in der Auseinandersetzung mit gleich mehreren äußeren Feinden. Und doch wurzelt gerade in dieser Epoche bitterster Rückschläge und Niederlagen die wohl berühmteste und einflussreichste aller keltischen Überlieferungen überhaupt – die Legende um König Artus, die die Kunde von der glanzvollen altbritannischen Kultur trotz ihres realen Verschwindens weiter in die Zukunft tragen sollte. Sie fasziniert und verzaubert die Menschen bis auf den heutigen Tag und ist geradezu zum Inbegriff des ‚Inselkeltentums' geworden – daher wollen auch wir uns im Folgenden genauer mit ihr und ihren historischen Hintergründen beschäftigen.

DIE ARTUS-LEGENDE

✶ „Artus versammelte um sich alle Krieger der Britischen Inseln, [...] und wo immer er auftauchte, herrschten Furcht und Zittern" (Walisische Mythensammlung Mabinogion [11. Jh.]).

König Artus und seine Tafelrunde. Holzstich, um 1880, nach einer Buchminiatur des 14. Jhs.

Die Artus-Legende ist uns nicht in einem einzigen, gewissermaßen ‚verbindlichen' Werk überliefert, sondern in zahlreichen unterschiedlichen Romanen und Erzählungen aus der Feder verschiedenster Autoren, die über mehr als ein halbes Jahrtausend hinweg entstanden. Ihre ‚klassischen' und damit bekanntesten Versionen mit den Geschichten um Parzival, Lancelot und die anderen Ritter der Tafelrunde, mit dem Rosenkrieg zwischen Artus und seiner untreuen Gattin Guinevere und der Suche der Artus-Ritter nach dem Heiligen Gral stammen dabei aus dem Hoch- und Spätmittelalter und haben mit den möglichen Ursprüngen der Legende im 5./6. Jh. n. Chr. nur noch wenig zu tun. Sie wurden von Autoren wie dem Oxforder Geistlichen Geoffrey von Monmouth (um 1136), dem Franzosen Chrétien de Troyes (um 1172) und dem Briten Sir Thomas Malory (um 1470) durch freie Weiterentwicklung des altüberlieferten Sagenstoffes und seine Ausschmückung mit immer neuen märchenhaften und phantastischen Motiven auf ganz ähnliche Weise geschaffen, wie heutige Fantasy-Autoren aus mythologischen Vorlagen und ihrer eigenen Phantasie ganze Romanzyklen schaffen. Wie den modernen Autoren ging es dabei auch den mittelalterlichen Artus-Dichtern weniger um die historische Belehrung als vielmehr um die möglichst gute Unterhaltung ihres Publikums, und deshalb betteten sie die vorgeblich historische Handlung in das Milieu ihrer eigenen Zeit ein und ließen die Taten von König Artus und seinen Tafelrittern vor einer idealisierten hochmittelalterlichen Kulisse spielen. Die ‚klassische' Artus-Literatur wimmelt daher nur so von steinernen Burgen und metallenen Rüstungen, von ritterlichen Turnieren und Liebesabenteuern im Geiste der zeitgenössischen Minne, die mehr über das höfische Leben im 12. bis 15. Jh. aussagen als über die britischen Kelten zur Zeit der angelsächsischen Invasion. Es handelt sich damit um letztlich nur an älteren Motiven aufgehängte Idealbilder des hochmittelalterlichen Rittertums, weshalb hier auch nicht weiter auf diese späten mittelalterlichen Ausprägungen des Artus-Zyklus eingegangen werden soll.

Die frühesten Quellen

Um zum möglichen historischen Kern der Legende vorzudringen, muss man sich vielmehr an die ältesten schriftlichen Überlieferungen halten, die zwar sehr viel nüchterner und weniger phantasievoll ausgestaltet sind als die mittelalterliche Artus-Epik, dafür den Ursprüngen der Sage aber zeitlich sehr viel näher stehen. Bis in die mutmaßliche Lebenszeit des legendären Helden im 5./6. Jh. n. Chr. reichen sie allerdings leider nicht zurück. Der Name ‚Artur' taucht zwar in britannischen Quellen aus dieser Zeit immer wieder auf, jedoch nicht in für die Legende aussagekräftigen Zusammenhängen. Und wenn der bereits zitierte britische Mönch Gildas (vgl. S. 199) auch schon um 540 die in der Artus-Legende historisch entscheidende Schlacht gegen die Sachsen um 500 am

Die Ruinen der Burg von Tintagel in Cornwall, wo nach der Legende König Artus geboren wurde. Tatsächlich stammen die sichtbaren Mauerreste aus dem 12. Jh. n. Chr.

DIE ARTUS-LEGENDE

> „In jenen Tagen kämpfte Arthur mit den Königen der Britannier gegen die Bewohner von Kent [= die Sachsen], doch er selbst war der Feldherr. Die erste Schlacht fand an der Mündung des Flusses Glein statt, die zweite, dritte, vierte und fünfte an einem anderen Fluss namens Dubglas. [...] Die achte war die Schlacht in der Festung Guinnion, in der Arthur das Bildnis der heiligen Maria, der ewigen Jungfrau, auf seinen Schultern [seinem Schild?] trug und die Heiden in die Flucht schlug; und große Verluste kamen auf sie hernieder durch die Kraft unseres Herrn Jesu Christi und durch die heilige Jungfrau Maria, seine Mutter" (Nennius, Historia Brittonum).

> „Die zwölfte war die Schlacht auf dem Berg Badon, wo an einem einzigen Tag 960 Männer bei einem Angriff Arthurs fielen, und niemand anders hat sie hingestreckt als er allein. Aus allen Schlachten ging er als Sieger hervor" (Nennius, Historia Brittonum).

Mount Badon erwähnt, die den Britanniern immerhin eine Generation Frieden bescherte, so nannte er doch den Heerführer der Britannier nicht beim Namen. Als solcher tritt Artus erstmals 300 Jahre später in der *Historia Brittonum* auf, einem dem walisischen Mönch Nennius zugeschriebenen Geschichtswerk aus der Zeit um 830. Es enthält eine genaue Auflistung von zwölf Schlachten, die Artus gegen die Angelsachsen geführt haben soll und die in dem Sieg am Mount Badon gipfelten – dort habe der Feldherr von eigener Hand 960 Gegner niedergestreckt (vgl. Zitat Randspalte). Wichtig ist, dass Nennius, der sein Material aus ganz verschiedenen älteren Quellen bezog, Artus noch nicht als ‚König' bezeichnet, sondern als ‚Heerführer' (*dux bellorum*), der möglicherweise stammesübergreifend im Auftrag mehrerer Britannierkönige kämpfte. Von Bedeutung ist ferner, dass er ihn auch bereits als Vorkämpfer des Christentums gegen die Heiden charakterisiert (vgl. Zitat Randspalte), was in den späteren hochmittelalterlichen Versionen der Artus-Sage dann immer mehr in der Vordergrund trat.

Auch die sog. *Annales Cambriae* – eine in Abschriften aus dem frühen 12. Jh. überlieferte, aber vermutlich zum ersten Mal um 950 niedergeschriebene walisische Chronik – verzeichnen für das Jahr 518 „die Schlacht von Badon", in der „Arthur das Kreuz unseres Herrn Jesu Christi drei Tage und drei Nächte lang auf seinen Schultern [seinem Schild?] trug und aus der die Briten als Sieger hervorgingen". Für das Jahr 539 vermerkt dieselbe Chronik nicht nur „die Pest in Irland und Britannien", sondern auch „die Schlacht von Camlann, in der Arthur und Mordred fielen".[72] Dieser tödliche Kampf des legendären Königs gegen seinen illegitimen und verräterischen Sohn gehört seither zum festen Motivschatz der Artus-Legende.

Alle anderen, über diesen dürren Ursprungskern hinausgehenden Elemente und Handlungsstränge wurden erst Jahrhunderte später von den erwähnten hochmittelalterlichen Autoren in die Sage eingefügt – beginnend mit Geoffrey von Monmouth, der 1136 mit seiner *Historia Regum Britanniae* (‚Geschichte der Könige Britanniens') die erste große literarische Bearbeitung des Stoffes vorlegte, die zur besagten ‚klassischen' Artus-Epik überleitete.

Feldherr statt König

Ein ‚König' Artus als reale historische Gestalt lässt sich aus den oben genannten, nicht gerade umfangreichen Quellen aus der Zeit vor 1000 sicher nicht ableiten – gewiss scheint dagegen, dass ein erfolgreicher Feldherr (*dux bellorum*) dieses Namens im Kampf gegen die Angelsachsen spätestens ab dem 9. Jh. zu einem festen Bestandteil der britischen Überlieferung wurde. Ob es sich dabei freilich um eine reale historische Figur oder um eine bloße Sagengestalt handelte, lässt sich leider den Quellen wiederum nicht mit Sicherheit entnehmen.

Überdeutlich treten in ihnen hingegen die gewaltige militärische Kraft und der christliche Hintergrund des Kriegsherrn hervor. Zusammen mit dem später so stark betonten Rittermotiv gab dies Anlass zu der Vermutung, der historische Artus sei möglicherweise ein Reitergeneral klassisch-römischer Schule gewesen, „der die Kavallerie aus der Spätzeit des Römischen Reiches wieder einführte" und „seine Schlachten gewann, indem er bewegliche Reiter gegen das Fußvolk des Sachsen einsetzte", wie der bekannte Artus-Forscher Geoffrey Ashe schrieb.[73] Einige Forscher sahen in ihm sogar den letzten römischen Statthalter Britanniens (*comes britanniarum*) oder den Oberkommandierenden iranisch-sarmatischer Reiterverbände, die bis ins 4. Jh. n. Chr. zu Tausenden am Hadrianswall Dienst taten. Solche Überlegungen lassen sich freilich nur schwer mit der traditionellen Artus-Chronologie in Übereinstimmung bringen, nach der die Schlacht am Mount Badon um 518 und damit über hundert Jahre nach dem Abzug der Römer aus Britannien stattgefunden haben soll (s. o.). Trotz solcher Ungereimtheiten kommt die Vorstellung eines berittenen britannischen Feldherrn in spätrömisch-christlicher Tradition dem historischen Artus aber vermutlich sehr viel näher als das Bild eines mächtigen Königs – wenn er denn tatsächlich gelebt haben sollte.

Von Tintagel nach Winchester – Schauplätze der Artus-Legende

Einen schlagenden Beweis für die reale Existenz und das historische Wirken des legendären Herrschers sehen seine Anhänger nicht zuletzt in einer Reihe von Baudenkmälern und archäologischen Bodenfunden, die vor allem in Südwest- und Mittelengland mit ihm in Verbindung gebracht werden (vgl. Karte S. 198). Aber auch die Beweiskraft dieser sog. Artus-Orte ist in den meisten Fällen fraglich, wie eine genauere Betrachtung zeigt.

Der Reigen der legendären Stätten beginnt mit der Halbinsel Tintagel an der Nordküste Cornwalls, wo Artus der Sage zufolge geboren und von seinem zauberkräftigen Mentor Merlin erzogen worden sein soll. Zehntausende von Touristen besuchen denn auch alljährlich die malerischen Ruinen der Burg von Tintagel an der Steilküste über dem Meer, die Artus freilich mit Sicherheit nie betreten hat, wurde sie doch erst im 12. Jh. von Herzog Richard von Cornwall erbaut. Irgendeine herrschaftliche Ansiedlung muss indes schon 600 Jahre früher, zur Zeit Artus', an dem Ort existiert haben, denn Ausgrabungen in den 1930er und 1990er Jahren förderten dort neben steinernen Gebäudegrundrissen auch zahlreiche Scherben einer qualitätvollen ostmediterranen Importkeramik – der sog. *Tintagel ware* – sowie andere außergewöhnliche Funde aus dem 5./6. Jh. n. Chr. zutage. Zu den spektakulärsten unter ihnen gehört eine 1998 gefundene, ungefähr 30 cm große Schieferplatte, in die mit lateinischen Buchstaben der Name ARTOGNOV eingeritzt ist. Artus-Anhänger auf der ganzen Welt deuten dieses Graffito als eine Niederschrift von Artus' Namen und als Beweis dafür, dass der legendäre König tatsächlich auf Tintagel weilte; die wissenschaftlichen Bearbeiter sehen darin hingegen sehr viel nüchterner und ohne zwingenden Bezug zu Artus die keltische Wortfolge *Arth-gnou* (= ‚bekannt als der/wie ein Bär').

Nicht ganz so populär, aber für die Artus-Archäologie nicht weniger wichtig, ist Cadbury Castle im südwestenglischen Somerset, wo nach einer alten Lokalüberlieferung die berühmte Burg Camelot gestanden haben soll (vgl. Zitat Randspalte). Dieser Stammsitz von König Artus wurde auf zahllosen Zeichnungen und Gemälden aus dem Mittelalter und der Neuzeit als trutzige Ritterburg mit gewaltigen, zinnenbewehrten Mauern und hoch aufragenden Türmen dargestellt – doch mit Sicherheit sah ein Königssitz im Britannien des 5./6. Jhs. n. Chr. anders aus.

Cadbury Castle war ein schon in vorrömischer Zeit immer wieder besiedeltes *Hillfort* wie viele andere in England

„Am südlichen Ende der Kirchgemeinde South Cadbury liegt Camallate, einstmals eine berühmte Stadt oder Burg. [...] Die Leute wissen nichts darüber zu berichten, außer dass sich dem Hörensagen zufolge Arthur häufig in Camalat aufgehalten haben soll" (Notiz des britischen Lokalhistorikers John Leland 1542).

Der über 5 m breite ‚Artus-Tisch' in der Großen Halle von Winchester Castle. Die gewaltige Eichenholzplatte galt lange als der originale Versammlungsplatz des Königs und seiner Tafelrunde, nach modernen Untersuchungen stammt sie aber aus dem 13. Jh.

DIE ARTUS-LEGENDE

Der imposante Hügel von Glastonbury in Somerset, das Artus-Anhängern als die legendäre ‚Apfelinsel' Avalon gilt. Der Turm auf der Spitze des Glastonbury Tor gehörte einst zur mittelalterlichen St.-Michaels-Kirche.

auch (vgl. S. 158 ff.) – allerdings wurde sein von Erdwällen umgebenes, 7 ha großes Plateau im späten 5. Jh. n. Chr. auf fast 1 km Länge mit einer gewaltigen, 5 m breiten Steinmauer außergewöhnlich robust befestigt, wie Ausgrabungen in den 1960er Jahren zeigten. Ebenfalls ins 5./6. Jh. n. Chr. gehören eine große dort freigelegte hölzerne ‚Festhalle' sowie zahlreiche Scherben der bereits erwähnten ‚Tintagel-Keramik', so dass auf dem *Hillfort* in nachrömischer Zeit tatsächlich eine Art von Fürsten- oder Herrschersitz gelegen haben könnte. Ob es sich dabei allerdings um Artus' ‚Camelot' handelte, wie die örtliche Tradition ganz selbstverständlich annimmt, bleibt einstweilen eine Glaubensfrage, auch wenn auf Cadbury Castle in den 1960er Jahren ein großes bronzenes ‚A' gefunden wurde, in dem die Artus-Anhänger eine Schmuck-Initiale des legendären Königs sehen.

Wesentlich eindeutiger ist die Sachlage mittlerweile hingegen bei dem berühmten, 5,5 m breiten Rundtisch aus Eichenholz, der in der Großen Halle von Winchester Castle an der Wand hängt und lange Zeit als die originale Tafel galt, an der sich König Artus und seine Ritter zu versammeln pflegten (vgl. Abb. S. 205). In Wahrheit stammt das eindrucksvolle Stück jedoch, wie handwerkskundliche und jahrringchronologische Untersuchungen in den 1970er Jahren ergaben, aus dem 13. Jh. und wurde wahrscheinlich im Auftrag von König Eduard I. für ein ‚Artus-Fest' anlässlich der Verheiratung seiner drei Kinder im Jahr 1290 angefertigt. Die Bemalung des Tisches ist sogar noch über 200 Jahre jünger und zeigt den berüchtigten König Heinrich VIII. (1491–1547), der sich auf der Tafel selbst als ‚König Artus' verewigen ließ – ein besonders eindrucksvolles Beispiel für die zahllosen ‚Tafelrunden' und ‚Artus-Feste', die Herrscher und Adelige während des gesamten Mittelalters im Gedenken an den legendären Britannierkönig veranstalteten und feierten.

Glastonbury und Avalon

Der bekannteste aller Artus-Orte und gewissermaßen das ‚Mekka' der Artus-Anhänger überall auf der Welt ist aber zweifellos das 9000-Einwohner-Städtchen Glastonbury in Somerset. Die umgebende Landschaft wird dominiert vom Glastonbury Tor (abgeleitet von kelt. *Twr/Tor* = Berg), einem seltsam gestuften und wie künstlich aufgeschüttet wirkenden Hügel, der von zahlreichen Legenden umrankt ist (vgl. Abb. links). Unter anderem soll der Jesusjünger Joseph von Arimathia den Heiligen Gral hierhergebracht und auf dem sog. Chalice Hill (= ‚Kelchhügel') vergraben haben, an dessen Fuß eine heilkräftige Quelle, die sog. Chalice Well (= ‚Kelchquelle') entspringt (vgl. Abb. unten).

Vor allem aber gilt Glastonbury als der Ort, an den die Fee Morgane den tödlich verwundeten König Artus auf einer Barke gebracht haben soll, um ihn wieder gesund zu pflegen und auf seine Rückkehr vorzubereiten – die legendäre ‚Apfelinsel' Avalon, das keltische Paradies *Ynys Avallach*. Und in der Tat gehen die Wissenschaftler davon aus, dass die bis heute für ihre Cidre-Produktion bekannte Gegend früher zum Teil unter Wasser stand oder zumindest ein Sumpfland war, aus dem Glastonbury Tor wie eine Insel herausragte.

Im 12. Jh. versuchten die Mönche der unweit des Hügels gelegenen Glastonbury Abbey – eines der ältesten Klöster Englands – den Beweis zu erbringen, dass es sich bei diesem Ort tatsächlich um Artus' letzte Ruhestätte handelte. Auf Geheiß König Heinrichs II., der von einem Seher einen entsprechenden Hinweis erhalten hatte, führten sie im Jahr 1191 eine Ausgrabung auf dem Friedhof der Abtei durch und stießen dabei in mehreren Metern Tiefe auf ein Grab, das die Skelette eines hochgewachsenen Mannes mit Schädelverletzungen und einer zierlichen Frau mit blonden Locken enthielt. Eine Steinplatte unmittelbar oberhalb dieses Doppelgrabes trug ein Bleikreuz mit der Aufschrift *Hic iacet sepultus inclitus rex Arturius in insula Avalonia* (‚Hier liegt der berühmte König Artus auf der Insel Avalon begraben'). Glaubt man diesem Bericht, so hätte es sich also tatsächlich um die Grabstätte des legendären Königs und seiner Gattin Guinevere gehandelt. Die meisten Historiker sehen in der Entdeckung dieses ‚Artus-Grabes' heute freilich eher einen mittelalterlichen ‚PR-Coup' bzw. eine Fälschung, denn Glastonbury Abbey war wenige Jahre zuvor (1184) abgebrannt, und die Mönche benötigten daher dringend größere Geldmittel zu ihrem Wiederaufbau, die sich am besten durch zahlungskräftige Pilgerströme zu einer Wallfahrtsstätte beschaffen ließen.

Es ist mit den angeblich historischen Artus-Stätten also kaum anders als mit den frühesten Schriftquellen: Man kann in ihnen durchaus den historischen Artus finden, wenn man dies möchte – ebenso gut könnte alles aber auch nur eine Legende gewesen sein. Jede historische Gewissheit scheint sich unter der Doppelbödigkeit und Vieldeutigkeit des Mythos in Nichts aufzulösen – doch vielleicht macht ja gerade diese ‚Nichtgreifbarkeit' die ungebrochene Faszination und Anziehungskraft des Artus-Stoffes bis in unsere Tage hinein aus.

Zeichnung des 1191 angeblich im ‚Artus-Grab' von Glastonbury aufgefundenen Bleikreuzes mit der Aufschrift: ‚Hier liegt der berühmte König Artus auf der Insel Avalon begraben'.

Die als heilkräftig geltende ‚Kelchquelle' (Chalice Well) unterhalb von Glastonbury Tor liegt ist einem wunderschönen Garten.

DIE ARTUS-LEGENDE

Altkeltische Parallelen

Entziehen sich viele der Quellen rund um König Artus also letzter Beweiskraft, so steht doch außer Frage, dass die mittelalterlichen Dichter und Autoren, die den Mythos seit dem 12. Jh. formten und immer weiter ausarbeiteten, ihm eine Fülle an Handlungselementen und Einzelmotiven hinzufügten, die der inselkeltischen Folklore und Überlieferung entstammen und tief in ihr verwurzelt sind. Schon auf den ersten Blick wird dies bei Merlin, dem magischen Lehrer und Berater von König Artus, deutlich, den Geoffrey von Monmouth 1136 in die Legende einführte. Obwohl er über Zauberkräfte verfügt, entspricht sein Bild doch nicht einfach dem des finsteren mittelalterlichen Zauberers oder Magiers, wie es sonst in der Sagen- und Märchenwelt weit verbreitet ist. Bei Merlin steht vielmehr die Rolle des Mentors im Vordergrund, der seinem Schützling lebenslang zur Seite steht und unter Nutzung natürlicher wie auch übernatürlicher Mittel und Kräfte dabei hilft, auf Erden erfolg- und segensreich zu wirken. Die in ihm verkörperte Verbindung von spirituellem Zugang zu höheren Mächten und weltlichem Wissen, von Weisheit und Magie erinnert auffallend an die Beschreibungen, die Caesar und andere antike Autoren von den keltischen Druiden gaben (vgl. S. 130 f.), und die bildlichen Darstellungen Merlins aus Mittelalter und Neuzeit lassen auch keinen Zweifel daran, dass man ihn mit den Druiden identifizierte (vgl. Abb. links mit Abb. S. 118 und 129). Geoffrey selbst soll seinen Merlin dem in der altwalisischen Literatur wiederholt erwähnten Barden Myrddin nachempfunden haben, der über seinen schrecklichen Erlebnissen bei der Schlacht von Arderydd im Jahr 574 den Verstand verlor und seither allein als Prophet und Seher in den Wäldern lebte.

Eine ähnlich augenfällige Parallele lässt sich auch zwischen Artus' Tafelrunde und dem antiken Gefolgschaftswesen ziehen, das bei den Kelten schon seit der Späthallstattzeit in vielerlei Formen ausgeprägt war (vgl. S. 52 f.). Allerdings handelt es sich dabei um ein zu weit verbreitetes und in zu vielen Kulturen nachgewiesenes gesellschaftliches Organisationsprinzip, als dass sich eine direkte Verbindung zwischen den Trinkhörnern und Bronzetellern von Hochdorf (vgl. S. 52) und dem Artus-Tisch von Winchester (vgl. S. 205 f.) ziehen ließe.

Raum für verschiedenste Analogien und Verknüpfungen bietet auch der Heilige Gral, den Chrétien de Troyes 1170 zu einem zentralen Bestandteil der Artus-Legende machte. Dieses Gefäß von höchster Heiligkeit (wahrscheinlich abgeleitet von lat. *gradalis* = ‚großer, tiefer Teller') wurde in der Artus-Literatur im Laufe der Zeit ganz unterschiedlich beschrieben. Handelt es sich in vielen Werken in unmissverständlich christlicher Deutung um den Abendmahlskelch und das Gefäß, in dem Joseph von Arimathia das Blut des gekreuzigten Jesus auffing, so erscheint der Gral in anderen Fassungen als ein seltsam wundertätiger Kelch, der jene, die seiner Gnade teilhaftig wurden, nach Art eines Füllhorns oder Tischleindeckdich großzügig und ganz profan mit Nahrungsmitteln und ‚Leckereien' versorgte (vgl. Zitat Randspalte S. 209). Er erinnert damit auffällig an ähnlich lebensspendende Gefäße in der inselkeltischen Mythologie wie den „allen Hunger stillenden" Kessel des göttlichen Riesen Dagda, der „niemanden ungesättigt lässt", oder Brans ‚Kessel der Wiederkehr', der

Artus' legendärer Mentor und Berater Merlin mit Viviane in einer Zeichnung von Gustave Doré aus dem 19. Jh. Die Darstellungsweise Merlins entspricht der der altkeltischen Druiden (vgl. Abb. S. 118 und 129).

Tote zum Leben zu erwecken vermochte. Alle diese Wundergefäße zeigen, wie Stefan Zimmer betont, „deutliche Bezüge zur Anderswelt, zum Jenseits oder jedenfalls zur außermenschlichen Sphäre" (vgl. S. 219),[74] doch ist es auch in diesem Fall schwirig, eine unmittelbare Übernahme in die Artus-, respektive Grals-Legende konkret nachzuweisen. Außer Frage steht indes, dass das Motiv des Heiligen Grals in ganz erstaunlicher Weise mit der keltischen Wertschätzung außergewöhnlicher und kostbarer Gefäße korrespondiert, wie sie – beginnend mit dem Löwenkessel von Hochdorf (vgl. S. 51 f.) über den Kessel von Gundestrup (vgl. S. 130 ff.) bis hin zum Kelch von Ardagh (vgl. S. 221) – vielfach belegt ist.

Als letzte ‚keltische Analogie' sei schließlich noch die berühmte Schlussszene der Artus-Sage genannt, in der der sterbende König seinen Getreuen Bedivere beauftragt, sein mit magischen Kräften ausgestattetes Schwert Excalibur, das er einst als Geschenk von der ‚Dame vom See' (Viviane) erhalten hatte, durch Versenken im Wasser wieder zurückzugeben (vgl. Zitat Randspalte). Dieses ‚Wasseropfer' erinnert verblüffend an die zahlreichen Schwerter, Schilde und Helme, die in der Themse und anderen Flüssen oder Seen Englands gefunden wurden (vgl. z. B. Abb. S. 164). In der Tat stammen die meisten vorgeschichtlichen Waffen auf den Britischen Inseln ja wie erwähnt nicht aus Gräbern, sondern aus solchen Gewässerfunden. Die Archäologen sehen darin schon seit langem ein Indiz dafür, dass die Flüsse und Seen als Wege und Übergangszonen ins Jenseits angesehen wurden, und so mag sich auch in dieser berühmten Schlussszene der Artus-Legende ein alter keltischer Brauch widerspiegeln, sich durch Versenken der eigenen Waffen im Wasser vorsorglich für das Jenseits auszustatten (vgl. S. 163).

Betrachtet man alle diese Beispiele in der Zusammenschau, so scheint die Artus-Legende gewissermaßen zwischen zwei unterschiedlichen Welten zu pendeln und ihre Faszination aus dem Wechselspiel zwischen beiden zu beziehen. „Links und rechts von Artus erstreckt sich jeweils ein Niemandsland, das ihn und sein Königtum zugleich umfängt und bedroht, ein heidnisches und ein christliches", wie Heinz Ohff schreibt.[75] Keinem von ihnen ist der legendäre Herrscher gänzlich zuzurechnen, vielmehr scheint er seine Kraft und Weisheit aus beiden

Die Rückgabe von Artus' magischem Schwert Excalibur an die ‚Dame vom See' in einer Buchillustration mit französischem Text aus dem 14. Jh. – Erinnerung an die alten keltischen Wasseropfer?

▸▸ „Als die Ritter das Abendessen in der großen Burghalle einnehmen, öffnet sich plötzlich eine Seitentür und im Licht der Fackeln erscheint ein Knappe mit einer Lanze, von deren Spitze frisches Blut tropft. Ihm folgt ein junges Mädchen mit einem Kelch in Händen, der aus seinem Inneren heraus zu glühen scheint. [...] Auf ein Elfenbeintischchen gestellt, scheint der glühende Kelch auch vielerlei Speisen hervorzubringen, die fast pausenlos von Dienern aufgetischt werden, unter ihnen Wein, Brot und exotische Früchte, alles vom Besten – ein Mahl, das jedes Königs oder Kaisers würdig wäre" (Das Erscheinen des Grals; frei n. Chrétien des Troyes).

▸▸ „Artus war tödlich verwundet und konnte sich nicht mehr erheben. Als das Schlachtfeld langsam in der Dunkelheit versank, befahl er Bedivere, [...] Excalibur in der Mitte des Sees zu versenken. [...] Sir Bedivere holte aus und warf das Schwert mit aller Kraft in die Mitte des Sees. Da sah er zu seinem größten Erstaunen, wie ein in weißes Brokat gehüllter Arm aus dem Wasser auftauchte, das Schwert mit der Hand auffing und in die Höhe streckte. Dann schwang die Hand Excalibur dreimal, bevor sie mit dem Schwert im See versank" (Die Rückgabe Excaliburs; frei n. Thomas Malory).

gleichermaßen zu beziehen. Vielleicht ist es ja gerade dieses Pendeln zwischen den beiden gegensätzlichen Welten des christlichen Mittelalters und des heidnischen Keltentums, das die Artus-Legende zu einem solch einzigartigen und faszinierenden Werk macht. Unabhängig von der Frage nach ihrer Historizität und Relevanz für die Geschichte der Inselkelten ist in jedem Fall genügend an altüberlieferter Folklore, Symbolik und Religiosität in sie eingeflossen, um sie – trotz ihrer mittelalterlichen Ausformung – zu einem einzigartigen Zeugnis der inselkeltischen Kultur und einem Spiegel längst untergegangener altkeltischer Traditionen zu machen.

DIE ARTUS-LEGENDE

IRLAND – DIE ‚HEILIGE INSEL'

„[Irlands] Fläche ist verglichen mit derjenigen Britanniens kleiner, übertrifft jedoch die Inseln unseres Meeres [= des Mittelmeeres] an Größe. Bodenbeschaffenheit und Klima sowie die geistige Veranlagung und Lebensweise seiner Bewohner unterscheiden sich nicht sehr von denen Britanniens. [...] Oft habe ich Agricola sagen gehört, mit einer einzigen Legion und wenigen Hilfstruppen könne man Irland erobern und besetzen. Und dies würde auch für Britannien von Vorteil sein, wenn es rundum von römischen Truppen umgeben sei und somit die Freiheit gleichsam dem Blick entzogen wäre" (Tacitus, Agricola 24,1–3).

Vor allem aber blühte die traditionelle keltische Kultur das ganze Mittelalter hindurch auf der Nachbarinsel Britanniens, in Irland, weiter. Sie ging dort mit dem Christentum eine eigenartige und überaus fruchtbare Synthese ein, die das keltische Erbe keineswegs schwächte, sondern ihm im Gegenteil zu neuer Kraft verhalf und seine Renaissance unter veränderten, neuen Vorzeichen ermöglichte. Diese keltisch-christliche Mischkultur überlebte auf der grünen Insel zumindest partiell bis in die Gegenwart und ist maßgeblich dafür, dass viele Menschen Irland heute mehr als jede andere Region mit dem Keltentum in Verbindung bringen.

Irland in der Eisenzeit

Irland war zusammen mit dem schottischen Hochland (vgl. S. 185 ff. und 192 ff.) das einzige Gebiet auf den Britischen Inseln, das nicht zum Römischen Reich gehörte und bis zu den Wikingerüberfällen des 9. Jhs. n. Chr. auch niemals von germanischen Gruppen heimgesucht wurde. Die Insel unterhielt zwar, wie archäologische Funde zeigen, intensive Handelskontakte mit dem römischen Britannien, und der damalige Provinzstatthalter Agricola (vgl. S. 185) soll nach dem Zeugnis seines Schwiegersohns Tacitus um 80 n. Chr. zeitweise auch mit dem Gedanken an ihre Eroberung gespielt haben (vgl. Zitat Randspalte). Doch kam es nach heutigem Wissen niemals dazu, und ebenso verschonten die in Britannien einfallenden Angelsachsen die kleinere Nachbarinsel. Irland konnte sich daher noch wesentlich länger als England fast ausschließlich nach seinen eigenen Gesetzen und Traditionen entwickeln.

Nach Tacitus unterschieden sich das Land und seine Bewohner „nicht sehr" vom benachbarten Britannien (vgl. Zitat Randspalte), doch muss die irische Kultur in der Eisenzeit, den archäologischen Funden nach zu urteilen, deutlich einfacher und archaischer gewesen sein als die in den entwickelteren Gebieten Britanniens. Die Landwirtschaft konzentrierte sich dort sehr viel stärker auf die Viehhaltung als im fruchtbaren Südosten Englands, was nicht zuletzt auch in den Epen der Insel zum Ausdruck kommt, in denen immer wieder Rinder als wirtschaftlicher und sozialer Wertmaßstab eine wichtige Rolle spielen (vgl. S. 219). Münzgeld war als Zahlungsmittel bis um 1000 n. Chr. unbekannt, und die Keramik und andere Gebrauchsgegenstände blieben überwiegend schlicht und schmucklos. Im Südteil der Insel existierten zwar imposante Hügelfestungen wie in Britannien (vgl. Karte S. 162), größere Siedlungszentren oder gar Städte waren aber bis ins Mittelalter hinein unbekannt – erst um 840 n. Chr. begründeten die Wikinger urbane Handelsniederlassungen wie Dublin, Wexford, Waterford und Cork (vgl. Karte S. 198). Die typische und von der Eisenzeit bis ins Mittelalter auf der Insel vorherrschende Siedlungsform waren nur leicht mit einem Erdwall befestigte Bauernhöfe (sog. *Raths*), die in ihrer Struktur den hallstattzeitlichen ‚Herrenhöfen' Süddeutschlands (vgl. S. 22 f.) ähnelten, nur dass sie in runder statt rechteckiger Form erbaut wurden.

Kaum weniger umstritten als in Britannien ist auch in Irland die Frage der ‚Keltisierung' der Insel. Der keltische Charakter des dort zum Teil noch heute gesprochenen

Luftbild des legendären Königssitzes Tara in Ostirland mit großem Grabenring sowie Erdhügeln und kleineren Wallringen im Inneren.

Gälisch (vgl. S. 167 f. und 224 f.) ist unbestritten. Zudem war zumindest die nördliche Hälfte Irlands seit den letzten Jahrhunderten v. Chr. maßgeblich vom Latènestil geprägt – im Gegensatz zum Süden, wo er aus unbekannten Gründen bislang nicht nachgewiesen ist (vgl. Karte S. 162). Im Bann-Fluss in der heutigen Grafschaft Antrim fand sich beispielsweise eine Anzahl verzierter Schwertscheiden im klassisch-kontinentalen Stil, die enge Beziehungen mit dem Festland belegen – ob es sich jedoch um reine Importe handelt oder ob sie mit gallischen Handwerkern oder Siedlern nach Irland kamen, bleibt völlig offen. Später entwickelte sich auf der Insel dann ein ausgeprägter eigener Latènestil (vgl. S. 167), der die keltisch-christliche Mischkultur des Mittelalters noch entscheidend mitprägen sollte.

Vor allem aber ist Irland bis heute als die ‚heilige Insel' (*sacra insula*) bekannt, und wenngleich diese Bezeichnung nach Meinung des Religionswissenschaftlers Bernhard Maier ursprünglich nur auf die Lautähnlichkeit des griechischen Namens *Ierné* (altirisch = *Ériu*, neuirisch = *Éire*) mit dem griechischen Wort *hieros* (= ‚heilig') zurückgehen soll,[76] passt sie doch auch ausgezeichnet zur Denkmälerlandschaft und zur geistigen Kultur Irlands. Die Religiosität der Inselbewohner verband sich dabei stets und über die Jahrhunderte hinweg mit der politischen Einrichtung des Königtums, denn Irland war ebenso sehr auch eine ‚Insel der Könige'.

Tara und das altirische Königtum

Das bekannteste Symbol des altirischen Königtums ist zweifellos der Hügel von Tara in der östlich gelegenen Grafschaft Meath. Ungefähr seit Mitte des 1. Jts. v. Chr.

Linke Seite: Goldenes Modell eines Schiffes mit Segelmast und Rudern aus Broighter in Nordirland (1. Jh. v. Chr.). Das 1896 als Teil eines Hortfundes entdeckte, 19,6 cm lange Bootsmodell unterstreicht die Bedeutung der Seefahrt für die irischen Kelten.

IRLAND – DIE ‚HEILIGE INSEL'

Der heilige Patrick in einem Stich aus dem 18. Jh.

bis zur Christianisierung Irlands um 400 n. Chr. lag hier ein wichtiges politisches Machtzentrum der Insel, wo – so glaubte man zumindest während des Mittelalters – die irischen Hochkönige der Eisenzeit inthronisiert wurden. Noch heute zeugen ein großer Grabenring namens *Ráth na Ríogh* (=,Festung der Könige') mit zwei kleineren Wallringen im Inneren sowie eine Anzahl von Erdhügeln in der weiten, grasbestandenen Landschaft von der einstigen keltischen Krönungsstätte (vgl. Abb. S. 211). Ungefähr im Zentrum der großen Ringanlage steht auf einem der kleineren Hügel der sog. Schicksalsstein *Lia Fáil*, der angeblich aufschrie, wenn ein neuer König geweiht war. Ein weiterer Hügel innerhalb der ‚Festung der Könige' entpuppte sich als megalithisches Ganggrab aus der Zeit um 2000 v. Chr., das die späteren Kelten vermutlich als ‚Ahnengrab' ansahen – letztlich könnte das auch der Grund dafür gewesen sein, warum man gerade hier diesen wichtigen Zeremonialplatz anlegte. Irgendwelche Gebäudestrukturen wurden in Tara dagegen bislang nicht entdeckt, so dass die genaue Nutzung der Anlage der Phantasie überlassen bleibt.

Ähnliche ‚Königsstätten' sind auch aus anderen Provinzen Irlands bekannt. So liegt auf einem sanft gerundeten Hügel bei Kilcullen in der heutigen Grafschaft Kildare ein Rundwall von 365 m Durchmesser, der mit dem in mittelalterlichen Texten erwähnten Königssitz der antiken Provinz Leinster, Dún Ailinne, identifiziert wird. Bei Ausgrabungen in seinem Inneren konnten die Grundrisse mehrerer konzentrischer Palisadenringe von 22 bis 37 m Durchmesser mit einem kleinen Rundbau im Zentrum nachgewiesen werden, die nach Radiokarbondaten in der Zeit zwischen 400 v. und 300 n. Chr. errichtet wurden. Reichliche Funde von Tierknochen und Holzkohle in ihrer Umgebung dürften auf kultische Festmahle an diesem Ort hindeuten.

Die spektakulärsten archäologischen Befunde hat aber die Rundanlage von Navan Fort in der Grafschaft Armagh in Nordirland geliefert, bei der es sich aller Wahrscheinlichkeit nach um das einstige *Emain Macha*, das Zentrum der antiken Provinz Ulster, handelt. In ihrem Inneren wurden die Pfostenlöcher eines riesigen, 37 m großen Rundbaus freigelegt, dessen mächtige Pfosten nach jahrringchronologischen Daten 94 v. Chr. gefällt wurden. Die Ausgräber deuten diesen Monumentalbau als Tempel oder Kultstätte, weil er keine gewöhnlichen Siedlungsfunde lieferte und als einziges Gebäude in dem Erdwerk stand.

Auch in Tara und Dún Ailinne fehlen Hinweise auf eine normale Wohnbebauung, und zudem befand sich der Graben bei allen drei Rundanlagen inner- und nicht außerhalb des Erdwalls, was bei Verteidigungsanlagen völlig unüblich ist. All dies zusammen lässt vermuten, dass die in den mittelalterlichen Überlieferungen meist als ‚Königsburgen' bezeichneten Orte weniger die Residenzen als vielmehr die Kult- und Krönungsstätten der altirischen Provinzkönige waren – *inauguration mounds*, wie man sie in der heutigen Forschung nennt. Zu dieser kultischen Deutung würden auch einige weitere Funde passen, die an diesen Plätzen zutage kamen. So fand sich in der Anlage von Navan Fort beispielsweise der Schädel eines Berberaffen aus dem über 2000 km weit entfernten Nordafrika, und aus einem nahe gelegenen See wurden mehrere menschliche Schädel sowie vier reich verzierte Bronzetrompeten geborgen.

Klein- und Hochkönige

Während des späteren christlichen Mittelalters existierte in Irland eine Vielzahl von kleinen Einzelstämmen (altirisch = *túatha*) mit selten mehr als 3000 Angehörigen, denen jeweils ein als König bezeichneter Häuptling (*rí túaithe*) vorstand – zeitweise sollen es bis zu 150 gewesen sein. Neben diesen Kleinkönigen gab es noch sog. Oberkönige (*ruiri*) sowie Provinzialherrscher (*rí cóicid*), die den fünf großen altirischen Provinzen Ulster, Connacht, Munster, Leinster und und Mide (vgl. Karte S. 162) vorstanden. In den mittelalterlichen Quellen ist darüber hinaus auch immer wieder von einem gesamtirischen Hochkönig (*ardrí*) die Rede, der in Tara seinen Sitz gehabt haben soll – nach heutigem Wissen handelte es sich dabei aber nur um ein fiktives Herrschaftsideal, das bis ins hohe Mittelalter hinein niemals verwirklicht wurde. Erst der aus Südirland stammende Brian Boru (941–1014) vermochte es 1002 n. Chr. vorübergehend zu realisieren und die ganze Insel unter seiner Herrschaft zu vereinigen, doch zerbrach das gesamtirische Königtum schon bald nach seinem Tod wieder.

Wie wir uns die Herrschaftsverhältnisse unter den eisenzeitlichen Königen vorstellen müssen, die in Tara oder Dún Ailinne eingesetzt wurden, darüber lässt sich naturgemäß nur spekulieren. Am ehesten ist nach den Worten des irischen Archäologen Barry Raftery an „ein sakrales Königtum mit einem halbgöttlichen König" zu denken, „der in ehrfurchtgebietende religiöse Tabus und drückende soziale Verpflichtungen eingebunden war. Er war die Personifizierung seines Stammes und auf ihm ruhte das Wohlergehen seines Volkes. Daher musste er sich in einer genau festgelegten Einweihungszeremonie mit der Erdgöttin vermählen, um die Fruchtbarkeit der Pflanzen- und Tierwelt zu gewährleisten. Die Durchführung dieser Zeremonie – letzten Endes ein Fruchtbarkeitskult – war sehr wahrscheinlich eine der wichtigsten Aktivitäten, die an den Königsstätten stattfanden und die sie zu rituellen und symbolischen Verkörperungen des Stammesbewusstseins machten."[77] Nach der Christianisierung Irlands verloren sie zwar diese spezifische kultische Bedeutung, bewahrten ansonsten aber ihren großen Stellenwert und wurden auch weiterhin als wichtige nationale Stätten und Orte der Herrschaftslegitimation angesehen.

Die Christianisierung Irlands

Die Christianisierung der Insel erfolgte ab dem 5. Jh. n. Chr. und wird traditionell dem heiligen Patrick – dem Schutzpatron Irlands – zugeschrieben, dessen Todestag am 17. März 461 (oder 493) bis heute von den Iren überall auf der Welt als ‚St. Patrick's Day' gefeiert wird. Bemerkenswerterweise war dieser Nationalheilige der Insel aber gar kein gebürtiger Ire, sondern ein Sohn romanisierter Kelten in Britannien, was auch nicht weiter verwunderlich ist, da das Christentum mit der spätrömischen Kultur nach Nordwesteuropa kam und dementsprechend zunächst in der römischen Provinz Britannien Fuß fasste. Die während des 3. und 4. Jhs. n. Chr. christianisierten Briten hielten auch nach dem römischen Abzug von der Insel und dem Einfall der Angelsachsen zäh und stolz am neuen Glauben fest, der ihnen geradezu als ein Zeichen der kulturellen Überlegenheit gegenüber den ‚gottlosen'

Missionare gegen Druiden – christliche ‚Heidenbekehrung' in einer romantisierenden Darstellung. Tatsächlich scheint die Missionierung der Britischen Inseln überwiegend friedlich verlaufen zu sein.

„Zu den Iren, die an Christus glauben, wird als erster Bischof Palladius entsandt, den Papst Coelestin geweiht hat" (Der Chronist Prosper von Aquitanien im Hinblick auf das Jahr 431 n.Chr.).

Germanen galt, wie dies ja nicht zuletzt die Artus-Überlieferung eindrucksvoll belegt (vgl. S. 198 f. und 203 ff.). Patrick, der in diesem religiösen Umfeld aufwuchs, wurde zu Beginn des 5. Jhs. im Alter von 16 Jahren von irischen Piraten, die zu dieser Zeit die britische Westküste in Angst und Schrecken versetzten (vgl. S. 194), nach Irland entführt und musste dort jahrelang als Sklave Schafe hüten. Nachdem es ihm schließlich gelungen war, wieder in seine britische Heimat zu fliehen, hörte er dort eines Nachts in einer Vision den Ruf, er solle nach Irland zurückkehren und das irische Volk bekehren. Um 435 n.Chr. setzte er als geweihter Bischof erneut auf die Insel über, um ihr den christlichen Glauben zu bringen.

Wie die moderne Forschung gezeigt hat, trägt diese Heiligenvita über weite Strecken legendenhafte Züge, und dürften sich die Ereignisse in der Realität nicht ganz so einfach abgespielt haben. Mit Sicherheit gab es in Irland auch schon vor Patrick vereinzelte Christen, und seit dem Jahr 431 n.Chr. war mit dem aus Gallien stammenden Palladius auch schon einmal ein von Rom gesandter Bischof auf der Insel tätig gewesen (vgl. Zitat Randspalte).

Möglicherweise missionierte der heilige Patrick aber ein größeres Gebiet oder hatte mehr Erfolg bei der Verbreitung des christlichen Glaubens, die erstaunlicherweise weitgehend friedlich vor sich gegangen zu sein scheint, denn in den Urkunden sind keine Märtyrer erwähnt. Jedenfalls verbindet sich die Erinnerung an die Missionierung der ‚heiligen Insel' bis heute mit seinem Namen, und ihm scheint auch erstmals der Aufbau einer intakten Kirchenorganisation in Irland mit Armagh als Bischofssitz und religiösem Zentrum gelungen zu sein.

Klöster statt Kathedralen

Diese zunächst anscheinend am römischen Vorbild orientierte Kirchenorganisation begann sich in der nachfolgenden Zeit indes immer stärker von der auf dem Festland zu unterscheiden. War die römische Kirche dort üblicherweise eine ‚Bischofskirche', deren von Rom bestätigte Oberhäupter provinzartig gegliederte Bistümer und Diözesen leiteten, so entwickelte sich die irische Kirche im Verlauf des 6. Jhs. n.Chr. immer mehr zu einer ‚Mönchskirche', in der Klöster mit unabhängigen und am Ort ver-

Steinkapellen statt Kathedralen: Das sog. Gallerus-Oratorium im südwestirischen Kerry ist mit seinem schmucklosen Kraggewölbe ein typisches Beispiel für die Versammlungsstätten der frühen irischen Kirche.

wurzelten Äbten die zentrale Rolle spielten und in der die überregionale Hierarchie und Organisation auch sonst vergleichsweise schwach ausgeprägt war. Die daraus resultierende „lose Konförderation klösterlicher Gemeinschaften"[78] war letztlich nur ein Spiegelbild des gesellschaftlichen Milieus in Irland, denn während das Christentum im übrigen Europa zumeist in hoch zentralisierten und urban geprägten Gesellschaften blühte, in denen der städtische Bischofssitz oft direkt neben dem Regierungspalast stand, existierten auf der grünen Insel wie erwähnt keinerlei Städte oder überregionale Verwaltungszentren zur Verankerung einer solchen hierarchischen Organisation. Die altirische Gesellschaft war vielmehr ausgesprochen dezentral und regionalistisch strukturiert, und diesen Verhältnissen passte sich auch die Organisation der Kirche unmerklich und ganz von selbst an.

„Die Struktur der Kirchenhierarchie auf dem Kontinent glich einem Staat", schreibt der Prähistoriker D. Blair Gibson dazu, während „die irische Kirche im Gegensatz dazu die Organisation der irischen Häuptlingstümer während des 1. Jts. n.Chr. nachahmte."[79] Ihre Klöster waren oft Gründungen oder Schenkungen regionaler Aristokraten und ihre Äbte zum Teil mit den lokalen Häuptlingen versippt, während christliche Geistliche die Druiden als Berater der Könige ablösten. Große klösterliche Zentren wie Clonmacnoise, Bangor, Kildare oder Derry (vgl. Karte S. 198) erwarben zudem im Laufe der Zeit reichen Grundbesitz und entwickelten sich gerade wegen der nicht vorhandenen urbanen Struktur zu regionalen Zentren und zu Mittelpunkten von Gewerbe und Handel, Bildung und Kultur (vgl. S. 218 ff.).

Naturliebe und Askese

Die irischen Mönche selbst wohnten hingegen oft in bescheidenen Holzhütten oder steinernen Klausen und führten ein asketisches, anspruchsloses Leben im Dienste ihres Glaubens, der stark von den vorchristlichen Traditionen des Landes beeinflusst war. So hatte man im heidnischen Irland beispielsweise eine Heil- und Fruchtbarkeitsgöttin namens Brigit verehrt, nach der viele Quellen und Flüsse benannt wurden. Nach der Christianisierung ging ihr Kult nahtlos auf die heilige Brigida, die Gründerin des Klosters von Kildare über, die als Schutzheilige des Viehs und des Ackerbaus galt und deren Festtag am 1. Februar sicher nicht zufällig mit dem Termin des alten keltischen Frühjahrsfestes *Imbolc* zusammenfiel.

Auch die naturreligiöse Färbung der keltisch-heidnischen Kulte (vgl. S. 126 ff.) fand in der spezifisch irischen Ausprägung des Christentums ihre adäquate Fortsetzung, denn Gott wurde dort in erster Linie als der große Schöpfer der Natur und des belebten Universums verehrt (vgl. Zitate Randspalte). „Verstehe die Schöpfung, wenn du den Schöpfer kennen willst", lautete das Credo des irischen Geistlichen und Missionars St. Columban, und ein alter, dem heiligen Ninian von Whithorn zugeschriebener Katechismus gab es den Gläubigen als Aufgabe, „das ewige Wort Gottes wahrzunehmen, wie es sich in jeder Pflanze und jedem Tier, jedem Mann und jeder Frau spiegelt".[80] Solche Formulierungen erinnern unwillkürlich an die traditionellen keltischen Tier- und Pflanzenkulte (vgl. S. 118, 131 ff. und 136 f.), und selbst die alten heidnischen Naturheiligtümer wurden keineswegs immer zerstört oder geächtet, sondern oftmals in christlicher Überprägung weiterbenutzt. „Man errichtete die Klöster auf den Plätzen heiliger Druidenhaine", so der britische Autor Ian Bradley, und „Quellen und Brunnen, die mit heidnischen Gottheiten assoziiert waren, wurden nach Heiligen benannt. Zeremonien zur Feier der Schöpfung wie das Schmücken von Brunnen und Quellen, Erntefeste und das Segnen der Feldfrüchte wurden in den Kirchenkalender aufgenommen",[81] und noch heute sieht man an manchen als heilig verehrten irischen Quellen Bäume, an denen Weihe- und Dankesgaben wie Kleidungsstücke oder Schmuck hängen.

Diese ausgeprägte Liebe zur Natur resultierte nicht zuletzt auch aus dem sehr naturverbundenen Leben vieler irischer Mönche und Priester, die anders als die meisten ihrer Glaubensbrüder auf dem Kontinent nicht im Trubel und Getriebe der Städte lebten, sondern wie vor ihnen schon die Druiden häufig die Einsamkeit und Abgeschiedenheit suchten und sich deshalb oft in die Wälder oder auf entlegene Inseln zurückzogen. „Einige wurden", wie Bradley schreibt, „fast ständige Pilger, um den Komfort und die Versuchungen einer sesshaften Existenz zu meiden. Sie suchten nach wilden und einsamen Orten, wo sie als Einsiedler leben konnten."[82] Diese selbst auferlegte Heimatlosigkeit und das ‚Reisen für Gott' (sog. *Peregrinatio*) waren „ein bedeutender Bestandteil ihres Glaubens", weshalb sie „ständig auf dem Meer rund um die Britischen Inseln unterwegs" waren.[83] Der heilige Brendan soll um 570 n. Chr. bei einer solchen Reise in einem lederbespannten Boot (sog. Coracle) zusammen mit zwölf anderen Mönchen sogar Grönland oder Amerika erreicht haben.

Die irische Mission

Die rege Reisetätigkeit der irischen Mönche hatte aber auch weitreichende kulturhistorische Folgen, denn sie war mit einem ausgeprägten Drang der keltischen Geistlichen verbunden, ihren christlichen Glauben nicht nur in der Heimat zu leben, sondern gemäß Gottes Auftrag in die Welt hinauszutragen (vgl. Zitat Randspalte).

„Ich wünsche mir, oh Sohn des lebendigen Gottes, eine kleine Hütte in der Wildnis, die meine Wohnung sein soll.

Eine geschmeidige graue Lerche an meiner Seite, und einen klaren Teich, um die Sünden abzuwaschen durch die Gnade des Heiligen Geistes"
(Irisches Gedicht aus dem 7. oder 9. Jh. n. Chr., dem Abt Manchin Leith zugeschrieben).

„Mal über den König des Himmels nachdenken, Mal bei der Arbeit ohne Zwang. [...] Mal den Seetang von den Felsen kratzen, Ein anderes Mal fischen. Mal Nahrung an die Armen verteilen, Dann wieder in der Einsiedelei"
(Altirisches Gedicht, dem heiligen Columban zugeschrieben).

„Ganz einsam in meiner kleinen Zelle, Ohne die Gesellschaft auch nur einer Seele – Diese Pilgerreise würde mir gefallen Vor der Begegnung mit dem Tod"
(Irisches Gedicht aus dem 9. Jh. n. Chr.).

IRLAND – DIE ‚HEILIGE INSEL'

Das Portal der Kirche von Dysert O'Dea in Irland wurde noch im Mittelalter mit Skulpturen menschlicher Köpfe geschmückt – Parallelen zum Kopfkult der eisenzeitlichen Kelten (vgl. Abb. S. 121 f.) drängen sich auf.

✤ „Und der Herr sprach zu Abraham: Zieh weg aus deinem Land, von deiner Verwandtschaft und aus deinem Vaterhaus in das Land, das ich dir zeigen werde. Ich werde [...] dich segnen und deinen Namen groß machen. Ein Segen sollst du sein" (Altes Testament, Genesis 12,1).

Columban d. Ä. und andere irische ‚Wandermönche' begründeten als ersten Schritt dazu im 6. und 7. Jh. n. Chr. Klöster wie Iona vor der schottischen Westküste (563 n. Chr.) und Lindisfarne vor der Nordostküste Englands (634 n. Chr.; vgl. Karte S. 198), um ihre nordbritannischen und piktischen Brüder zu evangelisieren. Der christliche Glaube kehrte damit in gewisser Weise wieder zu seinem Ausgangspunkt zurück, denn die Iren hatten ihn ursprünglich ja aus Britannien erhalten, das zwischenzeitlich durch die Invasion der Angelsachsen zumindest zum Teil wieder heidnisch geworden war (vgl. S. 198 ff.).

Andere irische Mönche wie Fursa oder Columban d. J. trugen das charakteristische keltische Mönchstum ab etwa 600 n. Chr. aber auch mit großem Erfolg auf den Kontinent und gründeten besonders im fränkischen Gebiet zwischen Seine und Rhein eine Vielzahl von Klöstern. Ihre Missionsreisen führten sie bis hinunter nach Verona und Mailand, wo Columban d. J. 612 n. Chr. das Kloster Bobbio in der Lombardei gründete und viele Kirchen bis heute seinen Namen tragen. Die auf dem Weg dorthin gelegene Abtei von St. Gallen in der Schweiz ist nach Gallus, einem anderen irischen Missionar, benannt und hatte noch bis 850 n. Chr. irische Äbte.

Die Geistlichen von der ‚heiligen Insel' wirkten an all diesen Orten aber nicht nur als Glaubens-, sondern zugleich auch als Wissensbringer, denn sie waren *Saints and Scholars*, ‚Heilige und Gelehrte', und gehörten zu den führenden Bildungsträgern ihrer Zeit. Daher waren sie auch an den kontinentalen Herrscherhöfen als Lehrer stets gern gesehen, und selbst Karl der Große beherbergte an seiner Aachener Hofschule etliche Geistliche aus Irland.

„Die ‚Karolingische Renaissance' verdankte ihrer Tätigkeit und ihren Anregungen unschätzbar viel", wie der irische Historiker James Camlin Beckett zu Recht feststellt.⁸⁴ Auch in ihrer irischen Heimat wirkten die ‚Heiligen und Gelehrten' in diesem Sinne und setzten damit die Traditionen der vorchristlichen Druiden, Barden und gelehrten Dichter (*filid*) fort (vgl. S. 117 und 130 f.), von denen nicht wenige zum neuen Glauben konvertiert sein sollen. Sie leiteten damit ein ‚Goldenes Zeitalter' der irischen Kunst und Kultur im frühen Mittelalter (6. bis 9. Jh. n. Chr.) ein, das als die letzte große Blüteperiode des Keltentums bezeichnet werden kann und dessen herausragende Werke wir im folgenden Kapitel etwas genauer betrachten wollen.

Das Wahrzeichen der ‚heiligen Insel' Lindisfarne vor der Nordostküste Englands ist heute ihre mittelalterliche Burg. Im 7. bis 9. Jh. n. Chr. beherbergte sie eines der wichtigsten irischen Missionsklöster.

MEISTERWERKE CHRISTLICH-KELTISCHER KULTUR

>> „Im Laufe der Zeit widmeten sich einige von ihnen [= der Engländer in Irland] treu dem klösterlichen Leben, während andere es vorzogen, zu den Klausen verschiedener Lehrer zu reisen und sich mit dem Studium zu befassen. Die Iren begrüßten sie alle freundlich, gaben ihnen ihr tägliches Mahl und versorgten sie mit Büchern zum Lesen und mit Unterricht, ohne nach einer Entlohnung zu fragen" (Der britische Mönch Beda um 700 n. Chr. über englische Glaubensemigranten im Irland seiner Zeit).

>> „Ich, der ich diese Geschichte niederschrieb, zweifle an vielen Dingen. [...] Manche sind teuflischer Trug, einige dichterische Erfindung, manche scheinen wahr, andere dagegen nicht, und manche dienen allein der Erbauung von Narren" (Anonymer Kommentar eines unbekannten irischen Mönchs auf einer Abschrift des ‚Rinderraubs von Cooley' aus dem 12. Jh.).

Altirischer Ogham-Stein von Coolmagort. Die Kerben und Striche entlang seiner Kante symbolisieren die unterschiedlichen Buchstaben des Alphabets.

Die gebildeten und gelehrten Stände hatten, wie die literarischen Texte zeigen, schon in der altkeltischen Gesellschaft einen hohen Stellenwert innegehabt, doch blieben der Umfang und die Wirkkraft ihres Wissens aufgrund seiner ausschließlich mündlichen Weitergabe (vgl. S. 117 und 130 f.) grundlegend beschränkt. Indem nunmehr die Klöster die gesellschaftliche und kulturelle Rolle der Druiden und *filid* (= Dichter) übernahmen und dabei auf das mit dem Christentum ins Land gekommene Mittel der schriftlichen Aufzeichnung und Überlieferung zurückgriffen, wurde das ansonsten verloren gegangene Wissen erstmals vollständig aufgezeichnet und damit auch für die Nachwelt verfügbar gemacht.[85] Die Klöster entwickelten sich dadurch zu den zentralen gesellschaftlichen Wissensspeichern – Bibliotheken, Archiven und Universitäten in einem –, die eine große Anziehungskraft auch auf viele Gelehrte in Britannien und auf dem Kontinent ausübten (vgl. Zitat Randspalte).

Ein Blick in die Schreibstuben der ‚Heiligen und Gelehrten'

Irland besaß schon seit dem 3./4. Jh. n. Chr. eine eigene Schrift, die auf der Schreibung der Konsonanten und Vokale durch Kombinationen von Strich- und Linienbündeln beiderseits einer Mittellinie beruhte. Diese sog. Ogham-Schrift, die auch im zeitgenössischen Schottland und Wales belegt ist, taugte allerdings kaum zur Niederschrift längerer Texte, sondern wurde vorwiegend zur Notation von Namen oder kurzen Notizen auf harten Materialien wie Holz oder Stein verwendet (vgl. Abb. links). Die irischen Mönche benutzten für ihre Aufzeichnungen ausschließlich die mit der Bibel auf die Insel gekommene lateinische Schrift, in der sie zunächst auch vorwiegend lateinischsprachige religiöse Texte, Bibelkommentare, Heiligenviten und Ähnliches niederschrieben. Schon im 6. Jh. n. Chr. begannen sie aber zusätzlich auch, kleine Gedichte, Sinnsprüche oder Glossen in gälischer Sprache auf den Manuskripträndern zu notieren, und wenig später folgten ganze Gesetzessammlungen, Herrschergenealogien und Jahrbücher (Annalen) in verschriftetem Irisch. Schließlich zeichneten die ‚Heiligen und Gelehrten' in den Schreibstuben ihrer Klöster in großem Umfang auch die traditionellen und bis dahin nur mündlich überlieferten Lieder, Märchen und Gedichte sowie den reichen Sagen- und Mythenschatz ihrer Heimat mehr oder weniger authentisch auf und bewahrten ihn so für die Nachwelt. „Das Resultat war" nach den Worten der Keltenforscherin Doris Edel „eine kulturelle Blüte, die vom 7. bis 10. Jahrhundert die reichste und vielfältigste volkssprachliche Literatur des frühmittelalterlichen Europas hervorbrachte."[86]

Die meisten Manuskripte, in denen dieser umfangreiche Sagen- und Literaturschatz niedergeschrieben ist, stam-

Eine Schmuckseite des um 675 n. Chr. in Irland angefertigten Book of Durrow. Kreis- und Spiralmuster mit Dreiwirbeln (Triskelen) im charakteristischen Latènestil sind von einem Flechtbandmuster umrahmt – ein charakteristisches Beispiel für die Vermischung keltischer Stilelemente mit mediterranen und germanischen Einflüssen (vgl. Abb. S. 199).

MEISTERWERKE CHRISTLICH-KELTISCHER KULTUR

Die sog. Tara-Brosche aus dem 8. Jh. n. Chr. Ihr überreicher ornamentaler Schmuck erinnert an die Illustrationen der zeitgenössischen irischen Buchmalerei.

men erst aus dem 11. bis 13. Jh. – die Fachleute können viele der Texte aber anhand stilistischer und thematischer Kriterien wesentlich älteren Überlieferungen bis zurück ins 4. Jh. n. Chr. zuordnen. Sie unterteilen die altirische Literatur nach ihrer Entstehungszeit und ihren thematischen Zusammenhängen in vier große sog. Zyklen, nämlich den Ulster-, den Finn-, den ‚mythologischen' und den Königszyklus – daneben existieren noch eine Anzahl weiterer Einzelwerke.

Heldentaten und Anderswelt

Die bekannteste und vielleicht auch die älteste dieser Erzählungen ist das bisweilen mit Homers Ilias verglichene irische Nationalepos *Taín Bó Cúailnge* (‚Der Rinderraub von Cooley'), in dem es um den Diebstahl eines berühmten Stieres und den daraus resultierenden Krieg der westirischen Provinz Connacht gegen die konkurrierende Nordprovinz Ulster geht. Ausführlich beschrieben werden die Taten des jugendlichen Helden von Ulster, Cú Chulainn, bei denen der ungestüme Kämpfer immer wieder in eine unbändige ‚Raserei' (= *furor*; vgl. S. 93) verfällt. Aufgrund dieser ‚heroischen' Themen und Motive geht das Epos mit Sicherheit noch auf das heidnische Irland vor dem 5. Jh. n. Chr. zurück. „Das heroische Lebensgefühl der Protagonisten ist kaum von christlichen Ideen beeinflusst", schreibt Edel dazu, und „ihre Streitwagen und Kopfjägerei wecken Erinnerungen an Poseidonios' Beschreibung der Festlandkelten" (vgl. S. 90 f. und 120). Die Erzählung wird daher bisweilen auch als ein ‚Fenster in die irische Eisenzeit' bezeichnet, doch „obschon einige der Bausteine weit zurückreichen, ist das Werk als Ganzes ein Produkt des mittelalterlichen Irlands", so Edel.[87]

Neben solchen großen Taten irisch-keltischer Helden, Machtkämpfen zwischen Provinzialherrschern und Abenteuer- oder Irrfahrten durch geheimnisvolle Meere zu wunderbaren oder albtraumhaften Inseln (vgl. ‚Brans Seefahrt' oder ‚die Reise des heiligen Brendan') begegnen in diesen altirischen Erzählungen aber auch viele weitere bis heute in der keltischen Folklore und Mythologie geläufige Motive. So spielte beispielsweise die parallel zur Menschenwelt existierende und nicht scharf von ihr getrennte keltische ‚Anderswelt' (vgl. S. 129 f.) – die abwechselnd auf atlantischen Inseln, unter Wasser oder unter der Erde angesiedelt wurde – in ihnen eine prominente Rolle. Zu ihren Bewohnern zählten die *Sídhe*, das

‚Volk der Hügel', das alte Tumuli oder megalithische Großsteingräber bewohnte und aus den ältesten mythologischen Bewohnern Irlands, den *Túatha Dé Danann* (= ‚Stämme der Göttin Danu') hervorgegangen war. Diese Zauberwesen entsprechen den Elfen und Feen der jüngeren keltischen Folklore, und ebenso kommen einem auch die skurrilen Götter und Kobolde, Gnome und Dämonen der frühlatènezeitlichen Kleinkunst Mitteleuropas in den Sinn (vgl. S. 73 ff.). Schließlich fanden auch die vielfältigen Vorstellungen vom keltischen Paradies – beginnend bei der ‚Insel der ewigen Jugend', *Tír na n'Og*, bis zum ‚Land der Verheißung', *Tír Tairngire* – Eingang in diese altirischen Texte und Überlieferungen. Betrachtet man all diese einflussreichen Traditionen und Motive in ihrer Gesamtheit, so hat die altirische Literatur das Bild von den Inselkelten nicht weniger geprägt als der britannische Artus-Zyklus (vgl. S. 202 ff.).

Buchkunst und Metallhandwerk

In den irischen Klöstern wurden aber nicht nur riesige Textmengen niedergeschrieben und kopiert, sondern es entstanden auch einige der herausragendsten Werke der Buchkunst auf der ganzen Welt. Die bekanntesten unter ihnen sind das um 675 n. Chr. entstandene Book of Durrow (vgl. Abb. S. 219), die wenige Jahrzehnte später (um 720) gefertigte Lindisfarne-Handschrift und – als jüngstes und prächtigstes Exemplar – das um 800 n. Chr. geschaffene Book of Kells; die Ortsnamen geben dabei nur jeweils die letzte Aufbewahrungsstätte, nicht unbedingt den Entstehungsort der Bände an, der meistens umstritten ist.

Bei all diesen Prunkbüchern handelt es sich um großformatige Abschriften und Kommentierungen der Evangelien, sog. Evangeliare, die mit reichen Bild- und Ornamentverzierungen, Bildseiten und Porträts von Jesus und den Evangelisten geschmückt sind. Sie dienten vermutlich mehr der Repräsentation als dem alltäglichen Gebrauch und bestanden daher auch aus den kostbarsten und teuersten Materialien. Für das Pergament des Book of Kells wurden nach Schätzungen von Experten beispielsweise die Häute von rund 185 Kälbern benötigt, und die noch heute in allen Farben strahlenden Illustrationen wurden mit den unterschiedlichsten mineralischen und organischen Farbstoffen – darunter Lapislazuli aus Afghanistan, Karmesinrot aus dem Mittelmeerraum und

„[Das Buch] enthält die Konkordanz der vier Evangelien, [...] mit fast ebenso vielen Bildern wie Seiten, die alle in unterschiedlichen Farben gehalten sind. Hier sieht man das Antlitz des göttlichen Herrschers auf wunderbare Weise gemalt, dort die mystischen Darstellungen der Evangelisten. [...] Hier erblickt man einen Adler, dort ein Rind, hier das Gesicht eines Menschen, dort das eines Löwen, und es gibt fast unzählige andere Bilder. [...] Wenn du dir die Mühe machst, genauer hinzuschauen, [...] wirst du solch zarten und feinen, so ineinander verknoteten und verschlungenen Zierat sehen, dass dir nur das Eingeständnis bleibt, dieses Werk sei eher durch den Fleiß eines Engels als den eines Menschen entstanden" (Beschreibung eines Evangelienbuches im irischen Kildare durch Giraldus Cambrensis im Jahr 1185).

Der Silberkelch von Ardagh aus dem 8. Jh. n. Chr. diente wahrscheinlich als liturgisches Gefäß.

Irisches Hochkreuz in der Grafschaft Offaly mit typischem Steinkranz und Dekor.

MEISTERWERKE CHRISTLICH-KELTISCHER KULTUR

sogar Blattgold – angefertigt. Aufgrund ihrer Leuchtkraft und Farbenpracht spricht man auch von ‚illuminierten Manuskripten', mit deren Fertigung ein oder mehrere Mönche sicherlich jahrelang beschäftigt waren.
Stilistisch zählen die Illustrationen dieser Evangelienbücher zu den spätesten und zugleich eindrucksvollsten Belegen der Latènekunst auf den Britischen Inseln (vgl. S. 167). Man entdeckt in ihnen zahlreiche keltische Motive wie zum Beispiel Dreiwirbel (Triskelen) oder Zirkelornamente, und mit ihren „sich endlos verwebenden Bändern, wirbelnden Kurven und Spiralen suggerieren die illuminierten Manuskripte" nach den Worten Ian Bradleys „eine Welt und einen Glauben, die im Zustand immerwährender Bewegung sind"[88] (vgl. S. 77 ff.). Allerdings vermischten sich diese keltischen Stilelemente und künstlerischen Traditionen auf manchmal fast unentwirrbare Weise mit germanischen, mittelmeerischen und sogar orientalischen Elementen. So ähneln die Menschendarstellungen mitunter byzantinischen Gemälden oder ägyptisch-koptischen Porträts, und die oft irrtümlich für eine Erfindung der Kelten gehaltenen Flechtwerkmuster gehen auf antike mediterrane Vorbilder zurück. Die seltsam gewundenen und ineinander verschlungenen Tierfiguren wiederum sind dem germanischen ‚Tierstil' nachempfunden, der zu dieser Zeit in der angelsächsischen Kunst Englands blühte (vgl. Abb. S. 199).
Eine ähnlich kunstvolle Mischung aus spätestem Insel-Latène und anderen Stilelementen ist auch auf einer Reihe irischer Metallkunstwerke zu finden, so dass die Fachleute von einer engen Verbindung zwischen beiden Kunstgenres ausgehen. Eines der herausragendsten Stücke ist die aus dem 8. Jh. n. Chr. stammende sog. Tara-Brosche (vgl. Abb. S. 220), deren Oberfläche bis auf den letzten Winkel mit Triskelen, Schleifen- und Flechtmustern angefüllt ist und damit die keltische ‚Angst vor der Leere' – den sog. *horror vacui* – eindrucksvoll verdeutlicht. Ein weiteres bekanntes Beispiel ist der Silberkelch von Ardagh, der ein strengeres und mehr von der inselkeltischen Einlegetechnik (vgl. S. 167) bestimmtes Dekor besitzt. In seine Wandung sind die Namen der zwölf Apostel eingraviert, was den unmittelbaren religiösen und liturgischen Zusammenhang dieses und anderer Stücke unterstreicht. Für den Gottesdienst benötigte die irische Kirche nämlich „Weihegefäße, Reliquiare [= Reliquienschreine], Messgewänder, Glocken, Stäbe, Flabella (liturgische Fächer) und vor allem Bücher", wie der irische Handschriftenexperte Bernard Meehan schreibt.[89] Ebenso wie in anderen Teilen Europas wurde daher auch in Irland die Kirche während des Frühmittelalters zu einem der wichtigsten Auftraggeber des Kunsthandwerks, und die Klosterschätze traten nicht selten an die Stelle des früheren Hofschatzes.

Die irischen Hochkreuze

Die jüngste und zugleich auch die am längsten überdauernde Ausprägung dieser irisch-christlichen Klosterkunst sind die berühmten ‚keltischen Hochkreuze', die vom 8. bis ins 12. Jh. geschaffen wurden. In Irland sind mehr als 200 dieser bis zu 6 m hohen Steinkreuze bekannt, doch vereinzelt kommen sie auch auf den westschottischen Inseln wie etwa Iona vor. Ihre Oberfläche ist zumeist über und über mit biblischen oder anderen religiösen Motiven und mit Flechtwerkmustern bedeckt, die kunstvoll als Reliefs aus dem Sandstein oder Granit herausgemeißelt wurden. Im Schnittpunkt von Kreuzschaft und -armen befindet sich als zentrale Szene gewöhnlich eine Darstellung des gekreuzigten Jesus oder des Jüngsten Gerichts, die von einem für diese irischen Kreuze charakteristischen Ringkranz umgeben ist. Über den ursprünglichen Sinn und Zweck dieses Kranzes wird in der Fachwelt lebhaft und kontrovers diskutiert – die Deutungen reichen von einer rein statischen Stützfunktion für die Kreuzarme über ein Sonnensymbol oder die Verkörperung des Universums bis hin zu einer Art mystischem ‚Heiligenschein'. Insgesamt sind die Bildmotive auf den Hochkreuzen nach den Worten des irischen Historikers Peter Harbinson „wie in einer filmischen Abfolge dargestellt – eine bildliche Umsetzung der Bibel für jene, die des Lesens unkundig waren."[90]
Eine wirklich weite Verbreitung erfuhren die irischen Hochkreuze erst ab dem 9. Jh. n. Chr., als die Buch- und Metallkunst auf der Insel bereits ihren Zenit überschritten hatte. Eine mögliche Ursache für das Aufblühen der neuen Denkmälergattung sehen die Fachleute in den ab 800 n. Chr. immer häufigeren Überfällen der Wikinger (vgl. Karte S. 198), bei denen besonders die Klöster immer wieder geplündert wurden. Möglicherweise versuchten die irischen Mönche und Äbte, diesem systematischen Raub der Klosterschätze durch die Errichtung der klobigen und schweren Steinkreuze ein Ende zu setzen. Ungefähr 400 Jahre lang scheinen sie damit auch Erfolg gehabt zu haben, denn viele irische Hochkreuze überlebten weitgehend unbeschadet bis in die Gegenwart. Im Verlauf des 12. Jhs. verschwand dann allerdings auch diese letzte Ausprägung des irischen ‚Goldenen Zeitalters', denn 1171 landete der englische König Heinrich II. auf der Insel und errichtete dort die sog. Lordschaft von Irland, die der christlich-keltischen Kulturblüte ein jähes Ende bereitete. Irland geriet nun, obwohl es erst sehr viel später ein formeller Bestandteil des britischen Königreichs wurde, mehr und mehr unter englische Dominanz und Oberherrschaft, die bis ins 20. Jh. – und im Norden der Insel bis in die Gegenwart hinein – andauern sollte.

DIE KELTEN HEUTE

> „Der bretonische Dialekt, barbarisches Überbleibsel einer vergangenen Zeit, ist auszurotten. Fördern Sie mit allen zur Verfügung stehenden Mitteln die Verarmung und Korruption der bretonischen Sprache, bis man sich von einer Gemeinde zur anderen nicht mehr verständigen kann. Da die Bauern sich trotzdem untereinander verständigen müssen, sind sie gezwungen, Französisch zu lernen. Die bretonische Sprache ist unbedingt zu vernichten" (Der Präfekt des westfranzösischen Departements Finstère im Jahr 1831).

> *Hep Brezhoneg, Breizh ebet*
> Ohne Bretonisch keine Bretagne!
> (Der bretonische Sänger Alan Stivell 1971).

Wie wir in den letzten Kapiteln gesehen haben, verloren auch die inselkeltischen Völker spätestens im Verlauf des Mittelalters ihre politische Unabhängigkeit und hörten auf, als eigenständige ‚Staatsvölker' zu existieren. Sie wurden zu integralen Bestandteilen des ‚Vereinigten Königreichs' Großbritannien, das ja aus England, Schottland, Wales und Nordirland besteht,[91] bzw. im Fall der Bretagne zu einem Teil Frankreichs. Nominell waren sie zwar den anderen Bürgern dieser Staaten gleichgestellt, in der Praxis blieben sie aber aufgrund der überwiegend agrarischen Struktur ihrer Länder oftmals benachteiligt und wurden wegen ihrer ‚rückständigen' Sprache, Sitten und Gebräuche verachtet und unterdrückt (vgl. Zitat Randspalte).

So gab es im 19. Jh. nicht nur in Irland, sondern auch in Schottland und in der Bretagne aufgrund der einseitigen Wirtschaftsstruktur und gewaltsamer Entvölkerungsmaßnahmen große Hungersnöte, die Millionen von Menschen ins Exil trieben und zu einer lang anhaltenden Ausblutung dieser Länder führten. In den Kriegen des Britischen Empire und Frankreichs kamen überdurchschnittlich viele Soldaten aus den keltischsprachigen Regionen ums Leben, und ihre angestammten Sprachen und Traditionen wurden systematisch bekämpft und unterdrückt. Bestrebungen zu ihrer Bewahrung oder gar Forderungen nach Wiederherstellung der früheren Eigenständigkeit galten als ‚Separatismus' und wurden drakonisch bestraft. „Die bretonische Renaissance beginnt mit der Melodie eines Dudelsacks und endet vor dem Erschießpeleton", fasste der bretonische Abgeordnete Pierre Hervé diese Politik 1947 bitter zusammen,[92] die sich durchaus als „interner Kolonialismus" und „antikeltischer Rassismus" bezeichnen lässt.[93]

Kampf um die Rettung der keltischen Kultur

Trotz ihrer jahrhundertelangen Unterdrückung überlebte die keltische Sprache und Kultur in vielen der betroffenen Regionen aber bis in die jüngste Vergangenheit. Noch zu Beginn des 20. Jhs. sprachen über eine Million Menschen in der Bretagne Bretonisch und über 50% der Waliser das einheimische Kymrisch – seither sind die Sprecherzahlen aufgrund wirtschaftlich-sozialer Umschichtungen und des einsprachigen Schulunterrichts aber drastisch zurückgegangen. Bei den letzten Erhebungen beherrschten nur noch etwa 300 000 Menschen in der Bretagne das Bretonische (1999) und 500 000 Einwohner von Wales oder 18% der Bevölkerung Kymrisch (1981) – in Schottland ist die Zahl der Gälisch Sprechenden mit gerade noch 80 000 oder 1,6% der Bevölkerung (1981) so gering, dass man sie fast vernachlässigen kann. In der Republik Irland beherrschen allerdings immer noch etwa eine Million Menschen und damit rund ein Drittel der Bevölkerung das Irisch-Gälische (vgl. Karte S. 168).

Gegen diesen starken Rückgang und die akute Gefahr des Aussterbens der letzten keltischen Sprachreste haben sich im Laufe des vergangenen Jahrhunderts in fast allen betroffenen Regionen Bürgerbewegungen und nichtstaatliche Institutionen entwickelt, deren Ziel die Rettung oder Wiederbelebung des keltischen Erbes ist. Ihr Spektrum reicht von privaten Einrichtungen zur Vereinfachung und Modernisierung der keltischen Sprachen über Vereine zur Dokumentation und Wiederbelebung alter Lieder, Tänze und Musikformen bis hin zur bretonischen Vereinigung *Diwan* (= ‚Keim, Quelle'), die in nichtstaatlicher Trägerschaft mittlerweile über 30 zweisprachige Schulen und Kindergärten betreibt.

Diese Bemühungen zur Rettung des keltischen Sprach- und Kulturgutes waren aber stets auch in mehr oder weniger ausgeprägtem Maße mit dem Streben nach größerer politischer Eigenständigkeit und Selbstbestimmung inner- oder außerhalb des Gesamtstaates verbunden. Das Spektrum der Vorstellungen und Forderungen reicht dabei vom kompromisslosen und mitunter militant ausgetragenen Kampf um die Loslösung von England bzw. Frankreich und um die vollständige nationale Unabhängigkeit bis hin zum kompromissbereiteren Streben nach einer begrenzten politischen oder kulturellen Autonomie. Ebenso unterschiedlich und facettenreich wie die diesbezügliche Programmatik ist auch die politische und ideologische Ausrichtung der an den Aktivitäten beteiligten Gruppen.

Vorbild all dieser autonomistischen Strömungen ist die historische Unabhängigkeitsbewegung Irlands, die im Gefolge des ‚Osteraufstands' von 1916 die staatliche Loslösung des Südteils der Insel von England (1922) und schließlich 1949 die Gründung der Republik Irland zu

Zweisprachiger Schilderwald in Kenmare – ein augenfälliges Wahrzeichen der keltischen Renaissance in Irland.

erreichen vermochte. Das Gälische ist auf der Insel seither offizielle Landes- und Amtssprache und die Pflege des nationalen Erbes ein staatliches Anliegen. Dieser pragmatisch begrenzte Partikularismus hat der Entwicklung des Landes weder wirtschaftlich noch politisch geschadet – im Gegenteil, Irland galt in den 1990er Jahren zeitweise als einer der aufstrebenden ‚Tigerstaaten' innerhalb der EU. Der seit der Teilung der Insel schwelende und wohl auch heute noch nicht vollständig gelöste Konflikt um Nordirland zeigt indes schmerzhaft, welche Sprengkraft den kulturellen und sozialen Gegensätzen, die nur zum Schein die Form eines Kampfes zwischen Katholiken und Protestanten annehmen, auch heute noch innewohnt.

Laptop und Schottenrock

Trotz solcher Anachronismen und Rückschläge konnten die keltischen Regionalbewegungen in den letzten 20 Jahren auch außerhalb Irlands zunehmend Erfolge verbuchen. 1999 erhielten Schottland und Wales nach erfolgreichen Volksabstimmungen im Rahmen des von der britischen Labour-Regierung initiierten ‚Devolutions'- bzw. Dezentralisierungsprogramms eine Teilautonomie mit eigenen Regionalparlamenten und weitgehenden Befugnissen im Bereich der Innen- und Kulturpolitik. In Wales ist diese eingeschränkte Selbstbestimmung mit einer offiziellen Zweisprachigkeit des Landes verbunden und in beiden Regionen mit einer konsequenten

DIE KELTEN HEUTE

Förderung des keltischen Erbes in Bildung, Wissenschaft und Kultur. Selbst in der Bretagne, die dieser Entwicklung politisch immer noch nachhinkt, sind deutliche Verbesserungen eingetreten, seit Frankreich 1999 die europäische Charta für Regional- und Minoritätensprachen unterzeichnet hat. Bekamen die Schüler dort noch in den 1950er Jahren zur Strafe einen Holzschuh umgehängt, wenn ihnen im Klassenzimmer einige bretonische Worte entschlüpften, so wird die Regionalsprache heute immerhin als Wahlfach in den staatlichen Schulen angeboten. Und riskierten die Bretonen noch in den 1970er Jahren, wegen ‚Anmaßung staatlicher Hoheitsrechte' angeklagt zu werden, wenn sie einen Autoaufkleber mit dem Kürzel ‚BZH' (= *Breizh*/Bretagne) an ihrem Wagen befestigten, so stehen heute in immer mehr bretonischen Städten und Regionen sogar offizielle zweisprachige Ortsschilder.

Diese Fortschritte und Erfolge sind neben einer insgesamt liberaleren Politik der Zentralregierungen auch einem veränderten Profil der Regionalbewegungen selbst zu verdanken. Waren diese früher überwiegend ländlich geprägt und politisch eher konservativ bis reaktionär gefärbt, so werden sie heute vorwiegend von den gebildeten städtischen Mittelschichten getragen und pflegen ein betont zukunftsorientiertes, fortschrittliches Image. Schottenrock und Laptop, Dudelsack und Synthesizer werden von ihnen nicht als Widerspruch, sondern als eine stimmige und geradezu ideale Kombination begriffen, was ja durchaus der altkeltischen Tradition entspricht, weltoffen und innovativ zu sein, dabei aber gleichzeitig zäh und eigenwillig an der über Jahrhunderte hinweg entwickelten eigenen ‚Handschrift' festzuhalten (vgl. etwa S. 74 ff.). Ganz in diesem Sinne gilt den heutigen Vertretern des Keltentums ihr regionales Sprach- und Kulturerbe nicht mehr wie früher so oft als ein überholter und unnützer Ballast aus längst vergangenen Zeiten, sondern als ein wertvolles und historisch gewachsenes Alleinstellungsmerkmal in einer immer uniformer werdenden Welt. Ob dieses Verständnis ausreicht, um das Erbe einer der ältesten und bedeutendsten Kulturen Europas auch über das 3. Jt. hinweg zu bewahren, wird die Zukunft erweisen.

LITERATUR

Allgemeine Literatur über die Kelten

Ade, Dorothee/Willmy, Andreas: Die Kelten. Stuttgart 2008.
Ade, Dorothee u.a.: Kelten selbst erleben! Kleidung, Spiel und Speisen – selbst gemacht und ausprobiert. Stuttgart 2012.
Arnold, Bettina/Gibson, D. Blair: Celtic Chiefdom, Celtic State. Cambridge 1995.
Audouze, Francoise/Buchsenschutz, Olivier: Villes, Villages et Campagnes de l'Europe celtique. Paris 1989.
Baitinger, Holger/Pinsker, Bernhard (Red.): Das Rätsel der Kelten vom Glauberg. Glaube – Mythos – Wirklichkeit. Ausstellungskatalog Frankfurt a.M. Stuttgart 2002.
Banck-Burgess, Johanna: Mittel der Macht. Textilien bei den Kelten. Stuttgart 2012.
Barnes, Ian: Der große historische Atlas der Kelten. Wien 2009.
Birkhan, Helmut: Kelten. Versuch einer Gesamtdarstellung ihrer Kultur. Wien 1997.
Birkhan, Helmut: Kelten. Bilder ihrer Kultur. Wien 1999.
Bittel, Kurt u.a. (Hrsg.): Die Kelten in Baden-Württemberg. Stuttgart 1981.
Bräuning, Andrea u.a.: Kelten an Hoch- und Oberrhein. Esslingen 2005.
Carnap-Bornheim, Claus von u.a. (Hrsg.): Herrschaft – Tod – Bestattung. Zu den vor- und frühgeschichtlichen Prunkgräbern. Tagungsband Bonn 2006.
Cunliffe, Barry: Die Kelten und ihre Geschichte. Bergisch Gladbach 1980.
Dannheimer, Hermann/Gebhard, Rupert (Hrsg.): Das keltische Jahrtausend. Ausstellungskatalog Prähistorische Staatssammlung München Mainz 1993 (2. Aufl.).
Demandt, Alexander: Die Kelten. München 1998.
Éluère, Christiane: Das Gold der Kelten. München 1987.
Éluère, Christiane: Die Kelten. Ravensburg 1995 (2. Aufl.).
Fischer, Franz: Frühkeltische Fürstengräber in Mitteleuropa. Antike Welt, Sondernummer 1982. Feldmeilen 1982.
Fischer, Franz: An Oberrhein und oberer Donau. Beiträge zur Vor- und Frühgeschichte Südwestdeutschlands, hrsg. von Rainer Wiegels. Rahden/Westf. 2006.
Fries-Knoblach, Janine: Die Kelten. 3000 Jahre europäischer Kultur und Geschichte. Stuttgart 2002.
Gebhard, Rupert u.a. (Hrsg.): Im Licht des Südens. Begegnungen antiker Kulturen zwischen Mittelmeer und Zentraleuropa. Ausstellungskatalog München/Lindenberg 2011.
Green, Miranda J. (Hrsg.): The Celtic World. London/New York 1995.
Haffner, Alfred: Die westliche Hunsrück-Eifel-Kultur. Berlin 1976.
Haffner, Alfred (Hrsg.): Heiligtümer und Opferkulte der Kelten. Stuttgart 1995.
Haywood, John: Die Zeit der Kelten. Ein Atlas. Frankfurt 2002.
Herm, Gerhard: Die Kelten. Das Volk, das aus dem Dunkel kam. Lizenzausgabe Augsburg 1996.
Herrmann, Joachim (Hrsg.): Griechische und lateinische Quellen zur Frühgeschichte Mitteleuropas. Bd. 1: Von Homer bis Plutarch (8. Jh. v. u. Z. bis 1. Jh. u. Z.). Berlin/DDR 1988.
Hofeneder, Andreas: Die Religion der Kelten in den antiken literarischen Zeugnissen. 3 Bde. Wien 2005 – 2011.
James, Simon: Das Zeitalter der Kelten. Düsseldorf 1996.
Karl, Raimund/Leskovar, Jutta (Hrsg.): Die erfundenen Kelten. Mythologie eines Begriffes und seine Verwendung in Archäologie, Tourismus und Esoterik. Linz 2012.
Klein, Thomas F.: Wege zu den Kelten. 100 Reisen in die Vergangenheit. Darmstadt 2013.
Koch, John T. (Hrsg.): Celtic Culture. A Historic Encyclopedia. 5 Bde. Santa Barbara 2005.
Konstam, Angus: Die Kelten. Wien 2005.
Krause, Arnulf: Die Welt der Kelten. Frankfurt/New York 2007 (2. Aufl.).
Kruta, Venceslas: Die Kelten. Aufstieg und Niedergang einer Kultur. Erftstadt 2007.
Kuckenburg, Martin: Der Stadtbegriff und seine Anwendbarkeit auf eisenzeitliche Großsiedlungen in Mitteleuropa. Ungedr. Magisterarbeit Tübingen 1991.
Kuckenburg, Martin: Vom Steinzeitlager zur Keltenstadt. Siedlungen der Vorgeschichte in Deutschland. Stuttgart 2000.
Kuckenburg, Martin: Die Welt der Kelten. Entdeckungsbuch für junge Leser. Stuttgart 2012.
Kuckenburg, Martin: Kultstätten und Opferplätze in Deutschland. Stuttgart 2007/Köln 2014.
Lehmann, Johannes: Teutates & Konsorten. Reise zu den Kelten in Südwestdeutschland. Tübingen 2006.
Lessing, Erich/Kruta, Venceslas: Die Kelten. Entwicklung und Geschichte einer europäischen Kultur. Freiburg 1979.
Maier, Bernhard: Die Religion der Kelten. Götter – Mythen – Weltbild. München 2001.
Maier, Bernhard: Die Kelten. Geschichte, Kultur und Sprache – ein Studienbuch. Tübingen 2015.
Maier, Bernhard: Die Kelten. Ihre Geschichte von den Anfängen bis zur Gegenwart. München 2016 (3. Aufl.).
Meid, Wolfgang: Die Kelten. Stuttgart 2007.
Moscati, Sabatino u.a. (Hrsg.): The Celts. Ausstellungskatalog Venedig. Mailand 1991/London 1993.
Müller, Felix: Götter, Gaben, Rituale. Religion in der Frühgeschichte Europas. Mainz 2002.
Müller, Felix (Hrsg.): Die Kunst der Kelten. Bern 2009.
Müller, Felix/Lüscher, Geneviève: Die Kelten in der Schweiz. Stuttgart 2004.
Müller, Holger: Die Kelten in Süddeutschland. Der archäologische Führer. Darmstadt 2014.

Nawroth, Manfred u. a. (Red.): Menschen – Zeiten – Räume. Stuttgart/Berlin 2002.

Pauli, Ludwig (Red.): Die Kelten in Mitteleuropa. Kultur – Kunst – Wirtschaft. Ausstellungskatalog Keltenmuseum Hallein. Salzburg 1980 (3. Aufl.).

Rieckhoff, Sabine/Biel, Jörg: Die Kelten in Deutschland. Stuttgart 2001.

Rieckhoff, Sabine/Fichtl, Stephan: Keltenstädte aus der Luft. Stuttgart 2011.

Schickler, Hilmar: Heilige Ordnungen. Zu keltischen Funden im Württembergischen Landesmuseum. Stuttgart 2001.

Schnurbein, Siegmar Frhr. v. u. a. (Hrsg.): Atlas der Vorgeschichte. Darmstadt 2014 (3. Aufl.)

Schnurr, Eva-Maria (Red.): Die Kelten. Europas rätselhafte Barbaren. Spiegel-Geschichte 5, 2017. Buchausgabe: Die Kelten. Geheimnisse einer versunkenen Kultur. München 2018.

Sievers, Susanne u. a. (Hg.): Lexikon zur keltischen Archäologie. Wien 2012.

Stock, Jonathan/Telgenbüscher, Joachim (Red.): Die Kelten. Auf den Spuren einer rätselhaften Kultur. Geo Epoche 47. Hamburg 2011.

Die Welt der Kelten. Zentren der Macht – Kostbarkeiten der Kunst. Ausstellungsband Ostfildern 2012.

Zimmer, Stefan (Hrsg.): Die Kelten – Mythos und Wirklichkeit. Stuttgart 2009 (2. Aufl.).

Literatur zur Hallstattzeit

Bender, Helmut/Pauli, Ludwig: Der Münsterberg in Breisach II: Hallstatt- und Latènezeit. München 1993.

Biel, Jörg: Der Keltenfürst von Hochdorf. Stuttgart 1995 (3. Aufl.).

Biel, Jörg: ‚Fürstensitze'. Das Modell Wolfgang Kimmigs vor dem Hintergrund neuer Ausgrabungs- und Forschungsergebnisse. In: Fundberichte aus Baden-Württemberg 29, 2007, 235 – 253.

Biel, Jörg/Krausse, Dirk (Hrsg.): Frühkeltische Fürstensitze. Älteste Städte und Herrschaftszentren nördlich der Alpen? Esslingen 2005.

Bofinger, Jörg u. a.: Glanz und Gloria: Die Keltenfürsten. Esslingen 2006.

Bolay, Gertrud u. a. (Hrsg.): Kelten am Hohenasperg. Asperg 2010.

Burmeister, Stefan: Geschlecht, Alter und Herrschaft in der Späthallstattzeit Württembergs. Münster 2000.

Chaume, Bruno (Hrsg.): Le complexe aristocratique de Vix. Tagungsband Dijon 2011.

Crumbach, Sylvia/Wenzel, Chris: Bunte Tuche – gleißendes Metall. Frühe Kelten der Hallstattzeit. Herne 2007.

Ecole du Louvre (Hrsg.): Les princes celtes et la Méditerranée. Paris 1988.

Eggert, Manfred K. H.: Prestigegüter und Sozialstruktur in der Späthallstattzeit: Eine kulturanthropologische Perspektive. In: Saeculum 42, 1991, 1 – 28.

Eggert, Manfred K. H.: Der Tote von Hochdorf: Bemerkungen zum Modus archäologischer Interpretation. In: Archäologisches Korrespondenzblatt 29, 1999, 211 – 222.

Eggert, Manfred K. H.: Wirtschaft und Gesellschaft im früheisenzeitlichen Mitteleuropa: Überlegungen zum ‚Fürstenphänomen'. In: Fundberichte aus Baden-Württemberg 29, 2007, 255 – 302.

Eibner, Clemens (Hrsg.): Die Hallstattkultur. Bericht über das Symposium in Steyer aus Anlass d. internat. Ausstellung d. Landes Oberösterreich. Linz 1981.

Fischer, Franz: Keimelia. Bemerkungen zur kulturgeschichtlichen Interpretation des Südimports in der späten Hallstatt- und frühen Latènekultur. In: Germania 51, 1973, 436 – 459.

Fougère, Félicie/Chaume, Bruno: La tombe de Vix. Un trésor entre histoire et légende. Lyon 2016.

„Fürstensitze" der Kelten. Archäologie in Deutschland 5, 2010, S. 18 – 37.

Gersbach, Egon: Baubefunde der Perioden IVc – IVa der Heuneburg. Heuneburgstudien Bd. 9. Mainz 1995.

Gersbach, Egon: Baubefunde der Perioden IIIb – Ia der Heuneburg. Heuneburgstudien Bd. 10. Mainz 1996.

Guggisberg, Martin A. (Hrsg.): Die Hydria von Grächwil. Zur Funktion und Rezeption mediterraner Importe in Mitteleuropa im 6. und 5. Jh. v. Chr. Bern 2004.

Hajdu, Rose/Bofinger, Jörg: Keltengold. Die Schätze der Fürstengräber in einzigartigen Aufnahmen. Ostfildern 2011.

Härke, Heinrich: Settlement Types and Settlement Patterns in the West Hallstatt Province. Oxford 1979.

Die Heuneburg – Herodots Pyrene? Archäologie in Deutschland 1, 2017, S. 20 – 37.

Hoppe, Thomas u. a.: Wahre Schätze – Kelten. Prunkgräber und Machtzentren des 7. bis 5. Jhs. v. Chr. in Württemberg. Ostfildern 2016.

Joffroy, René: Le trésor de Vix. Paris 1954.

Joffroy, René: L'oppidum de Vix et la civilisation hallstattienne finale dans l'est de la France. Paris 1960.

Joffroy, René: Vix et ses trésors. Paris 1979.

Kern, Anton u. a. (Hrsg.): Salz-Reich. 7000 Jahre Hallstatt. Wien 2008.

Kimmig, Wolfgang: Die Heuneburg an der oberen Donau. Stuttgart 1983 (2. Aufl.).

Kimmig, Wolfgang: Die griechische Kolonisation im westlichen Mittelmeergebiet und ihre Wirkung auf die Landschaften des westlichen Mitteleuropa. In: Jahrbuch des Röm.-German. Zentralmuseums Mainz 30, 1983, 5 – 78.

Kimmig, Wolfgang (Hrsg.): Importe und mediterrane Einflüsse auf der Heuneburg. Heuneburgstudien Bd. 11. Mainz 2000.

Krause, Rüdiger: Der Ipf. Stuttgart 2015.

Krausse, Dirk: Hochdorf III. Das Trink- und Speiseservice aus dem späthallstattzeitlichen Fürstengrab von Eberdingen-Hochdorf. Stuttgart 1996.

Krausse, Dirk: Der ‚Keltenfürst' von Hochdorf: Dorfältester oder Sakralkönig? In: Archäologisches Korrespondenzblatt 29, 1999, 339 – 358.

Krausse, Dirk (Hrsg.): Frühe Zentralisierungs- und Urbanisierungsprozesse. Zur Genese und Entwicklung frühkeltischer Fürstensitze und ihres territorialen Umlandes. Tagungsband Stuttgart 2008.

Krausse, Dirk /Beilharz, D. (Hrsg.): „Fürstensitze" und Zentralorte der frühen Kelten. Abschlusskolloquium des DFG-Schwerpunktprogramms 1171 in Stuttgart, 12. – 15. Oktober 2009. Tagungsband Stuttgart 2010.

Krausse, Dirk u. a.: Die Heuneburg – keltischer Fürstensitz an der oberen Donau. Stuttgart 2016 (2. Aufl.).

Krausse, Dirk/Monz, Marina (Hrsg.): Neue Forschungen zum Magdalenenberg. Tagungsband Esslingen 2017.

Krausse, Dirk/Ebinger-Rist, Nicole: Das Geheimnis der Keltenfürstin. Der sensationelle Fund von der Heuneburg. Darmstadt 2018.

Kromer, Karl: Das Gräberfeld von Hallstatt. Firenze 1959.

Kuckenburg, Martin: Das Zeitalter der Keltenfürsten. Eine europäische Hochkultur. Stuttgart 2010.

Kurz, Siegfried: Bestattungsbrauch in der westlichen Hallstattkultur. Münster 1997.

Kurz, Siegfried: Die Heuneburg-Außensiedlung. Befunde und Funde. Stuttgart 2000.

Kurz, Siegfried: Untersuchungen zur Entstehung der Heuneburg in der späten Hallstattzeit. Stuttgart 2007.

Kurz, Siegfried/Schiek, Siegwalt.: Bestattungsplätze im Umfeld der Heuneburg. Stuttgart 2002.

Landesdenkmalamt Baden-Württemberg (Hrsg.): Der Keltenfürst von Hochdorf. Methoden und Ergebnisse der Landesarchäologie. Ausstellungskatalog Stuttgart 1985.

Landesdenkmalamt Baden-Württemberg (Hrsg.): Fürstensitze – Höhenburgen – Talsiedlungen. Bemerkungen zum frühkeltischen Siedlungswesen in Baden-Württemberg. Stuttgart 1995.

Lessing, Erich: Hallstatt. Bilder aus der Frühzeit Europas. Wien 1980.

Luxusgeschirr keltischer Fürsten. Griechische Keramik nördlich der Alpen. Ausstellungskatalog Würzburg 1995.

Pädagogisches Institut des Bundes für Oberösterreich (Hrsg.): Die Hallstattkultur. Frühform europäischer Einheit. Linz 1980.

Pauli, Ludwig: Early Celtic Society: Two Centuries of Wealth and Turmoil in Central Europe. In: Champion, Timothy C. u. a. (Hrsg.): Settlement and Society. Leicester 1985, 22–43.

Pauli, Ludwig: Zu Gast bei einem keltischen Fürsten. In: Mitteilungen der Anthropologischen Gesellschaft in Wien 118/119, 1988/89, 291–303.

Rolley, Claude (Hrsg.): La tombe princière de Vix. Paris 2003.

Schier, Wolfram: Fürsten, Herren, Händler? Bemerkungen zu Wirtschaft und Gesellschaft der westlichen Hallstattkultur. In: Küster, Hansjörg u. a. (Hrsg.): Archäologische Forschungen in urgeschichtlichen Siedlungslandschaften. Regensburg/Bonn 1998, 493–514.

Spindler, Konrad: Die frühen Kelten. Stuttgart 1991 (2. Aufl.).

Steffen, Christoph: Gesellschaftswandel während der älteren Eisenzeit. Stuttgart 2012.

Trebsche, Peter u. a. (Hrsg.): Die unteren Zehntausend. Auf der Suche nach den Unterschichten der Eisenzeit. Tagungsband Langenweißbach 2007.

Wamers, Egon (Hrsg.): Fürsten, Feste, Rituale. Bilderwelten zwischen Kelten und Etruskern. Ausstellungskatalog Frankfurt a. M. 2010.

Zürn, Hartwig: Hallstattzeitliche Grabfunde in Württemberg und Hohenzollern. Stuttgart 1987.

Literatur zur Latènezeit und zur gallorömischen Kultur

Ade, Dorothee u. a.: Der Heidengaben. Ein keltisches Oppidum auf der Schwäbischen Alb. Stuttgart 2013 (2. Aufl.).

Archäologisches Landesmuseum Baden-Württemberg (Hrsg.): Imperium Romanum. Roms Provinzen an Neckar, Rhein und Donau. Ausstellungskatalog Stuttgart 2005.

Bertin, Danièle/Guillaumet, Jean-Paul: Bibracte – une ville gauloise sur le Mont Beuvray. Paris 1987.

Bittel, Kurt/Schiek, Siegwalt/Müller, Dieter: Die keltischen Viereckschanzen. Atlas archäologischer Geländedenkmäler in Baden-Württemberg Bd. 1. Stuttgart 1990.

Botermann, Helga: Wie aus Galliern Römer wurden. Stuttgart 2005.

Brunaux, Jean-Louis: Druiden – die Weisheit der Kelten. Stuttgart 2009.

Brunaux, Jean-Louis: Nos ancêtres le Gaulois. Paris 2015.

Brunaux, Jean-Louis: Les religions gauloises. Paris 2016.

Caesar, Gaius Iulius: Der Gallische Krieg. Hrsg. und übersetzt von Otto Schönberger. Sammlung Tusculum. München/Zürich 1990.

Cain, Hans-Ulrich/Rieckhoff, Sabine: Fromm – fremd – barbarisch. Die Religion der Kelten. Mainz 2001.

Collis, John: Oppida. Earliest Towns North of the Alps. Sheffield 1984.

Cordie-Hackenberg, Rosemarie u. a. (Red.): Hundert Meisterwerke keltischer Kunst. Schmuck und Kunsthandwerk zwischen Rhein und Mosel. Trier 1992.

Duval, Paul-Marie: Recueil des inscriptions Gauloises. Vol. 1: Textes Gallo-Grecs. Vol. 2: Textes Gallo-Étrusques et Gallo-Latins. Vol. 3: Les calendriers. Paris 1985–1988.

Duval, Paul-Marie: Les dieux de la Gaule. Paris 1993.

Fichtl, Stephan: La ville celtique. Les oppida de 150 av. J.-C. à 15 ap. J.-C. Paris 2000.

Furger, Andres: Die Helvetier. Kulturgeschichte eines Keltenvolkes. Zürich 1995 (5. Aufl.).

Goudineau, Christian/Peyre, Christian: Bibracte et les Éduens. À la découverte d'un peuple gaulois. Paris 1993.

Goudineau, Christian u. a.: Caesar und Vercingetorix. Mainz 2000.

Goudineau, Christian/Brunaux, Jean-Louis (Hrsg.): Religion et société en Gaule. Paris 2006.

Green, Miranda J.: Die Druiden. Augsburg 2000.

Grenier, Albert: La Gaule – province Romaine. Crozon 2000.

Gruel, Katherine/Vitali, Daniele (Hrsg.): L'oppidum de Bibracte. Un bilan de onze années de recherche (1984–1995). In: Gallia 55, 1998, 1–140.

Guichard, Vincent u. a. (Hrsg.): Les processus d'urbanisation à l'âge du Fer. Glux-en-Glenne 2000.

Guichard, Vincent/Perrin, Franck (Hrsg.): L'aristocratie celte à la fin de L'âge du fer. Tagungsband Glux-en-Glenne 2002.

Honnegger, Matthieu (Hrsg.): Le site de La Tène. Bilan des connaissances – état de la question. Tagungsband Neuchâtel 2009.

Hornung, Sabine (Hrsg.): Produktion – Distribution – Ökonomie. Siedlungs- und Wirtschaftsmuster der Latènezeit. Tagungsband Bonn 2014.

Jacobi, Gerhard: Werkzeug und Gerät aus dem Oppidum von Manching. Die Ausgrabungen in Manching Bd. 5. Wiesbaden 1974.

Jacobsthal, Paul: Early Celtic Art. Oxford 1944 (Reprint 1969).

Lange, Günter: Die menschlichen Skelettreste aus dem Oppidum von Manching. Die Ausgrabungen in Manching Bd. 7. Wiesbaden 1983.

Linsmeier, Klaus-Dieter (Red.): Die Gallier. Krieger, Händler und Druiden. Spektrum der Wissenschaft-Spezial Archäologie 4, 2013. Heidelberg 2013.

Lorenz, Herbert: Manching. Rundgang durch eine keltische Stadt. Pfaffenhofen 1986.

Malitz, Jürgen: Die Historien des Poseidonios. München 1983.

Megaw, Ruth and Vincent: Celtic Art. From its Beginnings to the Book of Kells. London/New York 2001 (2. Aufl.).

Navarro, J. M. de: The Finds from the Site of La Tène. London 1972.

Nick, Michael: Gabe, Opfer, Zahlungsmittel. Strukturen keltischen Münzgebrauchs im westlichen Mitteleuropa. Rahden/Westf. 2006.

Pauli, Ludwig: Der Dürrnberg bei Hallein Bd. III. München 1978.

Reinhard, Walter: Die keltische Fürstin von Reinheim. Reinheim 2004.

Rieckhoff, Sabine: Süddeutschland im Spannungsfeld von Kelten, Germanen und Römern. Trier 1995.

Schönfelder, Martin (Hrsg.): Kelten! Kelten? Keltische Spuren in Italien. Mainz 2010.

Schwarz, Klaus (Hrsg.): Atlas der spätkeltischen Viereckschanzen Bayerns. 2 Bde. München 1959-2008.

Schwitalla, Guntram (Red.): Der Glauberg in keltischer Zeit. Zum neuesten Stand der Forschung. Tagungsband Bonn 2008.

Sievers, Susanne: Manching – Aufstieg und Niedergang einer Keltenstadt. In: Bericht der Röm.-German. Kommission 80, 1999, 5–23.

Sievers, Susanne: Manching – Die Keltenstadt. Stuttgart 2003.

Sievers, Susanne: Die Waffen aus dem Oppidum von Manching. Wiesbaden 2010.

Stadt der Kelten. Geschichten aus dem Untergrund. Ausstellungskatalog Basel 2002.

Tomaschitz, Kurt: Die Wanderungen der Kelten in der antiken literarischen Überlieferung. Wien 2002.

Uelsberg, Gabriele (Hrsg.): Krieg und Frieden. Kelten, Römer, Germanen. Ausstellungsband Bonn/Darmstadt 2007.

Wieland, Günther (Hrsg.): Keltische Viereckschanzen. Einem Rätsel auf der Spur. Stuttgart 1999.

Literatur zu den Inselkelten

Ashe, Geoffrey: König Arthur. Die Entdeckung Avalons. Düsseldorf 1996 (6. Aufl.).

Ashe, Geoffrey: Kelten, Druiden und König Arthur. Mythologie der Britischen Inseln. Zürich/Düsseldorf 1992.

Bédoyère, Guy de la: Roman Towns in Britain. London 1992.

Birley, Anthony: Der Hadrianswall. In: Astrid Nunn (Hrsg.), Mauern als Grenzen. Mainz 2009, 109–125.

Bradley, Ian: Der keltische Weg. Keltisches Christentum auf den britischen Inseln. Frankfurt 1996.

Brodersen, Kai: Das römische Britannien. Darmstadt 1998 (Quellensammlung).

Chapman, Malcolm: The Celts. The Construction of a Myth. London 1992.

Clarke, R. Rainbird: The Early Iron Age Treasure from Snettisham, Norfolk. In: Proceedings of the Preshistoric Society 20, 1954, 27–86.

Cunliffe, Barry: Iron Age Communities in Britain. London 2005 (4. Aufl.).

Cunliffe, Barry: Britain Begins. Oxford 2012.

Daumer, Jörg: Aufstände in Germanien und Britannien. Frankfurt 2005.

Day, David: Auf der Suche nach König Artus. Augsburg 1996.

Faulkner, Neil: Who killed Lindow Man? In: Current Archaeology 233, 22–28.

Forde-Johnston, J.: Hillforts of the Iron Age in England and Wales. Liverpool 1976.

Foster, Sally M.: Picts, Gaels and Scots. London 1996.

Garrow, Duncan (Hrsg.): Rethinking Celtic Art. Oxford 2008.

Harding, D. W.: The Iron Age Round-house. Later Prehistoric Building in Britain and Beyond. Oxford 2009.

Hobbs, Richard/Jackson, Ralph: Das römische Britannien. Stuttgart 2011.

Ireland, Stanley (Hrsg.): Roman Britain – a Sourcebook. Abingdon 1986.

James, Simon: The Atlantic Celts – Ancient People or Modern Invention? London 1999.

Jope, E. M.: Early Celtic Art in the British Isles. London 2000.

Laing, Lloyd: The Archaeology of Celtic Britain and Ireland c. AD 400–1200. Cambridge 2006.

Laing, Lloyd und Jennifer: The Picts and the Scots. London 1993.

Laing, Lloyd und Jennifer: Celtic Britain and Ireland – Art and Society. London 1995.

McCloy, Andrew/Midgley, Andrew: Exploring Roman Britain. London 2006.

Meehan, Bernard: Das Book of Kells. London 1996.

Megaw, Ruth und Vincent: Early Celtic Art in Britain and Ireland. London 2005.

Millett, Martin: Roman Britain. London 1995.

Moffat, Alistair: Before Scotland. The Story of Scotland before History. London 2005.

O'Brien, Jacqueline/Harbison, Peter: Das alte Irland. Augsburg 1997.

Ohff, Heinz: Artus – eine Biographie. München 1993.

Piggott, Stuart: Ancient Britons and the Antiquarian Imagination. London 1989.

Pryor, Francis: Life in Britain and Ireland Before the Romans. London 2003.

Pyatt, F. B.: The Colour of Lindow Man. In: Oxford Journal of Archaeology 10, 1991, 61–73.

Raftery, Barry: Pagan Celtic Ireland. The Enigma of the Irish Iron Age. London 1994.

Ritchie, Graham und Anna: Scotland. Archaeology and Early History. Edinburgh 1991.

Ross, Anne/Robins, Don: Der Tod des Druidenfürsten: Lindow Man. Köln 1990.

Saul, Nigel (Hrsg.): The National Trust Historical Atlas of Britain. Prehistoric to Medieval. Stroud 1994.

Sealy, Paul R.: The Boudican Revolt against Rome. Buckinghamshire 1997.

Sharples, Niall M.: Maiden Castle. London 1991.

Simek, Rudolf: Artus-Lexikon. Mythos und Geschichte, Werke und Personen der europäischen Artusdichtung. Ditzingen 2012.

Snyder, Christopher: Exploring the World of King Arthur. London 2000.

Stead, Ian M.: The Snettisham Treasure: Excavations in 1990. In: Antiquity 65, 1991, 447–464.

Stead, Ian M.: Die Schatzfunde von Snettisham. In: Alfred Haffner (Hrsg.), Heiligtümer und Opferkulte der Kelten. Stuttgart 1995, 100–110.

Stead, Ian M.: Celtic Art in Britain. London 1996 (2. Aufl.).

Sutherland, Elizabeth: In Search of the Picts. London 1994.

Todd, Malcolm: Roman Britain. Oxford 1999 (3. Aufl.).

Webster, Graham: The Roman Invasion of Britain. London 1999.

Webster, Graham: Boudicca. The British Revolt Against Rome AD 60. London 1999 (2. Aufl.).

Welch, Martin: Anglo-Saxon England. London 1992.

Westphal, Wilfried: Artus – Wahrheit und Legende. Weyarn 2000.

Wheeler, Mortimer: Maiden Castle, Dorset. London 1975 (3. Aufl.).

Woodside, Robert/Crow, James: Hadrian's Wall – a Historic Landscape. London 1999.

Zimmer, Stefan (Hrsg.): König Artus lebt! Heidelberg 2005.

Zimmer, Stefan: Die keltischen Wurzeln der Artussage. Heidelberg 2006.

ANMERKUNGEN

1 Franz Fischer, Fernhandel und Kulturbeziehungen der frühen Kelten. In: Hermann Dannheimer/Rupert Gebhard (Hrsg.), Das keltische Jahrtausend. Mainz 1993, S. 197–198.
2 Wolfgang Dehn, Die Heuneburg beim Talhof. In: Fundberichte aus Schwaben N.F. 14, 1957, S. 95.
3 Egon Gersbach, Das Osttor (Donautor) der Heuneburg. In: Germania 54, 1976, S. 20.
4 Wolfgang Kimmig, Die Heuneburg an der oberen Donau. Führer zu archäologischen Denkmälern in Baden-Württemberg, Bd. 1. Stuttgart 1983 (2. Aufl.), S. 134.
5 Siegfried Kurz, Die Grabungen 2006 im Umland der Heuneburg bei Herbertingen-Hundersingen, Kreis Sigmaringen. In: Archäologische Ausgrabungen in Baden-Württemberg 2006, S. 65.
6 Egon Gersbach, Heuneburg – Außensiedlung – jüngere Adelsnekropole. In: Otto-Herman Frey (Hrsg.), Marburger Beiträge zur Archäologie der Kelten. Bonn 1969, S. 32.
7 Wolfgang Kimmig, Die griechische Kolonisation im westlichen Mittelmeergebiet und ihre Wirkung auf Mitteleuropa. In: Jahrbuch des Römisch-Germanischen Zentralmuseums 30, 1983, S. 65.
8 Wolfgang Kimmig, Zum Problem späthallstättischer Adelssitze. In: Karl-Heinz Otto/Joachim Herrmann (Hrsg.), Siedlung, Burg und Stadt. Berlin 1969, S. 100.
9 Wolfgang Kimmig, Die Heuneburg an der oberen Donau. Führer zu archäologischen Denkmälern in Baden-Württemberg, Bd. 1. Stuttgart 1983 (2. Aufl.), S. 102.
10 Hartwig Zürn, Hallstattforschungen in Nordwürttemberg. Stuttgart 1970, S. 119 u. 125.
11 Bruno Chaume u. a., Das keltische Heilgtum von Vix. In: Alfred Haffner (Hrsg.), Heiligtümer und Opferkulte der Kelten. Stuttgart 1995, S. 49–50.
12 Dirk Krausse, Das Trink- und Speiseservice aus dem späthallstattzeitlichen Fürstengrab von Eberdingen-Hochdorf. Stuttgart 1996, S. 320 u. 346; ders., Der ‚Keltenfürst' von Hochdorf: Dorfältester oder Sakralkönig? In: Archäologisches Korrespondenzblatt 29, 1999, S. 354–355.
13 Wolfgang Kimmig, Zum Problem späthallstättischer Adelssitze. In: Karl-Heinz Otto/Joachim Herrmann (Hrsg.), Siedlung, Burg und Stadt. Berlin 1969, S. 108.
14 Manfred K. H. Eggert, Prestigegüter und Sozialstruktur in der Späthallstattzeit. In: Saeculum 42, 1991, S. 27.
15 Fritz-Rudolf Herrmann in: Holger Baitinger/Bernhard Pinsker (Red.), Das Rätsel der Kelten vom Glauberg. Stuttgart 2002, S. 106–107.
16 Ebd. S. 98.
17 Fritz-Rudolf Herrmann, Ein frühkeltischer Fürstengrabhügel am Glauberg. In: Germania 75, 1997, S. 471.
18 Wolfgang Lucke in: ders./Otto-Herman Frey, Die Situla in Providence (Rhode Island). Berlin 1962, S. 48.
19 Wolfgang Kimmig in: Kurt Bittel u. a. (Hrsg.), Die Kelten in Baden-Württemberg. Stuttgart 1981, S. 171.
20 Ebd. S. 168.
21 Otto-Herman Frey in: Holger Baitinger/Bernhard Pinsker (Red.), Das Rätsel der Kelten vom Glauberg. Stuttgart 2002, S. 192.
22 Ludwig Pauli in: ders. (Red.), Die Kelten in Mitteleuropa. Salzburg 1980, S. 36.
23 John Collis in: Hermann Dannheimer/Rupert Gebhard (Hrsg.), Das keltische Jahrtausend. Mainz 1993, S. 106.
24 Rupert Gebhard, ebd. S. 114.
25 Jörg Biel in: Landesdenkmalamt Baden-Württemberg (Hrsg.), Fürstensitze – Höhenburgen – Talsiedlungen. Stuttgart 1995, S. 30.
26 Werner Krämer, Keltische Gewichte aus Manching. In: Archäologischer Anzeiger 1/1997, S. 77–78.
27 Michel Bats in: Hans-Ulrich Cain/Sabine Rieckhoff, Die Religion der Kelten. Mainz 2002, S. 14.
28 Ebd. S. 11.
29 Jean-Louis Brunaux in: Alfred Haffner (Hrsg.), Heiligtümer und Opferkulte der Kelten. Stuttgart 1995, S. 70.
30 Sabine Rieckhoff in: dies./Jörg Biel, Die Kelten in Deutschland. Stuttgart 2001, S. 262.
31 Gerhard Bersu in: Fundberichte aus Schwaben N.F. 3, 1924–1926, S. 69.
32 Friedrich Drexel, Templum. In: Germania 15, 1931, S. 1–6.
33 Klaus Schwarz in: Ausgrabungen in Deutschland, gefördert von der Deutschen Forschungsgemeinschaft. Mainz 1975, S. 334.
34 Ebd. S. 353.
35 Frieder Klein in: Archäologische Augrabungen in Baden-Württemberg 1993, S. 119.
36 Rüdiger Krause in: Günther Wieland (Hrsg.), Keltische Viereckschanzen. Einem Rätsel auf der Spur. Stuttgart 1999, S. 82.
37 Günther Wieland, ebd. S. 55.
38 Ebd. S. 20.
39 Franz Fischer in: Kurt Bittel u. a., Die Kelten in Baden-Württemberg. Stuttgart 1981, S. 77.
40 W. Drumann, Geschichte Roms, Bd. 3, 1906 (2. Aufl.), S. 210.
41 Thomas Fischer, Kelten und Römer in Bayern. In: Archäologisches Korrespondenzblatt 18, 1995, S. 227.
42 Siehe dazu F. B. Pyatt u. a., The Colour of Lindow Man. In: Oxford Journal of Archaeology 10/1991, S. 61–73.
43 J. Forde-Johnston, Hillforts of the Iron-Age in England and Wales. Liverpool 1976.

44 Barry Cunliffe; zit. n. D. W. Harding, The Iron Age Round-House. Oxford 2009, S. 267. Ähnlich auch Simon James, Das Zeitalter der Kelten. Augsburg 1998, S. 62.
45 Barry Cunliffe, Iron Age Communities in Britain. London/New York 1991, S. 4 f.
46 Barry Cunliffe, Iron Age Communities in Britain. London/New York 1991, S. 78.
47 Simon James, Das Zeitalter der Kelten. Augsburg 1998, S. 110; Ian Stead, Celtic Art. London 1996, S. 20.
48 Helmut Birkhan, Kelten. Wien 1997, S. 425.
49 Ian M. Stead, Die Schatzfunde von Snettisham. In: Alfred Haffner (Hrsg.), Heiligtümer und Opferkulte der Kelten. Stuttgart 1995, S. 110.
50 Ebd.
51 Siehe dazu Martin Kuckenburg, Kultstätten und Opferplätze in Deutschland. Stuttgart 2007, S. 99–101.
52 Malcolm Todd, Roman Britain. Oxford 1999 (3. Aufl.), S. 1.
53 Jörg Dauner, Aufstände in Germanien und Britannien. Frankfurt 2005, S. 59. Dauner schreibt weiter: „Doch das konnte er nicht zugeben – deshalb hat er es gehalten wie der Fuchs in der Fabel, der behauptete, er wollte die Früchte des Baumes gar nicht, die in Wirklichkeit zu hoch für ihn hingen."
54 Theodor Mommsen, Römische Geschichte, Bd. V, S. 155; zit. n. Kai Brodersen, Das römische Britannien. Darmstadt 1998, S. 45.
55 Gerhard Herm, Die Kelten. Augsburg 1996, S. 315.
56 Der im 2. Jh. n. Chr. lebende griechische Autor Polyainos schrieb diese Episode versehentlich Caesar zu – sie muss sich aber auf Claudius beziehen, da nur dieser Elefanten nach Britannien mitführte. Siehe dazu: Kai Brodersen, Das römische Britannien. Darmstadt 1998, S. 65 f.
57 Diese ‚Idealisierung' der ‚barbarischen' Geisteshaltung, die Tacitus dem in seinen Augen degenerierten Römertum der Kaiserzeit gegenüberstellte, kommt auch deutlich in seiner bekanntesten Schrift Germania zum Ausdruck.
58 Paul R. Sealey, The Boudican Revolt against Rome. Buckinghamshire 1997, S. 17.
59 Ebd. S. 37.
60 Anthony Birley in: Astrid Nunn (Hrsg.), Mauern als Grenzen. Mainz 2009, S. 118.
61 Astrid Nunn in: dies. (Hrsg.), Mauern als Grenzen. Mainz 2009, S. 15. Ähnlich lautend auch Anthony Burley ebd. S. 118.
62 Malcolm Todd, Roman Britain. Oxford 1999 (3. Aufl.), S. 108.
63 Martin Millett, Roman Britain. London 1995, S. 69.
64 Guy de la Bédoyère, Roman Towns in Britain. London 1992, S. 39.
65 Andrew McCloy/Andrew Midgley, Exploring Roman Britain. London 2006, S. 43.
66 Barry Cunliffe, Roman Bath. London 1995, S. 31.
67 Ebd. S. 102.
68 Guy de la Bédoyère, Roman Towns in Britain. London 1992, S. 114.
69 Martin Millett, Roman Britain. London 1995, S. 32 f.
70 Anna Ritchie, Scotland BC. Edinburgh 1992, S. 77.
71 Elizabeth Sutherland, In Search of the Picts. London 1994, S. 79.
72 Zit. n. Stefan Zimmer, Die keltischen Wurzeln der Artussage. Heidelberg 2006, S. 60 und Geoffrey Ashe, König Arthur. Düsseldorf 1986, S. 93.
73 Geoffrey Ashe, König Arthur. Düsseldorf 1986, S. 97.
74 Stefan Zimmer, Die keltischen Wurzeln der Artussage. Heidelberg 2006, S. 178.
75 Heinz Ohff, Artus – eine Biographie. München 1998, S. 169.
76 Bernhard Maier, Die Kelten. München 2000, S. 125.
77 Barry Raftery, Pagan Celtic Ireland. London 1994, S. 80 f.
78 Ian Bradley, Der keltische Weg. Frankfurt 1996, S. 8.
79 D. Blair Gibson, Statehood in Early Ireland. In: ders./Bettina Arnold (Hrsg.), Celtic Chiefdom, Celtic State. Cambridge 1995, S. 127.
80 Zit. n. Ian Bradley, Der keltische Weg. Frankfurt 1996, S. 94.
81 Ebd. S. 86.
82 Ebd. S. 8.
83 Ebd. S. 8 u. 32.
84 James Camlin Beckett, Geschichte Irlands. Stuttgart 1997 (4. Aufl.), S. 7.
85 Zu den Unterschieden zwischen schriftlicher und mündlicher Überlieferungskultur im Einzelnen: Martin Kuckenburg, Wer sprach das erste Wort? Die Entstehung von Sprache und Schrift. Stuttgart 2010 (2. Aufl.), S. 98 ff.
86 Doris Edel, Keltische Literatur. In: Stefan Zimmer (Hrsg.), Die Kelten – Mythos und Wirklichkeit. Stuttgart 2004, S. 124.
87 Ebd. S. 128.
88 Ian Bradley, Der keltische Weg. Frankfurt 1996, S. 14.
89 Bernard Meehan, Das Book of Kells. London 1996, S. 10.
90 Jacqueline O'Brien/Peter Harbinson, Das alte Irland. Augsburg 1997, S. 79.
91 Von 1801 bis zur Unabhängigkeit des Südteils der Insel im Jahr 1922 war ganz Irland institutioneller Bestandteil des ‚Vereinigten Königreichs von Großbritannien und Irland'.
92 Zit. n. Almut und Wolfgang Mey, Die Bretagne. Berlin 1979, S. 177.
93 Janine Fries-Knoblach, Die Kelten. Stuttgart 2002, S. 85.

ORTSREGISTER

Halbfette Seitenzahlen verweisen auf Abbildungen, antike Namen sind *kursiv* gesetzt. Bei Orten außerhalb Deutschlands ist das internationale Länderkennzeichen angegeben.

Aachen 216
Aberlemno, Angus (GB) **195**
Achalm bei Reutlingen 124
Achern **111**
Achselschwang **135**
Adria (I) 71
Agris (F) **92**
Aiterhofen **23**
Alalia (Aléria, F) 39
Alesia (Mont Auxois, F) **147–150**, 184
Alkimoennis bei Kelheim 109
Altburg bei Bundenbach 84
Altrier (L) 74
Anglesey (GB) 170, **174**, 175, 183f.
Aquae Sulis (Bath, GB) 191f.
Ardagh (IRL) 209, **221**, 223
Arderydd (GB) 208
Armagh (IRL) 212, 214
Armorica (Bretagne, F) 197
Arras (GB) 165f.
Athen (GR) 65
Augusta Treverorum (Trier) 82, **152–154**
Augustodunum (Autun, F) 100, 151
Augustonemetum (Clermont-Ferrand, F) 151
Aulnat (F) 109
Avalon (GB) 6, 207
Avaricum (Bourges, F) 147, 149
Avenches (CH) **112**
Aylesford (GB) 165f.

Bad Dürkheim **68**, 69
Bad Nauheim 27
Baden-Baden 111
Bangor (IRL) 215
Bann-Fluss (IRL) 211
Basel-Gasfabrik (CH) 109
Bath (GB) 191, 192, **193**
Battersea (GB) **164**
Berching-Pollanten 109
Bibracte (Mont Beuvray, F) **96–101**, 103ff., 108ff., 113f., 143, 147, 151
Bobbio (I) 216
Böblingen **14**
Bononia (Bologna, I) 81
Bopfingen 138, **139**, 140
Bragny-sur-Saône (F) 38
Breisach-Hochstetten 109
Britzgyberg (F) 39
Broighter (IRL) **210**, 211
Býči skála-Höhle (CZ) **24**, 120

Cabrières-d'Aygues (F) **108**
Cadbury Castle (GB) 205f.
Cambodunum (Kempten) 8, 154, 168
Camelot (GB) 6, 205f.
Camulodunum (Colchester, GB) 168, 178f., 183, 190
Canterbury (GB) 191
Carnac (F) 7, 118
Cavenham (GB) 170
Cenabum (Orléans, F) 146
Chalice Well / ,Kelchquelle' s. Glastonbury (GB)
Chamalières (F) 115
Châtillon-sur-Glane (CH) 38
Chichester (GB) 188, 191
Cività Alba (I) **85**
Clonmacnoise (IRL) 215
Colchester (GB) 165, 168, 178, **182**, 183f., 190
Coligny (F) 115, **116**
Colonia Claudia Victricensis (Colchester, GB) 183
Coolmagort **218**
Cork (IRL) 210

Cortona (I) **86**
Craggaunowen (IRL) **160**

Danebury (GB) 159ff., 163
Deal (GB) **170**
Delphi (GR) 81, 87, 128
Derry (IRL) 215
Desborough (GB) **167**
Dolenjska (SLO) 18
Donau 8, 31, 40, 65, 84, 87, 101, 105, 132
Dublin (IRL) 210
Duchcov/Dux (CZ) **126**, 127
Dürrnberg bei Hallein (A) **19**, **20**, **26**, **27**, **37**, 65, 69f., **75–77**
Dún Ailinne (IRL) 212f.
Dun Carloway (GB) **194**
Durnovaria (Dorchester, GB) 191
Durrow (IRL) **219**, 221
Dysert O'Dea (IRL) 216

Eberdingen-Hochdorf s. Hochdorf
Egesheim 127, 172
Ehningen 137, 140
Eigenbilzen (B) **77**
Emain Macha (IRL) s. Navan Fort
Entremont (F) 120, **122**
Erstfeld (CH) **125**, 172
Etting **17**

Falmouth (GB) 157
Fellbach-Schmiden 73, **136**, **137**, 140
Felsina (Bologna, I) 71, 81
Fesques (F) 123
Finsterlohr 109
Fishbourne (GB) 188

Genf (CH) **127**
Gergovia (F) 147, 151
Gerichtstetten 134, 139
Gibraltar, Meerenge von 8, 39

Glanum (F) 155
Glastonbury (GB) **206, 207**
Glauberg 35, **57–59**, 65, 69, 72, 91
Glevum (Gloucester, GB) 190
Goeblingen-Nospelt (L) **107, 163**, 165
Goldberg 23
Gomadingen **15, 16**
Gournay-sur-Aronde (F) 120, **123**, 124, 171
Grächwil (CH) **44**, 45
Grafenbühl 43, **45**, 51, 69
Großbissendorf **112**
Gundestrup (DK) 77, **130–132**, 133, 209

Halle 27
Hallein s. Dürrnberg
Hallstatt (A) **7–9**, 10, **16**, 19, 26f., **54**, 77, **88**
Hambledon Hill (GB) 160
Heidelberg 72
Heidengraben bei Grabenstetten **95, 96**, 155
Heidentor bei Egesheim 127
Heilbronn 27
Hellbrunnerberg (A) 113
Hengistbury Head (GB) 176
Heuneburg 31, **32–36**, 38, 40, **41**, 42, 54, 59, 64f., 69, 71, 74, **75**, 77, 88, 96, 127, 160
Hirschlanden **56**, 57ff., 72f.
Hochdorf 20, **21**, 40, 49, **50**, 51, 52ff., **55**, 56ff., **60**, 62ff., 69, 71, 110, 113, 209
Hockwold-cum-Wilton (GB) 170
Hod Hill (GB) 160
Hohenasperg 28f. 35, 39, 49, 57, 65, 69, 71
Hohmichele 42f.
Holzgerlingen 72
Holzhausen 134ff.
Hospitalet-du-Larzac (F) 115
Housesteads (GB) s. Vercovicium
Hrazany (CZ) 104

Ictis (GB) 157
Iona (GB) 216, 223
Ipf 39f., 110
Isle of Lewis (GB) **194**
Isle of Man (GB) 168
Isle of Wight (GB) 157

Kadan (CZ) 40
Kap Belerion (Cornwall, GB) 157
Kassiteriden (Zinninseln) 39, 157
Kayhausen 174

Kelheim s. Alkimoennis
Kells (IRL) 221
Kemmelberg (NL) 40
Kildare (IRL) 212, 215, 220
Kinding-Enkering 23
Kirchheim 23
Kirchheim-Osterholz **40**, 110
Kleinaspergle 71, **74**
Köln 198
Kuffern (A) **62, 64**
Kyntire (GB) 194

La Graufesenque (F) 153
La Tène (CH) 10, **11, 12**, 127, 171
La Turbie (Monaco) 154
Lejre (DK) 22
Levroux (F) 109
Lezoux (F) 153
Lindisfarne (GB) 216, **217**, 221
Lindow Moss / Lindow-Moor (GB) 158, **173**, 174f.
Lindum (Lincoln, GB) 190
Llyn Cerrig Bach (GB) 170
Loire 39, 71
Londinium (London, GB) 184, 190
Lugdunum (Lyon, F) 128, 153

Magdalenenberg bei Villingen **42, 43**
Magdalensberg bei Klagenfurt (A) 109
Magdalenska Gora (SLO) 63
Maiden Castle (GB) **159**, 160f., 179, 191
Mailand (I) 216
Mainz 198
Manching 101, **102–107**, 108ff., **113, 114**, 115, 124, 143, 154, 163
Marne 65, 69, 71
Massalia (Marseille, F) 8, 37, 39f., 69ff.
Mediolanum (Mailand, I) 81
Mona (Anglesey, GB) 174
Mons Graupius (GB) 185f.
Mont Auxois s. Alesia
Mont Beuvray s. Bibracte
Mont Lassois (F) **28–31**, 34ff., **39**, 45f., 59, 64f., 69, 71
Mont Vully (CH) 38
Monte Bibele (I) 86
Mosel 66, 69, 71
Mount Badon (GB) 202, 204
Mount's Bay (GB) 157

Msecké Zehrovice (CZ) 73, 140
Mülhausen (F) 145

Narbo (Narbonne, F) 108
Navan Fort (IRL) 212
Neckar 71
Nemausus (Nîmes, F) 128, **152**
Neuenburger See (CH) 10f., **11**
Nordheim 139

Orgon (F) **115**
Otzenhausen 69

Parsberg 74
Paule s. Saint-Symphorien
Pergamon (TR) 87
Pevensey Castle (GB) **196**
Pfalzfeld 72
Pfofeld 17
Pimperne (GB) 161
Port Nidau (CH) **114**
Preist 69
Pyrene 8, 36

Reinheim 66, **67, 75**
Rhein 8, 38, 65f., 69, 71, 145, 155, 161
Rhône (F) 8, 37, 39, 70f., 108, 142
Ribemont-sur-Ancre (F) **123**, 124
Riedlingen 138, 140
Rodenbach 69, **79**
Rom (I) 65, 81, 86f., 98, 109, 141, 143, 148ff.
Roquepertuse (F) 120, **121**
Rutupiae (Richborough, GB) 178

Saint-Louis bei Basel (CH) *127*
Saint-Symphorien-en-Paule (F) **117**
Saône (F) 37ff., 70f., **89**, 108, 143
Schmiden s. Fellbach-Schmiden
Schwäbisch Hall 27
Schwarzenbach **77**
Seine (F) 29, 37ff., 65, 128
Sentinum (I) 86, 91
Silchester (GB) **190**, 191
Snettisham (GB) **171, 172**
Somme-Bionne (F) **78**
Spina (I) 71
St. Gallen (CH) 216
Staré Hradisko (CZ) 104, 109
Stonehenge (GB) 7, 118, **169**, 170

Stradonice (CZ) **113**, 115
Strettweg (A) **27**
Stuttgart-Bad Cannstatt 57
Sutton Hoo (GB) **199, 200**

Tara (IRL) **211**, 212 f., **220**, 223
Tartessos (E) 38
Telamon (I) 86, 90 ff.
Themse (GB) **164**, 209
Tintagel (GB) **203**, 204 ff.
Titelberg (L) 113
Tollund (DK) 174
Trier s. *Augusta Treverorum*
Tylis (BG) 82

Üetliberg (CH) 39 f., 65, 71
Uttendorf (A) **55**
Uxellodunum (F) 149

Vace (SLO) **61, 62**
Venta Belgarum (Winchester, GB) 163
Vercovicium (Housesteads, GB) **186, 189**
Verona (I) 216
Verulamium (St. Albans, GB) **179**, 184, 188, 190
Vix (F) 29, 45 f., **46–48**, 59, 69, 73
Vulci (I) 71

Waldalgesheim **66**, 79
Walheim **128**

Waterford (IRL) 210
Weiskirchen 69
Weißenthurm-Urmitz 40
Welwyn Garden City (GB) **163**, 165
Wetwang Slack (GB) **166**
Wexford (IRL) 210
Wiedmais 140
Winchester (GB) 163, 191, 204, **205**, 206, 208

York (GB) 184, 190

Zarten 109
Zavist (CZ) 115

ORTSREGISTER

BILDNACHWEIS

aus Archäologie in Deutschland 1/2002, 10 (B. Chaume): 28

Archäologische Staatssammlung München: 103, 112 u; M. Eberlein: 104, 105, 107 u

Archiv für Kunst und Geschichte – akg-images: 146, 147 u, 150 o, 177, 200, 202, 219; akg/Erich Lessing: 7, 8, 9, 11, 15, 16, 18, 24 u, 26, 27, 31, 39, 44, 46, 47, 48, 54, 55 o, 56, 62 u, 63, 67, 72, 73, 75 o/li, 77 o, 85, 89, 112 o, 113 u, 121, 122, 126, 130, 131, 132, 163, 199, 209, 220; akg/Sotheby's: 6; akg/Werner Forman: 3, 78 re, 167, 210; akg/Nimatallah: 87; akg/North Wind Picture Archives: 208; akg/Peter Connolly: 166; akg/Rainer Hackenberg: 186, 217; akg/PictureContact: 191

aus G. Ashe, Kelten, Druiden und König Arthur. Mythologie der Britischen Inseln (1992) 303 Abb. 133: 207 o

Flemming Bau, Århus: 59 u, 83, 105

nach K. Bittel u. a., Die Kelten in Baden-Württemberg (1981) 234 Abb. 139: 111; 109 Abb. 44 (Zeichnung Susanne Höfler): 138

aus H. Birkhan, Kelten. Bilder ihrer Kultur (1999) 221 Abb. 298: 148 o

Helmut Birkhan, Wien: 195, 218

Otto Braasch, Landshut: 135

The British Museum Images, London / © The Trustees of the British Museum. All rights reserved: 157, 170, 171, 172, 173

Carnyx, Tübingen (www.keltentruppe.de): 21 o, 88, 144, 145

Centre archéologique européen du Mont Beuvray: 98 li; 111 (Cliché A. Maillier)

Bruno Chaume, Norbert Nieszery, Walter Reinhard: 30

Colchester Museums, Colchester: 182

Destinations/Corbis: 211

Megan van Dyck/www.fotolia.de: 207 u

Éditions Errance, Paris, Aquarelle Jean-Claude Golvin: 96 o, 98/99, 100, 123 o

aus Ch. Éluère, Die Kelten (1995) 119: 118; 126: 119

Freilichtmuseum Fürstensitz Heuneburg / Heuneburgmuseum, Gemeinde Herbertingen, frdl. Genehmigung S. Hagmann: 36 u; 41 (Photo-Iske, Mengen)

aus O.-H. Frey in L. Pauli (Red.), Die Kelten in Mitteleuropa (1980) 82 Abb. 14: 77 u; 84 Abb. 18: 78 li

nach O.-H. Frey in H. Baitinger/B. Pinsker (Red.), Das Rätsel der Kelten vom Glauberg (2002) 195 Abb. 171: 88

Gäubodenmuseum Straubing: 23

Germanisches Nationalmuseum Nürnberg: 74 li

aus E. Gersbach, Baubefunde der Perioden IVc–IVa der Heuneburg. Heuneburgstudien IX (1995): 33

René Goguey, Talant: 29, 97, 147 o,

Rose Hajdu, Stuttgart: 50 o

aus J. Haywood, Die Zeit der Kelten (2003) 52: 115

Martin Hees, Heilbronn: 117

Historisch-Archäologisches Forschungszentrum Lejre, frdl. Genehmigung M. Nicolajsen: 22

Historisches Museum der Pfalz Speyer, (Fotos K. Diehl): 68, 79 o

Andreas J./www.fotolia.de: 203

Keltenmuseum Hallein, frdl. Genehmigung K. W. Zeller: 20, 37, 75 o/re, 76

aus W. Kimmig, Die Heuneburg an der oberen Donau (2. Aufl. 1983) 137 Abb. 82: 36 o

Martin Kuckenburg, Tübingen: 34 u, 42, 96, 150 u, 155

Wolf-Heinrich Kulke, Rottenburg: 152

Siegfried Kurz, Mössingen: 35

Landesamt für Denkmalpflege Hessen: 59 o; U. Seitz-Gray: 5, 57, 58

Landesamt für Denkmalpflege im Regierungspräsidium Stuttgart: 14, 32 u, 34 o, 43, 51, 55 u, 60, 74 re o, 128, 136; Otto Braasch: 32 o, 95; Aquarelle H.-J. Hundt: 21 u; Yvonne A. Mühleis: 40

Landesmuseum Württemberg, Stuttgart: 137

Ivan Lapper/English Heritage Photo Library, Swindon: 190

Tomaz Lauko: 61

Limesmuseum Aalen, U. Sauerborn: 114 u

aus H. Lorenz, Rundgang durch eine keltische Stadt (1986) Abb. 43: 24 o; Abb. 40: 114 o

LVR-LandesMuseum Bonn: 66

nach S. R. Meyrinck/C. H. Smith, The Costume of the Original Inhabitants of the British Islands (1815): 129

Andrew Midgley: 179

MM-Vision Mathias Michel, Andechs: 19, 45 u

aus A. Müller-Karpe in A. Haffner, Gräber – Spiegel des Lebens (1989) 55 Abb. 12 (Zeichnung F.-J. Dewald): 90 u

Musée National d'Histoire et d'Art Luxemburg: 107 o

picture-alliance: 156, 159, 185, 189, 225; Mary Evans Picture Library / GROSV: 129; imagestate/HIP: 164, 169, 180, 205; imagestate/Spectrum: 193; Carolyn Clarke/Spectrum: 196; maxppp: 212; Joe Cornish/Arcaid: 216

Picture Desk/The Art Archive: 108; G. Dagli Orti: 116

aus F. Pirson in H.-U. Cain/S. Rieckhoff (Hrsg.), Fromm – fremd – barbarisch. Die Religion der Kelten (2001) 79 Abb. 7: 86

Rheinisches Landesmuseum Trier: 84, 153 (2), 154

Römisch-Germanische Kommission Frankfurt a. M., J. Bahlo: 113 o

Römisch-Germanisches Zentralmuseum Mainz (Foto), mit frdl. Genehmigung José Gomez de Soto, Musée des Beaux Arts Angoulême: 92

aus H. Schickler, Heilige Ordnungen (2001) 147: 50 u; 189: 62 o; 122: 64

Wolfram Schmidt, Regensburg: 17

Karen Schmitt, Stuttgart: 148 u, 160

aus S. von Schnurbein (Hrsg.), Atlas der Vorgeschichte. Europa von den ersten Menschen bis Christi Geburt (2009) Abb. 234: 194

nach F. Schubert in Germania 70, 1992, 298 Abb. 3: 114 li

Schweizerisches Landesmuseum Zürich: 12 (Zeichnung Brigitte Gübler); 90 o, 125, 127 aus S. Sievers, Manching – Die Keltenstadt (2003) 20 Abb. 16: 102 o; 28 Abb. 24: 102 u

Skyscan, Toddington, Cheltenham: 206

aus K. Spindler, Die frühen Kelten (1983) 352 Abb. 100: 45 o; 330 Abb. 82: 47 re; 348 Abb. 96: 48 li; 338 Abb. 88: 75 u

nach G. Thill in Hémecht 24/4, 1972, Abb. 5,1: 74 re/u

Tourism Ireland Imagery, Dublin: Jonathan Hession: 214; Holger Leue: 222

aus G. Wieland (Hrsg.), Keltische Viereckschanzen (1999) Taf. 16 (Aquarell Clara Nomdedeu): 123 u; Taf. 12/13 (Zeichnung J. Sailer): 139

aus D. Wright, Druidism. The ancient faith of Britain (1974) Frontispiz: 174; 48: 213

aus K. W. Zeller in L. Pauli (Red.), Die Kelten in Mitteleuropa (1980) 120 Abb. 8: 79 u

aus B. Ziegaus in H. Dannheimer/R. Gebhard (Hrsg.), Das keltische Jahrtausend (1993) 223 Abb. 190: 110

Verlag und Autor danken allen Leihgebern für die Bereitschaft, Bildmaterial für diese Publikation zur Verfügung zu stellen. Leider war es nicht in allen Fällen möglich, die Inhaber der Urheberrechte zu ermitteln. Etwaige Ansprüche kann der Verlag bei Nachweis entgelten.

DANK

Für einen Autor ist es stets eine Freude und Anerkennung zugleich, wenn eines seiner Bücher dank anhaltenden Leseinteresses nach Jahren neu aufgelegt wird. Beim vorliegenden Band freue ich mich darüber umso mehr, da dies im Rahmen des Jubiläumsprogramms zum 70-jährigen Bestehen der Wissenschaftlichen Buchgesellschaft geschieht.

Ich möchte diese Gelegenheit nutzen, um nochmals allen zu danken, die in den vergangenen zwei Jahrzehnten zum Gelingen und zum anhaltenden Erfolg der „Kelten" beigetragen haben: Andreas Auth und Jürgen Beckedorf vom Konrad Theiss Verlag, die mich 2001 einluden, den ambitionierten Band zu verfassen, der in seiner Erstausgabe (Stuttgart 2004) thematisch noch auf Mitteleuropa beschränkt war. Christian Rieker, Rüdiger Müller, Nicole Janke und Melanie Kattanek, die mir 2008 eine aktualisierte und auch die Inselkelten umfassende Neuausgabe vorschlugen und diesen um 80 Seiten erweiterten Nachfolgeband bis zu seinem Erscheinen im Jahr 2010 verlegerisch betreuten.
Der Wissenschaftlichen Buchgesellschaft und namentlich Regine Gamm als zuständiger Verlagslektorin für die vorliegende Neuausgabe anlässlich des 70. Jubiläums der wbg.

Mein besonders herzlicher Dank geht ferner an: Dr. Wolf-Heinrich Kulke vom Konrad Theiss Verlag und die Lektorinnen Karen Schmitt sowie Dr. Birgit Wüller, die sich als Textbearbeiterinnen und Bildredakteure über Monate hinweg um das Buch gekümmert haben, als sei es ihr eigenes. Ohne ihre engagierte Mithilfe und Unterstützung wäre die Fertigstellung dieses aufwendigen Text-Bild-Bandes nicht möglich gewesen.

Schließlich: Karin Dechow, Susanne Dölz, Anita Koranyi und die Agentur DOPPELPUNKT, die als Herstellerinnen und Layouterinnen für das attraktive Erscheinungsbild und die opulente Ausstattung des Buches verantwortlich zeichneten. Außerdem Peter Palm, dessen hochwertige Gestaltung der Karten gleichfalls das ansprechende Gesicht des Bandes mitprägt.

Sie alle haben dazu beigetragen, dass das vorliegende Buch im Lauf der Jahre zu einem erfolgreichen kleinen Standardwerk über die Kelten werden konnte.

Tübingen im März 2019   Martin Kuckenburg

ÜBER DEN AUTOR

MARTIN KUCKENBURG ist Sachbuchautor auf dem Gebiet der Archäologie und Kulturgeschichte. Bereits seit seinem Studium der Vor- und Frühgeschichte beschäftigt er sich intensiv mit keltischer Kultur und Geschichte. Er ist Wissenschaftsautor und Verfasser zahlreicher Sachbücher, u. a. »Wer sprach das erste Wort? Die Entstehung von Sprache und Schrift« und »Eine Welt aus Zeichen. Die Geschichte der Schrift«, beide bei Theiss erschienen.

Foto: Marijan Murat